NOTICE

DE QUELQUES OUVRAGES DE M. PEIGNOT,

Qui se trouvent, en petit nombre, chez Victor LAGIER, *lib.-édit. à Dijon.*
(Affranchir les lettres.)

LE LIVRE DES SINGULARITÉS, par G. P. Philomneste (G. PEIGNOT), membre de plusieurs Académies. Un gros vol. in-8° de 500 pages. . 6 f.
Papier collé des Vosges. 7 f.

Si jamais un livre s'est recommandé à la curiosité publique, c'est assurément le *Livre des Singularités*. Son titre seul promet plus d'une surprise et plus d'un plaisir, et l'ouvrage entier est loin de démentir cette attente. Voici la description qu'en donne l'auteur lui-même :
« Pour toute préface, ami lecteur, nous vous dirons franchement que ce livre de *Singularités*
» est un ouvrage à part, un recueil fantasque, sérieux, burlesque, érudit, frivole, grave, amusant,
» facétieux, admirable, piquant, détestable, parfois instructif, parfois ennuyeux, souvent
» décousu, mais toujours varié ; c'est déjà quelque chose, etc. »

Le nom de M. Peignot est rassurant contre l'ennui dont il menace son lecteur. Ceux qui ont lu son livre pensent que ce n'est que pour préluder aux singularités de l'ouvrage, qu'il montre dès le début un auteur disant du mal de son œuvre.

Le livre des Singularités, au contraire, lui confirmera le rang si honorable qu'il occupe depuis long-temps parmi l'élite de nos bibliophiles. Ce livre est le dépôt d'une partie de ce que l'auteur a remarqué de plus original, de plus curieux et de plus digne d'être conservé, dans ses lectures de quarante années de sa vie. L'histoire, la théologie, les sciences, les lettres et les arts, les hommes grands et petits, anciens et modernes, figurent dans son recueil sous des rapports aussi bizarres qu'intéressants. Il est presque impossible d'en donner une idée complète par une simple analyse. On se bornera à transcrire ici le sommaire de chaque classe des nombreux objets qu'il renferme.

ANTÉGÉNÉSIE, ou occupations de Dieu avant la création.
CRÉATION DE L'HOMME, poëme rédivivifié du XVIe siècle.
ONOMATOGRAPHIE AMUSANTE, Croix des sorciers, etc.
RÊVERIES RENOUVELÉES DES GRECS.
SINGULARITÉS NUMÉRIQUES offrant des résultats extraordinaires.
DE LA GASTRONOMIE, aphorismes, règles, goûts et détails biographiques et curieux à l'usage des gourmands.
LETTRES SINGULIÈRES de Papes, de Rois, Princes et autres, tant nationaux qu'étrangers.
DOCUMENTS *bizarres empruntés aux Anglais*.
VARIÉTÉS microscopiques, bagues hiéroglyphiques, arcaniques, etc.
CHANT DU ROSSIGNOL, texte pur avec la traduction, etc.
VARIÉTÉS BIBLIOGRAPHIQUES ; petit cabinet d'amateur, composé de dix ouvrages et de dix tableaux, estimé la modique somme de deux millions prix coûtant.
PIÈCES RELIGIEUSES, singulières et curieuses, de différents siècles.
Etc., etc., etc.

AMUSEMENTS PHILOLOGIQUES, ou Variétés en tout genre ; 1 vol. in-8°. Il reste peu d'exemplaires.
Le même ouvrage, dont il ne reste qu'un exemplaire, beau papier vélin collé, cart. Brad., net. . . . . 18 fr.

MANUEL DU BIBLIOPHILE, ou Traité du choix des livres les plus propres à former une collection précieuse et peu nombreuse ; 2e édition augmentée, 2 gros vol. in-8°, papier fin. . . . . 9 fr.

Ce Traité présente en détail : 1° la Notice des ouvrages peu nombreux pour lesquels les grands hommes de tous les temps ont eu une prédilection particulière ; 2° l'indication raisonnée des morceaux les plus parfaits et les plus saillants des Classiques grecs, latins, français et étrangers ; 3° une Bibliographie des meilleurs ouvrages dans tous les genres, propres à former une Bibliothèque plus ou moins nombreuse, mais très-bien choisie ; les meilleures éditions, en différents formats, avec les prix désignés pour chaque auteur ; la manière de disposer une bibliothèque, d'y classer les livres et de les préserver de toute avarie ; avec des détails sur les formats, sur les différents genres de reliures, etc., etc.

CHOIX DE TESTAMENTS anciens et modernes, remarquables par leur importance, leur singularité ou leur bizarrerie, avec des détails historiques et des notes; 2 forts vol. in-8°, très-bien imp. . . . . . . 9 fr.

Ce Recueil offre l'histoire et souvent le texte complet des nombreux testaments dont on parle, tous puisés dans les différents siècles, chez les anciens, au moyen âge et chez les modernes. Le premier, par ordre de dates, est celui de Platon, mort 348 ans avant J.-C., et le dernier est celui de M. Helloin, mort en 1828. Les anecdotes abondent dans ce Recueil; c'est là que se trouve imprimé, pour la première fois, le testament complet de Napoléon.

RECHERCHES sur la personne de Jésus-Christ, sur celle de Marie et sur sa famille, avec notes archéologiques et tableaux synoptiques. *Dijon*, 1829, 1 vol. in-8°. . . . . 4 fr. 50 c.

C'est un Recueil de tout ce que les Pères de l'Eglise, les Historiens ecclésiastiques et les Commentateurs ont dit sur la personne, la taille, la figure, le maintien de Jésus-Christ et de Marie, et sur leurs antiques portraits, avec des détails généalogiques sur les membres de leur famille.

RECHERCHES historiques sur les danses des morts. — Analyse de tout ce qui a été publié sur l'origine des cartes à jouer. *Dijon*, 1826, 1 vol. in-8°, avec 5 fig. 9 fr.

Deux ouvrages d'érudition, le premier sur un sujet peu connu en France; le second sur une matière assez obscure, mais intéressante. Le volume est entièrement imprimé sur papier fin d'Annonay; le tirage est peu nombreux.

DOCUMENTS authentiques sur les dépenses de Louis XIV, en bâtiments, châteaux royaux (particulièrement celui de Versailles); en pensions, gratifications aux gens de lettres; en établissements, monuments, etc.; in-8°. . . . . 4 fr. 50 c.

On trouve dans ce volume, page 57, le sieur Chapelain (l'auteur de la *Pucelle*), ayant du Roi 3,000 fr. de pension, « comme le plus grand poète qui ait jamais été et du plus solide jugement; » tandis que « Racine, poète français, a 600 fr. »

RELATION des deux Missions de Dijon, l'une en 1737, l'autre en 1824; 2e édition corrigée et augmentée d'une notice sur l'origine des Missions en France. Un vol. in-12 de 96 pages. . . . . 1 fr. 50 c.

L'ILLUSTRE JACQUEMART de Dijon. Détails historiques, instructifs et amusants sur ce haut personnage, domicilié en plein air dans cette ville depuis 1382, publiés avec sa permission en 1832, etc. *Dijon*, 1832; in-8°, avec fig. 2 fr. 50 c.

Facétie qui commence par une Notice sur les anciennes horloges curieuses, et qui donne l'histoire de celle de Dijon où figure Jacquemart, avec le récit de sa translation de Courtrai en 1382, le détail de ses restaurations, les pièces bourguignonnes faites en son honneur, etc.

HISTOIRE d'Hélène Gillet, ou relation d'un événement extraordinaire et tragique, survenu à Dijon (sur l'échafaud) le 12 mai 1625; suivie d'une notice, etc. *Dijon*, 1829, in-8°. . . . . 1 fr. 50 c.

Ce récit a tellement frappé Charles Nodier, qu'il en a fait une Nouvelle dans la *Revue de Paris*, 1831, tome 35, pages 18-36; on l'a depuis réimprimée dans ses œuvres.

MÉMORIAL religieux et biblique, ou Choix de Pensées sur la religion et sur l'Ecriture-Sainte; 1 vol. in-18 de 296 pages, très-bien imprimé sur pap. fin. . . . . 1 fr. 50 c.

C'est une réunion des pensées les plus sublimes et les plus frappantes, extraites de tous les auteurs du premier ordre qui ont prouvé la vérité et la nécessité de la religion et qui ont traité de la Bible.

ELÉMENTS de Morale, rédigés d'une manière simple, claire et proportionnée à l'intelligence des enfants; 3e édit., 1 vol. in-18. . . . . 50 c.

GÉOGRAPHIE statistique et spéciale de la France; in-12 de 110 pag. 1 fr.

ESSAI sur l'origine de la langue française et sur un recueil de monuments authentiques de cette langue, classés chronologiquement depuis le neuvième siècle jusqu'au dix-septième, avec notes, tableau et quatre fac-simile; 1835, in-8°. . . . . 3 fr. 50 c.

LES BOURGUIGNONS salés : diverses conjectures sur l'origine de ce dicton populaire, etc.; 1835, in-8°. . . . . 2 fr.

RECHERCHES historiques et philologiques sur la philotésie ou usage de boire à la santé, chez les Anciens, au moyen âge, et chez les Modernes; 1836, in-8°. . . . . 2 fr.

NOUVELLES RECHERCHES sur le dicton populaire FAIRE RIPAILLE; 1836, in-8°. . . . . 75 c.

DE LA LIBERTÉ de la presse à Dijon au commencement du dix-septième siècle, ou Histoire de l'impression d'un opuscule en patois, publié en 1609 sur la démolition du château de Talant. 1836, in-8°. . . . 75 c.

SOUVENIRS relatifs à quelques bibliothèques des temps passés. 1836, in-8°. . . . . 75 c.

DE PIERRE ARETIN. Notice sur sa fortune, sur les moyens qui la lui ont procurée et sur l'emploi qu'il en a fait; in-8°. . . . . 75 c.

SOUVENIRS relatifs à Saint-Paul de Londres, etc.; in-8°. . . . 75 c.

RECHERCHES sur le luxe des Romains dans leur ameublement, etc. 1837, in-8° de xii-94 pag. . . . . 2 fr. 50 c.

RECHERCHES sur les diverses opinions relatives à l'origine et à l'étymologie du mot PONTIFE. 1838, in-8°. . . . . 1 fr.

QUELQUES RECHERCHES sur d'anciennes traductions françaises de L'ORAISON DOMINICALE et d'autres pièces religieuses, des 9e, 10e, 11e, 12e, 13e, 14e, 15e et 16e siècles; in-8°. . . . . 2 fr.

NOTICE sur un bas relief, représentant les figures mystérieuses et symboliques dont les quatre évangélistes sont ordinairement accompagnés; 1839, in-4° de 16 p., fig. 1 fr.

QUELQUES RECHERCHES sur le tombeau de Virgile, au mont Pausilipe; 1840, in-8°. 1 fr. 50 c.

VIRGILE VIRAI en borguignon. Choix des plus beaux livres de l'Enéide, suivis d'épisodes tirés des autres livres (ancienne traduction en patois bourguignon), avec sommaires et notes; 1831, grand-raisin; in-18 de XLVIII-327 pages. . . . . 5 fr.

NOTA. Quoique les divers ouvrages de M. PEIGNOT, non portés sur cette Notice, soient *épuisés et rares*, M. LAGIER est toujours à la recherche pour en procurer des exemplaires aux amateurs.

ANNALES DU MOYEN AGE, comprenant l'histoire des temps qui se sont écoulés depuis la décadence de l'empire romain, jusqu'à la mort de Charlemagne: par M. FRANTIN aîné, 8 gros vol. in-8°, pap. fin. . 30 fr.

C'est un des plus grands services qu'on ait rendus à la science, que d'avoir jeté dans un cadre régulier cette masse flottante d'événements hétérogènes qui s'étend du quatrième au neuvième siècle de l'ère chrétienne. Nul ne l'avait tenté sur un plan aussi vaste que l'auteur des Annales. Il a su mener parallèlement les événements politiques, la longue agonie de Rome, la lente élaboration des sociétés modernes, et l'histoire des progrès du Christianisme.

On chercherait vainement ce travail ailleurs. L'auteur des Annales se distingue de Gibbon par le caractère politique et religieux de son ouvrage; il se distingue de Lebeau par les observations de mœurs, de lois, de coutumes, d'usages, répandues à propos dans des dissertations savantes, qui coupent et varient la narration purement historique, et délassent l'esprit de cet entassement de faits souvent monstrueux et atroces; ce qui le distingue enfin de l'un et de l'autre, c'est que son ouvrage est plus agréable à des lecteurs français, parce qu'il recherche avec plus de soin et de profondeur notre origine et tout ce qui intéresse dans nos Annales.

Le célèbre Heeren, l'un des hommes les plus distingués de l'Allemagne, rendant compte de ce grand travail dans les savantes Notices de Gottingue, n° XII de 1828, déclare les *Annales du moyen âge* l'un des meilleurs ouvrages historiques qui aient paru dans ces derniers temps.

PENSEES DE BLAISE PASCAL, rétablies suivant le plan de l'auteur, par M. FRANTIN aîné, auteur des *Annales du moyen âge*, et précédées d'un discours préliminaire qui développe le plan et les avantages de cette nouvelle édition; un gros vol. in-8°, pap. fin, ... 5 fr.

On ne doit point confondre cette édition avec celles qui l'ont précédée. Plus complète, elle réunit à l'avantage de reproduire quelques nouveaux fragments de textes, celui d'être conforme au plan de Pascal, que les premiers éditeurs avaient dénaturé par un ordre défectueux dans la disposition des matières.

LYCÉE, ou Cours de littérature ancienne et moderne, par M. de LA HARPE; nouv. édit. Dijon, 18 vol. in-12, prix très réduit . . . . . *net* 20 fr.

Cette édition est précédée d'une notice chronologique et littéraire sur la vie et les ouvrages de M. de La Harpe, rédigée par M. Peignot.

L'édition est faite d'après le texte le plus pur, et imprimée avec soin sur beau papier, en caractères neufs interlignés, de sorte qu'elle réunit en même temps la beauté de l'impression et du papier, la commodité du format et la modicité du prix.

MANUEL théorique et pratique de l'Estimateur des forêts; par M. Noirot-Bonnet; un vol. in-8°. . . . . 7 fr. 50 c.

MANUEL des Propriétaires et Régisseurs de bois et forêts, par M. Noirot, géomètre-forestier; un gros vol. in-12. . . . . 4 fr. 50 c.

PREDICATORIANA ou révélations singulières et amusantes sur les Prédicateurs, entremêlées d'extraits les plus piquants des sermons bizarres et facétieux prononcés notamment dans les xve, xvie et xviie siècles, tant en France qu'à l'étranger; suivies d'anciennes pièces curieuses inédites, avec notes historiques et philologiques, par G. P. Philomneste (M. G. PEIGNOT), ancien Bibliothécaire, etc.; un gros volume in-8°. . . . . 6 fr.
Papier collé des Vosges. . . . . 7 fr.

Cet Ouvrage vient de paraître.

MANUEL
DU BIBLIOPHILE,

OU

TRAITÉ DU CHOIX DES LIVRES.

Paucis libris immorari et innutriri oportet, si velis aliquid trahere quod in animo fideliter hæreat..... Quæ ubi varia et diversa sunt, nocent, non alunt. Probatos itaque libros semper lege. (SENECA ad Lucilium.)

Non refert quàm multos habeas libros, sed quàm bonos. (SENECA, id.)

Aiunt multùm legendum esse, non multa. (PLIN. JUN.)

« Au milieu de la foule des livres qui nous entourent, une longue étude devient indispensable pour déterminer notre choix; et c'est au point que la science des livres est devenue une science à part. » (A. METRAL, *Conjectures sur les livres qui passeront la postérité.*)

A PARIS,
CHEZ ANT.-AUG. RENOUARD, LIBRAIRE,
RUE DE TOURNON, N.º 6.

A DIJON, DE L'IMPRIMERIE DE FRANTIN, IMPRIMEUR DU ROI.

MANUEL DU BIBLIOPHILE,

OU

TRAITÉ DU CHOIX DES LIVRES,

Contenant des développemens sur la nature des ouvrages les plus propres à former une collection précieuse, et particulièrement sur les chefs-d'œuvre de la littérature sacrée, grecque, latine, française, étrangère ; avec les jugemens qu'en ont portés les plus célèbres critiques ; une indication des morceaux les plus saillans de ces chefs-d'œuvre; la liste raisonnée des éditions les plus belles et les plus correctes des principaux auteurs, anciens et modernes, avec les prix ; la manière de disposer une bibliothèque, de préserver les livres de toute avarie, avec des détails sur leurs formats, sur les différens genres de reliures, etc., etc., etc., et une ample table des matières.

Par GABRIEL PEIGNOT,

INSPECTEUR DE L'ACADÉMIE ROYALE DE DIJON.

TOME I.

A DIJON,

CHEZ VICTOR LAGIER, LIBRAIRE,

RUE RAMEAU, Nos. 1 ET 4.

M. DCCC. XXIII.

AVIS

DU LIBRAIRE-ÉDITEUR.

La première édition du *Traité du choix des livres*, par M. Peignot, avoit paru en 1817, 1 *vol. in*-8° de xx-295 pages. Quoique ce ne fût qu'un simple essai, comme le prouve le peu d'étendue du volume, cette édition fut épuisée sur-le-champ. Nous comptions en donner une seconde en 1818, quand l'auteur nous fit observer qu'il étoit peut-être à propos de différer, parce que, la librairie française et les presses de la capitale commençant alors à prendre une activité extraordinaire, l'émulation alloit sans doute produire de nouvelles éditions des meilleurs ouvrages tant anciens que modernes, qui, grâce aux progrès de l'art et du goût typographique, au zèle et aux lumières des écrivains-éditeurs, pourroient, sous tous les rapports, être dignes de l'attention des vrais amateurs ; il fallut donc attendre, pour pouvoir mentionner ces éditions dans le nouveau choix des livres, si elles justifioient les espérances qu'on avoit conçues, d'après l'impulsion générale donnée à cette branche de commerce. Les conjectures de M. Peignot s'étant vérifiées pendant les quatre dernières années qui viennent de s'écouler, il a entièrement refondu son premier travail, lui a donné beaucoup plus de développement dans la partie littéraire, dans les notices, et les recherches en tous genres, mais surtout dans la partie bibliographique, où tout ce que les presses françaises ont dernièrement produit de plus beau et de meilleur se trouve détaillé, sans que les bonnes éditions anté-

rieures aient été négligées. Aussi, au lieu d'un volume de 3oo pages que formoit la première édition, son ouvrage absolument neuf en présente deux de près de 1000 pages. Nous avons pris sur nous d'ajouter au frontispice le titre de MANUEL DU BIBLIOPHILE, et nous nous y sommes décidé tant par la nature de ce travail important que par la définition du mot BIBLIOPHILE, que nous avons trouvée ainsi exposée dans le *Dictionnaire raisonné de bibliologie*, tom. I, pag. 52 : « BIBLIOPHILE. Cette dénomina-
« tion convient à toute personne qui aime les livres; le
« bibliographe et le bibliomane paroissent y avoir le
« même droit ; cependant je crois qu'il convient mieux
« à l'amateur qui ne recherche les livres ni par état ni
« par passion, mais qui, dirigé par le seul désir de
« s'instruire, aime et se procure les bons et les beaux
« ouvrages qu'il croit les plus propres à former une col-
« lection intéressante par le nombre et la variété des ar-
« ticles. La vraie philosophie guidée par le goût doit
« toujours déterminer le choix du *bibliophile* dans ses
« acquisitions. Entasser des livres sans discernement
« n'est pas prouver qu'on les aime. Ce n'est donc pas ce-
« lui qui a le plus de livres, mais celui qui possède les
« meilleurs, qui mérite le titre de *bibliophile*. Si la pas-
« sion du bibliomane est précieuse pour le commerce de
« la librairie, le goût du *bibliophile* l'est bien davantage
« pour le progrès des lettres, des sciences et des arts,
« parce que ne s'attachant qu'aux bons ouvrages, il rend
« nécessairement les auteurs plus circonspects, plus dif-
« ficiles et plus soigneux dans leurs productions. Il nous
« semble donc que le titre de *bibliophile* ne doit appar-
« tenir qu'à celui qui aime les livres comme on doit les
« aimer, et non à celui qui a la manie de vouloir tout

« envahir, ou dont la passion s'égare dans des recher-
« ches d'ouvrages, rares à la vérité, mais la plupart du
« temps inutiles, et qu'un aveugle caprice fait parfois
« centupler de valeur. »

D'après cette définition, nous pensons qu'en ajoutant au frontispice du *Traité du choix des livres* ces mots, MANUEL DU BIBLIOPHILE, nous faisons une chose d'autant plus juste et d'autant plus exacte, qu'il n'est question dans l'ouvrage, que des productions les plus estimées des hommes de bien et des gens de goût, et par conséquent les plus dignes d'entrer dans le cabinet d'un amateur qui n'a à cœur qu'une instruction aussi variée que solide, et un délassement aussi agréable que licite.

DIVISIONS DE L'OUVRAGE.

TOME PREMIER.

Discours préliminaire. . . . . page ix

PREMIÈRE PARTIE.

De la nécessité de faire un choix dans l'innombrable quantité de livres qui existent; sur quels ouvrages doit porter ce choix; et quels sont les motifs qui doivent le déterminer. . . pag. 1

SECONDE PARTIE.

De la prédilection particulière que des hommes célèbres de tous les temps ont eue pour certains ouvrages, et surtout pour les chefs-d'œuvre littéraires. . . . . pag. 29
De la Bible considérée sous le rapport religieux, moral, historique et littéraire. . . . . pag. 219

TOME SECOND.

TROISIÈME PARTIE.

Notice indicative et succincte des morceaux les plus beaux et les plus estimés que l'on a toujours distingués dans les chefs-d'œuvre littéraires des auteurs du premier ordre et de quelques écrivains du second. . . . . pag. 1

QUATRIÈME PARTIE.

Mémorial bibliographique, indiquant sommairement les éditions les plus correctes et les plus belles des meilleurs ouvrages de la littérature sacrée, grecque, latine, française et étrangère. p. 127
Mémorial : *Religion*. 132
    Jurisprudence. 153
    Sciences et Arts. 179
    Belles-Lettres. 227
    Histoire. 355

CINQUIÈME PARTIE.

De l'établissement d'une bibliothèque; de la disposition des tablettes; des soins qu'exigent les livres; de leurs formats; de leur reliure; et de leur classification. . . . . pag. 418
Emplacement. 418
Du corps de bibliothèque et de la disposition des tablettes. 419
Des soins qu'exige une bibliothèque. 424
Du format des livres. 427
De la reliure des livres. 434
De la classification des livres. 442
Additions 447
Table des matières.

DISCOURS PRÉLIMINAIRE.

Caractères distinctifs de l'homme, la pensée et la parole, qui lui assignent le premier rang parmi les êtres animés, sont sans contredit les preuves les plus irréfragables de sa céleste origine et en même temps de sa destination à communiquer avec ses semblables et à vivre en société; mais si le plus beau, le plus noble attribut que nous ayons reçu de l'Auteur de la nature, est la faculté de manifester nos pensées par la parole, il faut convenir que la plus grande et la plus étonnante découverte dont puisse s'honorer l'esprit humain, est celle de l'écriture (1). Habitués à parler dès

---

(1) On a beaucoup disserté sur l'origine de l'écriture. (Nous ne parlons ici que de l'écriture alphabétique.) Les opinions des savans tant anciens que modernes, sont divisées entre trois peuples qui se disputeroient l'honneur de cette découverte. Cicéron, Jamblique, Tertullien, Plutarque, etc., défèrent cette gloire aux Egyptiens, dans la personne de Thoth, fils d'Hermès ou Mercure-Trismégiste. Pline et Diodore de Sicile regardent les Phéniciens comme les pères de l'écriture. Kircher s'est déclaré pour les Égyptiens; il a été vivement combattu par Renaudot. Buxtorf, Conringius, Spanheim, Meier, Morin, Bourguet et Court de Gebelin se sont prononcés ouvertement pour les Chaldéens. Mais selon Génebrard, Bellarmin, Huet, Montfaucon, Calmet, Renaudot, Jos. Scaliger, Grotius, Casaubon, Walton, Bochart, Vos-

que nous quittons le sein maternel, habitués dès le bas âge à tracer des caractères sur le papier,

---

sius, Prideaux, Capelle, Simon, le président de Brosses, etc., etc., tout dépose exclusivement en faveur des Phéniciens. Nous partageons cette dernière opinion, en ce sens que par la Phénicie on ne doit pas seulement entendre les villes de la côte maritime de la Palestine, mais encore la Judée et le pays des Chananéens, et des Hébreux, (car les Phéniciens n'étoient primitivement que le reste des anciens Chananéens que les Israélites n'avoient point chassés). Ainsi, par écriture phénicienne ne pourroit-on pas entendre la samaritaine (avec laquelle elle a une telle analogie que Scaliger et Bochart ont donné le nom de samaritain et de phénicien au même alphabet)? Le samaritain dont nous parlons est l'ancien caractère hébreu qu'il ne faut pas confondre avec l'hébreu carré ou chaldéen, adopté depuis la captivité, suivant S. Jérôme, Saint Irénée et Saint Clément d'Alexandrie. Ce qui nous fait pencher vers ce sentiment, c'est que le monument historique le plus ancien, le plus certain, le plus authentique où il soit question de l'art d'écrire, est le Pentateuque ; et l'on ne peut guère douter qu'il n'ait été écrit en vieux samaritain ou hébreu primitif. Entre une infinité de passages de ce livre antique, qui attestent que l'art de l'écriture existoit déjà, nous citerons les suivans tirés de l'Exode (*cap.* xvii, ℣ 14) : *Dixit autem Dominus ad Moysen:* SCRIBE *hoc ob monimentum in libro ;* et plus loin (*cap.* xxiv, ℣ 4) : SCRIPSIT *autem Moyses universos sermones Domini ;* ailleurs (*cap.* xxxiv, ℣ 27) : *Dixit Dominus ad Moysen :* SCRIBE *tibi verba hæc*, etc., etc. C'est Moyse lui-même (1571 avant J.-C.), qui s'exprime ainsi; et Job, que, d'après son livre, on juge contemporain de Jacob (environ 1720 ans avant J.-C.), nous parle aussi de l'écriture: *Quis mihi tribuat* (dit-il, *cap.* xix, ℣ 23 et 24), *ut* SCRIBANTUR *sermones mei? Quis mihi det ut* EXARENTUR *in* LIBRO? *Stylo ferreo, et plumbi laminâ, vel celte* SCULPANTUR *in silice?* Plus loin (*cap.* xxxi, ℣ 35) : *Et librum* SCRIBAT *ipse qui judicat;* etc. Ces passages ne prouvent-ils pas évidemment que l'écriture étoit déjà, dans ces temps reculés, très familière aux Hébreux? Ni Job, ni Moyse n'en parlent point comme d'une

nous ne réfléchissons pas assez sur les merveilles
de la parole (1), et sur les merveilles plus grandes

---

découverte ; ils s'expriment à ce sujet aussi naturellement, aussi
simplement que nous le ferions aujourd'hui, si nous parlions d'é-
crire une lettre, un discours, un livre. L'invention de l'écriture
dont ils faisoient usage, étoit donc antérieure au temps où ils
vivoient ; et cette écriture devoit être celle du peuple dont ces
écrivains faisoient partie. D'ailleurs, les Phéniciens étoient-ils an-
térieurs aux Hébreux, dont Abraham est la souche ? Leur illus-
tration vient du commerce, dont ils furent redevables au voisinage de la mer ; mais ce commerce ne fut florissant qu'après
Moyse. Nous ne parlerons ici ni de Cécrops, ni d'Agenor, ni de
Cadmus, parce qu'ils passent moins pour avoir inventé l'art d'é-
crire, que pour l'avoir transféré aux Grecs. D'après ce que nous
venons d'exposer, nous pensons que l'écriture a pris naissance
dans le pays des Hébreux ; que sans doute Joseph, puis ses frères,
la connoissoient lorsqu'ils abordèrent en Égypte, et que l'écha-
faudage de l'origine des lettres attribué au fabuleux Thoth (qui
n'est peut-être que Joseph ou Moyse), n'a été élevé par l'imagination des premiers historiens ou des poëtes, bien postérieurs à ces
temps reculés, que sur la vérité historique des Livres saints, dont
la tradition s'étoit altérée, défigurée, puis perdue chez les autres
peuples.

(1) La Harpe dit : « Quand on pense à tout le chemin qu'il a
fallu faire pour parvenir à un langage régulier et raisonnable,
malgré ses imperfections, la formation des langues paroît une
des merveilles de l'esprit humain, que deux choses seules rendent
concevable, le temps et la nécessité. » Cette pensée avoit été plus
développée par Scaliger, long-temps auparavant : « Trois causes,
dit-il, ont contribué d'abord à former, et par la suite à perfectionner le langage, savoir : la nécessité, l'usage, et le désir de
plaire. La nécessité produisit un ensemble de paroles très impar-
faitement liées ; l'usage, en les multipliant, leur donna plus d'expression, et c'est au désir de plaire qu'on dut ensuite ces tournures, cet heureux assemblage de mots qui donnent aux phrases
de l'élégance et de la grâce. »

encore de l'écriture. Cependant, quoi de plus digne de notre attention que ces deux objets, dont le dernier surtout est un prodige si inconcevable pour l'homme de la nature (1), et si admirable pour l'homme social par l'influence qu'il a eue sur les progrès de la civilisation ! La pensée, plus

---

(1) L'anecdote suivante, tirée du Voyage de John Crevecœur dans la Haute Pensylvanie, *Paris*, 1801, 3 *vol. in-8°*, n'est pas étrangère à notre sujet : « Un jeune guerrier sauvage, ayant un jour conté l'histoire de sa nation à un habitant des Etats-Unis, celui-ci prit d'abord quelques notes, et se rappelant ensuite les circonstances que le Sauvage lui avoit racontées, il les écrivit, et lut cette histoire à celui dont il la tenoit. L'étonnement du Sauvage fut extrême. Quoi ! dit-il, avec une plume tenue par trois doigts, tu peux dire à mes paroles : Arrête-toi sur cette écorce ; et elles s'y arrêtent ! Toutes les fois qu'il t'en prendra fantaisie, tu pourras lui dire encore : Répète-moi ces pensées ; et elle te les répétera ! Pourquoi avec nos dix doigts n'en pouvons-nous pas faire autant ? Comment ces lignes mortes, comme celles que nos enfans tracent sur le sable, peuvent-elles redire les paroles vivantes d'un homme absent ou parti pour l'Ouest ? C'est le faire parler sans qu'il ouvre la bouche, et même après que ses yeux ont cessé de voir le soleil de la vie. Que distinguent-ils donc, les tiens, dans ces petites figures noires que tu traces avec tant de rapidité ? Pourroient-ils voir quelque chose là où les miens, qui valent bien les tiens, ne voient cependant rien ? Comment peuvent-elles émettre un son, une idée ? Auroient-elles donc une ame, une voix ? Ou bien, est-ce toi qui leur prête la tienne ? Mais peut-être parlent-elles à tes oreilles ? Voyons !..... Je ne les entends pas ; les entends-tu, toi ? — Non. — Eh bien ! si elles sont aussi muettes pour toi que pour moi, comment as-tu donc fait pour répéter ce que je t'avois dit ? etc., etc., etc. » Le Voyage de Crevecœur est un cadre ingénieux dans lequel il a peint au naturel les mœurs des Sauvages d'Onéida. Cet ouvrage est une espèce de suite à ses *Lettres d'un Cultivateur américain*, Paris, 1787, 3 *vol. in-8°*.

fugitive encore que la parole, et la parole elle-même qui n'est qu'un son qui frappe l'air et disparoît aussitôt, acquièrent l'une et l'autre par l'écriture une existence permanente qui leur permet de franchir, sans s'altérer, l'espace des siècles même les plus barbares et des lieux les plus reculés. Oui, cet art étonnant qui, moyennant un burin ou style, un roseau, une plume, rend une substance brute (1) la dépositaire et l'inter-

---

(1) Chez les anciens comme chez les modernes, la pierre, la brique, le marbre, l'or, l'argent, le bronze, le plomb, le bois, le parchemin, etc., ont reçu des caractères d'écriture ; mais le papyrus a été remplacé chez les modernes d'abord par le papier de coton, puis par celui de chiffons.

Quant à l'écriture courante, les anciens, et particulièrement les Romains, avoient cinq sortes de matières sur lesquelles ils la traçoient. Ils écrivoient journellement I° sur des tablettes enduites de cire, avec un style pointu à l'une des extrémités pour tracer les lettres, et applati de l'autre pour effacer les mots quand on le jugeoit à propos; d'où le *sæpè stylum vertas* d'Horace, tournez souvent le style, c'est-à-dire, effacez, corrigez souvent; II° sur du papier d'Egypte, *papyrus*, composé des pellicules d'une plante de ce nom qui croissoit sur le Nil. En collant ces pellicules deux à deux l'une contre l'autre en sens contraire, on en formoit des feuilles de toute dimension et de toute qualité, depuis l'*augusta regia* ou *macrocolla*, papier fin de deux pieds de long, jusqu'à l'*emporetica* ou *scabra bibulaque*, papier d'enveloppe. C'est du temps d'Alexandre qu'on a découvert le papyrus, et il a cessé d'être en usage vers le VIII° siècle, parce que la conquête d'Alexandrie par les Sarrasins, au commencement du VII° siècle, fut cause que l'importation du papyrus d'Egypte en Europe cessa presqu'entièrement ; III° sur des écorces d'arbres, principalement du hêtre ou du tilleul, non pas les écorces extérieures, mais les intérieures, ce qu'on nomme le *liber* : elles se préparoient à-peu-près comme

prête de la pensée, a la propriété d'arrêter le temps dans sa course rapide, d'affranchir le génie de la nuit du tombeau; de calmer les douleurs de l'absence et de rapprocher les siècles. Moyse existoit il y a plus de trois mille ans, et nous entendons encore Moyse, inspiré par l'Esprit divin, nous raconter les merveilles de la création ; nous le voyons au pied du Sinaï, confident du Très-Haut, poser les bases de sa législation immortelle sur ces Tables sacrées qu'il reçut de Dieu lui-même. A chaque heure du jour nous pouvons interroger

---

les pellicules du papyrus; IV° sur des peaux d'animaux passées, que l'on appeloit *membrana*, et que l'on a nommées depuis *pergamena*, parchemin, dont on rapporte l'invention à Eumène, roi de Pergame. Mais nous avons prouvé, dans notre *Histoire du parchemin et du vélin*, 1812, in-8°, qu'Eumène avoit seulement perfectionné et non inventé l'art de préparer le parchemin ; V° sur des morceaux de toile préparés pour recevoir l'écriture. Ce sont les livres faits de cette substance, que Tite-Live et Pline nomment *libri lintei*.

Sur ces quatre dernières sortes de matières on écrivoit, comme font encore aujourd'hui les Orientaux, avec un roseau trempé dans une encre à-peu-près semblable à la nôtre. L'usage des plumes est, dit-on, connu depuis le v° siècle ; mais il n'a été généralement adopté que depuis le x°. Le P. du Halde prétend que l'encre de la Chine date de onze siècles avant J.-C. Le papier de chiffons ne remonte guère au-delà du xiii° siècle ; c'est le papier de coton dont les Grecs se servoient depuis le ix° siècle, qui lui a servi de modèle. Le plus ancien monument sur papier de chiffons, daté de 1239. (Voyez notre *Dictionnaire de Bibliologie*, 1802, 3 *vol. in-*8° ; nous y donnons la description historique de toutes les espèces de papiers anciens et modernes, et en général de toutes les matières subjectives de l'écriture.)

Homère, et Homère nous dira en vers sublimes la colère d'Achille et son repos si fatal aux Grecs. Virgile, son heureux émule, est également au milieu de nous, toujours disposé à nous attendrir sur les dernières infortunes de l'antique Ilium, et à nous découvrir, dans le terme des longs travaux du pieux Énée, la première origine du peuple Latin et de la superbe Rome, *genus undè latinum.....* *atque altæ mœnia Romæ.* Les siècles orageux et barbares qui se sont écoulés depuis Démosthène et Cicéron, n'ont point étouffé la voix foudroyante de ces deux princes de l'éloquence ; ils tonnent encore à la tribune, sur tous les points de l'Europe savante, comme aux beaux jours de la Grèce et de Rome. Horace nous enchante comme il enchanta Auguste, Mécène et le peuple roi, par la finesse de son génie, le charme de ses vers, et surtout par son aimable philosophie si bien appropriée aux sons de sa lyre. L'histoire déroulant à nos yeux ses longues annales, semble ajouter à notre courte et fragile existence celle de tous les siècles qui nous ont précédés. Un ami que nous chérissons tendrement, est séparé de nous par l'immensité des mers ; une substance mince, blanche, légère et de nulle valeur (1) à laquelle

___

(1) On trouve dans un des opuscules de Voltaire, un passage assez plaisant et d'une bonne philosophie, sur la fabrication du papier. Après avoir critiqué quelques ouvrages modernes, il dit :
Tout ce fatras fut du chanvre en son temps;

il a confié sa pensée, nous parvient ; la distance disparoît à l'instant ; nous voyons cet ami, nous l'entendons, nous lisons dans son cœur, nous savons ce qu'il pense, ce qu'il fait, quoique dans un aussi grand éloignement il soit pour nous comme s'il n'existoit plus. Cet adoucissement de l'absence est parfaitement rendu par S^t. Jérôme, dans une lettre qu'il adresse à deux de ses amis (1) : « En ce moment, dit-il, je m'entretiens avec vos « lettres ; je les baise, elles me parlent. Toutes « les fois que je parcours ces caractères tracés par « votre main et qui me rappellent vos traits ché- « ris, il me semble ou que je ne suis plus ici, « ou que vous y êtes près de moi » Et le com-

---

Linge il devint par l'art des tisserands,
Puis en lambeaux des pilons le pressèrent ;
Il fut papier ; cent cerveaux à l'envers
De visions à l'envi le chargèrent ;
Puis on le brûle, il vole dans les airs,
Il est fumée aussi bien que la gloire.
De nos travaux voilà quelle est l'histoire ;
Tout est fumée, etc., etc.

(1) « Nunc cum vestris litteris fabulor, illas amplector ; illæ mecum loquuntur. Quotièscumque carissimos mihi vultus notæ manus referunt impressa vestigia, totiès aut ego hic non sum, aut vos hic estis. « (S. Hieron., lib. I, ep. 37, *ad Chromatium Jovinum et Eusebium.*)

Saint Augustin écrivoit aussi à Saint Jérôme (*epist.* 40) : « Libri quidem quos de horreo dominico elaborasti, penè totum te nobis exhibent. » C'étoit le beau travail de Saint Jérôme sur la Bible.

merce, et l'industrie, et les lois, et les sciences, et les beaux-arts, que seroient-ils sans l'écriture? La parole seule n'eût établi que des rapports très limités entre les individus ; et grâce à l'écriture, les relations d'homme à homme, de peuples à peuples, de contrées à contrées, se sont étendues sur toute la surface du globe.

Tels sont cependant les bienfaits de cet art divin ; mais le plus grand de tous est d'avoir contribué à polir la société, à l'enrichir des productions du génie et à étendre l'empire des lettres. Les lettres! Quel charme elles répandent sur la vie! Quelles douces jouissances elles procurent, surtout quand on les honore d'un culte pur et qu'on ne les fait point servir d'aliment aux passions! Aussi l'un des plus beaux génies du monde, pénétré de leur utilité et de leur importance, en a fait un éloge digne d'elles et digne de lui. Quoique la vérité et le charme de ce morceau l'aient fait répéter mille fois, il tient tellement à notre sujet, que nous croirions mériter un reproche si nous le passions sous silence. L'orateur romain, dans la cause de son ami Archias, après avoir parlé de Scipion l'Africain, de C. Lælius, de L. Furius, qui joignoient l'étude et l'instruction à un excellent naturel, et de Caton l'Ancien, l'homme le plus savant de son siècle, s'exprime ainsi (1) : « Assurément ces illustres Romains, s'ils avoient cru que les lettres ne fussent d'aucun secours pour connoître et pratiquer la vertu, ne se seroient jamais appliqués à les cultiver. Mais quand même on n'envisageroit pas cet inappréciable avantage, et que dans l'étude on n'auroit en vue que le plaisir, cette récréation de l'esprit n'en devroit pas moins être regardée comme la plus douce et la plus honnête ; car les autres plaisirs ne sont ni de tous les temps, ni de tous les âges, ni de tous les lieux ; les lettres, au contraire, forment la jeunesse, réjouissent la vieillesse, embellissent la prospérité, offrent un asile et des consolations dans l'adversité. Elles nous amusent dans nos loisirs et ne nuisent point à nos affaires. Compagnes de nos veilles, de nos voyages, de nos travaux champêtres, elles font

---

(1) « Qui profectò (clarissimi viri supra dicti) si nihil ad percipiendam colendamque virtutem litteris adjuvarentur, numquam se ad earum studium contulissent. Quod si non hic tantus fructus ostenderetur, et si ex his studiis delectatio sola peteretur ; tamen, ut opinor, hanc animi remissionem, humanissimam ac liberalissimam judicaretis. Nam cæteræ neque temporum sunt, neque ætatum omnium, neque locorum : hæc studia adolescentiam alunt, senectutem oblectant, secundas res ornant, adversis perfugium ac solatium præbent ; delectant domi, non impediunt foris, pernoctant nobiscum, peregrinantur, rusticantur. Quòd si ipsi hæc neque attingere, neque sensu nostro gustare possemus, tamen ea mirari deberemus, etiam quùm in aliis videremus. » (*Pro* Archia *poeta*.)

par-tout le charme de notre vie. Fussions-nous incapables d'atteindre par nous-mêmes à un plaisir si noble et d'en goûter toutes les douceurs, encore devrions-nous l'admirer dans les autres. »

Après avoir lu ce bel éloge des lettres, on ne doit pas être surpris que son auteur ait eu une vive passion pour les livres. De l'amour des lettres à l'amour des livres, la transition est naturelle. Aussi voyons-nous Cicéron revenir très souvent sur cet objet dans ses ouvrages, mais particulièrement dans sa correspondance avec son ami Pomponius, qui, demeurant à Athènes, s'étoit chargé de ses acquisitions en statues, tableaux et livres, dans cette ville encore célèbre à cette époque (1) : « Ayez soin, je vous prie, lui écrit

---

(1) « Tu velim (*lib.* I, ad *Atticum*, epis. 3), ea quæ nobis emisse et parasse scribis, des operam ut quamprimum habeamus : et velim cogites, id quod mihi pollicitus es, quemadmodum bibliothecam nobis conficere possis. Omnem spem delectationis nostræ, quam, cùm in otium venerimus, habere volumus, in tua humanitate positam habemus. — *Et ailleurs* (epist. 6) : Bibliothecam tuam cave cuiquam despondeas, quamvis acrem amatorem inveneris : nam ego omnes meas vindemiolas eo reservo, ut illud subsidium senectuti parem. — *Plus loin* (epist. 9) : Libros tuos conserva ; et noli desperare eos me meos facere posse. Quod si assequor, supero Crassum divitiis, atque omnium vicos et prata contemno. — *Dans un autre endroit* (epist. 20) : L. Papirius Pætus, vir bonus, amatorque noster, mihi libros eos, quos Ser. Claudius reliquit, donavit....... Si me amas, si te à me amari scis, enitere per amicos, clientes, hospites, libertos denique, ac servos tuos ut scheda ne qua depereat. Nam et græcis his libris

Cicéron, de m'envoyer le plutôt possible les objets que vous me mandez avoir achetés et rassemblés pour moi. Songez surtout, comme vous me l'avez promis, à me composer une bibliothèque. Je compte sur vos soins obligeans pour me procurer le plaisir dont je jouirai quand j'aurai quelques momens de loisir. — Ne traitez avec personne de votre bibliothèque, quelque haut prix que l'on vous en offre; car je destine toutes mes petites épargnes à me procurer cette ressource dans ma vieillesse. — Conservez-moi vos livres et ne désespérez pas que je ne puisse un jour en faire l'acquisition. Si j'en viens à bout, je me croirai plus riche que Crassus ; et toutes les maisons de campagne, toutes les terres ne seront

---

quos suspicor, et latinis quos scio illum reliquisse, mihi vehementer opus est. Ego autem quotidiè magis, quod mihi de forensi labore temporis datur, in his studiis conquiesco. Per mihi, per, inquam, gratum feceris, si in hoc tam diligens fueris, quam soles in his rebus, quas me valde velle arbitraris. — *Ailleurs* (lib. IV, epist. 4) : Perbellè feceris si ad nos veneris : offendes designationem Tyrannionis mirificam in librorum meorum bibliothecâ ; quorum reliquiæ (après son exil) multò meliores sunt quam putaram. Et velim mihi mittas de tuis librariolis duos aliquos, quibus Tyrannio utatur glutinatoribus, ad cætera administris, iisque imperes, ut sumant membranulam, ex qua indices fiant, quos vos Græci, ut opinor, *syllabous* appellatis; sed hæc si tibi erit commodum. — *Un peu plus loin* (epist. 8): Postea verò quàm Tyrannio mihi libros disposuit, mens addita videtur meis ædibus : qua quidem in re mirifica opera Dionysii et Menophili tui fuit. Nihil venustius quam illa tua pegmata : postquam sillybis libros illustrarunt valdè. »

rien pour moi auprès de ce trésor. — L. Papirius Petus, honnête homme de mes amis, m'a fait présent des livres que S. Claudius lui a laissés... ; si vous m'aimez, si vous croyez que je vous aime, engagez, je vous prie, vos amis, vos cliens, vos hôtes, vos affranchis enfin, et vos esclaves à surveiller de manière à ce qu'il ne s'en perde pas un feuillet. J'ai le plus grand besoin des livres grecs que j'espère y trouver, et des latins que je sais y être. Tout le temps que me laissent les affaires du barreau, je l'emploie à me délasser au milieu de mes livres. Vous me ferez le plus sensible plaisir, si vous apportez à cette affaire tout le soin que vous avez coutume de donner à ce que j'ai le plus à cœur. — Vous ferez très bien de venir me voir. Vous serez content du bel ordre dans lequel Tyrannion a disposé ma bibliothèque, dont les restes (*elle avoit été pillée pendant son exil*) valent beaucoup mieux que je ne m'y attendois. En attendant, je vous prie de m'envoyer deux de vos ouvriers en livres (*ce que sont nos relieurs maintenant*), qui, sous l'inspection de Tyrannion, colleront les miens et y feront tout ce qui est de leur ressort. Vous leur direz de se pourvoir de ce parchemin fin dont on se sert pour écrire les titres, et que vous autres Grecs, appelez, je crois, *syllabous*; mais tout cela à votre commodité. — Depuis que Tyrannion a arrangé ma bibliothèque, je la regarde comme l'ame de ma maison. Dionysius et Menophilus (*les deux ouvriers mentionnés ci-dessus*) ont parfaitement réussi. La propreté avec laquelle ils ont couvert mes livres, et la disposition des cases (sur les rayons) que vous avez imaginées, font un effet très agréable, etc., etc. (1) »

---

(1) Les bibliothèques des Romains étoient disposées à-peu-près comme le sont actuellement les boutiques de marchands de papiers de tenture; mais les rayons, divisés par cases, *capsæ* ou *foruli*, étoient enfermés dans des armoires, et même, dans les derniers temps, sans doute sous des vitraux, si l'on en croit Boece, dans son livre *De la Consolation*. Il prétend que les murs étoient couverts d'ivoire: il veut sans doute dire les tablettes ou les armoires, comme nous le verrons bientôt dans Séuèque. On lit dans Isidore que les plus habiles architectes ne pensoient pas que l'on dût décorer les bibliothèques de lambris dorés, ni les parqueter autrement qu'en marbre de Caristo, parce que l'éclat de l'or éblouit, au lieu que le beau vert de ce marbre repose agréablement la vue. On glissoit les volumes (*volumina* de *volvere*) ou rouleaux dans les cases. Chaque volume étoit composé d'une ou de plusieurs feuilles (vingt au plus) collées ensemble, et roulées autour d'un bâton nommé *cylindrus*, ou *bacillus*, ou *surculus*, dont les extrémités ou boutons, *bullæ*, étoient appelés *umbilici* ou *cornua*. Les deux côtés extérieurs des feuilles, ou les tranches, se nommoient *frontes*, et les extrémités du bâton étoient ordinairement décorées de morceaux d'ivoire, quelquefois enrichis d'or et de pierres précieuses. C'est sur ces extrémités que l'on mettoit le titre de l'ouvrage, sans doute le *syllabous* des Grecs. Les feuillets qui composoient les volumes se nommoient pages, *paginæ*, du mot *pangere*, lier ensemble; comme le mot tome vient du Grec *tomos* de *temnô*, couper, diviser, c'est-à-dire, section, partie d'ouvrage.

Dans chaque bibliothèque il y avoit un ou plusieurs *scrinium*. C'étoit une espèce de boîte ronde, ressemblant assez à nos étuis de

Nous ne finirions point, si nous voulions, non pas rapporter, mais seulement indiquer tous les passages des ouvrages de Cicéron qui attestent son goût pour les livres. Cette louable passion étoit bien partagée par les Lucullus, les Caton, les Pollion, les Varron, les Sénèque, les Pline (1), etc., etc., et même elle étoit devenue par la suite assez commune, puisque chez un simple parti-

---

manchon, ou plutôt à la mesure en bois que l'on nomme maintenant boisseau. Elle servoit à mettre les volumes ou rouleaux que l'on vouloit avoir près de soi, lorsqu'on travailloit ou que l'on désiroit varier ses lectures sans se déranger. Les écoliers avoient aussi leur *scrinium* pour porter leurs livres en classe ; mais il étoit de plus petite dimension, et on l'appeloit plus volontiers *capsa*, d'où le nom de *capsarius* donné à l'esclave chargé de les conduire chez leurs maîtres. On voit des figures de *scrinium* dans les peintures d'Herculanum, tom. II, pl. 2, et dans la *Galerie mythol.* de M. Millin, n.° 65. Ces boîtes et autres de même forme ayant été destinées à mettre des parfums et des bijoux, on a fait de *scrinium* le mot écrin.

(1) Lucullus, par suite de ses victoires dans le Pont, tira de ce royaume un nombre considérable de livres, comme Paul-Émile en avoit tiré de Persée, roi de Madécoine, après l'avoir vaincu, et Sylla, d'Athènes, après la prise de la ville. Lucullus, outre cela, s'en procura encore un très grand nombre ; aussi sa bibliothèque, dont nous parlons tom. I, *pag.* 54, étoit très renommée à Rome.

Le Caton dont il est ici question, est celui dont Cicéron (*de Finibus* etc., lib. III, 7) dit : « Il avoit une telle avidité pour la lecture, que, sans craindre la vaine critique du vulgaire, il lisoit souvent au Palais, pendant que le Sénat s'assembloit. Je le trouvai un jour dans la bibliothèque du jeune Lucullus, à la campagne, environné d'une foule de livres de l'école des Stoïciens. C'est dans ce moment de loisir et parmi tous ces volumes qu'il

culier à Herculanum, il existoit (dans le premier siècle de l'ere vulgaire) une bibliothèque d'à-peu-près dix-sept cents volumes ou rouleaux, que la lave du Vésuve a conservés jusqu'à nos

---

paroissoit affamé de livres, *helluo librorum*, s'il est permis d'employer ce terme pour exprimer une telle passion. »

Asinius Pollion fonda à Rome la première bibliothèque publique; elle étoit placée sur le Mont Aventin. Auguste établit une bibliothèque grecque et latine sur le Mont Palatin, et une autre, au nom de sa sœur Octavie, près du théâtre de Marcellus. En outre, il y en avoit une au Capitole, une dans le palais de Tibère, puis la bibliothèque Ulpienne fondée par Trajan, et réunie par Dioclétien à ses Thermes, pour en augmenter la magnificence.

Varron, l'un des plus savans et des plus féconds auteurs latins (il a fait près de cinq cents ouvrages), fut chargé par J. César de la direction des bibliothèques que ce dictateur se proposoit d'établir. Octave lui continua sa confiance pour le même objet; et Varron est le seul auteur romain dont la statue ait été placée de son vivant dans une bibliothèque publique.

Sénèque, qui avoit le goût des lettres, devoit avoir une fort belle bibliothèque, puisque, tout en écrivant sur le mépris des richesses, il jouissoit, dit-on, de trois millions de revenus.

Combien Pline l'Ancien n'a-t-il pas dévoré de livres pour composer son grand ouvrage? Personne n'a été plus passionné que lui pour la lecture; au lit, à table, à la promenade, il lisoit par-tout. « Je me souviens, dit son neveu (liv. III, epitr. 5), qu'un jour le lecteur ayant mal prononcé quelques mots, un de ceux qui étoient à table l'obligea de recommencer. Quoi! ne l'avez-vous pas entendu, dit mon oncle? — Pardonnez-moi, reprit son ami. — Pourquoi donc le faire répéter? votre interruption nous coûte plus de dix lignes. »

Pline le Jeune avoit bien hérité de cette passion de son oncle; mille passages de ses lettres en font foi, surtout celui où il dit : « *Mecum tantum et cum libellis loquor. O rectam sinceramque vitam! O dulce otium, honestumque ac penè omni negotio pulchrius!* »

jours, mais que la chaleur avoit tellement calcinés et noircis, qu'à leur découverte (le 3 nov. 1753) on les prit pour des charbons. Cette erreur en fit d'abord détruire un certain nombre, et ensuite on éprouva toutes les peines du monde à en dérouler quelques fragmens (1).

---

(1) Ces fragmens ont été publiés à Naples avec des *fac-simile*, en 1793, 1797 et 1809, 3 *vol. in-folio*. Les auteurs dont on a déjà pu découvrir des fragmens sont Philodème sur la musique et sur la rhétorique; Epicure sur la nature; Démétrius sur la géométrie, etc.; Colotès sur l'Isis de Platon; Polystrate sur la morale, etc.; Chrysippe sur la Providence, etc.; Phædrus, ami de Cicéron, sur la nature des Dieux, etc., etc. On voit par là que le goût dominant du propriétaire de cette bibliothèque étoit la philosophie et les arts.

M. Humphrey Davy, célèbre chimiste anglais, a présenté quelques observations relatives aux manuscrits d'Herculanum sur le déroulement desquels il a fait comme plusieurs autres, des essais à peu près infructueux. Il dit que le papyrus des manuscrits romains est en général plus épais que celui des manuscrits grecs. Les caractères romains sont ordinairement plus grands et les rouleaux plus volumineux. Les caractères des manuscrits grecs, à l'exception d'un petit nombre, sont plus parfaits que les latins. Il paroît à M. Davy que les Romains, du moins jusqu'à Pline, n'ont point fait usage d'encre de noix de galle et de fer pour écrire. Il est remarquable, ajoute M. Davy, qu'il ne s'est trouvé dans toute la collection des manuscrits d'Herculanum aucun fragment de poésie grecque, et un très petit nombre seulement de poésie latine. Environ cent colonnes de différens ouvrages, déroulés sous la direction de M. Hayter et aux frais du roi Georges IV, ont été copiées et gravées par les artistes employés au musée. Il n'y a pas de doute que les rouleaux qui se trouvent au musée n'aient été dans un bien meilleur état, à l'époque où ils ont été découverts; les plus parfaits même ont été fort endommagés pendant les 69 ans qu'ils ont été exposés à l'air.

Ce qui prouve encore combien les Romains mettoient d'empressement à former des collections de livres, même comme objet de luxe, ce sont les plaintes que forme à cet égard Sénèque, plaintes qui pourroient s'adresser à plus d'un moderne (1) : « Rien de plus noble, dit-il, que la dépense qu'on fait pour se procurer des livres. Mais il ne faut pas que cela soit poussé à l'excès. A quoi sert une quantité innombrable de volumes dont le maître pourroit à peine dans toute sa vie lire les titres ? Dévorer un grand nombre de livres, c'est surcharger sa mémoire. Il vaut beaucoup mieux s'en tenir à peu d'auteurs que d'en parcourir un grand nombre. Aujourd'hui que la plupart des hommes sont ignorans, les livres ne servent plus pour l'instruction, on n'en fait

---

(1) « Comparandorum librorum (inquit Seneca *de Tranquill.* cap. 9), impensa liberalissima est; at in câ habendus modus. Quid prosunt innumerabiles libri quorum dominus vix totâ vitâ suâ indices perlegit ? Onerat discentem turba ; multòque satius est tradere te paucis auctoribus, quam errare per multos. Nunc plerisque litterarum ignaris, libri non studiorum instrumenta sunt, sed ædium ornamenta. Paretur itaque quantum satis sit librorum, nihil in apparatum. Honestiùs, inquis, in libros impensas effundam, quam in vasa pretiosa, pictasque tabulas. Vitiosum est ubique quod nimium est. An ignoscas homini aptanti armaria cedro atque ebore, aut inter tot millia librorum oscitanti, cui voluminum suorum frontes maximè placent titulique? Apud desidiosissimos videbis quidquid orationum historiarumque est, et tecto tenùs exstructa loculamenta. Sicque sacrorum opera ingeniorum in speciem tantum et cultum parietum comparantur. » (*Extrait abrégé.*)

qu'une décoration d'appartement. On ne devroit se procurer que les ouvrages dont on a besoin, et non pas les acquérir pour en faire un vain ornement. Mais, direz-vous, ne fais-je pas mieux d'acheter des livres que des vases précieux et des tableaux? Par-tout l'excès est un défaut. Quelle idée avez-vous d'un homme qui assortit à grands frais des armoires de cèdre garnies d'ivoire, ou de celui qui bâille au milieu de tant de volumes, et dont le plaisir consiste à en lire les frontispices et les titres? On voit chez les hommes les plus oisifs tout ce qui appartient à l'histoire et à l'éloquence, et des rayons garnis jusqu'au plancher. C'est ainsi qu'on n'acquiert les productions sacrées du génie que pour en faire parade et pour en tapisser des murs (1). »

Quand Sénèque traçoit ces lignes, la décadence de la littérature romaine s'annonçoit déjà; et bientôt, marchant de front avec la décadence de l'em-

---

(1) Ce passage prouve qu'il y avoit à Rome des bibliothèques particulières assez volumineuses ; en effet on raconte qu'un certain Epaphrodite de Chéronée, grammairien qui a vécu à Rome dans l'intervalle du règne de Néron à celui de Nerva, possédoit une bibliothèque de trente mille volumes ; et Sammonicus Serenus, poëte du troisième siècle et médecin, que Caracalla fit tuer comme ayant été du parti du malheureux Geta, avoit réuni dans la sienne soixante-deux mille volumes, quantité prodigieuse sous le rapport de la cherté du parchemin, du papyrus et des manuscrits. Sammonicus son fils, hérita de cette collection précieuse, et en fit don à Gordien III, dont il étoit ou avoit été le précepteur.

pire, elle s'affoiblit insensiblement et finit par disparoître sous les épaisses ténèbres qui couvrirent l'Europe pendant près de mille ans. Invasions des Barbares sur tous les points de l'empire, destructions, ruines, mœurs grossières, usages bizarres, querelles religieuses, guerres civiles, schismes, meurtres, ignorance à-peu-près complète de la littérature classique, tels sont les tristes objets qu'offre le sombre tableau du moyen âge.

Quel fut le sort des lettres dans cette longue période de deuil et de misère? Que devinrent les beaux génies du siècle d'Auguste? Délaissés, méprisés, ignorés, ils n'échappèrent à une destruction totale qu'en se réfugiant furtivement dans quelques monastères (1), dans quelques souterrains où ils dormirent d'un long sommeil, qui pour les uns fut un sommeil de mort, et dont presque tous les autres ne se réveillèrent que mutilés, soit par les injures du temps, soit par un zèle

---

(1) On ne peut nier que si nous possédons maintenant une bonne partie des chefs-d'œuvre de la littérature classique, c'est aux moines du moyen âge que nous en avons obligation. Ces pieux cénobites employoient tout le temps que les exercices religieux ne réclamoient pas, à copier les anciens manuscrits, soit sacrés soit profanes. C'est ainsi qu'ils nous ont conservé beaucoup d'auteurs latins. Tous les grands monastères avoient chacun une chambre appelée *scriptorium*; c'est là que les copistes transcrivoient les manuscrits qui leur étoient désignés par l'abbé.

mal entendu de ceux qui, plus pieux qu'éclairés, croyoient pouvoir violer à leur égard les droits de l'hospitalité (1).

Cependant vers le xive siècle, l'horizon devient moins sombre. Les premiers points lumineux partent de l'Italie : le Dante, Pétrarque, Boccace, etc., chassent devant eux les ténèbres, et de tous côtés l'on commence à sentir le besoin de sauver du naufrage les débris des auteurs anciens, des modèles du goût en tous genres. Il seroit difficile d'exprimer la joie qu'éprouvoient les Pétrarque, les Le Pogge, les Léonard Arétin, les Guarini, quand ils découvroient quelques manuscrits poudreux des classiques, soit dans les couvens, soit au fond de quelques vieilles tours : *O lucrum ingens! ô inesperatum gaudium*, s'écrioient-ils (2) !

---

(1) C'est à la disette du parchemin dans ces temps malheureux, qu'il faut attribuer sans doute le funeste usage de remplacer sur cette substance le texte de quelques classiques par des ouvrages du temps. Mais cette perte, quelque déplorable qu'elle soit, est compensée par ce qui nous a été conservé; d'ailleurs on a déjà commencé à recouvrer dans ces *Codices rescripti*, des textes précieux grattés et cachés sous une écriture plus moderne. (V. à notre *Table générale* les mots Mai, Niebuhr, etc.)

(2) V. lettre de Léon. Arétin au Pogge, écrite aux ides de sept. 1416. Citons en passant l'un des plus grands explorateurs de livres, soit manuscrits soit imprimés, qui ait existé, G. Naudé. Rien n'est aussi plaisant que la manière dont Janus Nicius Erythræus (Jean Victor Rossi) raconte, dans une lettre à Tyrrhenus (Fabio Chigi, nonce du Pape à Cologne), le zèle, l'ardeur, les

Bientôt des particuliers pleins de goût, et assez riches pour acquérir les manuscrits découverts, ou assez patiens pour les copier, s'empressèrent de former des bibliothèques à leur usage. Parmi plusieurs qui existoient dans la première moitié du xve siècle, nous ne citerons que celle de Niccolo Niccoli et celle du cardinal Bessarion. La première étoit composée de huit cents manuscrits grecs, soit acquis, soit copiés par le propriétaire qui la légua à la République de Florence. M. Petit-Radel, dans ses *Recherches sur les Bibliothèques*, Paris, 1819, *in-8°*, *pag.* 235, estime cette collection 466,400 fr. de notre monnoie actuelle. La seconde, celle du cardinal Bessarion, étoit moins nombreuse (six cents volumes); mais elle étoit plus précieuse pour le choix des ouvrages. M. Petit-Radel dit, *pag.* 219, qu'elle avoit coûté au Cardinal 30,000 écus qu'il estime 653,600 fr. Une pièce très intéressante, qui, se rattachant au souvenir de cette bibliothè-

---

ruses, les fatigues de Naudé pour se procurer, dans un voyage qu'il fit à Rome en 1645, des livres précieux et à très bas prix. Après avoir dit tous les moyens qu'employoit ce vrai *bouquiniste* pour venir à bout de ses fins, Rossi le peint ainsi, sortant de la boutique ou des greniers des libraires : « At velles hominem ex tabernis bibliopolarum exeuntem, aspicere : risum profectò tenere non posses ; ita exit, capite, barbâ, vestibus, telis aranearum atque erudito illo pulvere qui libris adhæserat, plenus, ut ad eum depellendum, nullæ satis videantur esse excutiæ, nulli peniculi.... »

que, n'est point étrangère à notre sujet (l'éloge des lettres), est la lettre par laquelle le Cardinal fait don de sa riche collection au Doge (Christ. Moro) et au Sénat de Venise. Cette lettre prouve la passion du Cardinal pour les livres, et la pureté de son goût dans l'éloge qu'il en fait. Nous ne pouvons nous refuser au plaisir d'en rapporter une partie.

« (1) Dès ma plus tendre enfance, dit-il, tous

---

(1) « Equidem semper à tenerâ ferè puerilique ætate omnem meum laborem, omnemque operam, studium, curamque adhibui, ut quoscunque libros in omni disciplinarum genere compararem. Propter quod non modo plerosque et puer et adolescens manu meâ conscripsi; sed quidquid pecuniolæ seponere interim parca frugalitas potuit, in his coëmendis absumpsi. Nullam enim magis dignam atque præclaram suppellectilem, nullum utiliorem præstantioremque thesaurum parare mihi posse existimabam.

« Vocibus pleni, pleni antiquitatis exemplis, pleni moribus, pleni legibus, pleni religione, vivunt, conversantur, loquunturque nobiscum. Docent nos, instituunt, consolantur: resque à memoriâ nostrâ remotissimas, quasi præsentes nobis exhibent et ante oculos ponunt. Tanta est eorum potestas, tanta dignitas, tanta majestas, tantum denique numen, ut nisi libri forent, rudes omnes essemus atque indocti; nullam ferè præteritarum rerum memoriam, nullum exemplum, nullam denique nec humanarum nec divinarum rerum cognitionem haberemus; eadem urna quæ hominum corpora contegit, etiam nomina obrueret.

« Quamvis autem huic rei toto animo semper incubuerim, ardentiori tamen studio, post Græciæ excidium et detestandam Byzantii captivitatem, in perquirendis libris græcis omnes meas vires, omnem curam, omnemque operam, facultatem industriamque consumpsi. Verebar enim et vehementissime formidabam ne cum cæteris rebus tot excellentissimi viri, tot summorum virorum sudores atque vigi-

mes goûts, toutes mes pensées, tous mes soins n'ont eu d'autre but que de me procurer des livres pour en former une bibliothèque assortie. Aussi dès mon jeune âge, non seulement j'en copiois beaucoup, mais toutes les petites épargnes que je pouvois mettre de côté par une grande économie, je les employois sur-le-champ à acheter des livres ; et en effet, je croyois ne pouvoir acquérir ni d'ameublement plus beau, plus digne de moi, ni de trésor plus utile et plus précieux. Ces livres dépositaires des langues, pleins des modèles de l'antiquité, consacrés aux mœurs, aux lois, à la Religion, sont toujours avec nous, nous entretiennent et nous parlent; ils nous instruisent, nous forment, nous consolent; ils nous rappellent les choses les plus éloignées de notre mémoire, nous les rendent présentes, les met-

---

liæ, tot lumina orbis terræ brevi tempore periclitarentur atque perirent. Quemadmodum etiam superiori tempore tantam jacturam fecimus, ut ex ducentis viginti-millibus librorum, quæ Plutarchus refert in bibliotheca Apamæorum fuisse, vix mille ætate nostrà supersint. Conati autem sumus, quantùm in nobis fuit, non tam multos quam optimos libros colligere, et singulorum operum singula volumina; sicque cuncta ferè sapientium græcorum opera, præsertim quæ rara erant inventuque difficilia coegimus.

« Cæterum quum hæc sæpè mente repeterem, parum desiderio meo satisfecisse videbar, nisi pariter providerem, ut libri, quos tanto labore et studio coëgerim, me vivo ita collocarentur, ut etiam defuncto dissipari alienarique non possent, sed in loco aliquo tuto simul ac commodo ad communem hominum tam græcorum quam latinorum utilitatem servarentur..... etc., etc. »

tent sous nos yeux. En un mot, telle est leur puissance, telle est leur dignité, leur majesté, leur influence, que s'il n'y avoit pas de livres, nous serions tous ignorans et grossiers ; nous n'aurions ni la moindre trace des choses passées, ni aucun exemple, ni la moindre notion des choses divines et humaines. Le même tombeau qui couvre les corps, auroit englouti les noms célèbres.

« Cependant, quoique j'eusse déjà fait tout ce qu'il m'étoit possible de faire pour ma bibliothèque, je sentis tout-à-coup mon zèle se ranimer à la funeste nouvelle de la perte de la Grèce et de la prise de Constantinople (*le 29 mai* 1453), et je n'épargnai rien pour obtenir par des recherches multipliées tous les livres grecs que l'on pouvoit découvrir ; car je craignois beaucoup que tant de grands hommes, que le fruit précieux des veilles et des sueurs de tant d'illustres écrivains, que tant de flambeaux du Monde, se trouvant dans un aussi grand danger, ne vinssent à périr avec tout le reste. D'ailleurs, dans les temps anciens, les lettres grecques ont déjà fait une telle perte, que de deux cent vingt mille ouvrages qui, au rapport de Plutarque, existoient dans la bibliothèque d'Apamée, à peine il nous en reste mille. J'ai tâché, autant qu'il m'a été possible, de réunir moins un grand nombre de livres que des ouvrages excellens, et surtout de les avoir complets. Ainsi j'ai rassemblé parmi les productions des sages de la Grèce tout ce qu'il y avoit de plus rare et de plus difficile à trouver.

« Mais réfléchissant souvent sur cet objet, il m'a semblé que mon but ne seroit pas entièrement rempli, si je ne prenois des précautions pour qu'un trésor amassé avec tant de soins et à si grands frais, ne fût ni vendu ni dispersé après ma mort, mais qu'il fût placé, pendant que j'existe encore, dans quelque lieu sûr et commode, et conservé précieusement pour l'utilité commune des amis des lettres grecques et latines, ... etc. »

Le reste de cette lettre ne renferme que des complimens pour le Doge et le Sénat de Venise à qui il fait don de sa bibliothèque. La souscription porte : « *Viterbi*, iv non. maias (4 mai 1468). BESSARIO *cardinalis, patriarcha Constantinopolitanus, Basilicæ Beati Marci Venetiis dicavit.* » Bessarion mourut en 1472.

On voit par cette lettre quelle étoit la passion de ce Cardinal pour les livres. Avant lui, Richard de Buri, évêque de Durham, mort en 1345, ne s'étoit pas rendu moins célèbre par cette noble passion. On connoît son *Philobiblion* ou Traité de l'amour et du choix des livres, qui parut d'abord à Cologne, en 1473, *in-*4°; puis à Spire, en 1483, aussi *in-*4°. Fabricius attribue cet ouvrage au dominicain Holkot ; quoi qu'il en soit, on y représente les livres comme étant les meilleurs précepteurs que nous puissions avoir, et l'auteur s'exprime ainsi : « *Hi sunt magistri qui nos instruunt, sine virgis et ferulis, sine cholerâ, sine pecuniâ; si accedis, non dormiunt; si inquiris, non se abscondunt; non obmurmurant, si oberres; cachinnos nesciunt, si ignores.* » Nous pourrions encore rapporter plusieurs éloges des livres à cette époque (1); mais il est temps d'arriver à un

---

(1) Entre autres celui de Lucas de Penna (que l'on trouve dans le *Polyhistor* de Morhoff, liv. 1, chap. 3) par lequel nous finirons les éloges en latin : « Liber, *dit-il*, est lumen cordis, speculum corporis, virtutum magister, vitiorum depulsor, corona prudentium, comes itineris, domesticus amicus, congerro jacentis, collega et consiliarius præsidentis, myrothecium eloquentiæ, hortus plenus fructibus, pratum floribus distinctum, memoriæ penus, vita recordationis; vocatus properat, jussus festinat, semper præsto est, nunquam non morigerus, rogatus confestim respondet, arcana revelat, obscura illustrat, ambigua certiorat, perplexa resolvit; contra adversam fortunam defensor, secundæ moderator, opes adauget, jacturam propulsat....., etc., etc. »

Nous ajouterons que beaucoup d'écrivains modernes ont aussi fait l'éloge des livres. Ce sont à peu près les mêmes idées que celles énoncées dans les écrivains précédemment cités; cependant nous croyons pouvoir rapporter un de ces éloges modernes : « Qui n'aime, dit l'auteur, à trouver dans les livres des conseillers utiles, toujours prêts à nous instruire; des amis complaisans toujours empressés à nous plaire; des maîtres dont la sévérité même n'est pas sans indulgence, et que leurs disciples peuvent visiter sans crainte, écouter sans rougir et quitter sans humeur? Trop souvent bannie des cercles et des cours, la sincérité trouve un asile dans une page écrite avec une sage liberté; et les vérités que la flatterie cache aux monarques se sont réfugiées dans les livres. La mémoire

événement qui a été pour la propagation des lettres ce que la découverte des deux Indes a été pour celle du commerce.

Si, comme nous l'avons dit, la découverte de l'écriture a eu la plus grande influence sur les progrès de la civilisation et même sur les agrémens de la société, combien cette influence a été augmentée par une découverte moderne qui est d'autant plus intéressante qu'elle découle de cette première ! On voit que nous voulons parler de l'imprimerie (1), qui dans le fond n'est autre chose qu'une espèce d'écriture mécanique dont

---

y puise ses richesses, et l'esprit son aliment. C'est là que le génie rencontre l'étincelle où se rallument ses flammes assoupies ; là qu'une ame généreuse, quand la sagesse peut-être n'est ailleurs qu'un fantôme, peut embrasser du moins dans le portrait d'un grand homme, l'auguste image de la vertu. L'univers est gouverné par les livres. Interprètes des dogmes religieux, ils instruisent la terre à révérer son Auteur ; dépositaires des lois, ils assurent par elles le repos des familles ; les nations leur doivent la plus belle moitié de leur bonheur et de leur gloire. » (De Guerle.)

(1) Il est assez surprenant que les anciens n'aient pas connu l'imprimerie, eux qui l'ont presque touchée au doigt ; car ils avoient des caractères alphabétiques en relief, fondus soit en fer soit en airain, dont ils se servoient pour marquer des vases en terre et autres ustensiles. Il existe au muséum de Portici une boîte remplie de ces sortes de caractères anciens, trouvés à Herculanum. Comment avec de telles données n'a-t-on pas eu l'idée de la possibilité d'imprimer ?

La découverte de l'imprimerie en Europe n'a eu lieu que dans le XVe siècle. Jean Gutenberg, né à Mayence vers 1400, en a fait en secret les premiers essais à Strasbourg, vers 1436 ; mais ces

les caractères parfaitement uniformes sont plus réguliers et mieux disposés.

Il n'est plus ici question d'une esquisse légère et unique, que la main trace lentement, et par le moyen de laquelle elle peint aux yeux les idées successivement et à mesure qu'elles se présentent; il s'agit d'une masse imposante de métal dont les particules sont rangées par une main étrangère dans un ordre convenable, et qui, dans un clin d'œil, fait jaillir sur le papier un tableau de mille, deux mille, trois mille idées à la fois, que vous avez la faculté de renouveler à l'ins-

---

essais paroissent n'avoir offert quelques résultats satisfaisans qu'après le retour de Gutenberg à Mayence, en 1445, où il s'occupa toujours d'imprimerie. On pense qu'il peut avoir fait, de 1445 à 1450, trois éditions de la grammaire de Donat, dont on a trouvé des fragmens à Mayence. En 1450, il s'associa avec Faust ou Fust pour l'impression de la bible. Cette bible a dû être imprimée de 1450 à 1455, année où la société a été dissoute. Faust prit avec lui Pierre Schoeffer, très bon ouvrier qui perfectionna la fonte des caractères. Rien n'est plus beau que son Psautier de 1457, pet. in-folio. Gutenberg est mort en 1468.

L'imprimerie a, dit-on, été découverte à la Chine sous Miug-Tsong, l'an 927 de J.-C.; mais l'art d'imprimer des Chinois ne consiste que dans la gravure en relief de leur écriture, à cause de l'excessive quantité de leurs caractères-(80,000); et nous qui n'en avons que 24, nous n'en trouvons pas moins le moyen d'exprimer assez facilement nos idées. Il est vrai que le mathématicien Tacquet a calculé que par la transposition des lettres de notre alphabet, on pouvoit trouver un certain nombre de combinaisons qu'il ne porte qu'à 620,448,401,733,239,439,360,000; cependant la langue française ne possède guères plus de 32,000 mots.

tant et autant de fois que bon vous semble. Voilà en quoi l'art de l'imprimerie est admirable ; c'est l'avantage qu'il a sur l'écriture de multiplier les copies avec une étonnante rapidité (1) ; et c'est cette facilité de centupler en peu de temps les exemplaires d'un livre qui, en répandant davantage les lumières, en popularisant l'étude, en augmentant les relations entre les différentes

---

(1) Deux ouvriers à la presse peuvent tirer 2000 feuilles par jour ; que l'on compare cette promptitude au temps qu'employoient les copistes avant le XVe siècle. Il existoit dans la bibliothèque des Célestins de Paris, un bel exemplaire des *Canons de Gratien*, manuscrit ; le copiste a noté qu'il avoit employé vingt-un mois à l'écrire : sur ce pied, il faudroit dix-sept cent cinquante ans à trois hommes pour faire trois mille exemplaires du même ouvrage ; et au moyen de l'imprimerie, ces trois mille exemplaires peuvent être achevés par le même nombre d'hommes en moins d'un an. C'est ce qu'exprime le vers suivant, tiré d'un sixain de Jean Ant. Campanus, mis au bas de l'édition qu'Udalricus Gallus a donnée de Tite-Live, en 1470 :

Imprimit ille die, quantum non scribitur anno.

Laurent Valla a ainsi rendu la même pensée :

Et quod vix toto quisquam præscriberet anno
Munere germano conficit una dies.

Nous avons dit plus haut que deux ouvriers peuvent tirer 2000 feuilles par jour ; d'après une nouvelle presse inventée dernièrement à Erfurt, par M. Hellfart, imprimeur, on peut, dit l'auteur, imprimer jusqu'à huit feuilles en forme à la fois, et l'on aura en douze heures, de chaque feuille 7,000 épreuves, et par conséquent des huit feuilles 56,000 exemplaires imprimés des deux côtés. La machine est facilement mise en mouvement par un cheval, et trois hommes suffisent pour mettre le papier sur le chassis et pour l'en ôter. Sans arrêter la machine, les formes imprimées se déplacent d'elles-mêmes, et les autres se remettent en place.

classes de la société, a pour ainsi dire changé la face de l'Europe. Ce seroit un ouvrage bien intéressant que celui qui nous présenteroit l'histoire bien faite des résultats de cette découverte sous tous ses rapports. Mais ici nous ne pouvons l'envisager que comme ayant fait prendre un nouvel essor aux lettres. Ce n'est cependant pas, comme nous l'avons vu, que leur renaissance ait attendu l'invention de Gutenberg; le feu sacré, rallumé depuis plus d'un siècle, jetoit déjà un certain éclat; mais il prit une nouvelle activité, plus prompte, plus vive, d'abord par le moyen de l'imprimerie qui, en rendant les livres plus communs, en diminua la cherté et les mit à la portée de tout le monde (1), et ensuite par

---

(1) C'est ce que prouvent ces vers qu'on lisoit à la fin d'un vieux *Catholicon* imprimé à Rouen en 1499.

Tingere dispositis chartas quicunque metallis
   Cœpit, et insignes edidit ære notas,
Mercurio genitore satus, genitrice Minervâ,
   Præditus æthereæ semine mentis erat.
Copia librorum cupidis modo rara latinis
   Cum foret, auspiciis illius ampla venit.
Improbus innumeris librarius ante talentis
   Quod dabat, exiguâ nunc stipe vendit opus.
Historiæ venere Titi, se Plinius omni
   Gymnasio jactant, Tullius atque Maro.
Nullum opus, o nostri felicem temporis artem!
   Celat in arcano bibliotheca situ.
Quem modo rex, quem vix princeps modo rarus habebat,
   Quisque sibi librum pauper habere potest.

Ces vers me sont fournis par Gabriel Naudé. V. les *Mémoires*

deux causes qui coïncidèrent avec cette découverte pour propager le goût des lettres : ce fut la prise de Constantinople, en 1453, qui fit refluer en Europe beaucoup de Grecs instruits ; puis l'établissement des postes (par Louis XI, en 1464), qui facilita les correspondances si rares et si difficiles auparavant. On peut y ajouter les papeteries qui depuis un siècle s'étoient déjà bien multipliées (1).

---

de Comines, édition de Bruxelles, 1723, 5 *vol. in*-8°, tome III, page 124. On trouve dans le même volume, page 102, les vers français suivans, relatifs au même sujet :

    J'ai vu grand'multitude
    De livres imprimez,
    Pour tirer en estude
    Poures mal argentez.
    Par ces nouvelles modes
    Aura maint escolier,
    Décrets, bibles et codes,
    Sans grand argent bailler.

 Ces vers sont tirés du recueil de J. Molinet, poëte du XVe siècle, sur les merveilles arrivées de son temps. On peut dire en effet que ce siècle est le plus fécond en grandes découvertes et en grands événemens : l'imprimerie, la prise de Constantinople, l'emploi de la boussole sur mer (Capmany la fixe à 1403), l'usage des armes à feu (les mousquets vers 1432, et les bombes en 1450), la découverte de l'Amérique, l'établissement des postes, la peinture à l'huile, la gravure au burin, les cartes géographiques, etc., etc., etc.; tout cela appartient au XVe siècle.

 (1) C'est sous le règne de Philippe de Valois, vers 1340, que les manufactures de papier s'établirent en France. Les premières usines furent celles de Troyes et d'Essone. Avant cette époque, on tiroit le papier de la Lombardie ; mais bientôt il s'en fabriqua en Hollande, à Gênes et dans plusieurs provinces de France. Les Hol-

Quant à l'imprimerie, jamais devise ne lui a mieux convenu que celle de *crescit eundo :* un siècle étoit à peine écoulé depuis cette découverte (en 1436), que, malgré les tâtonnemens et les lenteurs inséparables des premiers essais d'un art et surtout d'un art aussi compliqué, plus de quarante-deux mille éditions étoient déjà répandues tant en Allemagne qu'en Italie, en France, etc.; et dès-lors, c'est-à-dire, dans les trois siècles suivans, les presses et leurs produits se sont multipliés dans une telle progression, qu'il est impossible de la déterminer. (Voy. *la note; pag.* 2, 3 *et* 4 *de notre* Ier *vol.*) Ne soyons donc pas surpris si le goût des lettres et des livres a pris un accroissement proportionné aux ressources que ce nouvel art lui a offertes.

Mais si d'un côté l'on pouvoit se féliciter de ce que l'art typographique avoit promptement remédié à la disette des livres en donnant aux chefs-d'œuvre de la littérature classique et à tant d'autres bons ouvrages une nouvelle vie qui dé-

---

landais surtout en firent un objet capital d'industrie, et excellèrent dans l'art de le coller. Au XVIe siècle, les Anglais tiroient encore leur papier de l'étranger, puisque leur première manufacture établie à Hertford pour la fabrication du papier gris, date de 1538; et la première pour le papier à écrire, ou d'impression, est de 1690. Avant cette époque, l'importation de cet article coûtoit à l'Angleterre 100,000 liv. sterl. (2,400,000 fr.), qu'ils faisoient passer en France et en Hollande.

sormais n'avoit plus à craindre l'injure des temps, d'un autre côté on ne tarda pas à s'apercevoir que la fécondité de ce bel art devint telle qu'à la rareté succéda bientôt une surabondance qui n'étoit pas moins déplorable.

La presse est une puissance active, forte, mais aveugle, qui accueille indistinctement tout ce qu'on lui présente, et qui, si on ne lui impose un frein, propage avec une égale indifférence et une égale profusion, la vérité comme l'erreur, les préceptes de la morale comme les excès de la licence, les productions du génie comme les frivolités du bel esprit. D'après cela, comment s'étonner si, n'ayant pas toujours été retenue dans les bornes d'une juste liberté (1),

---

(1) La censure n'a jamais produit tous les effets que s'en promettoient ceux qui l'ont établie, soit parce qu'elle n'a pas existé constamment et simultanément dans tous les pays où l'art typographique s'exerçoit, soit parce qu'on a toujours trouvé mille moyens de lui échapper, même dans les pays où les lois étoient le plus sévères. L'établissement de la censure en général remonte très haut, surtout en France; elle fut d'abord attribuée à l'université de Paris; on trouve des statuts de ce corps sous la date de 1323, de 1342, de 1403, qui portent que les *Ecrivains de livres* (l'imprimerie n'existoit pas encore), n'en pourront communiquer aucun, soit par vente soit par louage, qu'il n'ait été auparavant examiné, approuvé et corrigé par l'université. Cependant le premier livre imprimé sur lequel on trouve des traces de correction et d'approbation, n'a pas été publié en France; c'est le *Petri Nigri tractatus contra perfidiam Judæorum*, Eslingen, Fyner de Gerhussen, 1475, *in-folio*. Il porte qu'il a été corrigé et approuvé par l'évêque

la presse a multiplié les livres en tous genres d'une manière aussi rapide qu'effrayante ? Comment s'étonner si, aux bons ouvrages que réclamoient les besoins de l'instruction religieuse, morale et littéraire, et les progrès successifs de la saine littérature, des sciences et des

---

de Ratisbonne. C'est aussi le premier livre où l'on voit pour la première fois du caractère hébraïque. La réformation de Luther causa tant de désordre en France dans le XVIe siècle, que Charles IX, par son édit du 10 septembre 1563, ordonna que celui qui auroit publié un livre sans avoir obtenu un privilège scellé du grand sceau, etc., seroit pendu et étranglé ; il fut réglé par le même édit qu'on n'imprimeroit aucun livre sur la religion, sans avoir obtenu auparavant l'approbation des docteurs de Sorbonne. Un premier édit du même roi Charles IX, du 17 janvier 1561, portoit pour pareils délits, peine du fouet pour la première fois, et peine de la vie en cas de récidive. Quant aux livres qui ne traitent pas de matières de Religion, il paroît que dans le principe les maîtres des requêtes ont eu le pouvoir de les examiner, et qu'ils l'ont conservé jusqu'au règne de Henri IV. En 1624, Louis XIII par lettres patentes établit quatre docteurs de Sorbonne, comme censeurs des livres ; mais ils n'acceptèrent pas, parce que cela causa beaucoup de trouble dans la faculté. Alors le roi, par un autre édit de 1629, donna pouvoir au chancelier ou au garde des sceaux de *commettre telle personne qu'il verra être à faire selon le sujet et la matière des livres, pour les lire, examiner et approuver s'il est nécessaire*. Dès-lors le chancelier ou le garde des sceaux choisirent eux-mêmes soit des docteurs, soit des laïques, pour lire et approuver les livres. Enfin arriva l'établissement des censeurs royaux en titre, tant à Paris que dans les provinces, mais toujours à la nomination du chancelier. Alors le manuscrit d'un ouvrage étoit remis au censeur par l'auteur lui-même, et le censeur le rendoit à l'auteur après l'avoir approuvé ; mais vers la fin de 1716, M. Le Camus de Neuville, directeur de la librairie, or-

arts, on a vu s'amalgamer, soit dans l'ombre, soit au grand jour, des productions dangereuses, fruits ou de la corruption du cœur au milieu du luxe et de l'aisance dans les temps de paix, ou de l'esprit de parti toujours inséparable des grandes dissentions religieuses ou des révolutions politiques (1) ?

---

donna que les manuscrits lui seroient remis à lui-même, qu'il désigneroit un censeur, et qu'ensuite le manuscrit lui seroit renvoyé, et remis à l'auteur s'il y avoit lieu. C'est ce qui s'est assez observé jusqu'à la Révolution, époque où la censure, qui, depuis bien des années, n'étoit plus que de forme, a été supprimée.

Nous ne parlons point ici des *Index* ou catalogues de livres défendus, parce qu'ils n'ont presque point eu lieu en France. Le premier a été, dit-on, composé par l'Inquisition d'Espagne et publié par ordre de Philippe II, en 1569; cela est faux. Il en existoit déjà un de Louvain, en 1550, approuvé par Charles-Quint; et on en connoît un de Venise, de 1543. V. sur les *Index*, notre *Dictionnaire des livres condamnés au feu*; tom. I, p. 253-268.

(1) Quand on compare la nature des révolutions qui ont précédé le XVᵉ siècle, avec la marche et les résultats de celles qui l'ont suivi, on ne peut s'empêcher d'y trouver une différence notable; et nous ne doutons pas que cette différence ne soit due à la presse, qui, entre les mains de tous ceux qui ont fomenté des révolutions depuis trois siècles, a été un nouveau et puissant levier pour soulever au loin toutes les passions. C'est des commencemens du seizième siècle que date cet esprit d'agitation et de trouble qui n'a cessé de tourmenter l'Europe, soit sourdement soit ouvertement jusqu'à ce jour. Vers 1516, Luther, imbu des principes de J. Hus, levant publiquement l'étendard de la révolte contre l'autorité pontificale, parvient à arracher du sein de l'église catholique, des peuples dont il a flatté les passions et des princes qui y ont trouvé leur intérêt; et bientôt l'Europe est en feu, le christianisme est ébranlé jusque dans ses fondemens, et des

. Ce n'est pas d'aujourd'hui que l'on s'est plaint, non seulement de la quantité excessive des livres, mais encore de la nature de certains ouvrages. Erasme, cet esprit si universel, si fin, si profond, disoit déjà de son temps (80 ans après la découverte de Gutenberg) : (1) « Les imprimeurs remplissent le monde de libelles, je ne dirai pas inutiles tels que peuvent

---

flots de sang coulent de toutes parts au nom de la Religion. Un peu plus tard, la Ligue, sous le même masque, attaque l'autorité royale, et Henri III périt sous le fer de J. Clément, et le bon Henri sous celui de Ravaillac. Chez nos voisins, un fanatisme de fausse liberté arme des séditieux contre la même autorité ; et Cromwel, leur chef, fait tomber sur l'échafaud la tête de son roi. Aux meurtres de Henri III et de Henri IV avoient succédé la fermeté de Richelieu et la grandeur de Louis XIV ; mais la régence, en relâchant les mœurs, laisse germer de nouveaux principes, qui, minant sourdement l'autel et le trône, appellent une révolution : elle éclate, et Louis XVI, le plus vertueux des hommes, périt sous le fer des bourreaux; et Pie VI, le plus vénérable des pontifes, meurt prisonnier à Valence. Quand on considère avec attention le caractère particulier des révolutions dont nous venons de parler, on ne doute plus que la presse n'ait eu sur chacune d'elles une influence proportionnée à ses progrès et à la liberté dont elle a joui.

(1) « Implent typographi mundum libellis, non jam dicam, nugalibus, quales ego forsitan scribo, sed ineptis, indoctis, maledicis, famosis, rabiosis, impiis ac seditiosis : et horum turba facit, ut frugiferis etiam libellis suus pereat fructus. Provolant quidam absque titulis, aut titulis, quòd est sceleratius, fictis. Deprehensi respondent : Detur undè alam familiam, desinam tales libellos excudere. » (Erasmus, in explicatione proverbii *Festina lente*, quod est primum centuriæ primæ, chyliadis 2.)

être ceux que j'écris, mais de libelles insensés, ignorans, médisans, diffamatoires, furieux; impies et séditieux; leur multitude empêche de profiter de la lecture des bons livres. Quelques-uns de ces ouvrages paroissent sans titre, ou, ce qui est plus scélérat, sous des titres supposés. Si l'on découvre l'imprimeur et qu'on l'arrête, il a coutume de répondre pour s'excuser : Qu'on me donne de quoi nourrir ma famille, je cesserai d'imprimer de ces libelles. »

Erasme, s'il revenoit parmi nous, parleroit-il autrement? Et si l'on considère les progrès inouis que, depuis son temps, on a faits dans le genre qui excitoit sa bile, l'indignation n'auroit-elle pas le droit de s'exprimer avec plus d'énergie encore ? Au reste, que gagneroit-on à déplorer des abus et à combattre des passions que les observations de la raison et de la justice ne font qu'irriter, et qui ne peuvent être comprimées que par la ferme volonté du pouvoir, ou même par les seuls règlemens de la police, mais de cette police sévère qui ne doit pas plus permettre l'émission de pamphlets licencieux, injurieux et séditieux, qu'elle ne permet le libre commerce des poignards et du poison, souvent moins dangereux que certains ouvrages?

Mais n'envisageons ici les livres que sous le rapport de leur nombre excessif, nombre qui

s'accroît chaque jour des nouveautés et des réimpressions que l'activité toujours renaissante
de la presse y ajoute. Quoique le goût de la
littérature, ou pour mieux dire la manie de
posséder des livres soit répandue dans toutes
les classes de la société, quel est celui qui
pourroit se flatter de se reconnoître et de faire
un bon choix dans cette masse effrayante d'ouvrages en tous genres? Supposons pour un instant le plus intrépide des bibliophiles placé au
centre de toutes les richesses littéraires qui
existent ; de sorte qu'il puisse voir d'un coup
d'œil ces vastes dépôts que la munificence des
rois met à la disposition du public (1), ces
riches collections que des amateurs opulens ras-
semblent à grands frais ; ces bibliothèques plus
ou moins nombreuses que l'on rencontre dans
toute maison jouissant de quelqu'aisance ; enfin
ces innombrables magasins de librairie, entre-
pôts et souvent tombeau de tant d'ouvrages

---

(1) C'est dans ces grandes bibliothèques publiques que dorment
d'un sommeil paisible et presque jamais interrompu, tant de livres
dont l'existence est à peine soupçonnée par les plus profonds érudits. M. Henri Hallam dit à ce sujet, dans son *Europe au moyen
âge*, tom. IV, pag. 347 : « L'histoire de la littérature, comme
celle du pouvoir, est pleine de révolutions. Nos bibliothèques publiques sont des tombeaux où gisent des réputations éteintes; la
poussière qui s'amoncèle sur leurs volumes intacts, parle aussi
éloquemment que l'herbe qui flotte sur les murs de Babylone. »

modernes ; quelle sera la première impression qu'éprouvera notre amateur au milieu de ce dédale immense? La surprise. A la surprise succédera l'embarras du choix, et à cét embarras le dégoût ; et ce dégoût sera occasionné autant par cette excessive surabondance que par la crainte, s'il porte la main sur un rayon, d'y rencontrer du poison au lieu de l'aliment sain qu'il désire. Voilà certainement ce qu'éprouveroit tout homme qui, connoissant l'état actuel de la littérature universelle, se trouveroit en présence de tous les livres connus.

Mais si, quittant cette mer sans rivage, nous introduisons la même personne dans un lieu circonscrit, où, par suite d'un triage salutaire, seroient réunis les plus beaux génies du monde, où l'on ne rencontreroit que des ouvrages avoués par la Religion et par la morale, que des livres qui, consacrés par l'assentiment de tous les peuples, par le suffrage des hommes de goût, par l'approbation des gens de bien, fortifient l'ame, ornent l'esprit, et mettent à l'abri des séductions de la licence et des atteintes d'une présomption orgueilleuse; de ces écrits, source des jouissances les plus pures, qui entretiennent la paix du cœur et commandent une bienveillance affectueuse envers ses semblables; enfin, de ces productions substantielles dont le but est de prouver qu'il n'y a point de bonheur individuel sans la pratique de la vertu et l'accomplissement de ses devoirs, et point de bonheur général sans bonheur particulier; il est certain que l'amateur admis dans ce vrai sanctuaire des lettres, n'éprouvera ni inquiétude, ni embarras, ni dégoût; plein de confiance, il aura la douce satisfaction de trouver là tout ce qu'il peut désirer, sans craindre des erreurs dangereuses ou une pénible satiété, résultat ordinaire de l'excès et de la diversité des mets.

C'est l'avantage incontestable que doit présenter le triage dont nous venons de parler, qui nous a suggéré la première idée de nous occuper d'un traité du choix des livres; les observations suivantes nous ont entièrement déterminé. Presque tous les hommes dans l'état actuel de la société, nous sommes-nous dit, ont une manière de sentir, de penser et d'agir, moins d'après l'éducation et l'instruction primitive qu'ils ont reçues, que d'après les lectures dont chaque jour ils nourrissent leur esprit (1); ainsi les livres

---

(1) Il seroit difficile d'exprimer combien est prompte et dangereuse l'influence d'un mauvais livre, d'un livre licencieux sur un jeune homme, quelle qu'ait été son éducation et de quels bons principes que son esprit ait été primitivement imbu. Le poison est préparé avec tant d'art, on le rend si séduisant qu'il est certain que sur mille jeunes gens qui ont l'imprudence de ne pas le

ont la plus grande influence sur leur goût, sur leurs opinions et sur leur conduite. Mais les livres sont excessivement abondans, et la presse, surtout depuis quelques années, assaillie par

---

rejeter aussitôt qu'on le leur présente, à peine quatre à cinq résisteront à ses terribles effets. Jamais les exemples n'en ont été plus fréquens que de nos jours; nous ne manquons cependant pas de préservatifs contre un aussi grand danger. Nous avons le discours posthume de Massillon sur les mauvaises lectures, le discours de M. de Boulogne sur les mauvais livres, celui de M. l'abbé Fayet, le traité de la lecture par dom Jamin, bénédictin, etc. Nous ignorons si le fameux sermon du P. Beauregard, qui a produit de si grands effets avant la Révolution, a été imprimé; jamais il ne l'a prêché qu'on ne vit ensuite plusieurs de ses auditeurs venir lui apporter quelques-uns de ces instrumens de corruption.

Le passage suivant, qui a paru dernièrement dans une feuille publique, peut trouver sa place ici : « Avons-nous à nous féliciter, y est-il dit, de l'extrême abondance des livres? est-elle favorable à la morale et même à l'instruction? Il est permis d'en douter quand on parcourt cette foule d'écrits, les uns frivoles et superficiels, les autres passionnés et déclamateurs, qui, loin de rien apprendre, ne peuvent servir au contraire qu'à fausser l'esprit et à gâter le cœur. La Religion, la morale, la politique, les principes conservateurs de l'ordre et de la société, tout est aujourd'hui insulté, méconnu dans des livres, des pamphlets et des feuilles périodiques; ces sortes d'ouvrages sont étalés par-tout, et s'offrent de tous les côtés aux regards d'une ignorance curieuse. Une jeunesse confiante se trouve tout environnée de ces moyens de séduction; elle rencontre l'erreur en cherchant la vérité, et les générations qui s'élèvent puisant ainsi à des sources empoisonnées et se formant sur des guides trompeurs, accueillent des théories brillantes et des principes dangereux, et se préparent sans le savoir des jours aussi funestes au bonheur de l'individu qu'à l'ordre public. »

DISCOURS PRÉLIMINAIRE.

toutes les passions, a redoublé d'activité (1), et n'a pas toujours conservé la mesure que les amis de l'ordre, de la paix, des mœurs et de la Religion, auroient désirée. De plus, un mauvais ouvrage est plus dangereux et fait plus de mal que vingt bons ne sont utiles et ne peuvent faire de bien. D'ailleurs, dans le nombre incalculable des livres, il est difficile de faire un choix vraiment bon, si l'on n'a des connoissances littéraires assez étendues pour juger du mérite des

---

(1) C'est surtout depuis 1817 que cette activité a pris un grand accroissement, comme on peut s'en convaincre en jetant un coup d'œil sur le tableau suivant, présentant le montant des annonces de librairie et d'imprimerie qui ont eu lieu en France chaque année, à partir de 1814 :

En 1814 . . 2547 annonces. En 1819 . . 4568 annonces.
    1815 . . 3357   id.   1820 . . 4881   id.
    1816 . . 3763   id.   1821 . . 5499   id.
    1817 . . 4237   id.   1822 . . 5824   id.
    1818 . . 4837   id.   1823 . .

Ces résultats sont tirés du Journal officiel de l'imprimerie et de la librairie, rédigé avec beaucoup de soin par M. Beuchot. Nous ferons remarquer qu'on peut retrancher de ces différens nombres plus des cinq douzièmes, si l'on veut avoir approximativement le nombre des ouvrages proprement dits, qui ont été publiés, parce qu'on ne peut pas considérer comme ouvrages les prospectus, almanachs, factums, catalogues officinaux, bluettes, etc., qui cependant ont leur n.° dans le Journal, et font partie des nombres qui composent le tableau ci-dessus. Mais nous ajouterons que depuis quelques années il se fait dans plusieurs villes des réimpressions, surtout d'ouvrages de dévotion, sans déclarations. Si les déclarations avoient eu lieu, les tableaux ci-dessus seroient encore plus considérables.

ouvrages; et des connoissances bibliographiques pour apprécier les éditions (1). Combien ne voit-

---

(1) Ces deux genres de connoissances ne sont pas les seules qui doivent caractériser le véritable bibliographe ; il lui en faut encore beaucoup d'autres, ainsi qu'on peut le voir dans l'article suivant, extrait de notre *Diction. raisonné de Bibliologie*, tom. I", p. 50 : « La bibliographie étant la plus vaste et la plus universelle de toutes les connoissances humaines , tout paroit devoir être du ressort du bibliographe; les langues, la logique, la critique, la philosophie, l'éloquence, la géographie, la chronologie, l'histoire et la diplomatique ne doivent point lui être étrangères. L'histoire de l'imprimerie et des célèbres imprimeurs lui est familière, ainsi que toutes les opérations de l'art typographique. Il en est de même de tout ce qui constitue le matériel d'un livre, comme papier, caractères, justification, encre, impression, formats, reliûre. Il est sans cesse occupé des ouvrages des anciens et des modernes; il s'applique à connoître, non seulement par le titre et par la forme ; mais encore par leur contenu, les livres utiles, rares, curieux, manuscrits ou imprimés. Il passe sa vie à les analyser, les classer, les décrire. Il cherche ceux qui sont indiqués par les écrivains intelligens qui ont su les apprécier. Il parcourt les bibliothèques et les cabinets, pour augmenter la somme de ses connoissances; il étudie particulièrement les auteurs qui ont traité de la science des livres; il relève leurs erreurs; il choisit dans les productions nouvelles celles qui sont marquées au coin du génie, et qui doivent vivre dans la mémoire des hommes ; il furete les journaux littéraires, pour se tenir sans cesse au courant des découvertes de son siècle et les comparer à celles des siècles passés. Il est avide de tous les ouvrages qui traitent des bibliothèques, et surtout des catalogues, lorsqu'ils sont bien faits, bien raisonnés, et que l'indication des prix ajoute à leur valeur. Enfin, il a les yeux continuellement ouverts sur tout ce qui regarde les productions de l'esprit humain, leurs auteurs, leur publication, leur sort, c'est-à-dire, qu'on peut le considérer comme une histoire littéraire vivante : tel est le vrai bibliographe. Il doit réunir toutes les connoissances dont nous venons de parler ; cependant

on pas de gens, dupes du titre imposant d'un livre nouveau souvent très médiocre, ou du charlatanisme de ces prospectus séduisans dont on nous inonde tous les jours, apprendre à leurs dépens, mais trop tard, à s'en méfier ? Enfin, quels guides suivent la plupart des personnes incertaines sur les livres qu'elles veulent acquérir ? Tantôt c'est un aveugle caprice, tantôt c'est le premier venu quelquefois moins instruit que celui qui le consulte, ou bien ce seront des libraires toujours empressés de vider leurs magasins, et dont, par cette raison, les conseils sont rarement désintéressés. En suivant de pareils guides, il n'est pas surprenant qu'au bout de quelque temps on se trouve une bibliothèque composée d'une manière bizarre, et quelquefois

---

il faut convenir qu'un seul homme, quelque longue que fût sa carrière, ne pourroit jamais parvenir à devenir un bibliographe parfait, parce qu'il faudroit qu'il embrassât toutes les sciences, toutes les langues, tous les arts, et qu'il connût tous les ouvrages qui en traitent. Mais s'il est impossible qu'un seul individu acquière l'universalité des connoissances humaines relatives à la bibliographie, il en existe beaucoup qui ont parcouru cette carrière avec le plus grand avantage possible, soit comme savans, soit comme bibliothécaires ou comme amateurs. De ce nombre sont : Photius, Gesner, Lacroix du Maine, du Verdier, Naudé, Lambecius, Placcius, Magliabecchi, Lelong, Orlandi, Fabricius, Struvius, Vogt, Niceron, Maittaire, Marchand, Saxius, Dav. Clément, Goujet, Meerman, De Bure, Crevenna, Rive, Mercier, Laire, Pauzer, Oberlin; et parmi les vivans, MM. Van Praet, Brunet, Renouard, Ch. Weiss, Dibdin, Hubaud, etc., etc., etc. »

plus que bizarre, ou disons plutôt, avec un amas de livres incohérens, et qui, s'il est permis de se servir de cette expression, hurlent de se trouver ensemble.

C'est donc après avoir fait les réflexions précédentes, que, pénétré de l'utilité dont seroit un ouvrage qui pourroit remédier aux inconvéniens que nous venons de signaler, et consultant moins nos forces que notre zèle, nous nous sommes occupé d'un choix des auteurs qui tiennent le premier rang dans la littérature de tous les âges et de tous les peuples. Mais comme la simple liste de leurs immortels travaux eût sans doute produit peu d'effet, nous avons accompagné notre choix de toutes les observations, de tous les raisonnemens, de tous les jugemens littéraires, de tous les exemples qui nous ont paru les plus propres à faire ressortir l'excellence des ouvrages que nous indiquons, et à prouver la nécessité de s'en tenir à ces modèles du goût et de la raison. Nous avons particulièrement insisté sur les avantages incalculables que l'on ne peut manquer de retirer de la lecture des anciens (1), tout en payant ce-

---

(1) Quoiqu'à chaque page de notre ouvrage nos recommandations à cet égard soient des plus pressantes, nous ne pouvons résister à la tentation de les appuyer encore ici de l'autorité d'un des plus célèbres critiques modernes, qui connoissoit tout le prix

pendant un tribut bien légitime aux illustres écrivains modernes qui ne sont devenus leurs émules qu'après les avoir long-temps médités.

Voici l'ordre dans lequel est disposé notre travail divisé en cinq parties :

---

de ces illustres écrivains que l'antiquité nous a légués sous le beau nom de classiques.

« C'est en lisant les anciens, dit-il, que l'on juge et que l'on goûte mieux les bons modernes qui leur ressemblent ; c'est avec eux que le goût s'épure et que l'ame s'élève et se fortifie, que le sentiment de la vraie gloire et l'amour du vrai beau s'accroissent et s'affermissent. On ne les lit pas assez. Nous avons beaucoup d'écrivains et peu d'hommes de lettres. Racine, Boileau, Fénélon étudioient sans cesse l'antiquité ; Voltaire est rempli du siècle d'Auguste. Quel homme de lettres d'une classe distinguée n'a pas souvent à se plaindre des injustices de ses contemporains ? Hé bien ! qu'il se réfugie alors dans le sein de l'antiquité ; c'est là son véritable asile. Si les progrès du mauvais goût, les préventions de l'ignorance, les noirceurs de l'envie, les outrages de la haine, jettent dans son ame ce découragement involontaire qui se fait sentir quelquefois à ceux qui aiment le plus les beaux-arts, alors qu'il revienne vivre avec Horace, Virgile et Cicéron ; qu'il converse avec ces grandes ames : la sienne retrouvera tout son courage ; et c'est avec de pareils confrères qu'il oubliera ses ennemis.

« .... Mais d'où naît ce charme qui attache dans leurs ouvrages et nous y rappelle sans cesse ? Qu'est-ce qui soutient en eux ce ton d'élévation naturelle qui ne se dément presque jamais ? C'est que les lettres étoient pour eux un besoin de l'ame, et non pas un métier de convenance ; c'est qu'ils répandoient sur le papier des idées et des sentimens qu'ils ne cherchoient pas ailleurs qu'en eux-mêmes ; c'est qu'ils ont un caractère qui leur appartient et qui donne sa couleur à tout ce qu'ils composent. Aussi ne voyez-vous jamais chez eux ce mélange de tons que l'on remarque aujourd'hui dans une foule d'auteurs qui ne peuvent en avoir un qui leur soit propre. Etc. » (V. La Harpe, Suét., *Disc. prél.*)

La première traite de la nécessité de faire un choix dans l'innombrable quantité de livres qui existent. Nous disons sommairement sur quels auteurs ce choix doit porter, et quels sont les motifs qui doivent le déterminer. En un mot, ce sont des observations sur la nature des ouvrages les plus propres à former une collection d'une médiocre étendue, mais précieuse sous le rapport du goût, de l'instruction et de l'agrément.

La seconde partie renferme une notice littéraire, historique et chronologique de la prédilection que des hommes célèbres de tous les temps ont eue pour certains ouvrages, avec les jugemens qu'en ont portés les meilleurs critiques et les écrivains les plus distingués. Cette notice est propre non-seulement à faciliter la connoissance des chefs-d'œuvre de la littérature ancienne et moderne, mais à prouver que presque tous les grands hommes se sont formés par la lecture de peu de volumes : il est vrai que ces volumes étoient presque toujours du meilleur choix, et qu'ils étoient lus et relus avec l'attention la plus soutenue. *Multum legere, non multa,* étoit la devise de ces hommes célèbres, comme elle doit être celle de quiconque veut acquérir une solide instruction.

La troisième partie se compose d'une notice

indicative raisonnée, non-seulement des meilleurs ouvrages partiels des plus grands écrivains, mais encore des morceaux les plus saillans de leurs chefs-d'œuvre. Elle convient à ceux qui veulent épurer leur goût, en se pénétrant particulièrement de la quintessence des chefs-d'œuvre littéraires.

La quatrième partie est un mémorial bibliographique, rangé par ordre de matières selon le système généralement adopté. C'est une liste raisonnée des éditions les plus correctes, les plus belles d'un nombre assorti de bons ouvrages, mais particulièrement des chefs-d'œuvre de la littérature sacrée, grecque, latine, française et étrangère. Nous avons eu soin d'indiquer les meilleures éditions des textes les plus purs, et ensuite des traductions les plus recommandables des ouvrages anciens ou étrangers. Les éditions de chaque auteur sont rangées suivant les formats; et quand il y en a plusieurs du même, nous les plaçons par ordre de date, de sorte qu'en réunissant tous les ouvrages d'un format uniforme dans des armoires ou sur des tablettes séparées, et les rangeant dans l'ordre que nous avons suivi, s'en tiendroit-on à une seule édition pour chaque auteur, on aura sa bibliothèque classée selon le meilleur système bibliographique. Nous devons prévenir que nous avons fait un léger changement à la partie de la poésie. Les poëmes épiques et les ouvrages dramatiques tenant un rang distingué dans cette partie, nous les avons placés aussitôt après la poétique et les collections, de sorte qu'ils sont en tête des poésies en tous genres. Nous dirons encore que la nature de notre travail ne nous a pas permis de descendre des principales branches de l'arbre bibliographique jusqu'à ses plus petits rameaux.

La cinquième partie offre un essai sur l'établissement matériel d'une bibliothèque, sur son emplacement, sa construction, sa division; sur le format des livres, leur reliûre, leur arrangement, et le soin que l'on doit prendre de les préserver de l'humidité, de la poussière, des insectes, etc., etc.

Une table générale des matières termine l'ouvrage.

Tel est le plan que nous avons adopté. Nous ne pouvons mentionner ici une infinité de détails accessoires répandus dans les différentes parties de notre travail; mais nous avons fait en sorte que tout, jusqu'aux moindres articles, tendît au même but, qui est d'engager tout amateur de livres à s'attacher principalement à ce qu'il y a de meilleur, c'est-à-dire, à ces ouvrages du premier mérite qui réunissent tous les suffrages, quelle que soit la différence de goût et d'opinions. Nous disons principalement, car nous sommes bien éloigné de proscrire tous les ouvrages dont nous ne parlons pas dans notre mémorial. Si nous nous sommes borné à l'essentiel, nous n'en convenons pas moins que parmi les auteurs du second et du troisième ordre, il en est d'estimables dont les travaux regagnent en utilité ce qui leur manque en mérite littéraire. Il y auroit injustice à leur interdire l'entrée d'une bibliothèque, même choisie; et de plus, nous ne disconviendrons pas qu'il nous est arrivé d'en citer plusieurs. Les seuls livres que l'on doit proscrire sont ceux qui attaquent la Religion, qui blessent les mœurs, qui tendent à troubler l'État, et ceux que la futilité du sujet ou le mauvais style rendent au moins inutiles; le reste peut être accueilli avec plus ou moins d'empressement. D'ailleurs, on sait que grossir son trésor est, pour celui qui a le goût des livres, un désir, un besoin, une occupation de tous les instants, et qu'il ne seroit pas facile de le circonscrire dans un cercle trop étroit. Malgré cela, nous persistons dans l'opinion qu'une collection bornée aux ouvrages capitaux sera toujours préférable à toute autre. C'est ce que nous avons tâché de démontrer dans l'ouvrage que nous publions. Heureux si nous pouvons convaincre de cette vérité ceux qui ont la noble passion des livres, et surtout ceux qui se sentent du penchant à l'avoir! Il en résulteroit un double avantage : le nombre des ouvrages mauvais ou inutiles diminueroit nécessairement, et l'on ne verroit plus que des bibliothèques vraiment précieuses, que la jeunesse inexpérimentée pourroit aborder sans danger et consulter avec fruit.

TRAITÉ
DU CHOIX DES LIVRES.

PREMIÈRE PARTIE.

De la nécessité de faire un choix dans l'innombrable quantité de livres qui existent; sur quels ouvrages doit porter ce choix; et quels sont les motifs qui doivent le déterminer.

Le goût des livres, si rare avant le seizième siècle, est maintenant tellement répandu que l'on ne trouve presque pas une seule maison jouissant d'un peu d'aisance, qui ne possède une bibliothèque plus ou moins volumineuse. C'est la preuve que depuis près de quatre cents ans qu'existe l'art de l'imprimerie, le nombre des acquéreurs de livres, soit par besoin, ou par goût, soit par manie ou par ostentation, a toujours été en proportion des produits de cet art. Nous disons acquéreurs et non pas amateurs, car s'il n'y eût jamais eu que de vrais amateurs, c'est-à-dire, des hommes d'un goût sévère, des savans profonds, des amis éclairés de la saine littérature et de la solide instruction, il est bien présumable que l'immense quantité de livres répandus dans toutes les parties du monde civilisé ne seroit pas aussi considérable (1), et surtout que l'on seroit moins dans le cas d'appliquer à presque toutes les collections littéraires ce que Martial (*Ep.* 17, lib. 1) dit à juste titre du recueil de ses épigrammes :

Sunt bona, sunt quædam mediocria, sunt mala plura.

---

(1) Le curieux, dont nous avons parlé dans notre première édition, *pag.* vj, qui s'étoit occupé à chercher ce que nous appelions la pierre philosophale, c'est-à-dire, le nombre approximatif des livres qui ont été mis sous presse depuis l'origine de l'imprimerie, jusqu'à 1817, a revu ses calculs et les a continués jusqu'à 1822, en les appuyant de notices historiques assez intéressantes. Voici l'exposé sommaire de son travail, qui nous paroit plus curieux qu'utile. Il a d'abord puisé dans Maittaire, Panzer et les autres auteurs qui ont travaillé sur les éditions du XV.e siècle, et y a trouvé un aperçu de 42,000 ouvrages imprimés de 1436, ou plutôt 1450 à 1536. Voilà pour le premier siècle. Passant ensuite au dernier siècle (de 1736 à 1822), qui doit lui servir de base pour les calculs des deux siècles intermédiaires, et se servant des renseignemens que lui ont fournis, sur le nombre de tous les ouvrages publiés dans ce dernier siècle, les journaux littéraires, les grands catalogues de librairie, ceux des foires d'Allemagne, l'excellente Bibliographie de la France, etc., etc.; il a calculé par approximation que depuis quatre-vingt-six ans, c'est-à-dire, depuis 1736, on a pu imprimer en totalité environ 1,839,960 ouvrages : voilà pour le dernier siècle. Restent les deux siècles intermédiaires qui vont de 1536 à 1736. Ici les données étoient plus incertaines ; aussi notre calculateur a établi des proportions progressives de vingt-cinq ans en vingt-cinq ans, qui ont eu pour premières bases les produits du premier et du dernier siècle, et pour secondes bases les événemens civils, politiques et religieux qui ont pu, de temps en temps, donner plus d'activité à la presse, comme nous l'éprouvons en France depuis plusieurs années ; de sorte qu'il a trouvé pour le second siècle, 575,000 ouvrages ; et pour le troisième,

PREMIÈRE PARTIE. 3

Il y a du bon, passablement de médiocre et beaucoup de mauvais. Puisque la littérature prise en général offre malheureusement un tel amalgame, il faut donc nécessairement faire un choix ; et l'on conviendra, d'après l'influence que l'étude et la lecture ont sur le goût, sur les opinions, sur le raison-

---

1,225,000. Ainsi les quatre siècles typographiques donnent le résultat suivant :

  1.er siècle de 1436 à 1536. . . . . 42,000 ouvrages.
  2.e siècle de 1536 à 1636. . . . . 575,000 id.
  3.e siècle de 1636 à 1736. . . . . 1,225,000 id.
  4.e siècle de 1736 à 1822 (incomplet.) 1,839,960 id.

     Total. . . . . 3,681,960 ouvrages.

Voilà donc pour les quatre siècles un total de 3,681,960 ouvrages imprimés dans les différentes parties du monde. Notre amateur suppose que chaque ouvrage, terme moyen, peut être évalué à trois volumes, ce qui nous paroît un peu trop fort; et il porte le tirage aussi, terme moyen, à trois cents exemplaires pour chacun. Il en résulteroit qu'il seroit sorti de toutes les presses du monde jusqu'à ce jour, environ 3,313,764,000 volumes; mais selon lui, les deux tiers au moins de cette masse énorme ont été détruits, soit par un usage journalier, soit par des accidens, soit par l'impitoyable couteau de l'épicier ou de la beurrière, qui, semblable au glaive d'Hérode, fait chaque jour main-basse sur tant d'innocens. Il ne nous reste donc plus pour nos menus plaisirs, dans toutes les bibliothèques publiques et particulières du monde, que 1,104,588,000 volumes. Notre calculateur ajoute que si tous ces volumes auxquels il donne, terme moyen, un pouce d'épaisseur, étoient rangés les uns à côté des autres, comme dans un rayon de bibliothèque, ils formeroient une ligne de 15,341,500 toises, ou de 7,670 lieues (de poste).

Nous ne présentons ces résultats que pour ce qu'ils valent, les considérant plutôt comme un jeu d'esprit que comme un calcul sé-

nement et sur la facilité à rendre ses idées, on conviendra, dis-je, que l'on ne peut apporter trop d'attention à ne choisir que ce qui est vraiment bon, vraiment utile. D'ailleurs il est reconnu que les excellens livres, ceux que l'unanimité des suffrages place au premier rang, sont les seuls dont la valeur intrinsèque soit constante et même aille toujours en croissant.

Ces considérations ne frappent pas assez les personnes et surtout les jeunes gens qui commencent à satisfaire leur passion pour les livres : ils acquièrent d'abord à peu près tout ce qui se présente. Tantôt c'est la beauté de l'impression, tantôt la reliure, et souvent un goût encore peu formé qui décide de leurs premières acquisitions. Qu'en résulte-t-il? Pendant les deux ou trois premières années, l'œil

---

rieux, puisqu'ils sont appuyés sur des bases extrêmement vagues, et que la vérification en est impossible. Ils nous paroissent un peu exagérés.

Cependant lorsque l'on considère qu'il a été imprimé plus de 36,000,000 d'exemplaires d'un seul ouvrage, *la Bible*, et plus de 6,000,000 d'un autre ouvrage, *l'Imitation de Jésus-Christ*; que la seule société biblique britannique, de 1804 à 1820, a distribué à ses frais 2,617,268 bibles ou nouveaux testamens; que la société biblique russe, en a fait imprimer en seize langues différentes, jusqu'en 1817 seulement, plus de 196,000 exemplaires; que la société biblique protestante de Paris en a aussi publié une grande quantité, il faut convenir que le nombre des livres en tous genres est d'une telle immensité, qu'il devient incalculable. On en sera encore plus convaincu quand on saura qu'il existe plus de 80,000 ouvrages sur la seule histoire de France; le catalogue publié en 1768, 5 *vol. in-fol.*, en renferme déjà près de 49,000, et il y en manque plus de 2000.

admiré avec complaisance un certain nombre de volumes bien reliés et bien alignés sur des rayons; mais peu à peu les connoissances augmentent, le goût s'épure, on ne désire plus que de bons livres, et l'on regrette d'en avoir entassé pêle-mêle de bons, de médiocres et de mauvais. On veut purger sa collection; on relègue d'abord tout ce qui déplaît sur les tablettes les moins apparentes; puis peu après on cède ce rebut à vil prix, ou l'on fait des échanges qui occasionnent encore une plus grande perte. On se procure ensuite de bons ouvrages qui coûtent fort cher, et tel bon livre qu'on eût acquis dans le principe à six francs le volume, revient par suite d'échange ou de revente, et sans que l'on s'en doute, à plus de vingt francs. Combien d'amateurs ont fait la triste expérience de ce que j'avance!

Le moyen le plus certain d'éviter de pareils inconvéniens dont on s'aperçoit ordinairement quand il n'est plus temps d'y remédier, c'est de ne faire aucune acquisition sans préalablement s'être formé un plan; et ce plan une fois arrêté, il faut y tenir fortement, ne s'en écarter sous aucun prétexte et ne jamais se laisser séduire par l'appât d'une reliure élégante ou d'une impression de luxe, prodiguées quelquefois à un ouvrage médiocre ou pernicieux, qui est toujours, à quelque bas prix qu'on l'acquierre, une surcharge inutile ou nuisible dans une bibliothèque. Mais dira-t-on, comment former ce plan? quels sont les livres qui doivent y entrer? Les goûts sont si variés! et les bons ouvrages sont encore assez nombreux pour que l'on éprouve quelqu'incertitude dans le triage des meilleurs. D'ailleurs, peut-on faire un bon choix si l'on n'est versé dans la science bibliographique ?

La solution de ces différentes questions, qui est le principal objet que nous nous sommes proposé dans cet ouvrage, ne nous paroît offrir aucune difficulté. D'abord, pour former le plan dont nous parlons, il est inutile de recourir à ces systèmes bibliographiques qui n'ont été imaginés que pour faciliter la classification dans ces immenses dépôts, *vastes cimetières de l'esprit humain,* comme les appelle M. de Bonald, *où dorment tant de morts que l'on n'évoquera plus,* et où il seroit impossible de se reconnoître sans un grand nombre de divisions et de sous-divisions, dont la plupart, pour suivre l'idée de M. de Bonald, renferment plus d'épitaphes que d'indications de domicile. Non, il n'est point ici question d'une bibliothèque universelle qui embrasse toutes les connoissances humaines, et qui, tapissant de longues galeries, effraie plus l'imagination qu'elle ne promet de jouissances réelles à l'esprit ; mais il s'agit d'un choix des meilleurs ouvrages considérés sous le rapport moral, littéraire et instructif; de ces ouvrages dont la réputation est solidement établie ; de ces ouvrages que l'on appelle classiques dans chaque langue, parce qu'ils sont les modèles du goût, et qu'ils ont fixé les principes de l'art d'écrire chez les différens peuples ; de ces ouvrages qui, mêlant au plus haut degré l'*utile dulci,* sont la source des jouissances les plus pures et les plus vives, parce qu'ils sont les plus propres à intéresser le cœur et l'esprit; enfin de ces ouvrages capitaux dont on peut regarder la réunion comme la quintessence de toute la littérature. Tels sont les livres, et nous oserions presque dire les seuls qui devroient entrer dans le plan de la bibliothèque choisie qui nous occupe.

Que l'on ne croie pas que le nombre en soit très grand; et cependant on y trouvera tout ce que l'on peut désirer, ou du moins ce qu'il y a de mieux sous le rapport de la religion, de la morale, de l'éloquence, de la poésie, de l'art dramatique, des fictions en prose, des mélanges, du genre épistolaire et de l'histoire. Pour prouver qu'un nombre de volumes ou plutôt d'ouvrages assez restreint, peut satisfaire aux besoins de l'homme de goût, tout en ne lui présentant que des chefs-d'œuvre dans ces différentes parties, il suffit de jeter un coup-d'œil sur les principaux siècles littéraires, ou plutôt sur la littérature en général. Elle se divise naturellement en trois parties : littérature ancienne, littérature du moyen âge, et littérature moderne.

La littérature ancienne, qui comprend les Grecs et les Romains, nous présente, en suivant l'ordre chronologique des productions de l'esprit humain, 1.º la POÉSIE, où nous trouvons Homère, Eschyle, Euripide, Sophocle; puis Térence, Virgile, Horace, Tibulle, Ovide dans quelques parties et Phèdre; 2.º l'HISTOIRE, qui a consacré les noms d'Hérodote, de Thucydide, de Xénophon, de Plutarque; puis de César, de Salluste, de Tite-Live, de Tacite; 3.º l'ÉLOQUENCE, qui nous fournit Démosthène, Eschine, Isocrate, Lysias; puis Cicéron, Quintilien et Pline le jeune; enfin, 4.º la PHILOSOPHIE MORALE, où se sont distingués Xénophon, Platon, Aristote, Théophraste, Epictète, Plutarque, Lucien; puis Cicéron, Sénèque et Pline l'ancien, qui n'est pas moins moraliste que naturaliste.

La littérature du moyen âge, qui est bien éloignée de rivaliser d'éclat avec la précédente, nous offre plus de philosophes moraux et plus de théologiens, surtout dans la scolastique, que d'hommes de lettres; on ne pourroit guère la comprendre dans l'histoire littéraire remarquable, si elle ne nous fournissoit les écrits de plusieurs SS. Pères qui, appartenant aux IIIe, IVe, V.^{e} et même VIe siècles, brillent de la plus mâle éloquence, et si le Dante, Pétrarque et Boccace, florissant dans le XIVe, n'appartenoient encore à cet âge. Au reste, on peut dire que toute la philosophie de ce temps et même toute la théologie scolastique se retrouvent à peu près dans les ouvrages de Saint Thomas (1), comme toute la science ecclésiastique et toute l'éloquence

---

(1) Saint Thomas d'Aquin étoit sans contredit l'homme le plus universel, le plus extraordinaire et la plus forte tête de son temps. Combien de gens et peut-être de littérateurs modernes on surprendroit, si on leur disoit que ce saint étoit un très grand philosophe, et si on le leur prouvoit en leur démontrant que les plus beaux passages de morale, d'éducation et de politique dans l'*Esprit des lois*, dans l'*Émile* et dans le *Contrat social*, semblent traduits littéralement de saint Thomas.

est dans les ouvrages des SS. Pères. Quant à l'histoire, elle a été traitée d'une manière si diffuse et si confuse dans le moyen âge, par les Grégoire de Tours, les Bede, les Turpin, les Alcuin, les Eginhart, les Nithard, les Villehardouin, les Joinville, les Froissard, les Monstrelet, les Gaguin, etc., qu'on ne peut considérer leurs écrits que comme des matériaux informes. Cependant nous dirons que Joinville enchante par la naïveté de son style, et certainement sans lui nous ne connoîtrions pas dans un aussi grand détail toutes les vertus et toute la grandeur d'ame de Saint Louis.

L'aurore de la littérature moderne a été plus brillante chez l'étranger qu'en France; le plus beau poëme moderne honoroit déjà l'Italie, que le feu sacré couvoit encore chez nous sous la cendre; et le fougueux Milton esquissoit en traits de feu la chute du prince des ténèbres (1), que les premiers chefs-d'œuvre de la littérature française commençoient à peine à éclore. Nous n'avons conservé des écrits des premiers temps de la renaissance des lettres en France, que quelques vers du naïf Marot, quelques passages du plaisant Rabelais, des pensées du vigoureux Montaigne, quel-

---

(1) La première édition du *Paradis perdu* parut en 1667, et ne contenoit que dix chants. Ce poëme eut alors si peu de succès, que le libraire, pour faciliter la vente de cette édition, fut obligé d'y mettre de nouveaux frontispices en 1668 et 1669. On sait depuis quel a été l'enthousiasme des Anglais pour ce poëme vraiment sublime. La plus belle édition qui en ait paru est celle de *Londres*, W. *Bulmer*, 1794—97, 3 vol. gr. in-fol. fig.

ques satires de Regnier, et quelques strophes de Malherbe. Les noms de Balzac (1) et de Voiture ne sont plus mentionnés que dans les fastes du bel esprit. Enfin, nous arrivons au siècle de Louis XIV : Pascal et Corneille ouvrent la carrière du génie, et une foule d'illustres émules dans tous les genres se précipitent sur leurs pas. Voyez avec quelle grandeur, quelle dignité s'avancent dans le sanctuaire des lettres un Bossuet, un Bourdaloue, un Fénélon, un Larochefoucauld, un Labruyère, un Boileau, un La Fontaine, un Racine, un Molière, une Sévigné, un Fléchier, un Regnard, puis ensuite un Massillon, un J.-B. Rousseau, un Rollin et un Crébillon, qui lient le grand siècle au siècle suivant. Celui-ci place au premier rang Voltaire, Montesquieu, J.-J. Rousseau et Buffon. On peut encore citer, quoique dans un rang inférieur, l'aimable Bernardin de Saint-Pierre, le savant Barthelemy, et l'abbé Delille, dernier anneau de cette chaîne brillante dont malheureusement l'or de quelques chaînons est mêlé d'un funeste alliage.

Voilà donc dans toute la littérature à peu près une soixantaine d'écrivains distingués, qui offrent, non pas tous dans leurs œuvres complettes, mais dans un choix de leurs productions, des chefs-d'œuvre en

---

(1) Il faut cependant convenir que Balzac, malgré son enflure et ses phrases ambitieuses, fut le fondateur de l'harmonie de la prose, comme Malherbe le fut de celle des vers. Nous ne parlons ici que de l'harmonie, et non pas de la force, de la correction et du génie de la langue, car alors nous aurions cité Pascal.

tous genres, dont les véritables amateurs se sont toujours empressés de faire la base de leur bibliothèque. Il est certain qu'en matière de goût, on peut s'en tenir à peu près là (1), et si l'on vouloit augmenter le nombre de ces auteurs comme modèles, il nous semble que ce ne seroit guères que multiplier des échos, et l'on sait que le propre de l'écho est de répéter les mêmes sons en les affoiblissant. Ainsi, avec trois à quatre cents volumes, on pourroit se composer la collection la plus précieuse qu'un amateur puisse posséder, sans crainte de choquer aucune opinion littéraire.

Quant aux connoissances bibliographiques, toujours subordonnées aux connoissances littéraires dont elles ne sont que l'accessoire, elles ne peuvent et ne doivent être que d'un intérêt secondaire dans le choix des livres, à moins que l'on ne soit attaqué de

---

(1). Pour confirmer, par une autorité du plus grand poids, ce que nous avançons ici, nous citerons le savant et profond auteur des *Mélanges littéraires* publiés en 1819, 2 vol. in-8.º Il dit positivement, tom. II, p. 570 : « Les chefs-d'œuvre de la littérature ancienne, seuls ouvrages qu'il soit nécessaire à l'homme de goût d'étudier et de retenir, sont en assez petit nombre; et les productions d'un rang inférieur, plus capables de corrompre le goût que propres à le former, traduites, imitées, citées dans nos cours de belles-lettres, pour ce qu'elles ont de meilleur, sont reléguées au fond de nos bibliothèques, d'où l'idolâtrie de quelques commentateurs a fait de vains efforts pour les exhumer. Il faut bien se persuader qu'il n'y a à la longue que les chefs-d'œuvre qui surnagent sur le fleuve d'oubli, et c'est ce qui doit nous faire envisager avec moins d'effroi le prodigieux accroissement des productions littéraires et scientifiques. » M. DE BONALD.

cette funeste maladie appelée bibliomanie, c'est-à-dire, de cette passion aveugle qui fait tout sacrifier au futile plaisir de posséder exclusivement certains livres et certaines éditions. Que l'on se pénètre bien de cette vérité, que l'impression et la reliure d'un volume, quelque belles, quelqu'élégantes qu'elles soient, ne sont à l'ouvrage que ce que l'écorce et les couches ligneuses sont à la sève de l'arbre; et les arbres les plus beaux à la vue ne portent pas toujours les fruits les plus agréables et les plus sains.

Ce n'est cependant pas que s'attachant exclusivement au mérite intrinsèque d'un ouvrage, il faille en négliger le matériel extérieur, c'est-à-dire, la partie typographique. Au contraire, nous pensons qu'il est de la plus grande importance de toujours rechercher les éditions les meilleures, les plus correctes et les mieux imprimées; car, ainsi que le dit le sage Rollin, « *une belle édition qui frappe les yeux, gagne l'esprit, et, par cet attrait innocent, invite à l'étude.* » C'est ce que l'on éprouve surtout quand on a le bonheur de rencontrer ces excellentes éditions d'auteurs anciens, si recherchées des amateurs. Il n'y a pas de doute que la beauté d'une impression très soignée contribue à faciliter l'intelligence du texte, et semble en insinuer le sens avec plus de charmes et de développement dans l'esprit du lecteur.

Des connoissances bibliographiques sont donc utiles à l'amateur; mais, comme nous l'avons dit, elles doivent céder le pas aux connoissances littéraires. D'ailleurs, le choix des éditions n'est pas aussi difficile que le choix des livres ; celui-ci est un talent qui ne s'acquiert qu'à la longue ; il ne peut être que le résultat de principes fixes, d'excellentes études, de lectures immenses et de connoissances profondes et variées ; au lieu que le choix des éditions n'exige guère que des yeux et un peu de goût. En quoi consiste une belle édition ? Dans la netteté d'un beau caractère, et dans sa proportion avec le format ; dans une sévère correction qui conserve le texte et chaque mot en particulier, dans toute leur intégrité, et l'orthographe dans toute sa pureté ; dans l'élégante disposition du frontispice, des titres de chapitre, des notes, etc. ; dans une justification (longueur des lignes) qui ne soit ni trop grande ni trop petite ; dans de belles marges ; dans l'uniformité du tirage, et surtout de la couleur de l'encre qui, ni trop noire ni trop pâle, doit être de la même nuance pour toutes les pages ; enfin, dans la beauté et la solidité du papier. Il n'est pas difficile au premier coup-d'œil de voir si ces diverses conditions sont remplies. Au reste, le nom de certains imprimeurs est une garantie à cet égard : les Aldes, les Étiennes, les Elzevirs, les Cramoisy, les Wetstein, les Foulis, les Baskerville, les Ibarra, les Didot, les Bodoni, les Mussi, les Crapelet, et beaucoup d'anciens imprimeurs de Paris, se sont attiré l'estime de l'Europe savante par la beauté et la bonté de leurs éditions ; on ne risque donc rien de donner la préférence à celles qu'ils ont publiées. Et parmi les éditeurs de collections curieuses et intéressantes, on distinguera toujours les Maittaire, les Brindley, les Coustelier, les Barbou, les Didot, les Renouard, etc. etc.

Mais revenons au choix des livres, sur lequel on ne peut trop insister, et tâchons d'ajouter à ce que nous avons dit, de nouvelles observations qui prouvent de la manière la plus évidente et l'importance de ce choix sous le rapport littéraire, et sa nécessité sous le rapport moral.

On l'a dit depuis long-temps, et nous ne pouvons trop le répéter, ce n'est point dans le nombre de volumes que consiste l'excellence d'une bibliothèque, mais dans le choix et le mérite des ouvrages qui la composent. Telle collection de trois cents volumes est quelquefois bien au-dessus d'une de trois mille, parce que l'on gagne plus à la lecture et à la méditation d'un seul bon livre, sous le rapport du goût, de la morale et de la solide instruction, qu'on ne le fera avec vingt ouvrages médiocres. En effet, quel but doit-on se proposer en formant une bibliothèque particulière ? N'est-ce pas de réunir des livres pour en tirer le plus grand avantage possible ? Et y parviendra-t-on si l'on entasse indistinctement toutes sortes d'ouvrages, bons, médiocres et mauvais ? Non sans doute. Une bibliothèque ne sera vraiment bonne, vraiment utile, vraiment précieuse, qu'autant qu'elle sera composée de livres d'une réputation confirmée par le temps, ou par le suffrage des personnes éclairées et vertueuses ; de livres qui, joignant les charmes du style à la solidité des principes, sont les plus propres à former le goût, à orner l'esprit, à élever l'ame, à n'alimenter que les passions nobles, à épurer les mœurs, à nous rendre meilleurs et plus habiles; de livres qui soient pour nous de vrais amis, toujours prêts à nous instruire, à nous plaire, et dont nous n'ayons jamais à rougir; de livres enfin, qui, tout en augmentant nos connoissances et en perfectionnant nos facultés, soient une source continuelle de jouissances d'autant plus pures qu'elles seront plus vives à mesure qu'on les multipliera : tel est le cachet des bons ouvrages, des seuls que l'on doit rechercher. Et, comme nous l'avons déjà dit, ils ne sont pas très nombreux. Il en est des livres comme des hommes : les sages, les héros, les vrais savans peuvent se compter; la masse du vulgaire est innombrable (1). Cette vérité s'applique parfaitement aux productions de l'esprit. Il faut donc savoir choisir, ne pas confondre les diamans avec les cailloux, et ne s'attacher qu'à ce qui est essentiellement bon, essentiellement beau. Les livres médio-

---

(1) Lorsque j'ai établi cette comparaison dans la première édition de mon *Choix des Livres*, j'ignorois que M. de Bonald en eût fait une pareille dans son excellent article sur *la multiplicité des Livres*, publié en 1811. Comme elle est plus développée que la mienne, je vais la rapporter, quelque désavantageux qu'il soit pour moi de citer un écrivain tel que M. de Bonald, sur un objet où j'ai eu le bonheur de me rencontrer avec lui : « Les livres, dit-il, peuvent être comparés aux hommes, et un livre n'est autre chose qu'un homme qui parle en public. Il est des hommes qui vivent et meurent dans l'obscurité, inutiles à tout le monde et à eux-mêmes, et qui ne laissent point de traces de leur passage sur la terre. Il en est d'autres dont les vertus et les talens ont jeté un grand éclat, et qui ont donné à leurs semblables d'utiles exemples;

cres, frivoles, mal écrits, ne tendent qu'à corrompre le goût, à discréditer la saine littérature, et à faire perdre un temps précieux ; malgré ces inconvéniens, combien de ces ouvrages éphémères, tristes fruits de la décadence des lettres, sont préférés par des gens d'un goût dépravé et par une jeunesse ignorante, aux chefs-d'œuvre de l'antiquité et du siècle de Louis XIV ! De telles productions sont de vrais chardons qui, sous un ciel nébuleux, croissent sans culture dans les champs trop féconds de la littérature, et sont bien dignes de ceux qui s'en repaissent avec délices? Cependant ces bluettes, au moins inutiles, sont encore bien éloignées de la réprobation qui doit frapper les mauvais livres proprement dits, c'est-à-dire, ces productions infames, si pernicieuses sous le rapport de la Religion et des mœurs.

---

ont rendu à la société de grands services : ils vivront à jamais dans l'estime publique, et seront d'âge en âge proposés comme des modèles. D'autres enfin ont été le fléau de leur pays, et l'opprobre du genre humain ; la société les a rejetés de son sein, et leur mémoire est en horreur parmi les hommes. Ainsi, pour les productions de l'esprit, les unes, inutiles et souvent sans être indifférentes, sont bientôt oubliées ; les autres, fruit d'un grand talent employé à de grandes choses, servent à former la raison publique, et leur gloire durera autant que le monde. Quelques autres enfin, malheureusement célèbres par l'abus des plus rares talens, empoisonnent à chaque génération une jeunesse sans expérience, et perpétuent la tradition des mauvaises mœurs et des faux principes. Ainsi, on parle assez des livres qui meurent de leur mort naturelle, triste objet de l'indifférence du public et des regrets de leurs auteurs, et l'on ne dit rien des livres qu'il faudroit empêcher de naître, ou faire mourir et condamner, pour l'exemple, au dernier supplice. »

Il n'est que trop prouvé que ces sortes d'ouvrages sont à l'ame et à l'esprit ce que l'arsenic est au corps; il en est qui étendent leur funeste influence jusque sur le physique. Si l'on avoit sous les yeux le tableau des maux affreux que ces monstruosités ont causés et causent chaque jour à la société, et surtout à la jeunesse dont elles irritent les passions naissantes, et dont elles absorbent toutes les facultés dans le temps le plus précieux de la vie; on frémiroit d'horreur, et on les proscriroit avec la plus vive indignation. Malheureusement les bons livres ne forment qu'un foible contrepoids dans la balance; ce qui flatte les passions est si séduisant, et l'homme livré à lui-même est si impatient de toute espèce de frein, qu'il n'est pas surprenant de lui voir saisir avec avidité tout ce qui tend à l'indépendance et aux jouissances même les plus criminelles et les plus nuisibles. Disons-le franchement, les mauvais livres n'ont pas peu contribué à nos erreurs, et à tous les malheurs qui en ont été la suite (1). Il est temps de reconnoî-

---

(1) Voici ce qu'en 1806 nous disions à ce sujet, dans le discours *préliminaire* du *Dictionnaire des livres condamnés* : « Depuis trois siècles n'a-t-on pas épuisé, en fait de productions littéraires, tous les traits de la satire, tous les genres de licence?..... Eh ! qui ne sait combien de fois ces vaines déclamations ont été répétées? combien de fois, sous prétexte d'attaquer la tyrannie et la superstition, on a ébranlé jusques aux fondemens de l'ordre social? Qu'est-il résulté de ces nombreux ouvrages, qui tous (selon leurs auteurs) tendoient au bonheur du genre humain? L'homme en est-il meilleur? est-il plus libre, plus fortuné? fournit-il une carrière plus longue et mieux remplie? La fin du dix-huitième

tre cette triste vérité et de réparer le mal. Renon-
çons à ces plantes empoisonnées que nous avons cru
fortes et restaurantes, parce qu'elles nous ont exalté

siècle, de ce siècle de lumières, a-t-elle été plus heureuse? Après
la fatale expérience des révolutions religieuses et politiques, arro-
sées du sang de nos ancêtres et de celui de nos contemporains,
qui fume encore, sommes-nous plus vertueux, moins frivoles,
moins inconséquens, plus disposés à sacrifier l'intérêt particulier
à l'intérêt public, plus attachés à la patrie que nos aïeux? Sommes-nous meilleurs fils, meilleurs époux, meilleurs pères? Hélas!
avouons que les plus belles théories en politique, en philosophie,
en morale, ont eu rarement l'effet qu'on s'en étoit promis, et
même que souvent elles nous ont égarés et portés aux derniers
excès. Avouons surtout qu'il est impossible à l'écrivain le plus
habile, le plus fécond et le plus hardi, de publier quelque chose
de plus fort que ce qui a été déjà répété mille fois sur ces différens
objets. A quoi bon par conséquent vouloir s'ériger en nouveau
précepteur du genre humain, en réformateur des abus, en apôtre
de la licence? Que peut-on gagner à se livrer à ce genre de travail,
plus dangereux que nécessaire, et souvent plus honteux qu'inutile? *Pag.* II—V...... Les mauvais livres se rapportent ordinairement, soit à la politique, soit à la morale, soit à la religion;
c'est contre ces trois objets si respectables, que la plupart des
écrivains coupables ont dirigé leurs batteries. Les uns ont cherché
à détruire toute espèce de gouvernement, à prêcher le régicide, à
troubler l'ordre social; d'autres ont blessé les mœurs, calomnié
la vertu, préconisé les vices; ceux-ci ont voulu saper les fondemens de la religion, ridiculiser ses ministres, anéantir le culte, et
semer des divisions funestes à l'État. Auteurs téméraires, qu'avez-
vous gagné à tant de vaines déclamations? Le mépris des gens de
bien, et quelquefois une punition exemplaire. Je ne parlerai pas
des affreux résultats qu'ont eus quelques-uns de ces coupables
écrits, quand de leur perfide théorie on a voulu passer à la pratique.... Tirons un épais rideau sur le passé, et laissons à l'histoire
le pénible soin d'en instruire nos neveux. *Pag.* XVIII—XIX.... »

le cerveau, et revenons à ces végétaux sains et nutritifs dont s'alimentoient nos pères ; c'est-à-dire, revenons à ces bons ouvrages qui exercent agréablement et utilement l'esprit, qui respirent la vertu, fortifient le cœur sans l'enivrer, et donnent du ressort à l'ame sans l'égarer dans les tourbillons d'une perfectibilité chimérique, qui recommandent ce sublime précepte de l'Évangile, l'amour de Dieu et du prochain, qui font sentir les avantages de la soumission aux lois et au prince, de la modération dans les désirs, de l'union entre les frères, et qui ne s'opposent point à la jouissance des plaisirs licites. C'est parmi des livres de cette nature qu'il faut faire un choix, et se borner à un petit nombre, si l'on veut acquérir une instruction solide et se préparer dans la société une réputation honorable. Car il arrive souvent que la réputation n'est point étrangère aux livres dont on fait ordinairement sa lecture, ou plutôt à la manière dont on compose sa bibliothèque. Richardson dit dans *Clarisse* : « Si vous avez intérêt de connoître une jeune personne, commencez par connoître les livres qu'elle lit. » M. de Maistre, dans ses *Soirées de S. Pétersbourg*, tom. 1, pag. 139, donne plus de développement à cette pensée : « Il n'y a rien de si incontestable, dit-il en citant ce passage, mais cette vérité est d'un ordre bien plus général qu'elle ne se présentoit à l'esprit de Richardson. Elle se rapporte à la science autant qu'au caractère ; et il est certain qu'en parcourant les livres rassemblés par un homme, on connoît en peu de temps ce qu'il est, ce qu'il sait et ce qu'il aime. »

Nous ne pouvons donc trop insister sur la nécessité de borner le goût que l'on peut avoir pour les livres, à un choix sévère d'excellens auteurs, et qui ne soient pas très nombreux. Mais, diront quelques amateurs peu sévères, dans une bibliothèque assortie ne faut-il pas un peu de tout ? Oui sans doute, mais de tout ce qui est bon ; car, si vous admettez quelques-unes de ces productions infernales dont nous avons parlé plus haut, ou quelques-uns de ces livres médiocres qui, sans être dangereux, sont à-peu-près inutiles (1); votre bibliothè-

---

(1) Dans tous les temps, mais surtout dans la littérature moderne, ces sortes d'ouvrages à-peu-près insignifians ont été très multipliés ; c'est l'ivraie qui, dans nos vastes dépôts littéraires, étouffe la moisson. D'où provient cette malheureuse fécondité ? De ce que l'on ne réfléchit pas assez sur la difficulté de faire un bon livre, et de ce qu'on se fait auteur sans se douter de tout ce qu'il faut posséder pour mériter ce titre. « Si l'on examinoit avant de prendre la plume, dit un célèbre critique moderne, combien de qualités sont nécessaires pour composer, je ne dis pas un excellent ouvrage, mais seulement un ouvrage raisonnable, je suis persuadé que l'on ne s'engageroit que bien rarement dans une entreprise aussi difficile. Il ne suffit pas de s'écrier dans un beau transport : *Et moi aussi, je suis auteur*, et de se mettre aussitôt à écrire; ce n'est que par une longue suite d'études sérieuses et de méditations profondes, que l'on peut espérer de se placer au rang des bons écrivains. Tel homme a l'esprit vif et le jugement sain, de l'impétuosité et de la chaleur dans la conversation ; il lui échappe de ces traits vifs et brillans qui surprennent et éblouissent; il a même écrit des pages qui sont admirées. Tel autre a une vaste mémoire ; il a long-temps étudié les anciens, il a séché sur les scoliastes ; il a lu tous les historiens, tous les poëtes, tous les

que ressemblera à une table bien servie, où parmi de bons mets il s'en trouvera plusieurs dépourvus d'assaisonnement, quelques-uns saupoudrés de coloquinte, et d'autres infectés de poison. Quel honnête homme, sous le prétexte d'offrir un peu de tout, oseroit donner un pareil festin? Qui oseroit y assister? Rien de plus naturel que cette comparai-

orateurs; il vous dira juste en quel endroit se trouve tel hémistiche grec ou latin; à propos d'un mot très simple en lui-même, il citera vingt auteurs dont lui seul connoit les noms; mais cependant, que ces deux hommes d'une tournure d'esprit si différente, essaient de composer un livre, on sera tout étonné de voir que le premier soit devenu si froid, si empesé, et que l'autre, avec son immense érudition, n'ait pu parvenir à écrire deux phrases qui eussent de la suite et de la liaison.

Ce qu'il y a de plus difficile dans un ouvrage, c'est l'ensemble, c'est le *ponere totum* dont parle Horace. Sans cette idée première à laquelle tout vient se rattacher, sans cette disposition savante de toutes les parties, qui forme un tout bien ordonné, on ne parviendra jamais à composer un ouvrage pour la postérité. Il faut du génie pour concevoir un plan dont les proportions soient aussi nobles que régulières; il ne faut que du travail et de la patience pour exécuter ces compilations immenses, dont la vue seule épouvante les plus intrépides lecteurs; aussi quelques auteurs se sont-ils fait une grande réputation avec un petit nombre de volumes, tandis que d'autres qui ont écrit des *in-folio* énormes, sont à peine connus aujourd'hui.

Il en est de même des ouvrages d'imagination. Si on n'a pas un plan bien fixe, bien arrêté; si on ne s'est pas proposé un but bien déterminé, on marche au hasard sans savoir ni d'où l'on part, ni où l'on doit arriver; mille exemples en font foi. Combien ne voyons-nous pas de nouveaux poëmes dont les auteurs n'étoient certainement pas sans talens? Mais ils se sont perdus au milieu de leurs épisodes et de leurs descriptions, parce qu'ils n'avoient point tracé d'avance la route qu'ils devoient suivre. »

son, car dans tous les temps on a reconnu que les livres sont à l'ame ce que les alimens sont au corps (1); le poison moral n'est pas moins corrosif que le poison matériel; si l'effet n'en est pas quelquefois aussi prompt, aussi apparent, il n'en est pas moins aussi réel et plus pernicieux, parce que ses ravages s'étendent plus loin et durent plus long-temps.

On auroit grand tort de croire que les excellens livres n'offrent pas assez de ressources dans tous les genres. Il n'y a pas une seule branche des connoissances humaines qui ne soit enrichie de très bons ouvrages; il est vrai que leur nombre est circonscrit en comparaison de celui des médiocres et des mauvais; mais ce nombre, tout circonscrit qu'il est, excède encore beaucoup nos besoins. D'ailleurs on sait combien il est avantageux de ne pas trop dévorer de

---

(1) Je citerai à cette occasion un bon mot du duc de Vivonne: Louis XIV lui demandant ce que la lecture faisoit à l'esprit : « Sire, répondit le duc, ce que vos perdrix font à mes joues. » La fleur de la santé brilloit sur son visage. Ce duc étoit très spirituel, et avoit la repartie vive et fine.

On prétend qu'à la cour de Louis XIII, les quatre personnages les plus remarquables par leurs saillies et leurs bons mots, étoient le prince de Guémenée, Bautru, le comte de Lude et le marquis de Jarzet.

Boileau-Despréaux, parmi les personnes de son temps en qui il reconnoissoit un esprit supérieur, citoit le prince de Conti (mort en 1709), le marquis de Termes, Bossuet, Bourdaloue, l'abbé de Châteauneuf, protecteur du jeune Arouet nommé depuis Voltaire, et d'Aguesseau, très jeune alors, puisqu'il est mort en 1751. Il étoit procureur-général vers la fin de la vie de Boileau, et depuis a été chancelier.

volumes; Pline dit avec beaucoup de sens: *Multum legendum esse, non multa;* on connoît aussi cet autre adage fondé sur l'expérience: *Cave ab homine unius libri;* et Hobbes, qui savoit très bien que la lecture d'un grand nombre de volumes n'est pas ce qui contribue à l'instruction, disoit plaisamment en parlant de quelques savans de son temps: « Si j'avois lu autant de livres que tels et tels, je serois aussi ignorant qu'ils le sont. » Au reste que l'on consulte la plupart des gens qui se sont illustrés dans la carrière des lettres, des sciences, de la magistrature, et même de la guerre, on apprendra d'eux-mêmes qu'ils ne se passionnoient pas pour un grand nombre d'ouvrages; ils choisissoient ce qui leur paroissoit le meilleur, selon le précepte de Pline le jeune: *Tu memineris sui cujusque generis auctores eligere,* et ils s'en tenoient là.

De tous les anciens, celui qui a donné les meilleurs avis à cet égard, est Sénèque, dans la deuxième et la quarante-cinquième de ses épîtres à Lucilius. (1) « La lecture de beaucoup d'ouvrages de différens genres, dit-il, offre quelque chose de vague

---

(1) *Lectio omnis generis volumbum habet aliquid vagum et instabile. Paucis libris immorari et innutriri oportet, si velis aliquid trahere quod in animo fideliter hæreat. Lectio certa prodest; varia delectat. Qui vult pervenire quò destinavit, unam sequatur viam, non per plures vagetur. Librorum inopiam quereris: non refert quàm multos habeas, sed quàm bonos. Distrahit animum librorum multitudo. Itaque cùm legere non possis quantum habueris, sat est habere quantum legas. Modò, inquis, hunc*

et qui n'a rien de stable. Il faut se borner à une petite quantité de livres et s'en nourrir, si l'on veut en tirer quelque chose qui se fixe pour toujours dans la mémoire. Une lecture continue est profitable ; celle qui est variée ne fait qu'amuser. Un homme qui veut arriver au terme qu'il se propose, doit suivre un seul chemin et non en parcourir plusieurs. Vous vous plaignez de la disette des livres ; il n'importe pas d'en avoir beaucoup, mais d'en avoir de bons. La multitude des livres n'est propre qu'à distraire l'esprit. Ne pouvant en lire autant que vous en pouvez acquérir, n'en acquérez qu'autant que vous en

---

librum evolvere volo, modò illum. Fastidientis stomachi est multa degustare : quæ ubi varia et diversa sunt, nocent, non alunt. Probatos itaque libros semper lege : et, siquandò ad alios diverteré libuerit, ad priores redi. Aliquid quotidiè auxilii adversùs varias animi pestes compara. Et cùm multa percurreris, unum excerpe quod illo die concoquas. Hoc ipse quoque facio : ex pluribus quæ lego, aliquid apprehendo.

Je crois devoir ajouter à cette citation un excellent conseil de Quintilien, tiré du liv. I, ch. 4 de son Institution de l'orateur.

« *Pueri legant et discant non modò quæ diserta sunt, sed magis quæ honesta. Itaque non tantum auctores eligendi, sed etiam partes operis. Nam et Græci licenter quædam scripsére, et Horatium in quibusdam nolim interpretari.* » (*Itaque nostro ævo, in usum scholarum, Horatii expurgata sunt opera.*)

« Les enfans doivent lire et apprendre, non-seulement des ouvrages bien écrits, mais surtout des ouvrages où les mœurs soient respectées. Il faut donc faire un choix, je ne dis pas seulement des auteurs, mais encore des différentes parties de leurs ouvrages. Car les Grecs ont composé quelques écrits licencieux, et je ne voudrois pas expliquer certains endroits d'Horace. » (Aussi de notre temps a-t-on eu soin de purger de toute obscénité les œuvres de cet auteur, dont on fait usage dans les classes.)

pouvez lire. J'aime, dites-vous, à feuilleter tantôt ce livre-ci, tantôt celui-là; c'est le propre d'un estomach malade de goûter de plusieurs mets dont la diversité nuit au lieu de nourrir. Lisez donc constamment des livres reconnus pour bons; et s'il vous prend quelquefois la fantaisie de vous amuser à en lire d'autres, revenez toujours aux premiers. Faites tous les jours acquisition de quelques remèdes contre les différentes maladies de l'ame; et après avoir parcouru plusieurs articles, choisissez-en un pour en faire ce jour-là votre nourriture. J'en agis ainsi, et je retiens toujours quelque chose des variétés que je lis par délassement. »

Nous ne pouvons trop insister sur ces avis que Sénèque donnoit à son ami, et qui s'adressent à tout homme qui a le goût des livres et de l'étude; les bons esprits en ont toujours senti l'importance et s'y sont conformés.

On voit par tout ce que nous venons d'exposer, que les anciens et les modernes se sont continuellement déclarés contre la multitude des livres, et ont fortement insisté sur la nécessité de se borner à un bon choix, et de lire peu de volumes, mais de les bien lire, *multum legere, non multa*. Nous ne pouvons donc trop recommander une chose aussi utile et dont l'importance ne peut être méconnue que par des ignorans ou des gens dépravés. Nous ne pouvons, disons-nous, trop la recommander surtout à la jeunesse qui a besoin de se former le goût par la lecture, et plus besoin encore de se garantir du danger des doctrines pernicieuses, et du poison de l'immoralité. Où trouveroit-elle ailleurs que dans les œuvres des fameux génies dont nous avons parlé, une plus ample provision d'idées justes et saines, de maximes solides et lumineuses plus capables de la soutenir et de la diriger dans la conduite de la vie? Non, il n'est point d'auteurs, dans la longue série des siècles, qui aient pensé avec plus de justesse, et écrit avec une éloquence plus sublime, que les génies en question.

Quoique nous ayons, dans le cours de ces observations, cité les écrivains du premier ordre que l'on doit d'abord faire entrer dans une collection choisie, nous ne prétendons point frapper d'exclusion des auteurs estimables qui marchent à la suite de ces hommes illustres, et qui occupent le second et même le troisième rang dans la république des lettres. Combien d'ouvrages utiles et instructifs sont sortis de leurs plumes consacrées, soit à la religion, soit à la morale, soit aux lettres ou à l'histoire ; mais, nous ne nous lasserons point de le répéter, le goût le plus pur, le tact le plus fin, le talent d'écrire avec autant de délicatesse que de solidité, ne s'acquerront jamais que dans la société des auteurs vraiment classiques, qui ont immortalisé les siècles de Périclès, d'Auguste et de Louis XIV.; et c'est de leurs ouvrages seuls qu'il faut dire sans cesse aux amateurs et surtout aux jeunes gens :

Nocturna versate manu, versate diurna.

Que l'on en forme donc un trésor à soi, un trésor que l'on ait toujours sous la main et où l'on puisse

puiser à chaque instant. On ne court point le risque
d'être trompé; ce qui a passé à travers les siècles avec
l'assentiment, disons plus, avec l'admiration de tous
les hommes de goût, ce qui jouit du suffrage unanime
de tous les peuples, doit être nécessairement marqué au coin de la perfection, du moins autant que
ce qui est humain peut en approcher; et que n'a-t-on
pas à gagner en mettant continuellement son esprit
en contact avec ces productions des plus beaux génies du monde? Leur réputation n'est point le résultat d'une vogue passagère; le temps finit toujours
par confirmer ou annuller les jugemens des contemporains, selon qu'ils sont bons ou mauvais, et rarement il tarde à mettre chacun à sa place. A Rome,
on a eu beau louer à outrance Stace, Ausone, Claudien, et même Silius-Italicus que l'on n'a pas craint de
comparer à Virgile; combien la couronne que l'enthousiasme du moment avoit décernée à ces écrivains
s'est ternie sous la main du temps! tandis que celle
de Virgile et d'Horace brille chaque jour d'un nouvel éclat; et chez les modernes, Balzac, Voiture,
Benserade étoient portés aux nues; dans leur siècle;
et maintenant ensevelies dans la poussière, leurs œuvres, si brillantes autrefois, disputent aux vers un
reste d'existence éphémère. Racine n'étoit pas très
goûté de son temps, même de madame de Sévigné
qui lui préféroit Pradon; qu'est devenu Pradon?
tandis que Racine a pris place près de Virgile pour
la pureté du style, et sa gloire ne fera que s'accroître
avec les siècles.

Si notre goût n'est pas encore épuré, méfions-nous donc des éloges pompeux donnés à certains ouvrages; ils sont presque toujours jugés avec précipitation et loués par une aveugle bienveillance, ou déchirés par une partialité révoltante ; c'est pourquoi il faut s'abstenir de les admettre dans une collection choisie, jusqu'à ce que les hommes d'un goût assuré, de principes solides, et dégagés de toutes passions, leur aient donné leur sanction. Dans tous les cas, le parti le plus sûr est de s'en tenir d'abord aux ouvrages consacrés par le temps et par le goût, qui ont résisté à la dent des Zoïles et des Aristarques ; comme la lime de la fable à celle du serpent.

Nous croyons avoir suffisamment démontré la nécessité de faire un choix dans l'immense quantité de livres qui surchargent l'horizon littéraire ; nous avons indiqué les écrivains sur lesquels ce choix doit se fixer, et nous avons exposé les motifs qui doivent leur faire donner la préférence. Nous allons maintenant, dans la seconde partie de notre travail, faire voir que les chefs-d'œuvre de ces auteurs du premier ordre ont été l'objet de la prédilection particulière d'une infinité de grands hommes, et n'ont pas peu contribué à les former tels ; ces détails qui, d'après le plan que nous avons adopté, tiennent autant à l'histoire littéraire qu'aux principes même de la littérature, compléteront ce que nous venons d'exposer, et prouveront d'une manière encore plus évidente la nécessité de s'attacher particulièrement à la littérature classique.

TRAITÉ
DU CHOIX DES LIVRES.

SECONDE PARTIE.

De la prédilection particulière que des hommes célèbres de tous les temps ont eue pour certains ouvrages et surtout pour les chefs-d'œuvre littéraires.

La réputation des auteurs anciens qui ont mérité la dénomination de classiques, est tellement établie, qu'il eût dû suffire de les nommer, comme nous l'avons fait dans notre première partie, pour engager les amateurs de livres et surtout les jeunes gens à les placer au premier rang, dans toute collection qu'ils se proposent de former. Aussi leur avons-nous vivement recommandé de fixer d'abord leur choix sur les chefs-d'œuvre que ces grands écrivains nous ont laissés, et d'en faire l'objet spécial de leurs études ou du moins l'objet favori de leurs lectures ; mais de simples recommandations, surtout dans le siècle où nous vivons, ne produisant pas toujours l'effet qu'on en attend, il est bon de les appuyer d'exemples qui fassent davantage sentir la nécessité d'y adhérer. C'est ce que nous allons tâcher de faire dans cette seconde partie, en appelant à notre secours, c'est-à-dire, en présentant comme d'excellens modèles à suivre, des hommes célèbres de tous les siècles, des littérateurs, des savans, des historiens, des hommes d'état et même des rois, sur le goût littéraire desquels nous avons fait quelques recherches, et qui, dévorés, dès leur jeunesse, du désir de s'instruire solidement, ne se sont attachés qu'à un petit nombre d'ouvrages bien choisis, et en ont fait l'objet constant de leur application. Il n'y a aucun doute que c'est en se nourrissant uniquement l'esprit de bons ouvrages, d'ouvrages solides, qu'ils ont fait preuve, dans les différentes carrières que le sort leur a ouvertes, de connoissances très profondes, d'une grande sagacité, d'un tact fin, de talens garans immanquables du succès, enfin de toutes les qualités qui les ont illustrés. Ce n'est cependant pas que tous, comme on le verra, aient porté leur choix sur des productions du premier mérite; mais le plus grand nombre s'est conformé à ce que l'on peut prescrire de mieux à cet égard.

Rien n'est donc plus propre que l'exemple de ces grands hommes à confirmer ce que nous avons dit précédemment, que ce n'est point la lecture d'un grand nombre de volumes qui développe le génie, qui alimente l'esprit, qui forme le goût, mais que c'est plutôt un choix sévère et circonscrit d'ouvrages du premier ordre, lus, relus et bien médités.

Nous avons cru devoir suivre l'ordre chronologique dans l'exposition des goûts littéraires des grands hommes. Commençant à Thucydide, nous descendons de siècle en siècle jusques à nos jours, et nous ajoutons à chaque article l'opinion et le jugement des plus grands écrivains, soit sur l'auteur, soit sur l'ouvrage dont il est question ; de sorte que cette partie de notre travail, par les réflexions littéraires, les dates, et quelques anecdotes dont elle est entremêlée, pourroit sous certains rapports appartenir à un cours de littérature, et sous d'autres à l'histoire littéraire ; ce qui lui donneroit un double degré d'utilité, si nous étions assez heureux pour avoir rempli ce cadre intéressant tel que nous l'avons conçu.

Voyons d'abord quels ont été les goûts littéraires de quelques hommes célèbres de la Grèce, patrie primitive des lettres.

THUCYDIDE, historien grec (né en 471 — mort en 391 av. J.-C.) ; assistant à une lecture qu'Hérodote faisoit de ses histoires devant le peuple d'Athènes, fut tellement frappé de la beauté du style, qu'il entra dans une espèce de transport et d'enthousiasme, et versa des larmes de joie en abondance ; il n'avoit alors que quinze ans. Ce goût précoce, cette sensibilité extraordinaire à cet âge, présageoient l'honneur que Thucydide feroit un jour à sa patrie dans la même carrière.

Les histoires d'Hérodote, divisées en neuf livres

auxquels on donna le nom des neuf Muses, commencent à Cyrus, premier roi des Perses, selon l'auteur (l'an 599 av. J.-C.), et se terminent à la bataille de Mycale qui se donna la huitième année de Xerxès (l'an 480 av. J.-C.), ce qui comprend l'espace d'environ cent vingt ans. HÉRODOTE est appelé le *Père de l'histoire*, par Cicéron, non-seulement parce qu'il est le plus ancien des historiens grecs dont les écrits sont parvenus jusqu'à nous, mais parce qu'il est entre ces historiens ce qu'Homère est entre les poëtes, et Démosthène entre les orateurs. Fidelle imitateur d'Homère pour la narration, il entrelace les faits les uns dans les autres, de manière qu'ils ne font qu'un tout bien assorti. En variant continuellement ses récits, il réveille sans cesse l'attention de ses lecteurs. Son style est plein de grâce, de douceur et de noblesse. Ses histoires sont écrites dans le dialecte ionique. M. Larcher a rendu un important service à notre littérature, par la savante traduction qu'il nous a donnée de cet historien. (*Paris*, 1786, 7 *vol. in*-8.°; et *Paris*, 1802, 9 *vol. in*-8.°) Ce précieux ouvrage a emporté les suffrages universels sous le rapport de l'érudition (1). M. Dacier, secrétaire perpétuel de l'Aca-

---

(1) Je ne puis mieux en faire connoître le mérite, qu'en rapportant ce qu'en a dit le savant et estimable M. Boissonade, auteur de la notice sur M. Larcher, en tête du catalogue de la bibliothèque de ce dernier, p. xxiv. » On peut, dit-il, sous le rapport du style, faire à M. Larcher d'assez graves reproches; mais la richesse du commentaire, l'importance des recherches géographiques et chronologiques, font de la traduction d'Hérodote, un des

démie des inscriptions et belles-lettres, dit, dans son éloge de M. Larcher, lu à la séance publique du 25 juillet 1817, « qu'il est permis de dire sans exagération, que l'Hérodote de M. Larcher et l'Anacharsis de Barthelemy sont les deux ouvrages publiés depuis 40 ans, qui ont le plus puissamment contribué à ranimer le goût des études de l'histoire ancienne, et en général de l'archéologie. » Voyez le parallèle d'Hérodote avec Thucydide dans l'article suivant.

DÉMOSTHÈNE, célèbre orateur grec, (n. 381 — m. 322 av. J.-C.), faisoit tant de cas de l'histoire

---

plus beaux monumens de l'érudition française. M. de Sainte-Croix (*Examen des hist. d'Alexandre*, pag. 581), a dit que M. Larcher avoit, par sa chronologie d'Hérodote, mérité la reconnoissance de la postérité. M. Wyttenbach (*Biblioth. crit.* III, 2, pag. 153), ne s'exprime pas avec moins de force sur le mérite de ce grand ouvrage : *Quo opere quantum incrementi allatum sit, cum ad intelligentiam Herodoti aliorumque scriptorum, tum ad judicium et cognitionem omnis illius historiæ et antiquitatis, si diserta epitome significare velimus, vix nobis centum paginæ sufficiant.* Ailleurs (*Selecta*, pag. 344), il appelle M. Larcher le plus exact et le plus savant de tous les interprètes d'Hérodote. M. Chardon de la Rochette (*Mélanges*, tom. III, pag. 115), se rencontrant avec M. de Sainte-Croix, dans l'expression de son admiration, dit que la traduction d'Hérodote mérite toute notre reconnoissance et celle de la postérité. Enfin, M. Larcher a obtenu un honneur duquel ont joui fort peu de commentateurs : sa chronologie a été traduite en latin par M. Borheck (*trad. d'Hérodote*, tom. I, pag. xxxix, tom. VII, pag. 7); en allemand par M. Degen (Voy. *la France litt.* par Ersch, tom. II, pag. 251), et ses notes ont paru dans les principales langues de l'Europe. (Voyez les *Mélanges* de M. Chardon de la Rochette, tom. I, pag. 59, et tom. III, pag. 83.)

de Thucydide, qu'il la copia huit fois de sa main pour mieux se pénétrer de son style.

Cette histoire renferme les événemens arrivés pendant les vingt-une premières années de la guerre du Péloponèse qui a embrasé la Grèce, de 431 à 403 av. J.-C. Thucydide, qui florissoit pendant cette guerre, a écrit cette histoire en huit livres. Ils ont été publiés par Xénophon qui y a fait une suite en sept livres finissant à la bataille de Mantinée, l'an 363 av. J.-C.

Une remarque que l'on a souvent faite relativement à la poésie et à l'histoire, c'est que les hommes de génie qui ont ouvert la carrière dans ces deux parties, sont ceux qui y ont le mieux réussi. Homère n'a point encore eu de rival pour la poésie ; Hérodote et Thucydide sont dans le même cas pour l'histoire. Nous parlerons d'Homère dans l'article suivant ; mais nous devons rapporter ici l'élégant et judicieux parallèle que Quintilien trace des deux historiens qui nous occupent : « La Grèce, dit-il, a en plusieurs historiens célèbres ; mais on convient qu'il y en a deux qui sont fort au-dessus des autres, et qui, par des qualités différentes, ont acquis une gloire presque égale. L'un, concis, serré, toujours pressé d'arriver à son but, c'est Thucydide : l'autre, doux, clair, étendu, c'est Hérodote. L'un est plus propre pour les passions véhémentes ; l'autre, pour celles qui demandent de l'insinuation. L'un réussit dans les harangues ; l'autre, dans les discours ordinaires. Le premier entraîne par la force ; le second attire par le plaisir (1). » Tous les deux ont porté l'histoire à sa perfection par une route différente. C'est une justice que leur ont rendue les anciens et les modernes.

ALEXANDRE (n. 356 — m. 324 av. J.-C.), roi de Macédoine, étoit tellement passionné pour Homère, qu'il portoit toujours avec lui l'*Iliade*. Il appeloit les œuvres de ce poëte, ses provisions de l'art militaire. Aussi, au milieu de ses marches et de ses conquêtes, il le mettoit toujours sous son chevet avec son épée. Après la défaite de Darius, on trouva, parmi les dépouilles de ce prince, une cassette d'un travail fini et d'un prix excessif; on la porta à Alexandre, qui aussitôt y renferma l'*Iliade*, en disant : « Il est naturel que l'ouvrage le plus parfait de l'esprit humain soit renfermé dans la cassette la plus précieuse du monde. » Traversant un jour le Sigée et voyant le tombeau d'Achille : «O fortuné héros,

---

(1) *Historiam multi scripsēre, sed nemo dubitat duos longè cæteris præferendos, quorum diversa virtus laudem penè est parem consecuta. Densus, et brevis, et semper instans sibi* THUCYDIDES : *dulcis, et candidus et fusus* HERODOTUS. *Ille concitatis, hic remissis affectibus melior : ille concionibus, hic sermonibus : ille vi, hic voluptate.* (QUINTIL. lib. X, cap. 1.) » Rollin, de qui j'ai emprunté la traduction de ce passage, dit que les mots *instans sibi* sont difficiles à rendre, et qu'ils signifient que Thucydide est toujours pressé, qu'il se hâte d'aller à son but, qu'il y tend continuellement sans le perdre de vue, sans se détourner, sans s'amuser. Gedoyn les a traduits par *ne s'arrêtant jamais en chemin*, c'est le même sens. La traduction de ce morceau par Rollin me paroit plus élégante que celle de Gedoyn.

s'écria-t-il, d'avoir eu un Homère pour chanter tes victoires! »

Il est certain qu'il n'existe point dans la république des lettres, de réputation plus grande et plus solidement établie que celle de ce poëte. C'est ce qu'a fort bien exprimé Chenier dans ces vers :

> Trois mille ans ont passé sur la cendre d'Homère;
> Et depuis trois mille ans Homère respecté
> Est jeune encor de gloire et d'immortalité (1).

En effet, le naturel ou plutôt la naïveté, la richesse du style poétique, la chaleur et la rapidité sont les traits principaux que l'admiration saisit d'abord dans les immortelles compositions de ce génie extraordinaire qui, pour ainsi dire, a créé ce monde intellectuel qu'on appelle la poésie. Quelle grâce, quelle énergie, quelle harmonie dans les vers de cet homme que la voix de tous les peuples a proclamé le premier, le plus grand poëte de l'antiquité, de cet homme qui joignit à tous les avantages du plus heureux génie, tous ceux de la plus riche, de la plus

---

(1) J. B. Rousseau a dit dans son Ode à Malherbe : (5.e liv. iii.)

> A la source d'Hippocrène,
> Homère, ouvrant ses rameaux,
> S'élève comme un vieux chêne
> Entre deux jeunes ormeaux.
> Les savantes immortelles
> Tous les jours, de fleurs nouvelles
> Ont soin de parer son front;
> Et par leur commun suffrage
> Avec elles il partage
> Le sceptre du double mont.

mélodieuse, de la mieux construite, de la plus belle des langues qui jamais enchantèrent l'oreille humaine! Existe-t-il élocution plus pittoresque, détails de style plus pleins d'imagination, de force et de grâce; plus de rapidité, et, si nous osons le dire, plus de fougue et de véhémence, quand il s'agit d'exprimer les passions, et plus de sensibilité quand il faut peindre la douleur? Oui, disons-le avec tous les gens de goût, l'univers sera toujours émerveillé des sons de cette lyre immortelle, dont l'antique harmonie, victorieuse de la différence des idiomes, et toujours la même pour tous les peuples et pour toutes les générations, se prolonge à travers tous les âges et retentit également dans tous les siècles.

Voyons maintenant comment l'*Iliade* a vu le jour, et comment ce précieux trésor est parvenu jusqu'à nous. On prétend qu'Homère(1), lors de la composition de ce célèbre poëme (vers 920 av. J.-C.), ne l'a point divisé par livres. C'étoit un récit en vers des événemens de la guerre de Troie dont il chantoit des passages à la volonté des auditeurs, pour gagner sa vie, en parcourant les bourgades de l'Ionie. De-là est venu le nom de *rhapsodies* (2) donné à ses

---

(1) Les marbres d'Arundel mettent Homère sous l'archonte Diognete, c'est-à-dire, 300 ans après la prise de Troie, 916 ans avant J. C.

(2) *Rhapsodie* vient du grec *rhapto*, coudre, et *odé*, pièce de vers chantée, c'est-à-dire, chants cousus ensemble. Dans l'antiquité on appeloit ainsi des espèces de poëmes composés sur des événemens remarquables, et que des Rhapsodes alloient chanter

ouvrages, lorsqu'on en a rassemblé les différens fragmens. Lycurgue (vers 876 av. J.-C.), est le premier qui, dans son voyage d'Ionie, les recueillit et les apporta à Lacédémone, d'où ils se répandirent dans la Grèce (1). Pisistrate (vers 540 av. J.-C.), ordonna à son fils Hipparque d'en faire une nouvelle copie, et ce fut celle qui eut cours depuis ce temps jusqu'au règne d'Alexandre. Ce prince (vers l'an 336 av. J.-C.), chargea Callisthène et Anaxarque de revoir soigneusement les poëmes d'Homère qui devoient avoir été altérés en passant par tant de bouches et courant de pays en pays. Aristote, dans le même temps, fut aussi consulté sur ce nouveau travail. C'est cette copie que l'on nomme l'édition de l'écrin ou de la cassette, parce que c'est celle qu'Alexandre enferma dans la cassette de Darius. Zénodote d'Ephèse, premier conservateur de la bibliothèque d'Alexan-

---

de ville en ville pour gagner de l'argent. Par la suite on donna ce nom aux morceaux détachés des poëmes d'Homère, que les Rhapsodes chantoient en public, et que les Grecs prenoient le plus grand plaisir à entendre.

(1) Voici comment Plutarque raconte la chose (*Vie de Lycurgue*) : « C'est vraisemblablement en Ionie que Lycurgue vit pour la première fois les poésies d'Homère, qui étoient entre les mains des descendans de Cleophilus (ancien hôte du poëte); et ayant trouvé que les instructions morales et politiques qu'elles renferment ne sont pas moins utiles que ses fictions sont agréables, il prit lui-même la peine de les copier et de les réunir en un seul corps pour les porter en Grèce. Il est vrai que ces poésies y avoient déjà fait quelque bruit, et qu'un petit nombre de personnes en avoient quelques morceaux détachés ; mais Lycurgue fut celui qui les fit entièrement connoître aux Grecs. »

drie, sous Ptolémée Lagus qui la fonda (vers 290 av. J.-C.), revit encore cette édition. Mais on blâma la hardiesse avec laquelle il rejeta les vers qui lui paroissoient douteux ; et à en juger d'après les variantes citées par Eustathe, un défaut de sens poétique l'a fait tomber dans beaucoup d'erreurs. Aristophane de Byzance, quelque temps après (200 ans av. J.-C.), s'occupa aussi d'une nouvelle édition d'Homère. Mais la plus célèbre de toutes, celle qui est la base de l'ordre dans lequel nous sont parvenus les ouvrages de ce poëte, est l'édition qu'a donnée Aristarque de Samothrace (vers 175 ans av. J.-C.). On lui attribue la division des deux poëmes d'Homère, chacun en vingt-quatre chants.

L'*Iliade*, dont le sujet est fondé sur le rapt d'Hélène et sur l'enlèvement de Bryseïs, embrasse un simple épisode de la guerre de Troie. C'est le récit poétique des événemens qui se sont passés dans un intervalle peu étendu, depuis la dispute d'Agamemnon et d'Achille au sujet de Bryseïs, jusqu'aux obsèques d'Hector qu'Achille a immolé aux mânes de son ami Patrocle. Le sujet du poëme est donc la colère d'Achille, ou plutôt la satisfaction que Jupiter donne à son petit-fils Achille offensé par le chef des Grecs.

M. de Bonald, dans son beau morceau *sur le style et sur la littérature,* parlant du poëme épique, exprime bien tout ce que l'*Iliade* a de grand et de majestueux. Il commence par exposer « qu'on ne peut prendre le sujet d'une épopée que dans l'histoire d'une grande société. Il ne falloit pas moins aux yeux des anciens ; continue-t-il, que les destins de la Grèce et de Rome, et aux nôtres, que les destins de la chrétienté et ceux du genre humain même, pour fonder l'intérêt et soutenir la majesté des quatre grandes épopées et peut-être des seules qu'ait produites la littérature ancienne et moderne (1). » Puis arrivant à l'*Iliade*, il s'exprime ainsi : «Dans ce poëme, l'importance de l'entreprise, au moins pour les Grecs ; la grandeur des moyens ; ces rois, tous héros, tous enfans des dieux ; cet Agamemnon, roi de tous ces rois, issu lui-même du maître des dieux ; l'Europe luttant contre l'Asie, les dieux contre les dieux ; l'olympe qui délibère ; la terre qui attend ; le destin des hommes ; la volonté même des dieux suspendue par l'inaction d'un seul homme : tous ces grands objets élevèrent l'imagination du poëte, et donnèrent à son ouvrage cette majesté qui s'est accrue d'âge en âge, même par l'éloignement du temps, et qui a fait de l'*Iliade* le premier et le plus beau titre du génie de l'homme.... »

Dans l'*Odyssée*, qui a également vingt-quatre chants, HOMÈRE raconte les aventures d'Ulysse, depuis la prise de Troie jusqu'à son retour en Itaque. L'action ne dure que quarante jours ; mais, à la faveur du plan adopté, HOMÈRE rappelle plusieurs détails de cette guerre fameuse, et déploie les connoissances que lui-même avoit acquises dans ses voyages. L'*Odyssée* n'a ni le feu ni la majesté de l'*Iliade* ;

---

(1) L'*Iliade*, l'*Énéide*, la *Jérusalem délivrée*, et le *Paradis perdu*.

on voit que le poëte étoit sur son déclin ; mais, comme le dit Longin (*chap.* vii), c'est le soleil couchant qui n'a point la force de son midi, mais qui a toujours la même grandeur.

Il existe un grand nombre de parallèles entre Homère et Virgile. Les auteurs anciens, à commencer par Velleius-Paterculus qui vivoit sous Tibère et qui a pu voir Virgile, jusqu'à ceux du cinquième siècle, sont tous pour Homère, et quand ils font aller de pair Virgile avec le poëte grec, ils semblent vouloir le flatter extrêmement. Il y avoit à-peu-près mille ans qu'on avoit cessé de les comparer, quand Floridus-Sabinus publia son apologie des auteurs latins, (*Basil.*, 1540, *in-fol.*). Peu content de justifier Virgile des reproches de Macrobe et de Lascaris, il blâme Homère sans mesure. Jules Scaliger qui vint ensuite, garda encore moins de ménagement pour Homère. S'il le compare avec Virgile, toutes ses louanges sont pour le poëte latin, tout le blâme est pour le poëte grec : *Virgilius*, dit-il, *artem ab eo rudem acceptam lectioris naturæ studiis atque judicio ad summum extulit fastigium perfectionis, quodque perpaucis datum est, multa detrahendo fecit auctiorem. Fudit Homerus, hic collegit; ille sparsit, hic composuit. Quantum à plebeiâ mulierculâ matrona distat, tantum summus ille vir à divino nostro superatur. Quæ sunt magnifica in Homero, non æquant magnitudinem Virgilii. Virgilius magister est, Homerus discipulus. Facit divina ex humilibus Homeri; Homerus humilia et humiliter, Virgilius grandiora et magnificè; opprimit et obruit Homerum; relinquit eum post se. Narratio alterius aurea; alterius plumbea. Hic verus poeta, ille foraneus narrator. Homerus moles quidem est, sed rudis et indigesta; Virgilius autem deus est et melior naturâ.* Il n'est pas besoin de dire combien ce parallèle est marqué au coin de la partialité et de la passion. Je préfère beaucoup les réflexions suivantes de M. Boivin cadet : « L'Iliade et l'Odyssée, dit-il, sont deux grands tableaux dont l'Énéide est le raccourci. Celui-ci veut être regardé de près. Tout y doit être achevé. Les grands tableaux se voient de loin : il n'est pas nécessaire que tous les traits y soient si finis et si réguliers. C'est même un défaut dans un grand tableau qu'un soin trop scrupuleux...... Virgile a ajouté quelques traits à ceux que son original lui fournissoit. Ces traits ajoutés ne font pas que la copie doive être préférée à l'original qui n'en avoit pas besoin, et dans lequel peut-être ils n'ont pas eu besoin d'être employés. La vraie beauté ne consiste pas à tout dire, mais à bien dire ce que l'on dit. Elle consiste moins à dire de grandes choses, qu'à en dire de petites, sans s'avilir. Il y a plus d'art, ce me semble, et plus de pompe dans Virgile que dans Homère en beaucoup d'endroits. Mais tout cet art et toute cette pompe ne doivent pas l'emporter sur une vraie noblesse alliée avec un air de simplicité qui plaît, même dans ses négligences. »

L'abbé Trublet a fait aussi un parallèle d'Homère et de Virgile ; tout n'y est pas parfait, mais il y a des idées justes et fines; voici les passages de ce parallèle qui me paroissent les plus saillans : « Homère est un des plus grands génies qui aient jamais été ; Virgile est un des plus accomplis...... Homère est plus poëte, Virgile est un poëte plus parfait... L'un cause un plaisir plus vif, l'autre un plaisir plus doux. L'homme de génie est plus frappé d'Homère; l'homme de goût est plus touché de Virgile. On admire plus le premier, on estime plus le second. Il y a plus d'or dans Homère; ce qu'il y en a dans Virgile est plus pur et plus poli..... Une grande partie des défauts de l'*Iliade* sont ceux du siècle d'Homère; les défauts de l'Enéide sont ceux de Virgile. Il y a plus de fautes dans l'*Iliade,* et plus de défauts dans l'Enéide (1). On doit Virgile à Homère. On ignore si celui-ci a eu des modèles (2), mais on sent qu'il pouvoit s'en passer. Il y a plus de talent et d'abondance dans Homère, plus d'art et de choix dans Virgile. L'un et l'autre sont peintres, ils peignent toute

---

(1) M. de La Harpe a détaillé les défauts de l'Énéide dans son Cours de littérature, article de l'*Epopée latine*. (Voyez l'édition de *Dijon*, 1821, 18 *vol. in*-12, tom. I, pag. 252.

(2) Fabricius (*bibl. græca*, lib. I, cap. 1,) compte soixante-dix poëtes épiques qui out paru avant Homère, et qui sans doute ne lui ont été d'aucun secours, si l'on en juge d'après les fragmens qui nous restent de quelques-uns de leurs ouvrages. Fabricius donne la liste alphabétique de ces soixante-dix poëtes, dans son premier chapitre; les trente-cinq chapitres suivans de son premier livre sont consacrés à des détails plus ou moins étendus sur ces poëtes. Le cinquième chapitre du second livre de sa bibliothèque grecque, contient la liste de cent vingt-trois commentateurs d'Homère, dont les commentaires sont perdus.

la nature, et le choix est admirable dans tous les deux ; mais il est plus gracieux dans Virgile, et plus vif dans HOMÈRE. HOMÈRE s'est plus attaché que Virgile, à peindre les caractères, les mœurs des hommes ; il est plus moral : et c'est là, à mon gré, le principal avantage du poëte grec sur le poëte latin. La morale de Virgile est meilleure : c'est le mérite de son siècle et l'effet des lumières acquises d'âge en âge ; mais HOMÈRE a plus de morale : c'est en lui un mérite propre et personnel, l'effet de son tour d'esprit particulier.... Il viendra plutôt un Virgile qu'un HOMÈRE....., etc. » La Harpe dit dans son Cours de littérature : « Si Virgile n'a pas égalé HOMÈRE pour l'invention, la richesse et l'ensemble, il l'a surpassé par la singulière beauté de quelques parties et par son excellent goût dans les détails. »

Sept villes se sont disputé l'honneur d'avoir donné le jour à HOMÈRE. Si l'on en croit un ancien distique grec, ces villes sont : Cumes, Smyrne, Chio, Colophon, Pylos, Argos et Athènes (1). L'opinion la plus commune est qu'HOMÈRE a vu le jour à Chio.

Une chose assez singulière, c'est que pendant vingt-sept siècles on n'ait point mis en problème l'existence d'HOMÈRE, et que l'on ait attendu aux XVII et XVIII.ᵉ siècles pour élever des doutes à cet égard. L'abbé d'Aubignac, vers 1630, dans une dissertation sur

---

(1) Un distique latin s'exprime ainsi à cet égard :

Smyrna, Rhodos, Colophon, Salamis, Chios, Argos, Athenæ,
Orbis de patriâ, certat, Homere, tuâ.

l'*Iliade*, a soutenu qu'il n'y a jamais eu d'homme nommé Homère qui ait composé l'*Iliade* et l'*Odyssée*, et que ces deux poëmes ne sont qu'une compilation de vieilles tragédies (rhapsodies) qui se chantoient anciennement dans la Grèce. Dans le xviiie siècle, on a agité cette question sous différens points de vue. Il y en a qui ont douté qu'Homère eût mis par écrit ses poésies : c'est l'avis de MM. Wood, Heyne, Wolf, etc. Il a été combattu par MM. Amelang, Hug, de Marée, etc. M. Wolf est allé plus loin : il a voulu prouver, tant par l'analogie que par les disparates qu'il a cru remarquer dans les différentes parties des deux poëmes, qu'on doit les regarder comme une suite d'ouvrages de divers auteurs, et qu'on ne peut attribuer à Homère (s'il a existé) que la première idée et peut-être une partie des vers que ces poëmes renferment. M. de Sainte-Croix s'est élevé, en 1798, contre cette opinion. M. Bryant, à l'occasion de l'ouvrage de M. Chevalier sur la Troade, a surpassé M. Wolf, en soutenant, en 1796, qu'il n'a jamais existé ni ville de Troie, ni guerre des Grecs contre Ilion. Enfin, M. l'abbé Geoffroy, célèbre critique dans ces derniers temps, a prétendu que les poëmes héroïques d'Homère étoient en partie des poëmes plaisans et même burlesques. Il a développé ce système bizarre dans dix à douze articles avec beaucoup d'esprit ; mais il n'a convaincu personne.

Il faut convenir qu'il est aussi difficile de décider si les différentes opinions dont nous venons de parler, sont fondées, qu'il seroit impossible de les concilier; et pour nous servir d'une expression de Dufrény, ce n'est pas à travers un brouillard de vingt-huit siècles qu'on peut voir distinctement les objets, et dire : ils sont ainsi. Il nous semble cependant, quand tous les anciens, à commencer par Lycurgue qui vivoit tout au plus cent ans après Homère, se sont accordés pour le regarder comme auteur de l'*Iliade* et de l'*Odyssée*; il nous semble, dis-je, que c'est venir un peu tard, vingt-sept siècles après, pour élever des doutes sur son existence, et donner une espèce de démenti formel à toute l'antiquité. Au reste, nous sommes dans le siècle où, à force de vouloir tout approfondir, on finit par douter de tout.

ARISTOPHANE de Byzance, célèbre grammairien grec, qui existoit à-peu-près 200 ans avant J.-C., passe pour l'auteur du fameux canon des auteurs classiques grecs. Son disciple Aristarque, qui vivoit 175 ans avant J.-C., a eu aussi part à la rédaction de ce canon, qui ne nous est parvenu qu'avec les changemens qu'y ont faits les grammairiens des temps suivans. Voici la nomenclature de ces classiques telle que nous la possédons maintenant.

Poetes épiques: Homère, Hésiode (quoiqu'il soit principalement didactique), Pisandre, Panyasis, Antimaque.

Poetes iambiques : Archiloque, Simonide, Hipponax.

Poetes lyriques : Alcman, Alcée, Sapho, Stésichore, Pindare, Bacchylide, Ibycus, Anacréon, Simonide.

Poetes élégiaques : Callinus, Mimnerme, Philétas, Callimaque.

Poetes tragiques : Eschyle, Sophocle, Euripide, Ion, Achæus, Agathon.

Poetes comiques, *ancienne comédie* : Epicharme, Cratinus, Eupolis, Aristophane, Phérécrate, Platon.

Moyenne comédie : Antiphane, Alexis.

Nouvelle comédie : Ménandre, Philippide, Diphile, Philémon, Apollodore.

Historiens : Hérodote, Thucydide, Xénophon, Théopompe, Éphore, Philiste, Anaximène, Callisthène.

Orateurs, *les dix attiques* : Antiphon, Andocide, Lysias, Isocrate, Isée, Eschine, Lycurgue, Démosthène, Hypéride, Dinarque.

Philosophes : Platon, Xénophon, Eschine, Aristote, Théophraste.

Ici se termine le canon des classiques grecs attribué à Aristophane de Byzance et à Aristarque. Par la suite, on y réunit ce qu'on appelle *la Pléiade* : c'est une liste de sept poëtes du second ordre que l'on ajouta à ceux du premier que nous venons de citer. Avant de présenter cette liste, nous croyons devoir donner une petite explication du mot *Pléiade*, et ensuite nous rapporterons tout ce qui a été connu sous le nom de *Pléiade poétique* chez les anciens et chez les modernes.

Le mot *Pléiade* vient d'une constellation composée de sept étoiles réunies vers l'épaule du Taureau. Ces étoiles se nomment Céléno, Astérope, Mérope, Électre, Alcyone, Maïa et Taygeté. Selon la Fable, ces noms étoient ceux des filles d'Atlas et de Pléione. Cette Pléione étoit fille de l'Océan et de Thétis. Le terme *Pléiade* provient du grec *pleio,* je navigue, parce que cette constellation passoit pour pluvieuse, orageuse, et par conséquent très redoutée des marins.

C'est du nom de ces étoiles que les Grecs ont donné le nom de *Pléiade* à sept poëtes qui ont paru sous le règne de Ptolémée Philadelphe (de 285 à 246 avant J.-C.) : on n'est point d'accord sur les sept poëtes qui composoient la Pléiade grecque.

Selon Tzetzes, dans son commentaire sur le poëme de Cassandre par Lycophron, ces poëtes sont : Théocrite, Callimaque, Nicandre, Apollonius de Rhodes, Homère le jeune, Aratus, Lycophron.

Selon le scoliaste de Théocrite, la *Pléiade* est ainsi composée : Théocrite, Philicus, Æantide, Apollonius de Rhodes, Aratus, Homère le jeune, Lycophron.

Le scoliaste d'Hephestion présente une autre liste que voici : Homère le jeune, Sosithée, Lycophron, Alexandre, Philicus, Dionysiade, Æantide.

D'autres mettent Sosiphane au lieu de Dionysiade.

M. Schoëll, dans son *Histoire abrégée de la littérature grecque,* donne aussi (pag. 107 du 1.er vol.) une liste des poëtes composant la *Pléiade* grecque ; cette liste est conforme à la première que nous avons citée, si ce n'est qu'il met Philicus au lieu de Callimaque : je pense que c'est à celle-là que l'on doit s'en rapporter.

M. Le Fèvre dit, dans son Abrégé des vies des poëtes grecs, que comme entre les étoiles de la *Pléiade* céleste, il y en a une qui paroît plus obscure que les autres, Lycophron tient le rang de cette étoile dans la *Pléiade* poétique. Cette comparaison n'est pas de lui ; elle vient d'Arnoldus Arlenius Peraxylus, dans sa préface de Lycophron, texte grec, qu'il donna avec les commentaires de Tzetzès, à Bâle, en 1546, *in-fol.*

Nous allons maintenant dire un mot des *Pléiades* modernes.

A l'imitation des Grecs, les Français eurent aussi leur *Pléiade*. Cette constellation dont les étoiles sont maintenant très nébuleuses, parut dans le xvi.e siècle, sous Henri II qui régna de 1547 à 1559. Les poëtes qui la composoient, sont : Dubellay, Jodelle, Belleau, Ronsard, J. Dorat, Baïf, Ponthus de Thiard.

Sous le pape Alexandre VII, qui siégea de 1655 à 1667, il se forma une *Pléiade* latine ou romaine, que l'on surnomma *Alexandrine*, parce que les poëtes qui la composoient étoient pour la plupart au service de ce souverain pontife. Les noms de ces sept poëtes, peu connus aujourd'hui, sont : Augustin Favorini, de Luna ; Noël Rondini, de Rome ; Ferdinand, de Furstemberg ; Etienne Gradi, de Raguse ; J. Roger Torck, Allemand ; Virgile Cesarini ; Alexan-

dre Polini, de Florence, déguisé sous le nom d'A-
pollonius Florens.

Il a paru ensuite une *Pléiade* de poëtes latins modernes, Français d'origine, dans le XVII.ᵉ siècle; elle
est, dit-on, de la façon de Baillet, et n'a pas eu l'assentiment général : cependant la plupart de ceux qui
la composent sont des poëtes d'un vrai mérite. Voici
leurs noms : le P. Rapin, jésuite; le P. Commire,
jésuite; le P. La Rue, jésuite; Santeuil, Victorin;
Ménage, abbé séculier; Duperrier, gentilhomme;
Petit, médecin.

Si les PP. Vanière et Porée avoient vécu trente
ans plutôt, ils tiendroient mieux leur rang dans cette
Pléiade que Duperrier et Petit.

Telles sont les *Pléiades* poétiques sur lesquelles
nous avons recueilli des renseignemens. Il nous semble que depuis l'époque de la dernière, il s'est levé
sur l'horizon français des astres assez éclatans pour
former une nouvelle *Pléiade*. S'il nous étoit permis
de donner notre voix sur la composition de cette
nouvelle constellation, nous nous hazarderions à y
placer Malherbe, Corneille, Boileau, La Fontaine,
Racine, Jean-Baptiste Rousseau et Voltaire, tout en
regrettant que le nombre circonscrit ne nous permette pas d'y admettre d'autres noms encore célèbres dans nos fastes poétiques. C'est dommage que
la prose n'ait pas des droits à l'honneur d'avoir une
Pléiade comme la poésie : avec quel plaisir on y verroit gravés en lettres d'or les noms d'un Pascal, d'un

Bossuet, d'un Fénélon, d'un Bourdaloue, d'un La Bruyère, d'un Fléchier, d'un Massillon !

Au reste, le choix parmi les écrivains dépend du goût particulier des amateurs. Cependant il est des auteurs sur lesquels l'opinion publique s'est tellement prononcée à raison de leur mérite réel et généralement reconnu, qu'il n'est pas permis de chercher à les faire descendre du rang qu'ils occupent dans la république des lettres, sans s'exposer à passer pour bizarre dans ses goûts, ou même pour quelque chose de pire.

PUBLIUS CORNELIUS SCIPION, surnommé l'AFRICAIN (n. 235 — m. 180 avant J.-C.), faisoit ses délices des ouvrages de XÉNOPHON ; il les lisoit continuellement et ne cessoit de les admirer. Cette lecture n'a pas peu contribué à faire de Scipion un homme vertueux et un grand général. Chaque page de XÉNOPHON respire les sentimens religieux dont son ame étoit pénétrée, les principes de justice et de morale qu'il avoit puisés dans l'école de Socrate, et toutes les vertus dont il étoit orné. Son style est simple, noble, élégant et plein de grâce, sans être vigoureux ni sublime. Il a employé dans ses ouvrages le dialecte attique qui, sous sa plume, respire une douceur si aimable, que l'on a dit : les grâces reposent sur ses lèvres ; on peut ajouter, avec La Harpe, qu'elles y sont près de la sagesse. Les Grecs l'ont surnommé l'*Abeille attique* ou la *Muse athénienne*. Il est certain qu'aux charmes de sa diction, qui est d'une simplicité admirable, il joint des vues profondes, des préceptes utiles, et que dans tous ses écrits, particulièrement dans sa *Cyropédie*, on reconnoît l'ami des lois, des hommes et de la vertu. XÉNOPHON a beaucoup écrit, soit comme philosophe, soit comme historien, soit comme politique; mais les deux ouvrages que l'on regarde comme ses chefs-d'œuvre, sont la *Retraite des dix mille* et la *Cyropédie*. Il eut grande part à la fameuse retraite des dix mille, puisqu'il y commandoit. Il raconte cet événement glorieux d'une manière très intéressante et avec la plus grande modestie. Cet ouvrage est le plus ancien et l'un des plus précieux monumens de la science militaire(1). La *Cyropédie*, en huit livres, est moins une histoire qu'un roman politique, dans lequel l'auteur trace le modèle d'un prince accompli, sous le nom de Cyrus, et d'un gouvernement parfait. Il est philosophe et homme d'état dans ce livre charmant, qu'on peut comparer à notre *Télémaque*. Son *His-*

---

(1) *L'Expédition dans l'Asie supérieure et la Retraite des dix mille*, ont été traduits, avec des notes, par M. Larcher. Paris, 1778, 2 vol. *in*-12. Voici le jugement que porte de cette traduction, l'auteur de la notice sur M. Larcher, que nous avons déjà citée : « Cette traduction, dit-il, fit honneur à M. Larcher, mais comme helléniste et érudit, plutôt que comme écrivain ; et il est permis de croire que M. de Juvigny (Rigoley) a été plus poli qu'exact, quand il a dit (*Décadence des lettres*, page 21'), que « cette excellente traduction lui paroissoit rendre toutes les beautés et toute l'élégance de l'original. » La Harpe (*Correspondance*, tom. II, pag. 223) l'appelle une *assez bonne* traduction ;

toire grecque, en sept livres, qui contient l'espace d'environ 48 ans, est une continuation de celle de Thucydide, depuis le retour d'Alcibiade dans l'Attique, jusqu'à la bataille de Mantinée (l'an 363 av. J.-C.). Cet ouvrage, fruit de sa vieillesse, a plusieurs lacunes et des passages falsifiés. Le morceau sur la bataille de Leuctres n'est pas suffisamment développé : on voit que ce n'est qu'à regret que l'auteur rapporte les victoires d'Epaminondas sur sa patrie adoptive. Il n'imite pas la manière de Thucydide, mais plutôt celle d'Hérodote, mieux appropriée à son caractère, et plus en rapport avec le genre d'éloquence d'Isocrate qui avoit été son maître. On remarque dans son petit traité *de la Chasse*, le tableau du lièvre qui est d'une vérité frappante.

Lucius Licinius LUCULLUS, célèbre Romain, plus connu encore par son luxe que par ses exploits (n. 115—m. 47 av. J.-C.), faisoit ses délices de la lecture de Xénophon. Son goût pour cet auteur confirme ce que l'on a dit de son amour pour la philo-

---

ce qui est plus juste. Quoique M. Larcher n'eût pas absolument, dans le style, toutes les qualités que doit avoir un traducteur de Xénophon, son ouvrage n'en est pas moins recommandable à cause de l'exacte intelligence du texte et de l'importance des remarques; et personne, je crois, ne contestera la vérité de ce que disoit M. de Wyttenbach, dans l'article de la Bibliot. critica (I, 4, pag. 97), où il en rendoit compte : « *Larcherus is est quem non dubitemus omnium qui nostrâ œtate veteres scriptores in linguas vertunt recentiores, antiquitatis linguæque græcæ scientissimum vocare.* »

sophie, l'éloquence et les lettres. Après avoir vaincu Tigrane (l'an 68 av. J.-C.) et avoir obtenu les honneurs du triomphe, en 63, il renonça à la gloire militaire, disant très sensément que la fortune avoit des bornes qu'un homme d'esprit devoit connoître. Dès-lors il vécut loin du tumulte des affaires publiques, et se livra, pendant les vingt dernières années de sa vie, aux jouissances du luxe, au plaisir de l'étude, et au commerce des hommes les plus instruits et les plus polis de son siècle. Jamais particulier avant lui n'avoit fait à Rome de dépenses aussi exorbitantes en tous genres : qui ne connoît ses fameux jardins, ses superbes palais, et ses soupers délicats dans la salle d'Apollon, qui, quoique impromptu, ne coûtoient, dit-on, que 40 à 50,000 fr. de notre monnoie? «Mais, selon Plutarque *(Vie de Lucullus),* une dépense plus raisonnable et plus digne de lui, c'est celle qu'il fit à rechercher de tous côtés les meilleurs livres; il en acheta un très grand nombre, tous très bons, et en composa une magnifique bibliothèque; la manière dont il en usa fut encore plus estimable et plus louable que l'acquisition, car cette bibliothèque étoit ouverte à tout le monde. L'entrée de ses galeries, de ses portiques, de ses cabinets n'étoit interdite à qui que ce fût; les Grecs y alloient comme dans le palais des Muses, et y passoient les journées entières à discourir ensemble, ravis de quitter toutes leurs affaires pour se rendre dans un lieu si délicieux. Souvent même Lucullus se promenoit dans ses galeries avec ces hommes instruits; il conféroit avec eux, et les aidoit dans leurs affaires quand ils l'en prioient; de sorte qu'on peut dire que sa maison étoit l'asile et le prytanée de la Grèce pour tous les Grecs qui étoient à Rome. »

Lucullus, comme on le voit, étoit très instruit, et surtout un homme de beaucoup de goût. Sylla ayant composé des mémoires de sa vie, les lui légua, comme à celui qui étoit le plus capable de bien ranger les faits et d'en composer une histoire ; malheureusement ils sont perdus. Un jour, badinant avec l'orateur Hortensius et l'historien Sisenna, Lucullus se fit fort d'écrire la guerre des Marses en vers ou en prose grecque ou latine, selon que le sort en décideroit. Cette plaisanterie devint une affaire sérieuse; le sort fut jeté et tomba sur la langue grecque ; il tint parole, et écrivit parfaitement en grec la guerre des Marses, ou autrement sociale. Cette histoire existoit encore du temps de Plutarque. Cicéron donna le nom de Lucullus à son quatrième livre des *Questions académiques ;* il régnoit entre eux la plus grande intimité.

Marcus Tullius CICÉRON (n. 106—m. 43 av. J.-C.) regardoit Démosthène comme le plus grand de tous les orateurs dans tous les genres de style; il se faisoit gloire de le prendre pour modèle et de suivre ses traces. On lui demandoit un jour quel étoit le plus beau discours de Démosthène ; il répondit :

le plus long (1). Cependant il dit dans une de ses lettres, que ce grand orateur sommeilloit quelquefois (comme Horace l'a dit d'Homère).

Démosthène n'est pas le seul auteur de l'antiquité qui fût du goût de Cicéron ; celui-ci avoit encore une prédilection marquée pour Aristote, Platon et Théophraste. Parlant d'Aristote, il dit que son style est un fleuve qui roule à grands flots d'or ; et des dialogues de Platon, que si Jupiter parloit, il parleroit comme lui. Il appeloit Théophraste ses délices. St. Jérôme a porté sur Démosthène et sur Cicéron un jugement aussi ingénieux que vrai : « Démosthène, dit-il, a ravi à Cicéron la gloire d'être le premier orateur, et Cicéron a ôté à Démosthène celle d'être l'unique. » Quintilien a fait un très beau parallèle de Démosthène et de Cicéron. Après avoir montré ce qu'ils ont de commun dans les parties essentielles et les grandes qualités de l'orateur, il établit la différence qui se trouve entre eux pour le style et l'élocution : « L'un, dit-il, est plus précis, l'autre plus abondant. L'un serre de plus près son adversaire ; l'autre, pour le combattre, se donne plus de champ. L'un songe toujours à le percer, pour ainsi dire, par la vivacité de son style ; l'autre

---

(1) On fit un jour la même question à Massillon sur ses sermons. « Mon meilleur sermon, répondit-il, c'est celui que je sais le mieux. » Il auroit désiré qu'on introduisît en France l'usage établi en Angleterre, de lire les sermons au lieu de les prêcher de mémoire : usage commode, mais qui fait perdre à l'éloquence toute sa chaleur.

souvent l'accable par le poids du discours. Il n'y a rien à retrancher à l'un, et rien à ajouter à l'autre. On voit en Démosthène plus de soin et d'étude, en Cicéron plus de naturel et de génie (1). » (Voyez sur Cicéron l'art. ARNAULD). Tite-Live écrivoit à son fils, *Legendos Demosthenem atque Ciceronem : tum ità, ut quisque esset Demostheni et Ciceroni simillimus.* Il faut lire d'abord Démosthène et Cicéron, ensuite les autres auteurs, mais à proportion qu'ils ressembleront davantage à ces deux grands modèles.

Marcus Junius BRUTUS, l'assassin de César (n. 79—m. 42 av. J.-C.), faisoit un tel cas de l'histoire de Polybe, que non-seulement il la lisoit continuellement même au milieu de ses affaires les plus importantes, mais qu'il en fit un abrégé pour son usage particulier, lorsqu'il eut à combattre contre Antoine et Octave.

Il est certain qu'il n'y a pas d'écrivain plus précieux que Polybe, pour tout ce qui regarde les grandes opérations militaires ; c'est dommage que nous ne possédions qu'une partie de son histoire. Elle étoit composée de quarante livres. Dans les deux premiers, qui servent comme d'introduction, l'au-

---

(1) *In eloquendo est aliqua diversitas : Densior ille, hic copiosior. Ille concludit astrictiùs, hic latiùs pugnat. Ille acumine semper, hic frequenter et pondere. Illi nihil detrahi potest, huic nihil adjici. Curæ plus in illo, in hoc naturæ.* (Quintil. lib. x, cap. 1.)

teur parcourt rapidement ce qui s'est passé depuis la prise de Rome par les Gaulois (l'an 366 de R. — 387 av. J.-C.), jusqu'à la première descente des Romains en Sicile (l'an 489 de R.—265 av. J.-C.). Il raconte avec un peu plus de détails les événemens qui ont eu lieu depuis cette époque jusqu'à la deuxième guerre punique (l'an 536 de R.—217 av. J.-C.). Dans les trente-huit livres qui suivent les deux premiers, Polybe rapporte en détail les événemens qui se sont passés depuis le commencement de la seconde guerre punique jusqu'à la soumission de la Macédoine par les Romains (l'an 588 de R.—166 av. J.-C.), ce qui renferme une période de 52 ans. Il ne nous reste des quarante livres de Polybe que les cinq premiers, les chapitres 17 à 40 du sixième livre qui traitent de la milice des Romains; des fragmens assez considérables, depuis le 6.e livre jusqu'au 17.e, et rien des suivans qui auroient été d'autant plus intéressans pour nous, que Polybe (n. 203—m. 121 av. J.-C.) parloit des événemens dont il a été témoin. Il nous reste encore deux maigres extraits que l'empereur Constantin Porphyrogenète (n. 905—m. 959 de J.-C.) fit faire de tout l'ouvrage; l'un intitulé, *Des ambassades*, en 53 chapitres, et l'autre, *Des vertus et des vices*. J. Muller, célèbre historien moderne, s'exprime ainsi en parlant de Polybe : « On ne trouve chez lui, ni l'art d'Hérodote, ni la force de Thucydide, ni la concision de Xénophon, qui dit tout en peu de mots. Polybe est un homme d'état plein de son objet, qui, indifférent pour l'approbation des hommes de lettres, écrit pour les hommes d'état : la raison le caractérise. »

La meilleure traduction de Polybe est celle de dom Thuillier, avec un commentaire de Folard ; *Paris,* 1727, 6 vol. in-4.°, fig. ; ou *Amsterdam,* 1729-30, 6 vol. in-4.° Supplément, *Paris,* 1733, 1 vol. in-4.° ; ou *Amsterdam,* 1774, 7 vol. in-4.°, fig., y compris le Supplément, qu'on peut joindre à l'édition de Paris.

L'Abrégé des Commentaires de Folard sur Polybe (par Chabot) est de *Paris,* 1754, 3 vol. in-4.°

VIRGILE, le prince des poëtes latins (n. 70—m. 19 ans av. J.-C.), étoit tellement enthousiaste d'Homère, qu'on le surnommoit l'*Homérique*. « Ce qui frappe le plus, en passant de la lecture d'Homère à celle de Virgile, dit M. de La Harpe, c'est l'espèce de culte que le poëte latin a voué au poëte grec. Quand on ne nous auroit pas appris que Virgile étoit adorateur d'Homère, il suffiroit de le lire pour en être convaincu. Il le suit pas à pas, mais on sait que faire passer ainsi dans sa langue les beautés d'une langue étrangère, a toujours été regardé comme une des conquêtes du génie ; et pour juger si cette conquête est aisée, il n'y a qu'à se rappeler ce que disoit Virgile lui-même : qu'il seroit moins difficile de prendre à Hercule sa massue que de dérober un vers à Homère (1). Il en a pris cependant une quantité

---

(1) *Facilius esse Herculi clavam quam Homero versum surripere.* (Vita Virgilii, incerto auctore.)

considérable, et quand il le traduit, s'il ne l'égale pas toujours, quelquefois il le surpasse. » Il est bon de réunir ici l'opinion de Voltaire à celle de La Harpe, sur le même sujet. « A l'égard de la construction de la fable, Virgile est blâmé, dit Voltaire, par quelques critiques, et loué par d'autres de s'être asservi à imiter Homère. Pour moi, si j'ose hasarder mon sentiment, je pense qu'il ne mérite ni ces reproches, ni ces louanges; il ne pouvoit éviter de mettre sur la scène les dieux d'Homère, qui étoient aussi les siens, et qui, selon la tradition, avoient eux-mêmes guidé Enée en Italie; mais assurément il les fait agir avec plus de jugement que le poëte grec : il parle comme lui du siège de Troie; mais j'ose dire qu'il y a plus d'art et des beautés plus touchantes dans la description que fait Virgile de la prise de cette ville que dans toute l'Iliade d'Homère. On nous crie que l'épisode de Didon est d'après celui de Circé et de Calypso; qu'Enée ne descend aux enfers qu'à l'imitation d'Ulysse. Le lecteur n'a qu'à comparer ces prétendues copies avec l'original supposé; il y trouvera une prodigieuse différence. « Homère a fait Virgile, » dit-on; si cela est, c'est sans doute son plus bel ouvrage. Il est bien vrai que Virgile a emprunté du grec quelques comparaisons, quelques descriptions, dans lesquelles même pour l'ordinaire il est au-dessous de l'original. Quand Virgile est grand, il est lui-même; s'il bronche quelquefois, c'est lorsqu'il se plie à suivre la marche d'un autre. »

Ces réflexions générales nous amènent à jeter un

coup-d'œil particulier sur les productions du cygne de Mantoue.

Trois sortes d'ouvrages ont immortalisé Virgile : l'un dans le genre pastoral ; l'autre dans le genre didactique, et le troisième dans le genre héroïque ; lui-même l'a dit dans ce peu de mots :

...... *Cecini pascua, rura, duces.*
J'ai chanté les bergers, les moissons et les rois.

C'est par ses églogues qu'il a commencé à se faire connoître ; quoique composées sur la fin des guerres civiles, au milieu de la dévastation et du pillage, fléaux qui même atteignirent les propriétés du jeune poëte, elles respirent un charme et une douceur inexprimables. Les premières qui parurent firent concevoir aux Romains ce que Virgile seroit un jour. Cicéron vivoit encore; Donat rapporte que ce père de l'éloquence ayant entendu réciter l'églogue intitulée *Silène*, s'écria, plein d'admiration : *Magnæ spes altera Romæ.* En effet, les *Bucoliques* de Virgile sont ce que la poésie latine a de plus parfait dans ce genre ; on s'aperçoit aisément combien il les avoit soignées (1) ; mais aussi elles sont ce qu'il y a de plus difficile à rendre dans nos langues modernes, surtout en français. C'est ce qui a fait dire à M. Dussault : « Comment faire passer dans notre langue

---

(1) Virgile disoit lui-même qu'il léchoit ses vers comme l'ours lèche ses petits. On rapporte que lorsque Pollion l'engagea à recueillir et publier ses Églogues, il ne mit pas moins de trois ans à revoir et à corriger cet ouvrage, composé seulement de quelques centaines de vers.

ces tours si variés, si délicats, cette harmonie enchanteresse, cette mollesse délicieuse, ces grâces naïves et piquantes que le plus parfait des poëtes a prêtées au langage des bergers? Comment représenter ce style où le goût le plus exquis a su fondre, par un artifice admirable, et sans la moindre trace d'affectation, ce que la simplicité champêtre des âges les plus reculés a de naïf, et même de rustique, avec tout ce que l'urbanité des siècles les plus polis offre de délicat, et même de raffiné? Comment traduire enfin ce *molle atque facetum,* que les divinités protectrices des campagnes avoient accordé, suivant l'expression d'Horace, au poëte dont les vers doivent remplir leur séjour chéri de nouveaux enchantemens? » Ne soyons donc pas surpris si nous n'avons pas encore une traduction parfaite de ces poésies inimitables. Segrais et Gresset y ont échoué. MM. Tissot et de Langeac ont plus approché de l'original ; mais est-il possible d'abréger davantage la distance qui les en sépare encore?

Le poëme des *Géorgiques* est de tous les ouvrages de Virgile celui dont il étoit le plus content, parce que c'est celui qu'il avoit le plus travaillé, et qu'il y avoit mis la dernière main après sept ans d'application. Il en composa la plus grande partie sous le beau ciel de Naples (1). La postérité a confirmé l'o-

---

(1) C'est Mécène qui invita Virgile à s'occuper des Géorgiques. Le but de ce ministre favori étoit de remettre en honneur l'agriculture, abandonnée en Italie au milieu des guerres civiles. Les vues de Mécène furent parfaitement remplies; peu après que

pinion avantageuse que l'auteur avoit de ce poëme, en le considérant comme son plus beau, son meilleur ouvrage, et en général comme ce que les anciens nous ont laissé de plus parfait dans le genre didactique. « Les conseils que le poëte donne aux gens de la campagne, dit M. Binet, sont ceux d'un agriculteur instruit, autant qu'il étoit possible de l'être à l'époque et dans les lieux où il vivoit. Ses descriptions sont exactes et prises dans la nature. Les fables et les prodiges qu'il mêle à ses préceptes, ne sont pas de simples imaginations poétiques ; c'est la religion, ou si l'on veut, le préjugé et la croyance superstitieuse de ceux à qui le poëte est censé adresser ses leçons. Il s'en sert, non pour déguiser ses préceptes, mais pour les appuyer; pour y donner plus d'importance et plus de poids. Le tout est soutenu d'un style plein de dignité, d'une éloquence affectueuse, d'une versification pittoresque qui semble mettre sous les yeux les objets même dont il parle. » Si les Géorgiques sont le poëme le plus parfait de l'antiquité, on peut dire que la traduction française que nous en a donnée M. l'abbé Delille, est la traduction la plus parfaite des temps modernes ; traduction originale, comme on l'a dit dans le temps.

Virgile, après avoir travaillé à plaire aux Romains

---

ce chef-d'œuvre eut paru, l'Italie prit une nouvelle face, et Virgile pouvoit se vanter d'avoir fertilisé les campagnes, comme Amphion d'avoir bâti des villes par le charme de ses vers.

par ses Bucoliques, et à les instruire par ses Géorgiques, voulut célébrer leur gloire dans un poëme épique consacré à leur origine et particulièrement à celle des Césars. Il travailla pendant les onze dernières années de sa vie à l'*Eneïde*, et quoiqu'il n'ait pu mettre la dernière main à ce poëme, cet ouvrage n'en est pas moins une des plus belles productions du génie, et partage avec l'Iliade l'admiration de tous les gens de goût. L'action roule sur la fondation de l'empire latin par Enée, qui n'y parvient qu'après mille obstacles que lui oppose successivement la haine de Junon. Cette action est grande par elle-même et parce qu'il s'agit d'un peuple de qui Rome tire son origine. Combien cet ouvrage devoit intéresser et la nation romaine dont il annonce la gloire future, et la famille des Césars qu'il fait descendre d'Iule (1), fils d'Enée et petit-fils de Priam,

---

(1) Cette opinion d'une descendance si reculée n'étoit pas le fruit de l'imagination du poëte, car avant lui l'ambitieux Jules César, étant questeur et prononçant l'oraison funèbre de sa tante Julie, femme de C. Marius, exalta beaucoup leur origine commune, qu'il faisoit descendre, d'un côté, d'Ancus Martius, l'un des premiers rois de Rome, et de l'autre, de la déesse Vénus : « On trouve donc dans ma famille, disoit-il, la sainteté des rois qui sont les maîtres des hommes, et la majesté des dieux qui sont les maîtres des rois. »

D'ailleurs, Virgile n'a guère employé dans son poëme que différens matériaux qui étoient épars dans différens livres, et dont on peut voir quelques-uns dans Denys d'Halicarnasse. Cet historien trace exactement le cours de la navigation d'Énée; il n'oublie ni la fable des Harpies, ni les prédictions de Celeno, ni le petit Ascagne, qui s'écrie que *les Troyens ont mangé leurs assiettes*, etc.

par Créuse sa mère ! L'action n'est pas moins intéressante par le caractère même du héros, en qui l'on voit réunis, dans le plus haut degré, le courage, la prudence, la piété envers les dieux, la bonté envers les hommes; en un mot, toutes les vertus que l'on peut désirer dans l'homme et dans le prince accompli. La morale du poëme intéresse également, car on aime à voir sortir de tant de traverses et de dangers un héros sage et vertueux poursuivi par une puissance ennemie, et luttant contre les rigueurs du sort avec une courageuse et pieuse résignation.

Sous le rapport poétique, cet ouvrage, que l'auteur avoit condamné aux flammes, est encore, avec ses défauts, le plus beau monument qui nous reste de toute l'antiquité. Quelle perfection dans sa poésie ! Toujours le mot propre, toujours la même pureté, le même goût, la même richesse dans les descriptions, dans les images, dans les narrations. Quelle connoissance approfondie du cœur humain ! Quelle sensibilité ! Quoi de plus touchant surtout que ce vers que Virgile met dans la bouche de Didon accueillant Enée :

Non ignara mali, miseris succurrere disco !
Æn. lib. I, 634.

J. J. Rousseau dit au sujet de ce vers (*Emile*, liv. IV) : « Rien de si beau, de si profond, de si touchant, de si vrai, que ce vers-là. » Et Voltaire, dans un exemplaire de Virgile, qu'étant fort jeune, il a, dit-on, chargé de notes de sa main, a écrit à côté de ce même vers : «*versus mirificus;* » mais cela n'est pas certain (1).

Citons encore un passage du même Voltaire sur le personnel de Virgile : « Il est le seul de tous les poëtes épiques, dit-il, qui ait joui de sa réputation pendant sa vie (2). Les suffrages et l'amitié d'Auguste, de Mécène, de Tucca, de Pollion, d'Horace, de Gallus, ne servirent pas peu, sans doute, à diriger les jugemens de ses contemporains, qui peut-être sans cela ne lui auroient pas sitôt rendu justice. Quoi qu'il en soit, telle étoit la vénération qu'on avoit pour lui à Rome, qu'un jour, comme il vint

---

(1) M. de Fontanes qui possédoit cet exemplaire, en a fait le sujet d'un mémoire qu'il a lu à l'Institut en 1796, et qui est consigné dans le *Magasin encyclopédique*, 2.ᵉ année, tom. II, pages 196—204. Cet estimable savant étoit bien persuadé que les notes en question étoient de la main de Voltaire; mais, depuis sa mort arrivée le 17 mars 1821, sa bibliothèque ayant été mise en vente au mois de janvier 1822, ce volume (vendu 60 fr.) a été examiné par des curieux, et surtout par M. Beuchot, l'un de nos bibliographes les plus érudits, qui possède de l'écriture non-seulement de Voltaire, mais de ses trois secrétaires, Longchamp, l'abbé Bigex et Wanière; M. Beuchot dit qu'il pourroit presqu'affirmer que ces notes ne sont pas de la main de Voltaire, et plus bas il ajoute que tout en admettant que l'écriture de Voltaire a pu et dû changer, il persiste à croire que les susdites notes ne sont pas de sa main. (Voy. le *Journal de la Librairie*, n.º du 19 janvier 1822, pages 45, 46.)

(2) Nous observerons que ce n'est pas comme poëte épique, puisqu'à sa mort il n'avoit pas encore mis la dernière main à l'Énéide, et même que par son testament il l'avoit condamnée au feu. Il n'avoit voulu en réciter à Auguste que le premier, le second, le quatrième et le sixième livre, qui sont effectivement la plus belle partie du poëme.

SECONDE PARTIE.

à paroître au théâtre après qu'on y eut récité quelques-uns de ses vers, tout le peuple se leva avec des acclamations, honneur qu'on ne rendoit alors qu'à l'empereur. Il étoit né d'un caractère doux, modeste, et même timide. Il se déroboit très souvent, en rougissant, à la multitude qui accouroit pour le voir. Il étoit embarrassé de sa gloire; ses mœurs étoient simples; il négligeoit sa personne et ses habillemens; mais cette négligence étoit aimable. Il faisoit les délices de ses amis par cette simplicité qui s'accorde si bien avec le génie et qui semble être donnée aux véritables grands hommes pour adoucir l'envie. Comme les talens sont bornés, et qu'il arrive rarement qu'on touche aux deux extrémités à la fois, il n'étoit plus le même, dit-on, lorsqu'il écrivoit en prose (1). Sénèque le philosophe nous apprend que Virgile n'avoit pas mieux réussi en prose, que Cicéron ne

---

(1) Macrobe (*Saturnales*, liv. I, c. 24) nous a conservé les seules lignes de prose qui, je crois, nous restent de Virgile; c'est le fragment d'une lettre qu'il écrivoit à Auguste, et où il parle de son Énéide. Le voici:

« *Ego vero frequentes à te litteras accipio... (et infra)... de Ænea quidem meo, si me Hercule jam dignum auribus haberem tuis, libenter mitterem; sed tanta inchoata res est, ut pœnè vitio mentis tantum opus ingressus mihi videar; cùm præsertim ut scis alia quoquè studia ad id opus multoque potiora impertiar.* »
« Je reçois souvent de vos lettres... (*Et plus bas:*) Quant à mon Énéide, je vous jure que si elle étoit digne de vous être présentée, je vous l'enverrois volontiers; mais j'ai formé là une si grande entreprise, que je suis presque tenté de me regarder comme fou, de m'être imposé un tel travail, surtout ayant, comme vous le savez, entrepris d'autres ouvrages plus importans que celui-là. »

passoit pour avoir réussi en vers. Cependant il nous reste de très beaux vers de Cicéron....... Horace et Virgile furent comblés de biens par Auguste. Cet heureux tyran savoit bien qu'un jour sa réputation dépendroit d'eux : aussi est-il arrivé que l'idée que ces deux grands écrivains nous ont donnée d'Auguste a effacé l'horreur de ses proscriptions (1); ils nous font aimer sa mémoire; ils ont fait, si j'ose le dire, illusion à toute la terre. Virgile mourut assez riche pour laisser des sommes considérables à Tucca, à Varius, à Mécène, et à l'empereur même (2)....»

Virgile passe pour le poëte le plus chaste des Romains; il ajoutoit à ses talens une grande modestie; c'est sans doute ce qui lui fit donner, à Naples où il a résidé, le surnom de *Parthenias,* qui signifie vierge. Cette réputation de sagesse et l'idée que quelques auteurs chrétiens ont eue jadis que Virgile,

---

(1) Tout en convenant que Virgile et Horace ont rendu service à la mémoire d'Auguste, nous dirons que la sagesse et la modération avec laquelle ce prince a gouverné depuis la victoire d'Actium jusqu'à la fin de sa longue carrière, a plus encore contribué à effacer l'horreur de ses proscriptions, que les beaux vers de nos deux poëtes.

(2) Dans notre *Traité de la Fortune particulière des Romains,* encore manuscrit, nous disons à l'article Virgile, que ce poëte tira, dit-on, tant d'Auguste que de ses amis, près de 250,000 écus de notre monnoie, pour prix de ses vers, y compris sans doute le beau présent d'Octavie, pour le touchant passage de l'Énéide relatif à Marcellus, et qui fut payé dix grands sesterces (2000 fr.) par chacun des 27 vers consacrés à cet éloge. Servilius, dans la *Vie de* Virgile, dit que ce poëte possédoit, en capital, 1,937,424 f., et qu'en outre il avoit un palais à Rome. Si cela est, on peut dire que jamais la fortune n'a mieux placé ses faveurs.

dans sa quatrième églogue, a parlé prophétiquement de la venue du Messie, sont sans doute cause que le nom de notre poëte se trouvoit autrefois dans un hymne que l'on chantoit à l'église de Mantoue. Voici comment l'abbé Bertinelli, d'après un Mss. de Jean Piccinardi de Cremone, rapporte la chose dans son *Discours sur l'état des lettres et des arts à Mantoue,* 1775, in-4.º : « Au xv.ᵉ siècle, dit-il, on avoit coutume de chanter à Mantoue, à la messe de saint Paul, un hymne en l'honneur de Virgile. On y supposoit que l'Apôtre des nations, arrivant à Naples, tourna ses regards vers le mont Pausilippe, où reposent les cendres de Virgile (1), et qu'il regretta de n'avoir pu le connoître pendant sa vie, ni le convertir, ce qu'exprime la strophe suivante :

« Ad Maronis mausoleum
Ductus, fudit super eum
Piæ rorem lacrymæ;
Quem te, inquit, reddidissem,
Si te vivum invenissem,
Poëtarum maxime! »

(1) Un auteur du XVI.ᵉ siècle, Pietro de Stefano, dans sa *Descrizione de' luoghi più sacri della città di Napoli,* publiée à Naples en 1560, in-4.º, assure *avoir vu* l'urne de marbre renfermant les cendres de Virgile, sur laquelle, dit-il, étoient gravés les vers *Mantua me genuit,* etc. On prétend que cette urne a disparu du temps de Stefano ; et l'on s'étonneroit sans doute qu'elle ait été conservée jusqu'à lui, si les personnes qui ont vu la ruine au haut du Pausilippe, ne savoient combien, encore aujourd'hui, il est difficile de grimper jusqu'à l'endroit où elle est située. Ce monument, ajoute-t-on, n'a été si long-temps préservé, que parce qu'il étoit soustrait à l'œil des curieux, et caché par les broussailles qui couvrent cet endroit sauvage.

Cette anecdote, et beaucoup d'autres que nous pourrions rapporter, prouve le cas que l'on a fait de Virgile, dans tous les temps et sous tous les rapports. Plus ce génie immortel voit les siècles s'accumuler sur ses chefs-d'œuvre, plus sa gloire s'élève et s'étend. C'est un colosse imposant, admirable, dont chaque âge, chaque génération semble augmenter le volume. Nous n'avons point parlé des opuscules qu'on lui attribue; mais nous les faisons tous connoître en détail dans notre *Bibliothèque choisie des classiques latins.*

ÆLIUS ADRIANUS (ADRIEN), empereur romain (n. 76—m. 138 depuis J.-C.), offre, dans ses goûts littéraires, un exemple de la dépravation qui eut lieu après le siècle d'Auguste : il préféroit pour l'éloquence, CATON à CICÉRON; pour la poésie, ENNIUS à VIRGILE; et pour l'histoire, COELIUS à SALLUSTE. Il falloit que la littérature romaine commençât à bien dégénérer pour que cet empereur osât émettre une telle opinion. CICÉRON et VIRGILE trouvoient déjà beaucoup de censeurs sous son règne (1). L'éloquence dégénéroit encore plus que la poésie. Un

---

(1) Et même long-temps avant le règne d'Adrien, le mérite de Virgile avoit déjà été méconnu, même à la Cour, car « Caligula, qui avoit fait de fort bonnes études, quoiqu'il fût fou, et qui ne manquoit pas d'esprit, quoiqu'il fût un monstre, avoit pour l'auteur des Eglogues, des Géorgiques et de l'Énéide, le plus souverain mépris; il disoit de lui que c'étoit un écrivain sans génie, et un homme d'une science fort médiocre, *nullius ingenii et minimæ doctrinæ.* »

certain Largius Licinius poussa l'impudence jusqu'à
intituler un de ses ouvrages, *Ciceromastix*, dans lequel il vouloit prouver que Cicéron s'étoit servi
d'expressions impropres et avoit un style incorrect.
Un si étrange paradoxe excita l'indignation d'Aulugelle (*Noct. Att.*, lib. xvii, cap. 1, *edit. bipont.*,
tom. ii, pag. 189-91). Gallus Asinius (1) s'étoit
aussi déclaré contre Cicéron : Aulugelle le cite avec
Licinius.

On voit ordinairement ces monstruosités en littérature paroître quelque temps après un siècle de
chefs-d'œuvre ; on ne peut rivaliser avec les grands
maîtres, il faut donc les dénigrer ; c'est le seul moyen
de fixer un instant sur soi les regards du vulgaire,
surtout des gens superficiels et des ignorans. Racine
et Boileau n'ont-ils pas été, de nos jours, traités
d'hommes sans génie, sans talent et sans verve ?
Newton n'a-t-il pas été également l'objet des indéceptes déclamations de celui qui injurioit ainsi Racine et Boileau (2) ? Et dans le dernier siècle, n'a-

---

(1) Asinius Pollion, orateur célèbre, dont le goût étoit si délicat ou plutôt si outré, qu'il ne trouvoit dans Cicéron ni force ni véhémence, fut père d'un fils du même nom, homme très savant, au rapport de Sénèque. Il publia une comparaison des œuvres de son père avec celles de Cicéron, dans laquelle ce dernier est très maltraité. L'empereur Claude prit la défense de Cicéron, et répondit à l'ouvrage de cet Asinius, que le cruel Tibère fit mourir *de faim sans raison*, l'an de Rome 788 (35 ans après J. C.)

(2) Nous n'avons pas besoin de dire qu'il est ici question de Mercier, auteur du *Tableau de Paris*, qui a continuellement ferraillé avec l'arme du paradoxe, et dans un style plus néo-

vons-nous pas vu un littérateur, qui certes ne manquoit cependant pas de goût, oser dire, en parlant de l'auteur de l'*Art poétique* et du *Lutrin* :

> Que ne peut point une étude constante !
> Sans feu, sans verve et sans fécondité,
> Boileau copie : on diroit qu'il invente.
> Comme un miroir il a tout répété.....!

De pareilles absurdités, si elles se multiplioient, donneroient à notre siècle un grand air de ressemblance avec celui d'Adrien.

Un célèbre critique de notre temps, aussi distingué par la pureté de son goût que par la solidité de ses principes, a fait en 1806 un rapprochement littéraire du siècle de Tacite avec le XVIII.ᵉ siècle, dans lequel il développe, sous un autre point de vue, l'idée que nous venons d'émettre sur les causes de la déca-

---

logique qu'original, contre les réputations les plus solidement établies en littérature, en physique, et nous pourrions ajouter en histoire naturelle, car il a soutenu très sérieusement qu'on avoit le plus grand tort d'aimer et d'admirer le *chant du rossignol*. La plupart des grands écrivains du siècle de Louis XIV ont été exposés aux insultes de cet homme bizarre. Quoiqu'il connût à peine les règles de la versification, il attaqua avec acharnement Racine et Boileau ; le langage du mépris n'eut pas d'expressions assez fortes pour rendre le peu de cas qu'il faisoit d'eux : aussi l'a-t-on appelé le *Diogène* de la littérature. Et dans ce qu'il a écrit sur le drame, on l'a regardé comme la caricature de Diderot, ce qui lui a valu le sobriquet de *Dramaturge*. Etranger aux mathématiques et à l'astronomie, il a voulu faire descendre Newton du rang où l'étonnement et l'admiration de l'Europe l'ont placé. Enfin, il n'est pas d'extravagance qui n'ait passé par la tête à ce digne émule du P. Hardouin : émule seulement en bizarrerie, car il étoit bien éloigné de posséder l'érudition et le talent de ce célèbre Jésuite.

dence des lettres dans les siècles qui succèdent aux grands siècles littéraires. Ce morceau est si judicieux que le lecteur nous saura gré d'en enrichir notre ouvrage. « Tacite, dit M. Dussault, écrivoit à une époque qui fut assez semblable au dix-huitième siècle parmi nous : les auteurs étoient alors beaucoup moins attachés aux intérêts du bon sens et de la vérité, qu'à ceux de leur amour propre et de leur réputation. Avant tout, ils cherchoient à briller : ils s'appliquoient d'abord à montrer de l'esprit, de l'éloquence, de la sensibilité, de la profondeur; la solidité, la justesse des pensées, le fond des choses n'étoient pour eux qu'un accessoire dont ils s'occupoient médiocrement; peu leur importoit d'instruire et d'éclairer le lecteur; ils vouloient seulement qu'il eût

---

Mercier aspiroit-il à la gloire de l'originalité? Sans doute; mais, comme l'a dit un homme de beaucoup d'esprit : « Il y a deux sortes d'originalités : l'une, compagne du génie, mère des pensées profondes et neuves, source des vérités les plus élevées ou des combinaisons les plus piquantes, principe de cette éloquence qui crée des expressions et un style pour des idées qui sont elles-mêmes des créations : voilà la véritable originalité. L'autre, fille de l'amour propre et qui en met les vaines prétentions à la place des titres solides du génie, ne veut que se singulariser; elle se présente comme un don spécial, comme une empreinte particulière et privilégiée de la nature, et n'est au fond que la marque d'une organisation défectueuse : voilà la fausse originalité, et c'étoit celle de Mercier. » Malgré les erreurs de son esprit, il faut rendre justice à son caractère : il étoit bon; on sait que jamais les désordres de sa tête ne passèrent jusqu'à son cœur. Il s'est même honoré pendant la révolution par des réclamations courageuses; il est mort en 1814, après avoir demandé et reçu les secours et les consolations de la religion.

à se récrier sur leurs vastes connoissances et sur leur étonnante sagacité ; ils ne songeoient pas à bien faire, mais à produire de l'effet. Les auteurs des âges précédens mettoient leur premier soin à penser avec exactitude et justesse, à présenter leurs idées dans un ordre naturel et lumineux, à leur donner, en les exprimant, ce degré de couleur et de relief qui fait le mérite du style, sans montrer les prétentions de l'écrivain; car ils s'étudioient surtout à cacher l'art, qui n'est jamais plus parfait que lorsqu'il est insensible. Leur premier, leur principal but, étoit de composer de bons ouvrages; et, comme le dit Bossuet pour une autre occasion, ils laissoient venir la gloire après le mérite. C'est, ajoute l'orateur, *la maxime qui fait les grands hommes*, et l'on peut dire aussi que c'est elle qui fait les grands écrivains. Leurs successeurs, au contraire, ne considéroient que leur amour propre; et c'est là, dans tous les temps, une des sources du mauvais goût : la bizarrerie, l'affectation dans les pensées et dans le style, sont une des suites naturelles de cette disposition : on ne veut plus alors penser et s'exprimer avec simplicité; on dédaigne la nature, on méprise les règles ; le style manque de vérité, parce que la bonne foi est bannie du cœur de l'écrivain; un enthousiasme faux prend la place de cette chaleur véritable qui anime et vivifie les ouvrages des auteurs du bon temps; l'amour propre, l'orgueil, l'égoïsme, le charlatanisme qui président à tous les genres de compositions, les altèrent tous et les dénaturent, en corrompant les talens; c'est l'image du dix-huitième siècle, et c'est celle de l'époque où Tacite a vécu. »

Marcus-Claudius TACITUS, empereur romain (n. 200—m. 276 dep. J.-C.), avoit une estime particulière pour les ouvrages de l'historien Tacite, dont il se faisoit gloire de descendre. Avant de monter sur le trône, il s'étoit nourri des grandes maximes politiques répandues dans les écrits de son illustre parent. Devenu empereur, il honora la mémoire de cet auteur, en faisant placer sa statue dans les bibliothèques publiques, et en ordonnant que l'on fît tous les ans dix nouvelles copies de ses livres aux dépens du fisc, de peur qu'ils ne périssent par la négligence des lecteurs. On répète par-tout que cette sage précaution n'a pu néanmoins nous conserver en entier les ouvrages de Tacite; il nous semble qu'il est plus naturel de dire que la brièveté du règne de cet empereur (proclamé le 25 septembre 275, et assassiné par les soldats en avril 276) n'a pas permis de mettre à exécution des ordres qui ne pouvoient s'exécuter que dans un assez long espace de temps.

On regarde la *Vie d'Agricola*, par Tacite, qui avoit épousé sa fille l'an 77 de J.-C., comme l'un des morceaux les plus beaux et les plus précieux qui nous soient restés de la littérature latine. Malgré quelques défauts, quelques endroits un peu obscurs, quelques pensées un peu recherchées, c'est un chef-d'œuvre sous le rapport de l'ordonnance et de la disposition, qualités que les anciens ont possédées particulièrement à un degré beaucoup plus éminent que les modernes. Rien de plus imposant que le début de *la Vie d'Agricola;* rien de plus beau, de plus sublime, de plus pathétique que la péroraison. Enfin, dans l'ensemble de cet excellent morceau, les militaires, les magistrats, les courtisans, peuvent puiser d'excellentes instructions. Quant aux autres ouvrages de TACITE, il faut avouer qu'ils annoncent un des plus grands historiens par l'énergie, la finesse et la vérité avec lesquelles les hommes et les événemens y sont peints. TACITE possède la véritable éloquence et le talent de dire simplement de grandes choses. Dans le tableau du règne de Tibère, comme il démasque les fausses vertus, comme il démêle les intrigues, comme il assigne les causes des événemens, et discerne la réalité des apparences ! Cependant on lui reproche d'avoir peint trop en mal la nature humaine, d'être obscur, enfin d'avoir le style trop concis. Ces reproches sont assez fondés, et nous les trouvons fort bien exposés dans le *Traité des études* du sage Rollin : « N'est-il pas à craindre, dit-il, qu'un historien qui affecte presque par-tout de fouiller dans le cœur humain, et d'en sonder les replis les plus cachés, ne donne ses idées et ses conjectures pour des réalités, et ne prête souvent aux hommes des intentions qu'ils n'ont point eues, et des desseins auxquels ils n'ont jamais pensé? Salluste ne manque pas de jeter dans son histoire des réflexions de politique ; mais il le fait avec plus d'art et de réserve, et par là se rend moins suspect. Il semble que Tacite, dans l'histoire des empereurs, est plus attentif à faire apercevoir le mal qu'à montrer le bien, ce qui vient peut-être de ce que ceux dont nous avons les vies sont presque tous de mauvais princes. » Et ailleurs, le même Rollin, dont les décisions en fait de goût sont des autorités, dit: « Pour ce qui regarde le style de Tacite, on ne peut pas nier qu'il ne soit fort obscur; il est même quelquefois dur et n'a pas toute la pureté des bons auteurs de la langue latine; mais il excelle à renfermer de grands sens en peu de mots, ce qui donne à son discours une force, une énergie, une vivacité toute particulière. » J. J. Rousseau et D'Alembert, qui, l'un et l'autre ont traduit quelques morceaux de Tacite, et qui en étoient très enthousiasmés, ne lui font pas moins aussi quelques reproches : le premier, d'avoir de la dureté et de l'obscurité dans le style; le second d'être quelquefois puéril dans ses idées et dans ses images, et il cite en exemple le passage de la vie d'Agricola, où Tacite oppose la rougeur du visage de Domitien à la pâleur des malheureux qu'il faisoit exécuter en sa présence.

Mais malgré cela Tacite n'en sera pas moins toujours considéré comme l'un des plus grands écrivains que nous offre la littérature romaine. Eh! quel auteur est à l'abri de tout reproche? Est-il donné à l'homme d'atteindre une entière perfection? Le sage Quintilien, parlant des auteurs les plus renommés, dit : Ils occupent le premier rang, mais ils sont hommes ;

summi quidem; homines tamen. Disons-le donc : Tacite, malgré ses défauts, n'en a pas moins mérité l'estime et l'admiration des plus grands génies ; Racine l'appelle *le plus grave des historiens,* et Bossuet, *le plus grand peintre de l'antiquité.* Que peut-on ajouter à de pareils éloges ?

Si cependant l'on veut connoître en détail tout le mérite de cet historien, il faut lire le beau portrait qu'en a tracé M. Ancillon, dans ses *Mélanges de littérature et de philosophie*, Paris, 1809, 2 vol. in-8.º, tom. 1.ᵉʳ, pp. 250-265. C'est un morceau achevé. Pensées profondes, idées lumineuses, élégance de style, tout s'y trouve. Malheureusement ce morceau est trop long pour être inséré ici, et il perdroit trop à être donné par extrait ; nous y renvoyons le lecteur. Un autre écrivain a peint Tacite sous un point de vue différent, et avec des couleurs plus fortes que M. Ancillon ; cet écrivain est M. Chénier, dans son *Tableau de la littérature française; depuis* 1789, seconde édition, *Paris*, 1817, in-8.º, pp. 164-170. « Quel modèle, dit-il, eut jamais droit d'exiger de son traducteur une fidélité plus respectueuse que Tacite ? Soit que d'une plume austère il décrive les mœurs des Germains ; soit qu'avec une pieuse éloquence il transmette à la postérité la vie de son beau-père Agricola ; soit qu'ouvrant l'ame de Tybère, il y compte les déchiremens du crime et les coups de fouet du remords ; soit qu'il peigne le sénat, les chevaliers, tous les Romains se précipitant vers la servitude, esclaves même des délateurs, et accusant pour n'être point accusés; l'artificieux Séjan, redouté d'un maître qu'il craint; les affranchis tout-puissans par leur bassesse; Pallas gouvernant l'imbécille Claude; Narcisse, l'exécrable Néron; les avides ministres de Galba, se hâtant sous un vieillard de saisir une proie qui va bientôt leur échapper; les Romains combattant jusque dans Rome, afin qu'entre Othon et Vitellius la victoire nomme le plus coupable, en se déclarant pour lui ; soit qu'il représente Germanicus vengeant la perte des légions d'Auguste, ou puni par le poison, de ses triomphes et de l'amour du peuple ; l'historien Cremutius Cordus forcé de mourir pour avoir loué Brutus et Cassius, et, suivant un très juste usage, sa proscription doublant sa renommée; Britannicus, Octavie, Agrippine, victimes d'un tyran trois fois parricide; Sénèque se faisant ouvrir les veines, conjointement avec son épouse ; les débats héroïques de Servilie et de son père Soranus ; Thraséas aux prises avec la mort, offrant une libation de son sang à Jupiter libérateur, et prescrivant la vie comme un devoir à la mère de ses enfans : il est tour-à-tour ou à la fois énergique, sublime; variant ses récits autant que le permet la monotonie du despotisme, et toujours également admirable ; imitant Thucydide et Salluste, mais surpassant ses modèles comme il surpasse tous ses autres devanciers, et ne laissant à ses successeurs aucun espoir de l'atteindre. Etudiez l'ensemble de ses ouvrages, c'est le produit d'une vie entière, d'études prolongées, de méditations profondes. Examinez les détails, tout y ressent l'inspiration ; tous les mots sont des traits de génie et les élans d'une grande ame. Incorruptible dispensateur et de la gloire et de la honte, il représente cette conscience du genre humain que, selon ses énergiques expressions, les tyrans croyoient étouffer au milieu des flammes, en faisant brûler publiquement les œuvres du talent resté libre, et les éloges de leurs victimes, dans ces mêmes places où le peuple romain s'assembloit sous la république. Son livre est un tribunal où sont jugés en dernier ressort les opprimés et les oppresseurs : c'est à l'immortalité qu'il les consacre ou les dévoue ; et dans cet historien des peuples, par conséquent des princes qui savent régner, chaque ligne est le châtiment des crimes, ou la récompense des vertus. »

L'empereur JULIEN (n. 331—m. 363) étoit enthousiaste d'Homère et de Platon. Les actions et les écrits de ce prince justifient la diversité d'opinions de tous les auteurs qui ont parlé de lui ; il étoit tout naturel qu'on l'envisageât sous différens points de vue, puisque lui-même étoit un amas de contradictions; on le voit d'un côté, juste, clément, humain, savant, libéral, tempérant, sobre et vigilant; de l'autre, léger, inconstant, bizarre, avide de la funeste gloire de détruire la religion chrétienne dans laquelle il avoit été élevé, et donnant dans le fanatisme et les superstitions les plus extravagantes du paganisme. Aussi le sage Fleury disoit qu'il y avoit dans ce prince un tel mélange de bonnes et de mauvaises qualités qu'il étoit facile de le louer ou de le blâmer sans altérer la vérité. Thomas, dans le xx.ᵉ chapitre de ses *Éloges*, résume ainsi les détails qu'il donne sur ce que cet empereur avoit de bon et de mauvais : « Que penser donc de Julien ? Qu'il fut beaucoup plus philosophe dans son gouvernement et sa conduite que dans ses idées; que son imagination extrême égara souvent ses lumières; que fixé sur la morale par ses principes, il avoit sur tout le reste l'inquiétude d'un homme qui manque d'un point d'appui; qu'il porta, sans y penser, dans le paganisme même, une teinte de l'austérité chrétienne; qu'il fut chrétien par les mœurs, platonicien par les idées, superstitieux par l'imagination, payen par le culte, grand sur le trône et à la tête des armées, foible et petit dans ses temples et dans ses mystères ; qu'il eut en un mot le courage d'agir, de penser, de gouverner et de combattre; mais qu'il lui manqua le courage d'ignorer (1); que mal-

---

(1) Cette expression *ignorer* me paroit fort obscure. Si l'auteur se fût servi du mot *oublier*, cela me sembleroit plus intelligible ; car il se pourroit fort bien que Julien, ayant vu dans son enfance son père et plusieurs de ses parens massacrés par son oncle Constance II, empereur chrétien, il eût eu assez peu de jugement pour regarder la Religion chrétienne comme complice de ces crimes qu'elle condamnoit hautement, et qu'en conséquence le souvenir de ces malheurs lui eût aigri l'esprit au point de former le projet insensé de détruire la Religion. Il ignoroit, ce prince si instruit, il ignoroit sans doute que c'est par de pareilles attaques et par les persécutions, que cette Religion, qui n'est point l'ouvrage des hommes, se fortifie, s'agrandit et acquiert un nouvel éclat.

gré ses défauts, car il en eut plusieurs, les payens durent l'admirer, et que les chrétiens durent le plaindre. »

Les ouvrages qui nous restent de ce prince, annoncent qu'il fut séduit par cette espèce de théologie platonique qui régnoit de son temps et dont il parle toujours avec enthousiasme. Mais si les ouvrages du divin Platon contribuèrent à rendre ses mœurs pures, son caractère humain, son style élégant, ils auroient dû aussi le pénétrer du danger de toucher à la religion. M. Tourlet vient de publier les *Œuvres complètes de l'emp. Julien, trad. pour la première fois du grec en français, accompag. d'argumens et de notes, et précédées d'un abrégé historiq. et critiq. de sa vie.* Paris, Tilliard, 1821, 3 *v. in*-8°.

THÉODORIC I, Roi (en 420) des Visigoths établis dans les Gaules, tué à la bataille de Mari-sur-Seine (à quatre lieues de Troyes), en 451, avoit un goût particulier pour Virgile. Il voulut que son fils Théodoric II s'appliquât à l'étude de ce poëte. Sidonius Apollinaris, gendre d'Avitus, raconte à ce sujet (*carmine septimo*) que Théodoric le fils dit en parlant à cet Avitus (proclamé empereur en 455), qui le pressoit de s'accommoder avec les Romains : « Je vous ai trop d'obligation pour vous rien refuser; vous avez instruit ma jeunesse; n'est-ce pas vous qui m'avez expliqué Virgile, quand mon père voulut que j'étudiasse ce poëte? »

Cette anecdote prouve quelle estime on faisoit de

Virgile, même chez les peuples barbares, après la destruction de l'empire romain. Au reste, dans tous les temps on en a senti le prix. Quintilien, qui vivoit quatre-vingt-dix ans après ce poëte, en parle avec le plus grand éloge. Juvénal nous apprend (*sat.* vii) que de son temps on faisoit déjà lire dans les écoles Horace et Virgile; mais la prudence exigeoit que l'on ne mît pas Horace en entier sous les yeux de la jeunesse; on pourroit presque appliquer à ces deux auteurs ce que Delille a dit de deux grands poëtes modernes (1), et présenter ainsi le vers :

<blockquote>On relit tout Virgile, ou choisit dans Horace.</blockquote>

On lit dans les Institutes de Justinien (*liv.* 1, *tit.* 2), que toutes les fois que les Romains employoient ce terme, *le poëte par excellence*, ils entendoient Virgile, comme les Grecs entendoient parler d'Homère, quand ils se servoient de la même expression : *cùm poëtam dicimus nec addimus nomen, subauditur apud Græcos egregius* Homerus, *apud nos* Virgilius. (Voyez ci-dessus le parallèle d'Homère et de Virgile à l'article ALEXANDRE, pag. 41-44; et surtout l'art. VIRGILE, pag. 59-70.

CHARLEMAGNE, empereur d'Occident et roi de France (n. 742—m. 814), avoit une prédilection particulière pour la *Cité de Dieu* de S. Augustin. Naudé, dans son addition à l'histoire de Louis

---

(1) On relit tout Racine, on choisit dans Voltaire.
L'Homme des champs. Ch. 1.ᵉʳ

XI, parlant du goût de Charlemagne pour les lettres, dit : « Son Homère étoit le livre de S. Augustin, *de la Cité de Dieu*, qu'il se faisoit lire pendant son dîner, et mettre sous son chevet lorsqu'il alloit dormir. »

ALFRED le Grand, roi d'Angleterre (n. 849 —m. 900), fut, dit-on, tellement passionné pour Ésope, qu'il traduisit ses fables en vers saxons. Ce bon prince, que l'on regarde avec raison comme le législateur de l'Angleterre, fut grand guerrier, grand politique, et protecteur des lettres, qu'il cultivoit lui-même. Aussi Henri Spalman, qui l'appelle la merveille et l'étonnement de tous les siècles, s'écrie : « Si nous réfléchissons sur sa religion et sur sa piété, nous croirons qu'il a toujours vécu dans un cloître ; si nous pensons à ses exploits guerriers, nous jugerons qu'il n'a jamais quitté les camps ; si nous nous rappelons son savoir et ses écrits, nous estimerons qu'il a passé toute sa vie à s'instruire dans les lettres ; si nous faisons attention à la sagesse de son gouvernement et aux lois qu'il a publiées, nous serons persuadés que ces objets ont été son unique étude. »

LOUIS IX, roi de France (n. 1215—m. 1270), faisoit sa lecture ordinaire des *Psaumes de David*. Naudé, qui nous fait connoître ce goût particulier du saint Roi, ajoute : « Il estudioit en la saincte escriture, les sentences de laquelle il pratiquoit en sa manière de vivre, et les alléguoit fort souvent en ses discours. »

Théodore GAZA de Thessalonique, célèbre grammairien grec (réfugié en Italie après la prise de son pays sur les Vénitiens, en 1444, et non après la prise de Constantinople (le 29 mai 1453), comme on le dit ordinairement), mort à Rome en 1508, disoit que si tous les livres des anciens étoient dans le feu, il en tireroit de préférence PLUTARQUE.

On peut dire que tous ceux, ou du moins presque tous ceux qui ont lu les ouvrages de PLUTARQUE, en ont pensé aussi avantageusement que Théodore Gaza. On le regarde à juste titre comme le plus utile des historiens, parce qu'il possède tous les talens nécessaires pour corriger et pour instruire. Sa biographie des Grecs et des Romains les plus illustres, est le livre de tous les hommes, de tous les âges; il est peut-être le seul qui puisse amuser utilement les enfans, et en même temps occuper solidement les hommes faits. « C'est, dit le sage Rollin, l'ouvrage le plus accompli que nous ayons, et le plus propre à former les hommes, soit pour la vie publique et les fonctions du dehors, soit pour la vie privée et domestique. PLUTARQUE ne se laisse point éblouir comme la plupart des historiens, par les actions d'éclat qui font beaucoup de bruit et qui attirent l'admiration du vulgaire. Il juge des choses par ce qui en fait le véritable prix. Les sages réflexions qu'il mêle dans ses écrits, accoutument ses lecteurs à en juger de la même sorte, et leur apprennent en quoi consistent la véritable grandeur et la vraie gloire. Il refuse inflexiblement ces titres honorables à tout ce qui ne porte point le caractère de justice, de vérité, de bonté, d'humanité, d'amour du bien public, et qui n'en a que les apparences. Il ne s'arrête point aux actions extérieures et brillantes, où les princes, les conquérans et tous les grands de la terre, attentifs à se faire un nom, jouent chacun leur rôle sur la scène du monde, y représentent, pour ainsi dire, un personnage passager, et réussissent à se contrefaire pour un temps. Il les démasque, il les dépouille de tout l'appareil étranger qui les environne, il les montre tels qu'ils sont eux-mêmes ; et pour les mettre hors d'état de se dérober à sa vue perçante, il les suit avec son lecteur jusque dans l'intérieur de leurs maisons ; les examine, s'il étoit permis de s'exprimer ainsi, dans leur déshabillé; prête l'oreille à leurs conversations les plus familières ; les considère à table, où l'on ne sait ce que c'est de se contraindre, et dans le jeu où l'on se gêne encore moins (1). Voilà ce qu'il y a de merveilleux dans PLUTARQUE. Quant à son style, sa diction n'est ni pure, ni élé-

---

(1) Plutarque lui-même dit, dans la *Vie d'Alexandre* : « Je n'écris pas une histoire, mais des vies ; et ce n'est pas toujours dans les exploits les plus éclatans et les plus signalés que paroissent le plus la vertu ou le vice de ceux qui les exécutent. Mais souvent la moindre petite action, une simple parole, un jeu, font beaucoup mieux connoître les mœurs des hommes, que les combats les plus sanglans, les batailles rangées et les prises de villes. » (Voyez la traduction de Plutarque, par Dacier, *Vie d'Alexandre*.) Ailleurs Plutarque cite à ce sujet Xénophon : « Les bons mots échappés aux grands hommes dans leur conversation, ou lorsqu'ils sont échauffés par le vin, méritent d'être conservés à la postérité. »

gante; mais en récompense elle a une force, une énergie merveilleusement propre à peindre en peu de mots de vives images; à lancer des traits perçans, à exprimer des pensées nobles et sublimes (1). »

La partie des ouvrages de Plutarque la plus estimée, est celle qui comprend les *vies des hommes illustres, Grecs et Romains*, et surtout les *parallèles* qu'il en fait. On a à regretter plusieurs vies et plusieurs parallèles, qui ont été la proie du temps.

Quant aux *œuvres morales*, tout n'y est pas aussi bon; quoiqu'on trouve, dans la plupart de ses traités, des faits curieux, des leçons utiles, des principes admirables sur la Divinité, il faut convenir qu'il y a par-ci par-là des opinions absurdes, des choses ridicules, des erreurs en physique. Aussi fait-on un choix parmi ces petits traités moraux. Voici les titres de ceux que l'on préfère : 1.° *Sur la manière de lire les poëtes.* — 2.° *Sur la manière d'écouter.* — 3.° *Sur la distinction entre l'ami et le flatteur.* — 4.° *Sur l'utilité qu'on peut retirer de ses ennemis.* — 5.° *Sur la curiosité.* — 6.° *Sur l'amour des*

---

(1) M. Muller, de Schaffhouse, auteur de l'*Histoire des Suisses*, dit, dans une de ses lettres à M. Bonstetten, de Berne, en lui parlant du talent de l'éloquence dans une république : « Formez votre style d'après Plutarque plutôt que d'après Tacite ; le premier, dans sa bonhomie un peu verbeuse, semble un père qui parle à ses enfans des choses d'autrefois, et les exhorte amicalement au bien ; les magistrats et le peuple s'abandonnent volontiers à sa conduite. L'autre parle comme l'oracle d'un Dieu ; son langage imposant intimide les ames foibles ; elles fuient devant lui comme un troupeau de brebis au rugissement du roi des forêts. »

richesses. — 7.º *Sur l'amour fraternel.* — 8.º *Sur les babillards.* — 9.º *Sur la mauvaise honte.* — 10.º *Sur les occasions où il est permis de se louer soi-même.* — 11.º *Sur les délais de la justice divine par rapport aux méchans.*

Si Plutarque a eu beaucoup d'admirateurs, il a eu aussi des détracteurs. M^r. V. D. G. (Valentin de Cuillion) dit, dans son *Examen de l'esclavage*, t. 2, pag. 148 : « Plutarque n'est pas un guide sûr. Son extrême partialité en faveur de la Grèce, sa patrie, est connue. Il écrivoit loin des lieux dont il parloit, loin des choses, et plus loin encore des hommes sur lesquels il n'avoit que des traditions exagérées par la jactance grecque : de plus, Plutarque écrivoit à la hâte, en se dérobant aux grandes occupations dont il étoit accablé à Rome. » (V. la préface de la *Vie de Cicéron*, trad. de l'anglais de Middleton, par l'abbé Prévost, édition de 1784, 4 vol. in-8.º pp. 72-75. On n'y flatte pas Plutarque.)

LOUIS XII, roi de France (n. 1462—m. 1515), lisoit de préférence César et Cicéron *(de Officiis)*, ce qui est la preuve d'un excellent goût, de la part de ce bon roi. « Il faisoit, dit Naudé, un grand estat des Commentaires de Cesar et des livres de Ciceron traittans du devoir d'un chacun en sa vocation. » Le même Naudé, parlant du livre intitulé : *Le Rosier des guerres*, que l'on attribue à Louis XI, et qui n'est nullement de ce prince, comme on peut le voir par le prologue ; Naudé, dis-je, prétend « qu'il y a trois sortes

de livres que les princes peuvent légitimement composer, et sans aucun soupçon de blasme et calom-
nie, estans très utiles et nécessaires, savoir : les commentaires de leur vie et principales actions, comme
a faict Jules-César, et après luy les empereurs Adrian,
Claude et Tibère ; ceux qui contiennent l'estat de
leur royaume tant en paix qu'en guerre ; et finalement les bons préceptes et instructions qu'ils peuvent laisser à leurs descendans comme maximes très
certaines et approuvées pour bien gouverner et se
conserver en l'estat qu'ils leur laissent. »

André NAVAGERI ou NAUGER, noble Véni-
tien, bon poëte latin (n. 1483—m. 1529), avoit
un goût particulier pour Catulle, qu'il a pris pour
modèle dans l'excellent livre d'épigrammes qu'il a
composées. Son enthousiasme pour cet auteur lui
avoit fait tellement prendre en haine les épigrammes
de Martial, qu'ayant fondé tous les ans chez lui une
fête en l'honneur des Muses, il ne manquoit jamais,
au jour de cette fête, de sacrifier aux mânes et à la
mémoire de Catulle, comme nous l'apprenons
de Paul Jove, un exemplaire de Martial. (1). (V. le
Delectus epigrammatum de Nicole, *Londres*, 1683,
lib. vii, p. 365). Paul Jove dit que c'est à Vulcain

---

(1) Un illustre président du Parlement de Toulouse, nommé
Caminade, ne pensoit pas si désavantageusement de Martial ;
tous les ans il faisoit cadeau, en étrennes, d'un exemplaire de cet
auteur à notre poëte Maynard (n. 1582—m. 1646), qui réus-
sissoit assez bien dans l'épigramme.

qu'il faisoit ce sacrifice, sans doute parce qu'il jetoit l'exemplaire au feu. (V. Paul. Jov. *Elog.* LXXVIII, *pag.* 180, *edit. Basil. in*-12.) D'autres prétendent qu'il faisoit cette cérémonie le jour de sa naissance, et que ramassant tout ce qu'il pouvoit rencontrer d'exemplaires de Martial dans la ville de Venise, il les brûloit ce jour-là ; ce qui me paroît assez difficile à croire.

Quelques personnes ont dit la même chose de MURET (n. 1585—m. 1644), qui étoit également passionné pour CATULLE ; mais on n'a rien de certain à cet égard.

ANTOINE DUPRAT, cardinal et chancelier de France (n. 1463—m. 1535), avoit tellement goûté le roman de RABELAIS, qu'il lui étoit impossible de s'en passer. Quelque part qu'il allât, il avoit toujours son RABELAIS sur lui. Il en étoit de même de Jean du Bellay, aussi cardinal (n. 1492—m. 1560), qui n'avoit pas une passion moins vive pour l'ouvrage du curé de Meudon. Il l'admiroit tellement, qu'il refusa d'admettre à sa table un savant de réputation, parce qu'il n'avoit pas lu le LIVRE ; c'est ainsi que l'on appeloit alors le roman de RABELAIS. Si l'on veut se rendre compte de l'enthousiasme de ces deux éminences et d'une infinité d'autres personnes pour cette singulière production, dont on lit encore quelques pages avec plaisir, il faut se reporter au siècle où elle a paru, aux mœurs du temps, à l'état de la langue, de la littérature, et surtout de la société à cette époque, et l'on sera beaucoup moins surpris. Rabelais, doué d'un caractère original, d'un esprit fin, facétieux, caustique, bouffon à dessein, mais peu délicat, parce que la délicatesse n'existoit alors nulle part, d'une instruction très étendue, et d'un talent pour écrire, très rare alors, surtout en prose, et tel qu'on peut dire qu'il fit faire un pas à la langue; Rabelais, disons-nous, profita de tous ces avantages qu'il avoit reçus de la nature, pour faire, sous un voile transparent alors, un tableau satirique de la société et de tous les abus qu'il croyoit y remarquer. Du moins c'est l'idée que présente son roman à travers beaucoup d'obscurités, et sans doute celle qu'a saisie la malignité du public, aussitôt qu'il a vu le jour. Car comment expliquer autrement le succès prodigieux que cette satire eut dans le temps? L'admiration alla jusqu'au délire; les expressions les plus fastueuses ne paroissant pas suffisantes pour énoncer ce que l'on pensoit de ce malin recueil, on se contenta de l'appeler simplement le LIVRE, comme si nul autre ouvrage n'eût pu être comparé à cette production originale.

Dans le beau siècle de Louis XIV, dans ce siècle si poli, on peut bien croire qu'il n'étoit plus question de cet enthousiasme; mais malgré ses défauts, et défauts très graves, on n'ignoroit pas le mérite de Rabelais. Boileau l'appeloit *la raison habillée en masque*; La Fontaine en faisoit beaucoup de cas, comme nous le verrons à son article; et La Bruyère en portoit le jugement suivant : « Rabelais, dit-il, est incompréhensible. Son livre est une énigme inexplicable. C'est une chimère ; c'est le visage d'une belle femme avec des pieds et une queue de serpent, ou de quelqu'autre bête plus difforme : c'est un monstrueux assemblage d'une morale fine et ingénieuse et d'une sale corruption. Où il est mauvais, il passe bien loin au-delà du pire ; c'est le charme de la canaille : où il est bon, il va jusqu'à l'exquis et à l'excellent ; il peut être le mets des plus délicats. » (La Bruyère, ch. 1.er) Cette opinion est dictée par le goût et par l'impartialité.

On devroit peut-être maintenant être encore plus sévère à l'égard de Rabelais ; car plus on s'éloigne du siècle où il a vécu, plus son style et ses allusions deviennent inintelligibles, plus la licencieuse crudité de ses expressions et ses turlupinades doivent paroître révoltantes ; cela n'empêche cependant pas qu'on ne le réimprime encore assez souvent ; la raison en est facile à deviner ; nous ne la déduirons pas ici, parce que nous la développons dans un autre travail sur les *ouvrages à clef,* où Rabelais a un très long article, et où nous discutons les explications que l'on a données de ses allusions, de ses allégories et des personnages qui y figurent ; nous passons en revue toutes les éditions de ses différens ouvrages, sans même omettre celle que l'abbé Perau a donnée anonymement sous le titre d'*OEuvres choisies de* M.e *Fr. Rabelais,* 1752, 3 *vol. in-*12, et qui a eu peu de succès. Est-ce parce qu'elle est purgée des passages obscènes de cet auteur satirique et licencieux ;

ou est-ce parce que son style naïf est habillé à la moderne? Pour l'honneur du xviii.e siècle, nous adoptons le dernier motif.

Nicolas BOURBON, poëte latin moderne, (n. 1503—m. 1550), auroit préféré, disoit-il, être l'auteur de la paraphrase des psaumes par Buchanan, à l'honneur d'être archevêque de Paris.

Jules-César SCALIGER, savant distingué (n. 1484—m. 1558), assuroit qu'il aimeroit mieux avoir fait la deuxième ode du iv.e livre d'Horace : *Quem tu Melpomene semel*, etc., que d'être roi d'Aragon. Sans doute que Scaliger a voulu nous dire par-là qu'il trouvoit cette ode superbe, et qu'il lui donnoit la préférence sur toutes les autres. En effet, elle est très belle ; la poésie, l'élévation et la délicatesse y brillent également dans la versification, dans les pensées et dans le style. Aussi M. Dacier disoit que les Grecs et les Latins ne nous ont rien laissé de plus achevé. On prétend que Scaliger ajoutoit une seconde ode à celle que nous venons de citer. C'est le dialogue entre Horace et Lydie : *Donec gratus eram*, etc. Il en est encore une que Joseph-Jules Scaliger, fils de Jules-César (n. 1540—m. 1609), l'un des plus redoutables critiques du xvi.e siècle (1), n'a pu s'em-

---

(1) Ce Scaliger s'étoit acquis une telle réputation, que Juste Lipse écrivoit qu'il aimeroit mieux jouir de l'entretien de Scaliger, que de voir toute la pompe triomphale d'un ancien consul romain. Ce compliment étoit peut-être dû en partie à la terreur qu'inspi-

pêcher de louer; il est même convenu qu'Horace y
est au-dessus de lui-même et de toute la Grèce. C'est
la troisième ode du ive liv.: *Qualem ministrum ful-
minis alitem*, etc., composée l'an 741 de R. (12
ans av. J.-C.). Le P. Sanadon appelle cette pièce
l'aigle d'Horace, non-seulement parce qu'elle commence par une comparaison prise de cet oiseau,
mais parce qu'elle est entièrement dans le goût de
Pindare. Le poëte y célèbre la victoire que Tibère
et Drusus, beau-fils d'Auguste, ont remportée dans
la Pannonie sur les Vindéliciens, l'an 739 de R.
(15 ans av. J.-C.). C'est l'une des deux pièces qu'Auguste avoit demandées à Horace. L'autre est le *Car-
men seculare*, composé en 737 de R. (17 ans av.
J.-C.) On les place l'une et l'autre parmi les plus
beaux morceaux d'Horace.

---

roit l'espèce de despotisme exercé par l'orgueilleux Scaliger sur
tous les littérateurs de son temps. Casaubon trembloit en écrivant,
quand il pensoit que ce qu'il écrivoit seroit vu par Joseph Scaliger. Ce Scaliger se flattoit de parler treize langues : l'hébreu, le
grec, le latin, le français, l'espagnol, l'italien, l'allemand, l'anglais, l'arabe, le syriaque, le chaldéen, le persan et l'éthiopien.
Aussi puisoit-il dans toutes ces langues, qu'il possédoit superficiel-
lement, les injures dont il accabloit ceux qui osoient non-seulement attaquer son omni-science, mais même en douter. Les morts
n'étoient pas plus à l'abri de ses injures que les vivans. A l'entendre, les jésuites étoient des ânes ; il traitoit les saints pères de
la manière la plus indécente. Origène, selon lui, est un rêveur;
saint Justin, un imbécille; saint Jérôme, un ignorant; Rufin,
un maraud; saint Chrisostôme, un orgueilleux; saint Basile, un
superbe; saint Thomas, un pédant, etc., etc., etc., etc. C'est ce
qui faisoit dire qu'il ne pouvoit tenir son érudition que du diable..

CHARLES-QUINT, empereur, roi d'Espagne (n. le 24 février 1500—m. le 21 septembre 1558), étoit passionné pour Thucydide ; il en faisoit son homme de guerre et le compagnon de toutes ses entreprises. (V. sur Thucydide les *pp.* 31 *et suiv.*) Nous ajouterons que Charles-Quint avoit un goût décidé pour la langue française ; dans son jeune âge il goûtoit et lisoit avec passion les *Mémoires de Louis XI* par Commines. Quand il fut empereur, son chancelier Grandvelle lui apporta un *Thucydide* traduit en français ; après en avoir parcouru quelques pages, Charles-Quint en fut si content, qu'il lut le livre en entier deux ou trois fois de suite. Que seroit-ce s'il eût vu Plutarque traduit par Amyot, qui parut plus tard ? Ce prince qui connoissoit le caractère des différentes langues de l'Europe, disoit qu'il parleroit français à un ami, *francese ad un amico* ; allemand à son cheval, *tedesco al suo cavallo* ; italien à sa maîtresse, *italiano alla sua signora* ; espagnol à Dieu, *spagnuolo à Dio* ; et anglais aux oiseaux, *inglese à gli uccelli*.

MÉLANCHTON (n. 1497—m. 1560), bornoit toute sa bibliothèque à quatre auteurs dont les noms commencent par la même lettre : Platon, Pline, Plutarque et Ptolémée. Ces quatre auteurs réunissent l'utile et l'agréable.

JEAN DORAT, ou DAURAT, poëte (n. 1508 —m. 1588), étoit tellement enchanté de la cent septième épigrâmme d'Ausone, qu'il soutenoit qu'un démon en étoit l'auteur. Voici cette épigramme qui est en effet très jolie :

In puerum formosum.

Dum dubitat natura, marem faceret ne puellam,
Factus es, ô pulcher, pœne puella puer (1).

« Pendant que la nature hésitoit si elle feroit de vous un garçon ou une fille ; jeune homme, elle vous a formé si beau que vous êtes presqu'une fille. » Ausone, né à Bordeaux, est mort vers l'an 392 de J. C.

CUJAS, célèbre jurisconsulte (n. 1520 — m. 1590), disoit des ouvrages de Paul de Castro, professeur de droit, mort à Florence en 1437 : *Qui non habet Paulum de Castro tunicam vendat et emat.*

Ce mot a été appliqué depuis à l'ouvrage de Domat : *Des lois civiles dans leur ordre naturel.* C'est un excellent livre, et qui jouit à juste titre de la plus haute réputation parmi les jurisconsultes. Voici la manière dont l'illustre chancelier d'Aguesseau en parloit à son fils : « Un ouvrage moderne qui vous suffiroit presque seul, et que vous ne

---

(1) Marot a traduit ces deux vers dans une de ses épigrammes ayant pour titre :

De Charles, duc d'Orléans.

Nature estant en esmoy de forger
Ou fille ou fils, conceut finalement
Charles si beau, si beau pour abréger
Qu'estre fait fille il cuida proprement ;
etc., etc.

sauriez trop vous rendre propre, soit par une lecture exacte, ou même par l'extrait que vous ferez bien d'en faire, est le *Traité des lois*, de M. Domat, qui est en tête de son grand ouvrage *Des lois civiles dans leur ordre naturel.* Personne n'a mieux approfondi que cet auteur le véritable principe des lois, et ne l'a expliqué d'une manière plus digne d'un philosophe, d'un jurisconsulte et d'un chrétien. Après avoir remonté jusqu'au premier principe, il descend jusqu'aux dernières conséquences ; il les développe dans un ordre presque géométrique ; toutes les différentes espèces de lois y sont détaillées avec les caractères qui les distinguent. C'est le plan général de la société civile, le mieux fait et le plus achevé qui ait jamais paru ; et je l'ai toujours regardé comme un ouvrage précieux, que j'ai vu croître et presque naître entre mes mains, par l'amitié que l'auteur avoit pour moi. Vous devez vous estimer heureux, mon cher fils, de trouver cet ouvrage fait avant que vous entriez dans l'étude de la jurisprudence. Vous y puiserez un esprit, non-seulement de jurisconsulte, mais de législateur, si vous le lisez avec l'attention qu'il mérite ; et vous serez en état, par les principes qu'il vous donnera, de démêler de vous-même dans toutes les lois que vous lirez, ce qui appartient à la justice naturelle et immuable, de ce qui n'est que l'ouvrage d'une volonté positive et arbitraire ; et de ne vous point laisser éblouir par les subtilités qui sont souvent répandues dans les jurisconsultes Romains. » Ailleurs M. d'Aguesseau appelle Domat le jurisconsulte des magistrats, et il ajoute : « Quiconque posséderoit bien son ouvrage, ne seroit peut-être pas le plus profond des jurisconsultes ; mais il seroit le plus solide et le plus sûr de tous les juges. » Cette honorable opinion sur l'ouvrage de Domat, au moment où il a paru, a été confirmée par la postérité ; sa réputation n'a fait qu'augmenter, plusieurs éditions ont paru tant in-4.º qu'in-folio, et l'on en publie une in-8.º dans ce moment. Le célèbre La Harpe, quoique simple littérateur, dit, dans sa *Philosophie du XVIII.ᵉ siècle* : « Pour ce qui est de la jurisprudence, j'ai vu les plus habiles s'incliner au seul nom du fameux Domat, de ce Domat dont les ouvrages avoient réconcilié l'excellent esprit de Boileau avec la science des lois (1), et sont regardés comme un des plus parfaits modèles du véritable esprit philosophique, de l'esprit d'ordre et d'analyse, appliqué à ce genre de connoissances moitié spéculatives, moitié politiques, et où la pratique embrouille si souvent la théorie. »

---

(1) « J'avois comparé, dit Boileau dans une lettre à Brossette, les lois du Digeste aux dents du dragon que sema Cadmus, et dont il naissoit des gens armés qui se tuoient les uns les autres. La lecture du livre de Domat m'a fait changer d'avis, et m'a fait voir dans cette science une raison que je n'y avois pas vue jusque-là. C'étoit un homme admirable que ce M. Domat. Vous me faites trop d'honneur de mettre en parallèle un misérable faiseur de satires avec le restaurateur de la raison dans la jurisprudence. » Jean Domat, né à Clermont en Auvergne en 1625, est mort à Paris en 1696.

Michel de MONTAIGNE (n. 1533 — m. 1592), a consacré le dixième chap. du liv. II de ses *Essais*, (appelés par le cardinal Duperron, *le Bréviaire des honnêtes gens*), à parler des livres et particulièrement de ceux qu'il aimoit le plus. Son langage naïf est si expressif, et son opinion d'un tel poids, que nous croyons devoir rapporter textuellement les passages de ce chapitre qui ont un rapport direct à notre objet.

« Je ne cherche aux livres, dit Montaigne, qu'à m'y donner du plaisir par un honneste amusement : ou si j'estudie, je n'y cherche que la science qui traicte de la cognoissance de moy mesme, et qui m'instruise à bien vivre et à bien mourir..... Si tel livre me fasche, j'en prends un aultre et ne m'y addonne qu'aux heures où l'ennuy de rien faire commence à me saisir. Je ne me prends gueres aux nouveaux, pour ce que les anciens me semblent plus pleins et plus roides : ny aux Grecs, parce que mon jugement ne sçait pas faire ses besongnes d'une puérile et apprentisse intelligence. Entre les livres simplement plaisants je treuve, des modernes, le *Decameron* de Boccace, Rabelais, et les *Baisers* de Jehan Second, s'il les fault loger soubs ce tiltre, dignes qu'on s'y amuse..... Il m'a toujours semblé qu'en la poésie, Virgile, Lucrece, Catulle et Horace tiennent de bien loing le premier rang; et signamment Virgile en ses *Géorgiques* que j'estime le plus accomply ouvrage de la poésie : à comparaison duquel on peult recognoistre ayseement qu'il y a des endroicts de l'*Æneide*, ausquels l'aucteur eust donné encore quelque tour de pigne s'il en eust eu loisir ; et le cinquiesme livre en l'*Æneide* me semble le plus parfaict. J'aime aussi Lucain, et le practique volontiers, non tant pour son style, que pour sa valeur propre et verité de ses opinions et jugements. Quant au bon Terence, la mignardise et les graces du langage latin, je le treuve admirable à representer au vif les mouvements de l'ame et la condition de nos mœurs; à toute heure nos actions me rejectent à luy : je ne le puis lire si souvent, que je n'y treuve quelque beauté et grace nouvelle. Ceulx des temps voisins à Virgile se plaignoient de quoy aulcuns luy comparoient Lucrece : je suis d'opinion que c'est à la verité une comparaison ineguale ; mais j'ay bien à faire à me r'asseurer en cette creance, quand je me treuve attaché à quelque beau lieu de ceulx de Lucrece. S'ils se picquoient de cette comparaison, que diroient-ils de la bestise et stupidité barbaresque de ceulx qui lui comparent à cette heure Arioste (1)? Et qu'en diroit Arioste luy mesme ? J'estime que les anciens avoient encores plus à se

---

(1) Montaigne, un peu plus bas, pour faire sentir la différence qu'il y a entre Virgile et l'Arioste, sous le rapport du talent poétique dans l'épopée, s'exprime ainsi : « En la comparaison de l'*Æneide* et du Furieux (Roland) : celuy là on le veoit aller à tire d'aile d'un vol hault et ferme, suyvant toujours sa poincte : cettuy cy, voleter et saulteler de conte en conte, comme de branche en branche, ne se fiant à ses ailes que pour une bien courte traverse, et prendre pied à chasque bout de champ, de peur que l'haleine et la force luy faille. »

plaindre de ceulx qui apparioient Plaute à Térence
(Cettuy cy sent bien mieulx son gentilhomme), que
Lucrece à Virgile..... On admire plus sans comparaison l'eguale polissure et cette perpetuelle doul-
ceur et beauté fleurissante des epigrammes de Catulle, que touts les aiguillons de quoy Martial ai-
guise la queue des siens..... Voylà doncques, quant
à cette sorte de subjects (les livres amusants), les
aucteurs qui me plaisent le plus.

« Quant à mon aultre leçon qui mesle un peu
plus de fruict au plaisir, par où j'apprends à renger
mes opinions et conditions, les livres qui m'y servent, c'est Plutarque, depuis qu'il est françois
(trad. par Amyot), et Seneque (1). Ils ont touts deux
cette notable commodité pour mon humeur, que

---

(1) Il s'en faut beaucoup que l'on mette sur la même ligne Sénèque et Plutarque. On trouve que Sénèque a trop d'esprit ; il
veut briller, quelque sujet qu'il traite. Il est meilleur à citer dans
la chaleur de la conversation qu'à lire dans le silence du cabinet.
Quintilien (*lib.* x, c. 1), disoit de lui : *Velles cum suo ingenio
dixisse alieno judicio.* On désireroit qu'avec son bel esprit, il eût
plutôt suivi le goût d'un autre que le sien propre. Mallebranche
lui reproche de trop s'abandonner à son imagination, et de ne pas
raisonner conséquemment. Calvin, grand partisan de Sénèque,
dont, à vingt-trois ans, il commentoit le Traité *de clementiâ*,
reconnoît en plus d'un endroit que la juste disposition des parties
du discours n'étoit pas le talent de son auteur. Pierre Petit (dans
son livre *de lacrymis,* p. 139), appelle Sénèque le maitre des
sentences. *Seneca* , dit-il, *verus ut quidem arbitror magister
sententiarum.*
Comme j'ai parlé de Plutarque à l'article Théodore Gaza, je
n'en dirai rien ici. (Voy. *pag.* 85.)

la science que j'y cherche y est traictee à pieces descousues, qui ne demandent pas l'obligation d'un long travail, de quoy je suis incapable. Ainsi sont les *Opuscules* de PLUTARQUE et les *Epistres* de SENEQUE, qui sont la plus belle partie de leurs escripts et la plus proufitable.... Ces aucteurs se rencontrent en la pluspart des opinions utiles et vrayes; comme aussi leur fortune les feit naistre environ mesme siecle; touts deux precepteurs de deux empereurs romains; touts deux venus de païs estrangier; touts deux riches et puissants. Leur instruction est de la cresme de philosophie, et présentee d'une simple façon, et pertinente. PLUTARQUE est plus uniforme et constant; SENEQUE plus ondoyant et divers : cettuy ci se peine, se roidit et se tend, pour armer la vertu contre la foiblesse, la crainte et les vicieux appetits; l'aultre semble n'estimer pas tant leurs efforts, et desdaigner d'en haster son pas et se mettre sur sa garde : PLUTARQUE a les opinions platoniques, doulces et accommodables à la société civile; l'aultre les a stoïques et epicuriennes, plus esloingnees de l'usage commun, mais, selon moy, plus commodes en particulier et plus fermes : il paroist en SENEQUE qu'il preste un peu à la tyrannie des empereurs de son temps, car je tiens pour certain que c'est d'un jugement forcé qu'il condemne la cause de ces genereux meurtriers de Cesar; PLUTARQUE est libre partout : SENEQUE est plein de poinctes et saillies; PLUTARQUE, de choses : celuy là

vous eschauffe plus et vous esmeut ; cettuy ci vous
contente davantage et vous paye mieulx ; il nous
guide, l'aultre nous poulse.

« Quant à Cicero, les ouvrages qui me peuvent
servir chez luy à mon desseing, ce sont ceulx qui
traictent de la philosophie, signamment morale.
Mais, à confesser hardiment la vérité (car puisqu'on
a franchi les barrières de l'impudence, il n'y a plus
de bride), sa façon d'escrire me semble ennuyeuse;
et toute aultre pareille façon : car ses prefaces, de-
finitions, partitions, etymologies, consument la
pluspart de son ouvrage; ce qu'il y a de vif et de
mouelle est estouffé par ses longueries d'appresls....
Je veulx des discours qui donnent la premiere char-
ge dans le plus fort du doubte : les siens languissent
autour du pot; ils sont bons pour l'eschole, pour
le barreau et pour le sermon, où nous avons loisir
de sommeiller, et sommes encores, un quart d'heure
aprez, assez à temps pour rencontrer le fil du propos..... La licence du temps m'excusera elle de
cette sacrilege audace, d'estimer aussi traisnants les
dialogismes de Platon mesme, estouffant par trop
sa matiere?.... Je veois volontiers les Epistres *ad
Atticum*, non seulement parce qu'elles contiennent
une tres ample instruction de l'histoire et affaires
de son temps; mais beaucoup plus pour y descou-
vrir ses humeurs privees....... Les historiens sont
ma droicte balle....... Ceulx qui escrivent les vies
me sont plus propres. Voylà pourquoy c'est mon

homme que Plutarque. Je suis bien marry que nous n'ayons une douzaine de Laertius (Diogene), ou qu'il ne soit ou plus estendu ou plus entendu.... Cesar me semble singulierement meriter qu'on l'estudie, tant il a de perfection et d'excellence par-dessus touts les aultres, quoique Salluste soit du nombre. Certes je lis cet aucteur avec un peu plus de reverence et de respect, qu'on ne lit les humains ouvrages; tantost le considerant luy mesme par ses actions et le miracle de sa grandeur; tantost la pureté et inimitable polissure de son languagé, qui a surpassé non seulement touts les historiens, comme dict Cicero, mais à l'adventure Cicero mesme..... Les seules bonnes histoires sont celles qui ont esté escriptes par ceulx mesmes qui commandoient aux affaires, ou qui estoient participants à les conduire, ou au moins qui ont eu la fortune d'en conduire d'aultres de mesme sorte. Telles sont quasi toutes les grecques et romaines..... » Montaigne termine ce chapitre par dire que se méfiant de sa mémoire, il fait des notes sur les livres qu'il a lus, et s'en rend un compte sommaire. Il rapporte celles qu'il a mises sur son exemplaire de Guicciardin, de Philippe de Commines et des *Mémoires* de Dubellay.

Montesquieu disoit : « Dans la plupart des auteurs je vois l'homme qui écrit; dans Montaigne, l'homme qui pense. »

PASSERAT, poëte (n. 1534—m. 1602), successeur de l'infortuné P. Ramus, dans la chaire d'éloquence au collège de Cambray, en 1572 (1), affectionnoit singulièrement PROPERCE, CATULLE et TIBULLE. L'analogie de son génie avec celui des trois poëtes les plus galans de l'ancienne Rome, les lui fit préférer à beaucoup d'autres dans les explications qu'il donnoit au collège de Cambray, à Paris. Il a publié des commentaires sur ces trois poëtes, *Paris, 1608, in-folio*. Mais son travail sur PROPERCE est préférable à ce qu'il a fait pour les deux autres. Nous n'entrerons dans aucun détail sur le mérite de ces trois auteurs; nous nous contenterons de rapporter le parallèle que Muret a fait de TIBULLE avec PROPERCE, dans la dédicace de ses scolies sur ce dernier poëte. « C'est avec raison, dit-il, que les anciens ont douté à qui de TIBULLE ou de PROPERCE il falloit assigner le premier rang parmi les élégia-

---

(1) Passerat discontinua ses leçons pendant les troubles de la Ligue, et il ne les reprit que lorsque Henri IV entra triomphant dans Paris, en 1594. Il eut grande part à la *Satire Ménipée*, dans laquelle on trouve cette satire sanglante contre les SEIZE, et qui est de sa composition :

    A chacun le sien, c'est justice :
    A Paris seize quarteniers ;
    A Montfaucon seize piliers :
    C'est à chacun son bénéfice.

Cependant on prétend que du temps de la Ligue il avoit chez lui un portrait du cardinal de Bourbon, que les Ligueurs appeloient Charles X, tandis que les partisans de Henri IV l'appeloient Charles XVIII. Ce prince y étoit représenté avec tous les attributs de la royauté ; mais le portrait avoit deux faces, et quand il venoit chez lui de bons serviteurs du Roi, il leur montroit l'autre côté, où le prétendu Charles X étoit couronné de foin et de chardons.

ques latins ; l'un et l'autre possèdent beaucoup de qualités qui les font sortir du rang des poëtes ordinaires, et leur assignent une place éminente ; mais chacun d'eux se distingue en même temps par des qualités personnelles qui font douter auquel des deux appartient la palme. Tibulle possède au suprême degré l'élégance et la propriété de l'expression ; Properce, une grande richesse, une grande variété d'érudition poétique. Tout est romain dans le premier ; beaucoup de choses sont étrangères dans l'autre. La pureté du langage fait reconnoître dans l'un un écrivain né et élevé dans la capitale ; dans l'autre, la forme et le caractère de la diction indiquent un poëte très versé dans la lecture des auteurs grecs. En un mot, des deux qualités qui, d'après le jugement des critiques, constituent la beauté d'un poëme, la clarté et les ornemens étrangers, la première appartient éminemment à Tibulle ; la seconde à Properce. L'un est plus doux et plus délicat, l'autre, plus nerveux et plus soigné ; on aime mieux l'un, on admire davantage l'autre ; le premier a l'air d'avoir écrit avec simplicité ses poésies, l'autre, d'avoir pensé à ce qu'il devoit écrire ; l'un a plus de naturel, l'autre plus d'art et de travail. Il est très difficile de dire d'après cela lequel des deux mérite la préférence. Si la perfection du poëte dépend du degré de vérité avec lequel il a imité la nature, il me paroît que Tibulle a mieux exprimé les divers mouvemens qui agitent le cœur ; si au contraire le premier rang est dû à celui qui approche de plus près des beaux modèles, personne, à mon avis, n'a plus de ressemblance avec les anciens Grecs, et surtout avec Callimaque, que Properce ; aussi a-t-il cru pouvoir se nommer lui-même le Callimaque romain. »

Revenons à Passerat : il estimoit l'*ode* que Ronsard a faite pour le chancelier de l'Hôpital, plus que le duché de Milan. On ne voit plus cette ode du même œil que Passerat. Depuis long-temps elle est tombée dans l'oubli ainsi que les autres fruits de la muse barbare de Ronsard. Il faut cependant avouer qu'il étoit vraiment poëte, et que quelques-unes de ses pièces de poésie ont produit un grand effet : en voici un exemple : Un gentilhomme français, nommé Chatelard, condamné à être décapité en Écosse pour avoir attenté à l'honneur de la Reine qu'il aimoit, ne voulut d'autre préparation à la mort que la lecture d'un hymne de Ronsard. Brantôme raconte ainsi la chose : « Le jour venu, ayant été mené sur l'échafaud, avant mourir, prit en ses mains les hymnes de M. Ronsard, et pour son éternelle consolation, se mit à lire tout entièrement l'hymne de la mort, qui est très bien fait et propre pour ne point abhorrer la mort, ne s'aidant autrement d'autre livre spirituel, ni de ministre, ni de confesseur. »

L'Amiral de COLIGNY (né en 1516, tué le 24 août 1572), faisoit sa lecture habituelle, étant jeune, des *Élémens* d'Euclide et des vies des *Hommes illustres* de Plutarque. Il en étoit de même de Henri IV, comme nous le verrons plus bas.

Juste LIPSE, savant critique (n. 1547—m. 1606), goûtoit tellement Tacite, que, pour mieux en imiter le style, il l'avoit appris par cœur en entier. Il s'obligea un jour, dit-on, à réciter mot pour mot tous les endroits des ouvrages de cet historien qu'on lui désigneroit, consentant à être poignardé en cas qu'il ne les récitât pas fidellement. Cette anecdote répétée par tous les biographes, me paroît très douteuse; et si elle est vraie, on ne doit la considérer que comme une fanfaronnade de Juste Lipse. Cependant ce célèbre philologue ne parle point de Tacite dans le passage suivant (*Cent. II, Miscellan.*, epist. 44), où il s'exprime ainsi : « Je n'admire que trois hommes, Homère, Hippocrate et Aristote. Ce sont les seuls, à mon avis, qui ont porté l'humanité au-delà de ses forces et de sa sphère naturelle. » Scaliger, Casaubon et Juste Lipse passoient dans leur temps pour les triumvirs de la république des lettres.

HENRI IV, roi de France (n. 1553—m. 1610), avoit un goût particulier pour les *Élémens d'Euclide* et pour les *Hommes illustres de Plutarque*; il disoit souvent qu'il avoit de grandes obligations à ce dernier ouvrage dans lequel il avoit puisé d'excellentes maximes pour sa conduite et pour le gouvernement. M. de Jouy remarque avec raison dans l'*Hermite de province*, tom. 1, « qu'il est impossible de ne pas reconnoître l'influence la plus heureuse des *Hommes illustres de Plutarque* dans cette foule de mots du grand Béarnais, où la grâce et la finesse modernes ne cachent pas la profondeur et la simplicité antiques. »

F. BACON de Verulam, chancelier d'Angleterre, et savant profond (n. 1550—m. 1626), voyoit à regret cette immense quantité d'ouvrages qui encombrent nos bibliothèques : « Les sciences, disoit-il, regorgent d'écrits; les livres ne sont que des répétitions; cette énorme multitude de volumes se réduit aux idées de cinq à six génies; fouillez les Grecs, les Romains, les Arabes, et tous les auteurs modernes; vous ne verrez par-tout qu'Aristote, Platon, Euclide et Ptolémée. » Bacon dit ailleurs : « Que la lecture de l'histoire nous rend prudens.; qu'on devient ingénieux avec les poëtes ; que les ouvrages de mathématiques donnent de la subtilité à l'esprit ; que ceux de philosophie donnent de la profondeur au jugement; que la morale met de la gravité dans nos mœurs; que la dialectique et la rhétorique procurent de la facilité et de la vivacité dans la discussion : (Baco, *de studiis et lectione librorum sermo* 48). » Tout cela est très vrai ; mais il ne l'est pas moins que les livres frivoles avilissent et énervent l'esprit ; que les ouvrages de galanterie amollissent et corrompent le cœur ; et que les productions impies couvrent notre ame de nuages par les doutes que de prétendus esprits forts travaillent à y multiplier sur les plus importantes vérités. Il est donc absolument essentiel d'apporter la plus grande attention dans le choix des livres.

François de MALHERBE (n. 1555—m. 1628), le vrai créateur de la langue poétique en France, avoit un goût particulier pour Stace, Sénèque le tragique, Juvénal, Ovide, Martial, surtout Horace, qu'il appeloit son bréviaire. Il ne paroît pas qu'il se soit rendu aussi familiers les poëtes grecs. Les odes de Pindare lui sembloient du galimatias. Ce jugement sur l'un des premiers poëtes lyriques, prouve encore davantage qu'il avoit fait une étude plus particulière des auteurs latins que des grecs. Parmi ces différens écrivains qui faisoient les délices de Malherbe, nous distinguerons particulièrement Horace et Juvénal.

Horace, le poëte le plus aimable de l'antiquité, s'est toujours fait remarquer par les beautés et les grâces en tout genre qui distinguent ses différens ouvrages. Doué par la nature du plus beau génie, de l'imagination la plus brillante, de l'esprit le plus flexible et le plus fécond, il a répandu dans ses odes tout ce que Simonide, Sapho, Pindare, Tyrtée et Alcée nous offrent de plus beau, de plus gracieux, de plus sublime, comme Virgile nous présente, avec un charme inexprimable, les heureux emprunts qu'il a faits à Théocrite, à Hésiode et à Homère. C'est surtout la variété que l'on admire dans les odes d'Horace ; nul n'a mieux possédé que lui ce grand secret, qui est un des principes les plus importans de l'art, et qui consiste à s'élever, sans disparate, jusqu'au sublime, dans de petits sujets qui n'en paroîtroient nullement susceptibles sous toute autre plume. Dans ses épîtres, quelle philosophie douce, aimable et entraînante ! Et dans le didactique, c'est le poëte par excellence, qui révèle tous les secrets de son art; c'est le dieu du goût qui dicte ses oracles.

Quant aux satires, nous ne pouvons mieux en faire connoître l'esprit et le style, qu'en présentant l'extrait d'un très beau parallèle d'Horace avec Juvénal que M. Dussault nous a donné en 1812. Après avoir exposé le caractère des vives et énergiques diatribes du fougueux rival d'Horace dans le genre satirique, et nous avoir prévenus que lorsqu'on compare ces deux poëtes, il faut distinguer soigneusement le citoyen d'avec l'écrivain ; qu'il faut éviter de confondre l'homme vertueux et austère avec le courtisan aimable et poli, la grandeur d'ame et la noblesse des sentimens avec la finesse et les agrémens de l'esprit, etc. etc. ; il établit ainsi son parallèle :
« Juvénal n'a qu'un ton et qu'une manière ; il ne connoît ni la variété ni la grâce ; toujours guindé, toujours emphatique et déclamateur, il fatigue par ses hyperboles continuelles, et son étalage de rhéteur ; son style rapide, harmonieux, plein de chaleur et de force, est d'une monotonie assommante. Il est presque toujours recherché et outré dans ses expressions ; et ses pensées sont souvent étranglées par une précision dure qui dégénère en obscurité. Horace, au contraire, est toujours aisé, naturel, agréable ; et pour plaire, il se replie en cent façons différentes ; il sait,
D'une voix légère,
Passer du grave au doux, du plaisant au sévère:

Son style pur, élégant, facile, n'offre aucune trace d'affectation et de recherche ; ses satires ne sont pas des déclamations éloquentes : ce sont des dialogues ingénieux où chaque interlocuteur est peint avec une finesse et une vérité admirables ; ce n'est point un pédant triste et farouche, élevé dans les cris de l'école, un sombre misanthrope, qui rebute par une morale chagrine et sauvage, et fait haïr la vertu, même en la prêchant : c'est un philosophe aimable, un courtisan poli, qui sait embellir la raison et adoucir l'austérité de la sagesse ; Juvénal est un maître dur et sévère qui gourmande ses lecteurs ; Horace, un ami tendre, indulgent et facile, qui converse familièrement avec les siens. Les invectives amères, les reproches sanglans de Juvénal irritent les vicieux, sans les réformer ; les traits plaisans, les peintures comiques d'Horace corrigent les hommes en les amusant ; l'arme du ridicule semble avoir toujours été propre et particulière aux satiriques ; c'est celle qu'ont employée les anciens poëtes Eupolis, Cratinus, Aristophane, dont les comédies peuvent être regardées comme autant de satires. C'est aussi l'arme la plus utile pour combattre avec succès les vices les plus accrédités. Le sel d'une plaisanterie ingénieuse épouvante plus les coupables que tous les foudres et les tonnerres d'un déclamateur dont ils se moquent : le ridicule est la seule chose que craignent encore ceux qui ne craignent plus rien et qui n'ont plus ni pudeur ni remords :

Ridiculum acri
Fortius ac melius magnas plerumque secat res. »

Nous ajouterons encore un mot à cet article d'Horace et de Juvénal considérés comme satiriques, c'est
que, si l'on veut prendre une connoissance parfaite
des mœurs privées des Romains, et entrer dans les
plus petits détails de leurs usages, c'est d'abord dans
les satires de ces deux poëtes qu'on doit les puiser;
mais il faut y joindre celles de Perse, puis lire atten-
tivement les comédies de Plaute et de Térence, toutes
les lettres de Cicéron, celles de Pline le jeune, les
épîtres de Sénèque, les vies de Suétone, et quelques
chapitres de Valère Maxime, d'Aulu-Gelle, et des Saturnales de Macrobe, sans négliger Pline l'ancien
et les *rei rusticæ Scriptores*. Celui qui liroit tous ces
auteurs, la plume à la main, et qui en tireroit tout
ce qui tient aux mœurs, aux habitudes et aux usages
particuliers de la vie privée des Romains, ne seroit
pas plus étranger au milieu de Rome ancienne, que
nous ne le sommes au milieu de Paris.

Armand-Jean Duplessis, cardinal DE RICHE-
LIEU, célèbre ministre de France, (n. 1585—m.
1642), faisoit de l'*Argenis* de Barclay son livre
favori. Il disoit qu'il ne connoissoit au monde que
trois hommes souverainement savans : Saumaise,
Grotius et Bignon. Mais, selon le savant Peiresc,
Grotius valoit deux Saumaise. Le même cardinal
comparoit aux quatre élémens quatre écrivains de
son temps qu'il regardoit comme les meilleurs : le
cardinal de Bérulle, comparé au feu pour son élévation; le cardinal Duperron, à la mer pour son éten-

due ; le P. Cœffeteau, à l'air pour sa vaste capacité ; et M. Duvair, à la terre par l'abondance et la variété de ses productions. Ces quatre élémens littéraires ne sont guère plus considérés maintenant dans nos bibliothèques, que les quatre anciens élémens de la nature ne le sont dans la chimie moderne. On voit par cet article, et nous pourrions encore le confirmer par mille autres traits, que les goûts littéraires de son Éminence étoient bien au-dessous de ses talens politiques.

QUEVEDO DE VILLEGAS, fécond auteur espagnol (n. 1580—m. 1645), étoit tellement passionné pour le *Don Quichotte* de CERVANTES, que quand il le lisoit, il étoit tenté de brûler les nombreux ouvrages qu'il avoit composés : (Voyez plus bas S. EVREMONT). Nous ajouterons ici une anecdote très connue, mais qui prouve que le caractère de ce roman a été apprécié dans tous les temps. « Un jour que le roi Philippe III étoit sur un balcon du palais de Madrid, il aperçut un étudiant qui, en lisant, quittoit de temps en temps sa lecture et se frappoit le front avec des marques extraordinaires de plaisir : Cet homme est fou, dit le roi aux courtisans, ou bien il lit *Don Quichotte*. Le prince avoit raison ; l'étudiant lisoit effectivement ce livre, et ne pouvoit, quoique seul, retenir l'impression agréable qu'il en éprouvoit. »

Montesquieu, devant qui l'on parloit de *Don Quichotte*, dit : « Le meilleur livre des Espagnols est celui qui se moque de tous les autres. »

M. Senier-Rios a fait quelques observations sur l'histoire romanesque du héros de la Manche ; elles sont consignées dans les trois belles éditions de *Don Quichotte*, que l'académie de Madrid a publiées chez Ibarra : l'une en 1780, 4 *vol. in*-4.º fig. ; la seconde en 1782, 4 *vol. pet. in*-8.º ; et la troisième en 1787, 6 *vol. in*-8.º fig. C'est la veuve Ibarra qui a exécuté cette dernière, son mari étant mort en 1785. Parmi les observations de M. Senier-Rios, il en est une que nous allons rapporter quoiqu'elle paroisse très futile ; mais au moins elle prouve le haut degré d'importance que les Espagnols attachent à cet ingénieux roman. M. Senier-Rios calcule de la manière suivante la durée des expéditions du héros de CERVANTES, à partir du moment où ce chevalier paroît sur la scène.

Le 28 juillet 1604, Don Quichotte part et revient le lendemain . . . . 2 jours.
Il reste chez lui . . . . 18 j.
La seconde excursion dure depuis le 17 août jusqu'au 2 septembre . . . . . 17 j.
Il revient chez lui et reste . . . . . . 31 j.
Il sort le 3 octobre et ne revient que le 29 décembre . . . . 87 j.
Il reste chez lui, tombe malade et meurt le 8 janvier . . . . 10 j.
Total . . . . 165 jours.

Toutes ces excursions ont donc duré cinq mois et douze jours ; mais elles n'ont pas toutes eu lieu dans la même année. Quoique CERVANTES donne à peuser que la troisième et dernière expédition du chevalier fut liée aux deux premières, il paroît par son histoire, que dix années s'écoulèrent entre la première et la dernière, parce que Don Quichotte est censé vivre encore en 1614, lors de l'expulsion des Maures. On voit aussi que la lettre que Sancho écrivit à sa femme, du château du Duc, est datée du 20 juillet 1614, et que la gouvernante qui, dans le premier chapitre, avoit environ quarante ans, en a cinquante-un dans le dernier. Au reste, la chronologie d'un roman n'est pas assez intéressante pour qu'on en fasse l'objet d'une discussion ; et il faut toute la réputation dont jouit à juste titre l'ouvrage immortel de CERVANTES, et tout le plaisir qu'il cause à ses lecteurs, pour que l'on se soit occupé de la chronologie des actions de son héros, ce qui dans le fond peut ne paroître qu'une pure frivolité.

CERVANTES déclare dans son prologue, que son principal but a été d'affoiblir l'autorité et la faveur des livres de chevalerie auprès du vulgaire. Voici le motif qu'on lui en attribue, et que j'ai lu quelque part : Le duc de Lerme, premier ministre de Philippe III, étoit peu favorable aux gens de lettres ; un jour il traita CERVANTES avec peu de considération ; celui-ci, pour s'en venger, entreprit une satire de la chevalerie dont le ministre et la nation étoient fort entêtés. Je doute un peu de la vérité de cette anecdote, car je ne vois aucun fiel dans ce roman contre le principal ministre. Quoi qu'il en soit, M. Senier-Rios blâme CERVANTES d'avoir fait cet inimitable roman. « Un fort bon livre peut faire du mal, dit-il, témoin *Don Quichotte*. Cervantes éteignit les idées brillantes de la chevalerie, et de ce moment-là l'Espagne a décliné. Il y a du danger à guérir un peuple de ses chimères, lorsqu'elles sont l'essence même de son caractère, et que ce caractère est bon : il y a de certains préjugés qu'il faut savoir respecter. »

Hugues GROTIUS, littérateur et savant publiciste (n. 1580—m. 1645), avoit un tel goût pour Lucain, au rapport de Guy Patin, « qu'il l'avoit toujours dans sa poche, et qu'il le baisoit plusieurs fois le jour. » Telles sont les propres expressions du savant médecin. On raconte que M. Dumaurier, ambassadeur de France en Hollande, ayant un jour consulté Grotius sur les livres qu'il devoit lire et étudier; celui-ci lui conseilla les suivans : l'*Ecclésiaste* et le livre de la *Sagesse*; les *vers dorés* de Pythagore; toutes les *Œuvres* de Platon; la *Rhétorique* et la *Politique* d'Aristote; les *Harangues* de Démosthène; les *Fragmens* de Théognis[1] et de Phocilide; les *Tragédies* d'Euripide; les *Caractères* de Théophraste; les *Comédies* de Térence; les *Offices* et les *Oraisons* de Cicéron; les écrits de Sal-

---

(1) M. Becker a donné il y a quelques années, à Leipsick, une édition de Théognis, augmentée de cent cinquante-neuf vers trouvés dans un manuscrit de Modène. M. Coupé a publié, en 1796, une traduction des œuvres (fragmens) de Théognis et Phocilide, 1 vol. in-18.

luste ; les *Építres* d'Horace ; le *Manuel* d'Epictete ; les *OEuvres philosophiques* et les *Tragédies* de Sénèque ; les *Opuscules* de Plutarque ; les écrits d'Hiéroclès, d'Arrien, de Dion ; l'ouvrage de Polybe sur les *Républiques* ; les *Pandectes* et le *Code de Justinien*. On est surpris de ne pas voir Homère, Virgile et les Vies de Plutarque, figurer dans cette liste.

Claude Favre, seigneur de VAUGELAS, littérateur français (n. 1585—m. 1650), avoit une idée tellement avantageuse du style de l'histoire romaine de Coeffeteau, qu'il ne vouloit point recevoir de phrase qui n'y fût employée. Mais ensuite il quitta Coeffeteau, et eut une estime particulière pour les traductions d'Ablancourt, surtout pour celle d'Arrien qui lui servit de modèle lorsqu'il refit en entier sa traduction de Quinte-Curce.

Coeffeteau et Ablancourt sont maintenant presque oubliés, et à juste titre, soit à raison des progrès que la langue a faits, soit à raison de la connoissance plus profonde que l'on a des auteurs anciens. Balzac a hazardé un assez pauvre mot au sujet de l'enthousiasme de Vaugelas pour Coeffeteau : « Au jugement de M. de Vaugelas, dit-il, il n'y a point de salut hors de l'histoire romaine, non plus que hors de l'Église romaine. »

On sait que Vaugelas a été trente ans à faire sa traduction de Quinte-Curce, qui parut en 1647, *in*-4.° ; elle fut reçue avec beaucoup d'applaudissemens; cependant elle ne méritoit pas cet autre mot de Balzac : « L'Alexandre de Quinte-Curce est invincible, celui de Vaugelas est inimitable. » Il est vrai que dans le temps cette traduction passa pour le livre le plus correctement écrit dans la langue française; mais depuis on est convenu que le style manque un peu de cette souplesse, de cette aménité, de cette grâce qu'on a depuis données à notre langue, quoiqu'il s'y trouve peu d'expressions qui aient vieilli.

L'abbé Mignot a donné une nouvelle traduction de Quinte-Curce, en 1781, 2 *vol. in*-8.°, et Beauzée une autre en 1782, 2 *vol. in*-12 ; ces deux traductions qui ne sont pas sans mérite, n'ont cependant sur celle de Vaugelas que l'avantage de quelques expressions plus modernes ; mais pour l'exactitude et la fidélité, pour la propriété et la justesse des termes, la régularité de la construction, l'harmonie de la phrase et le fond du style, Vaugelas paroît encore préférable aux nouveaux traducteurs.

Samuel SORBIÈRE, savant médecin (n. 1615 —m. 1670), mettoit les *Offices* de Cicéron au-dessus de tous les livres, excepté l'*Écriture Sainte*. Voilà pour les anciens ; et pour les modernes, il les plaçoit dans l'ordre suivant : Charron, Montaigne, Balzac et Lamothe-le-Vayer. « Ces quatre Messieurs, dit-il, font presque toute ma bibliothèque.» Il la composeroit sans doute différemment aujourd'hui, en conservant toutefois Montaigne et Charron ; et comme il paroît qu'il avoit du penchant pour le scepticisme ; il ne seroit pas embarrassé pour remplacer La Mothe-le-Vayer. Il disoit encore qu'il préféroit PLUTARQUE à SÉNÈQUE ; CHARRON à MONTAIGNE ; DUPERRON, D'OSSAT et COEFFETEAU à BALZAC, parce que dans leurs écrits le raisonnement est plus suivi, et le style moins coupé.

On ne peut qu'applaudir à la préférence que Sorbière donnoit aux *Offices* de CICÉRON ; c'est le livre de morale le plus parfait que les hommes aient possédé avant que les lumières de l'Évangile fussent venues les éclairer d'une manière plus fixe, plus touchante et plus solide sur leurs devoirs. Le livre de CICÉRON renferme tout ce qu'il étoit possible à un philosophe païen d'énoncer de plus vrai, de plus juste et de meilleur sous le rapport moral. La substance de ce fameux traité est que l'homme n'oublie jamais sa dignité ; qu'il respecte dans ses mœurs et dans sa conduite le caractère auguste qui le distingue de la brute qui n'a que des sens ; qu'il combine tous les rapports par lesquels il tient à la société, et que de ces rapports il déduise ses devoirs pour les remplir. Ce plan est admirablement développé dans l'ouvrage en question, que CICÉRON composa pour son fils Marcus.

Guy PATIN, médecin (n. 1601—m. 1672), dit dans une de ses lettres : « L'*Histoire* de PLINE est un des plus beaux livres du monde ; c'est pourquoi il a été nommé *la bibliothèque des pauvres.* Si l'on met Aristote avec lui, c'est une bibliothèque presque complète ; si l'on y ajoute Plutarque et Sénèque, toute la famille des bons livres y sera, père et mère, aîné et cadet. » On voit que Guy Patin avoit une manière de s'exprimer assez originale ; il ne disoit pas les choses, même les plus communes, comme les autres. Ennemi des auteurs arabes et des empyriques, il étoit grand admirateur d'Hippocrate, de Galien et de Cicéron. Quant à ses goûts littéraires plus particuliers, il nous les fait ainsi connoître : « Juvénal est mon cher ami d'entre les anciens, avec Virgile et Lucrèce, sans pourtant que je méprise aucun des autres. Je compte au nombre de mes intimes et des premiers auteurs modernes, le bon Erasme, le docte Scaliger, et l'incomparable M. de Saumaise. Feu M. Grotius étoit aussi mon ami ; j'étois tout transporté de joie quand je l'avois entretenu, mais il est mort trop tôt pour moi et pour le public. » Ailleurs, Guy Patin se faisant l'application d'un passage de Sénèque que j'ai rapporté dans le commencement de mon ouvrage, s'exprime ainsi : « Une lecture uniforme profite, une lecture diversifiée réjouit : *lectio certa prodest, varia delectat.* Je lis souvent Hippocrate, Galien, Fernel, Riolan, et d'autres illustres patrons de ma profession : voilà ma lecture uniforme, voilà mon profit. Je lis de temps en temps Ovide, Juvénal, Horace, Sénèque, Tacite, Pline et autres auteurs qui mêlent *utile dulci:* voilà ma lecture diversifiée, voilà ma récréation, elle n'est pas sans utilité. » Nous avons vu précédemment que Montaigne en usoit de même ; il avoit ses lectures d'amusement et ses lectures d'utilité. Guy Patin se déclare hautement contre les ouvrages médiocres et inutiles. « Si l'on n'imprimoit que de bons livres, dit-il, il n'y auroit pas tant de gens occupés, ni tant de bibliothèques remplies. Au reste, s'il y a de mauvais auteurs, sans doute qu'il ne dépend pas d'eux d'écrire mieux ; mais tant pis pour les gens qui sont la dupe de leur passion, et qui la secondent et l'excitent en montrant de l'empressement et de la fureur dans l'achat de toutes sortes de livres. Dieu merci, je suis à l'épreuve de la tentation de ces messieurs les acheteurs publics des sottises d'autrui ; je ne veux que de bons ouvrages, c'est pour cela que j'ai une bibliothèque peu garnie. » Cependant notre médecin dit ailleurs : « J'ai acheté une belle maison où je demeure depuis trois jours ; elle me revient à neuf mille écus ; j'ai une belle étude, grande et vaste, où j'espère de faire entrer dix mille volumes, en y ajoutant une petite chambre qui y tient de plain pied. » Dix mille volumes ! appelle-t-il cela une *bibliothèque peu garnie?* et espéroit-il ne la composer que de bons ouvrages ? Je crois qu'il ressembloit un peu à celui qui ayant à sa disposition un panier de cerises, se propose d'abord de ne choisir que les plus belles, et finit par les toutes manger : c'est assez le défaut des bibliophiles.

Le comte Hyde de CLARENDON, historien anglais (m. 1674), lisoit tous les jours quelques passages de Tite-Live et de Tacite, ses auteurs favoris. L'*Histoire romaine* à laquelle Tite-Live travailla pendant vingt ans, étoit en 142 livres, et embrassoit un espace de 744 ans. Il nous en manque une grande partie. Nous possédons les dix premiers livres qui comprennent les 460 premières années de Rome; ensuite les livres 21 à 45 (mais ceux de 40 à 45 ont beaucoup de lacunes); ces livres vont depuis 534, époque du commencement de la seconde guerre punique, jusqu'à l'année 585, époque de la soumission de la Macédoine; enfin quelques fragmens parmi lesquels il y en a un du 91.e livre, qui n'a été découvert qu'en 1772, dans un manuscrit palimpseste du Vatican. L'histoire de Tite-Live est divisée en décades ou en parties de dix livres chacune. Il existe un ancien abrégé de toute cette histoire, excepté les livres 136 et 137, qu'on a attribué à Florus. C'est à l'aide de cet épitome et des anciens auteurs grecs et latins, que Jean Freinshemius, savant allemand du xvii.e siècle, a suppléé, autant qu'il étoit possible, les lacunes considérables qui se trouvent dans l'ouvrage de Tite-Live. Nous avons déjà parlé de la comparaison que Quintilien fait de Tite-Live avec Hérodote. Nous renvoyons pour le caractère et le mérite de l'historien latin, aux observations très détaillées d'un écrivain allemand, qui sont consignées dans l'*Histoire de la littérature romaine,* de M. Schoëll, tom. ii, *pp.* 41-57.

Tacite est auteur de quatre ouvrages : 1.º la *Vie d'Agricola,* son beau-père, mort en 94; il la composa en 98, à l'âge de 39 ans. C'est le modèle accompli d'une biographie, le plus beau monument qui ait jamais été érigé à un particulier par la plume d'un écrivain; nous en parlons pag. 75-76. 2.º Les *Mœurs des Germains*, qu'il composa en 98; cet ouvrage est divisé en trois parties : la première traite de la situation de la Germanie, de l'origine de sa population et de la nature du sol; la seconde, des mœurs des Germains en général; et la troisième renferme une revue des divers peuples germaniques. C'est le principal monument qui existe pour l'histoire ancienne du Nord; mais il renferme beaucoup d'erreurs. 3.º Les *Histoires* de Tacite, grand ouvrage qu'il composa sous le règne de Trajan. Il commence à l'avénement de Galba, et s'étend jusqu'à la mort de Domitien, embrassant ainsi un espace de 29 ans. On ignore combien ces *Histoires* comprenoient de livres; il devoit y en avoir beaucoup, puisque les quatre premiers et le commencement du cinquième qui nous restent, ne contiennent qu'un peu plus d'une année. 4.º Les *Annales* de Tacite, en seize livres. Elles commencent à la mort d'Auguste, et vont jusqu'à celle de Néron. Il ne nous en reste que les quatre premiers livres, une partie du cinquième et les onzième et quatorzième, excepté la fin du dernier. Nous avons le règne de Tibère, la fin de celui de Claude, et presque tout le règne de Néron. Il nous manque le règne de Caligula et le commencement de celui de Claude. Il sembleroit que les *Annales* sont la première partie des *Histoi-*

res, mais elles sont travaillées sur un autre plan. Nous avons parlé, pag. 76-80, du mérite de Tacite comme historien ; le *Dialogue des orateurs célèbres* a été attribué à Tacite par différens écrivains ; d'autres le donnent à Quintilien, et quelques-uns à Pline le jeune.

Milton.
(Voy. p. 356.)

Henri de la Tour d'Auvergne, vicomte de Turenne, né à Sedan, le 11 septembre 1611 ; tué près de Saltzbach, le 27 juillet 1675, lisoit Quinte-Curce avec transport dans son jeune âge. Il étoit frappé de l'héroïsme d'Alexandre, et de la manière dont Quinte-Curce a rendu ses exploits. Un ancien officier lui ayant soutenu que cette histoire n'étoit qu'un conte fait à plaisir, Turenne, quoique pour ainsi dire encore enfant, voulut se battre contre cet officier.

Il est certain qu'il y a beaucoup de choses évidemment fausses dans Quinte-Curce, beaucoup d'erreurs en géographie, beaucoup de détails minutieux et inutiles ; mais cet auteur connoît parfaitement les replis du cœur humain ; il est bien éclairé sur la marche des passions, sur la chaîne des événemens, sur les causes et les résultats des faits qu'il présente. Personne ne guide mieux, ni par une voie plus courte et plus agréable, vers la connoissance de l'homme, qui doit être le véritable but de l'histoire. Nous citons, pag. 118-119, les traducteurs de Quinte-Curce, tels que Vaugelas, l'abbé Mignot, et Beauzée.

Turenne a écrit ses *Mémoires* (publiés par M. Grimoard, 1782, 2 *vol. in-fol.*); il avoit pris pour modèle les *Commentaires de César ;* mais si son épée se rapproche de celle du général Romain, il n'en est pas de même de sa plume.

Jean DESMARETS de Saint-Sorlin (n. 1595 —m. 1676), ne voyoit rien de plus beau que son poëme de *Clovis;* il en étoit si enchanté qu'il en renvoyoit la gloire à Dieu. « Oui, dit-il dans ses *Délices de l'esprit,* Dieu m'a sensiblement assisté pour finir un aussi beau livre. » On prétend qu'un plaisant, lorsque Desmarets lui envoya son volume des *Délices de l'esprit,* mit à l'errata : Délices, *lisez* délires. Quand on voit l'enthousiasme de Desmarets pour son pitoyable *Clovis,* on ne peut s'empêcher de dire que l'*erratum* du plaisant n'étoit pas sans fondement. On en est encore plus convaincu en jetant les yeux sur ce tas de visions appelées *Délices,* où l'auteur a voulu expliquer l'Apocalypse. Au reste il étoit devenu fou.

Nous nous serions bien gardé de rapporter cette anecdote à peu près insignifiante, si elle ne nous fournissoit l'occasion de passer en revue les prétendus poëmes épiques du xvii.e siècle, avec un mot qui les caractérise.

Le *Moyse sauvé*, de Saint-Amand (*Leyde*, 1654, *in*-12). — Bas et rampant. C'est une Idylle héroïque divisée en douze parties.

Le *Clovis*, de Desmarets (*Paris*, 1657, *in*-12). — Sec et plat.

L'*Alaric*, ou *Rome vaincue*, de Scuderi (*Paris*, 1659, *in*-12). — Fanfaron.

Le *Charlemagne*, de le Laboureur (*Paris*, 1664, *in*-8.º). — Lâche et sans poésie.

Le *Childebrand*, de Carel de Sainte-Garde (*Paris*, 1668, *in*-12). — Aussi barbare que le nom du héros.

Le *Saint-Paulin*, de Ch. Perrault (*Paris*, 1686, *in*-8.º). — Doucereux.

Le *Saint-Louis*, du P. le Moyne (*Paris*, 1658, *in*-12). — Hyperbolique et plein d'un feu déréglé.

La *Magdeleine*, de Pierre de Saint-Louis (*Paris*, 1700, *in*-12). — Ridicule et d'autant plus facétieux, que l'auteur a cru faire quelque chose de bon, de sérieux et d'édifiant. Rien n'est plus risible et plus plat. On en pourroit presque dire autant d'un autre poëme sur *la Magdeleine*, de frère Remi de Beauvais (*Tournay*, 1617, *in*-8.º).

Le *David*, de Les-Fargues (*Paris*, 1660, *in*-12), ne vaut pas mieux que les précédens; il en est de même du *Jonas ou Ninive pénitente*, de 1663, par Jacques de Coras, qui est aussi auteur d'un poëme de *David ou la vertu couronnée*, qu'il publia en 1665. Terminons cette brillante collection épique par la *Pucelle*, ou *la France délivrée*, poëme héroïque en douze chants, de Chapelain. *Paris*, 1656, *gr. in-fol. fig.*, et (*Hollande*), *in*-12. L'auteur nous a fait grâce de l'impression des douze derniers chants qu'on trouve manuscrits dans divers cabinets.

Ce qu'il y a de singulier, c'est que toutes ces rapsodies, quant à la structure du poëme, sont conformes aux règles de l'art. C'est ce qui a fait dire à Voltaire : « Le *Clovis* de Desmarets, la *Pucelle* de Chapelain, etc. ; ces poëmes fameux par leur ridicule, sont, à la honte des règles, conduits avec plus de régularité que l'Iliade, comme le *Pyrame* de Pradon est plus exact que le *Cid* de Corneille. »

J. DELAUNOY, savant théologien (n. 1603 — m. 1678), avoit toujours sur sa table les *Variæ lectiones* de Muret. C'est un livre rempli d'érudition et de saine littérature ; mais tous les morceaux qu'il renferme ne présentent pas le même intérêt. On prétend que Muret avoit une telle perspicacité qu'en voyant une personne lire une lettre, il devinoit au mouvement de ses yeux et au changement de sa physionomie, ce que contenoit la lettre. Ce savant est mort en 1585.

Pierre CORNEILLE, auteur du Cid (n. 1616 — m. 1684), faisoit ses lectures favorites de Tacite, de Tite-Live et surtout de Lucain (1) et de

---

(1) Quoique nous ne placions pas tout-à-fait Lucain au rang des classiques, nous sommes bien éloigné de ne pas le regarder comme poëte ; il a des morceaux sublimes, et si l'on a un reproche à lui faire, c'est d'avoir entrepris un poëme épique sur un sujet trop rapproché de lui. Ses héros, César et Pompée, dont la cen-

Sénèque. Quand on lit son théâtre, on voit combien il étoit pénétré de cette grandeur romaine si bien tracée, et peut-être exagérée, dans ces quatre auteurs. La Harpe, en confirmant en partie ce que

---

dre n'étoit pas encore entièrement refroidie, ne lui permettoient pas d'employer toutes les machines et tous les prestiges absolument nécessaires dans l'épopée. On ne peut guère mettre en scène que des personnages antiques, qui, se perdant dans le vague des temps, prêtent à l'imagination tous les moyens de les agrandir et de les embellir, soit à l'aide des Dieux de la Fable, soit à l'aide des passions qui deviennent elles-mêmes des divinités sous la plume du poëte. Mais citons Voltaire, il juge Lucain avec ce goût exquis et cette impartialité qu'on admirera toujours dans ses écrits, toutes les fois qu'il ne sera pas égaré par la passion. « Lucain, dit-il, n'a osé s'écarter de l'histoire; par-là il a rendu son poëme sec et aride. Il a voulu suppléer au défaut d'invention par la grandeur des sentimens; mais il a caché trop souvent sa sécheresse sous de l'enflure. Ainsi il est arrivé qu'Achille et Énée, qui étoient peu importans par eux-mêmes, sont devenus grands dans Homère et dans Virgile, et que César et Pompée sont petits quelquefois dans Lucain. Il n'y a dans son poëme aucune description brillante comme dans Homère; il n'a point connu, comme Virgile, l'art de narrer et de ne rien dire de trop; il n'a ni son élégance, ni son harmonie; mais aussi vous trouverez dans sa Pharsale des beautés qui ne sont ni dans l'Iliade ni dans l'Énéide. Au milieu de ses déclamations ampoulées il y a de ces pensées mâles et hardies, de ces maximes politiques dont Corneille est rempli; quelques-uns de ses discours ont la majesté de ceux de Tite-Live et la force de Tacite. Il peint comme Salluste; en un mot, il est grand par-tout où il ne veut point être poëte. Une seule ligne telle que celle-ci, en parlant de César,

Nil actum reputans, si quid superesset agendum,

vaut bien assurément une description poétique. » Voltaire dit ailleurs que « Lucain, dont le génie original a ouvert une route nouvelle, n'a rien imité; il ne doit à personne ni ses beautés ni ses défauts, et mérite par cela seul une attention particulière. »

nous venons de dire sur les auteurs préférés par Corneille, y joint les tragiques espagnols. « Ses lectures de préférence, dit-il, ses études de prédilection étoient, si l'on veut y prendre garde, analogues à la tournure de son esprit. On sait, ajoute-t-il, que ses auteurs favoris furent Lucain, Sénèque et les poëtes espagnols. Comme Lucain, l'amour du grand le conduisit jusqu'à l'enflure ; comme Sénèque, il fut raisonneur jusqu'à la subtilité et la sécheresse ; comme les tragiques espagnols, il força les vraisemblances pour obtenir des effets. Mais les beautés qu'il ne devoit qu'à son talent naturel, le placèrent pendant trente ans si fort au-dessus de ses contemporains, qu'il lui fut impossible de revenir sur lui-même et d'apercevoir ce qui lui manquoit. » Corneille disoit qu'il donneroit deux de ses meilleures pièces pour avoir fait les quatre vers si connus, où Brebœuf, dans sa traduction de la Pharsale, peint l'art de l'écriture, qu'on attribue à Cadmus :

C'est de lui que nous vient cet art ingénieux
De peindre la parole et de parler aux yeux,
Et par des traits divers de figures tracées,
Donner de la couleur et du corps aux pensées.

Tout en avouant que ces quatre vers sont beaux, il faut convenir que Corneille les eût payés un peu cher. Nous aurons plusieurs fois occasion de parler de ses ouvrages lorsqu'il sera question des principaux tragiques français.

CHRISTINE, reine de Suède (n. 1626 — m. 1689), savoit Martial en entier par cœur à l'âge de vingt-trois ans; elle faisoit un cas particulier de CATULLE, de SÉNÈQUE le tragique, mais surtout de LUCAIN. Le savant Guy Patin, qui me fournit cet article sur les goûts littéraires de Christine, goûts qui certainement, auroient pu être plus sévères, ajoute : « Pour SÉNÈQUE le tragique, c'est un admirable écrivain, auteur plus égal que tout autre. Il se soutient merveilleusement. On ne voit point que le médiocre succède au sublime; toujours semblable à lui-même, il conserve une force de style et une noblesse de sentiment qui ne se dément jamais. » Il y auroit bien quelque chose à rabattre de ces louanges; car tous les critiques sont assez d'avis que les dix tragédies attribuées à Sénèque (1), sont d'un mérite

---

(1) Il s'en faut beaucoup que les savans s'accordent à reconnoître Sénèque pour auteur de ces tragédies. Quintilien croit que la *Médée* est de Sénèque le philosophe; Sidonius Apollinaris donne les dix pièces à L. Annæus Novatus, frère du philosophe. C'est sans doute ce qui a fait appeler vulgairement ce Novatus, Sénèque le tragique. Pétrarque, Crinitus, Daniel Cajetan, Martin Del-Rio, Erasme, Juste Lipse et les deux Scaliger, attribuent ce théâtre au philosophe, à l'exception de l'*Octavie*. D'autres savans en regardent comme auteur un Marcus Sénèque, fils du philosophe, et né de sa première épouse; mais il est reconnu que ce Marcus Sénèque est mort très jeune avant l'exil de son père. (Voyez la *Consolation à Helvia*, ch. XVI.) Elie Vinet parle d'un L. Annæus Sénèque, qui vivoit, dit-il, sous Trajan : ce Sénèque n'est point connu. Daniel Heinsius est d'avis que Sénèque le philosophe est auteur de *Médée*, d'*Hippolyte*, des *Troyennes* et de *Thyeste*; il donne à Sénèque le père ou le rhéteur, *Hercule furieux*, *Œdipe* et *Agamemnon*. Quant à la *Thébaïde*, à *Hercule sur le mont Œta*, et à *Octavie*, il conjecture qu'elles sont de trois auteurs inconnus. Le P. Brumoy dit positivement que ce théâtre entier n'est d'aucun Sénèque, ni du rhéteur, ni du philosophe, ni

fort inégal, et qu'il n'y en a pas une seule qui soit vraiment bonne. Elles sont défectueuses par le plan, vides d'action, et abondent en déclamations du style le plus boursouflé. « La sécheresse, l'enflure, la monotonie, l'amas des descriptions gigantesques, le cliquetis des antithèses recherchées, dans les phrases une concision entortillée, et une insupportable diffusion dans les pensées, sont, dit La Harpe, les caractères de ces imitations mal-adroites et malheureuses des plus beaux sujets d'Euripide et de Sophocle. Il ne faut pourtant pas croire que les pièces attribuées à Sénèque soient sans mérite; il y a des beautés, et les bons esprits qui savent tirer parti de tout, ont bien su les apprécier. On y remarque des pensées ingénieuses et fortes, des traits brillans et même des morceaux éloquens et des idées théâtrales. Racine a bien su profiter d'*Hippolyte*, qui est en effet ce qu'il y a de mieux dans Sénèque. Il en a pris ses principaux moyens, et s'est rapproché de lui, dans son plan, beaucoup plus que d'Euripide. »

---

de Novatus, ni du jeune Marcus, mais d'un anonyme qui aura pris ce nom très fameux alors dans la république des lettres. Enfin, M. Coupé est d'un avis tout différent : selon lui, le précepteur de Néron est auteur de toutes les tragédies en question, à l'exception cependant de celle d'*Octavie*. D'après cette diversité d'opinions, il paroît difficile, pour ne pas dire impossible, de décider à quel auteur appartiennent les tragédies en question : ce qu'il y a de certain, c'est que Sénèque le philosophe étoit versé dans la poésie, et il est présumable qu'il a composé quelques-unes de ces pièces; mais il est démontré qu'elles ne sont pas toutes de lui, et surtout qu'il n'est pas possible qu'il ait composé *Octavie*, puisque sa mort tragique a précédé celle de cette princesse.

MÉNAGE, littérateur érudit (n. 1613 — m. 1692), regardoit Plutarque comme l'auteur le plus essentiel. Il disoit, ainsi que Théodore Gaza : « Si tous mes livres étoient au feu et que je n'en pusse sauver qu'un, ce seroit Plutarque. »

Antoine ARNAULD, célèbre théologien (n. 1612 — m. 1694), aimoit passionnément Cicéron, et en sentoit tout le prix. Quelqu'un lui ayant demandé ce qu'il falloit faire pour se former un bon style ; lisez Cicéron, répondit-il ; il ne s'agit pas, lui répliqua-t-on, d'écrire en latin, mais en Français ; en ce cas, reprit le docteur, lisez Cicéron. Boileau disoit d'Antoine Arnauld, qu'il étoit le plus savant mortel qui jamais eût écrit (1). Je croirois volontiers que le même Arnauld est auteur de l'éloge de Cicéron, qui se trouve dans la préface de la *Méthode latine* de Port-Royal. Peut-être est-il de Lancelot (2); quoi

---

(1) Grosley de Troyes, mort en 1785, étoit aussi un des admirateurs d'Arnauld ; il inséra dans son testament l'article suivant : « Je lègue une somme de 600 liv. pour contribution de ma part au monument à ériger au célèbre Antoine Arnauld, soit à Paris, soit à Bruxelles. L'étude suivie que j'ai faite de ses écrits m'a offert un homme courageux au milieu d'une persécution continue, supérieur aux deux grands mobiles des déterminations humaines, la crainte et l'espérance. Ses ouvrages sont l'expression de l'éloquence du cœur, qui n'appartient qu'aux ames fortes. »

(2) Cela est plus présumable, car Lancelot a toujours passé pour l'auteur de la *Méthode pour apprendre facilement la langue latine*. C'est là qu'il dit : « Les meilleurs auteurs classiques, ceux sur lesquels on doit établir la véritable connoissance de la langue latine dans sa plus grande pureté, non-seulement pour la connoître,

qu'il en soit, le voici : « Ce qui nuit ordinairement le plus à ceux qui veulent bien savoir la langue latine, c'est qu'ils n'estiment pas et ne lisent pas assez Cicéron, qui est un auteur incomparable entre les païens, non-seulement pour les paroles, mais pour les pensées, ayant été pour cette raison appelé le *Platon des Romains* par *Quintilien*, et ayant mérité l'estime particulière des plus grands personnages de l'Église même. Car il a écrit si noblement et si excellemment de toutes sortes de matières, de l'éloquence, des orateurs, de la morale, de la philosophie selon toutes les sectes, des affaires publiques et particulières en ce grand nombre de lettres qu'il nous a laissées, de la manière de défendre et d'accuser les hommes, et de parler sagement et éloquemment de toutes choses dans ses oraisons, que lui seul doit tenir lieu de beaucoup d'auteurs et entretenir agréablement ceux qui aiment les belles-lettres durant toute leur vie. » Ajoutons à cet éloge celui que Quintilien (*liv.* x. *ch.* 1) fait de l'éloquence de l'orateur romain : « Il me paroît, dit-il (1), que

---

mais encore pour la parler et l'écrire, sont Térence, Cicéron, César, Virgile, Horace ; parmi les autres, il faut mettre au premier rang Quinte-Curce, Salluste et Tite-Live. » Voilà les seuls auteurs que cite Lancelot, comme vraiment classiques ; il avoit cependant parlé précédemment de Phèdre, qui pourroit bien marcher à la suite, ainsi qu'Ovide, Velleius Paterculus (que l'on place entre Tite-Live et Tacite), Cornelius-Nepos, Juvénal, Justin, Florus, etc.

(1) *Mihi videtur M. Tullius, cùm se totum ad imitationem Græcorum contulisset, effinxisse vim Demosthenis, copiam Pla-*

Cicéron, ayant tourné toutes ses pensées vers les Grecs, pour se former sur leur modèle, a composé son caractère de la force de Démosthène, de l'abondance de Platon, et de la douceur d'Isocrate. Et non-seulement il a extrait par son application ce qu'il y avoit de meilleur dans ces grands originaux, mais la plupart de ces mêmes perfections, ou pour mieux dire, toutes. Il les a ensuite comme enfantées de lui-même par l'heureuse fécondité de son génie. Car, pour me servir d'une expression de Pindare, *il ne ramasse pas les eaux du ciel pour remédier à sa sécheresse naturelle; mais il trouve dans son propre fonds une source d'eau vive qui coule sans cesse à gros bouillons,* et vous diriez que

---

tonis, jucunditatem Isocratis. *Nec vero quod in quoque optimum fuit, studio consecutus est tantum; sed plurimas, et potius omnes ex se ipso virtutes extulit immortalis ingenii beatissimâ ubertate. Non enim* pluvias, *ut ait* Pindarus, *aquas colligit, sed vivo gurgite exundat, dono quodam Providentiæ genitus, in quo totas vires sua eloquentia experiretur. Nam quis docere diligentius, movere vehementius potest ? Cui tanta unquam jucunditas affuit ? Ut ipsa illa, quæ extorquet, impetrare eum credas, et cùm transversum vi suâ judicem ferat, tam ille non rapi videatur, sed sequi. Jam in omnibus quæ dicit, tanta auctoritas inest, ut dissentire pudeat. Nec advocati studium, sed testis aut judicis afferat fidem. Cùm interim hæc omnia, quæ vix singula quisquam intentissima cura consequi posset, fluunt illaborata: et illa, quâ nihil pulchrius auditu est, oratio præ se fert tamen felicissimam facilitatem. Quare non immerito ab hominibus œtatis suæ regnare in judiciis dictus est: apud posteros id consecutus, ut Cicero jam non hominis nomen, sed eloquentiæ habeatur. Hunc igitur spectemus: hoc propositum nobis sit exemplum: ille se profecisse sciat, cui Cicero valde placebit.*

les Dieux l'ont accordé à la terre, afin que l'éloquence essayât toutes ses forces en la personne de ce grand homme. Qui, en effet, peut instruire avec plus d'exactitude, et toucher avec plus de véhémence ? Quel orateur a jamais eu plus de charmes ? jusques-là que ce qu'il vous arrache, vous croyez le lui accorder, et que les juges emportés par sa violence comme par un torrent, s'imaginent suivre leur mouvement propre, quand ils sont entraînés. D'ailleurs il parle toujours avec tant d'autorité que vous avez honte d'être d'un sentiment contraire. Ce n'est pas le zèle d'un avocat que vous trouvez en lui, c'est la foi d'un témoin et d'un juge. Et toutes ces choses dont une seule coûteroit des peines infinies à un autre, coulent en lui naturellement et comme d'elles-mêmes. En sorte que ses oraisons les plus belles et les plus harmonieuses qu'il soit possible d'entendre, ont néanmoins un air si aisé qu'il semble qu'elles n'aient rien coûté à cet heureux génie. Voilà pourquoi ce n'est pas sans fondement que les gens de son temps ont dit qu'*il régnoit au barreau,* comme c'est avec justice que ceux qui sont venus depuis l'ont tellement estimé, que le nom de Cicéron est moins aujourd'hui le nom d'un homme que celui de l'éloquence même. Ayons donc les yeux continuellement sur lui ; qu'il soit notre modèle ; on peut être assuré que l'on a fait de grands progrès quand on se plaît à la lecture de ses ouvrages. »

« ...... Quel homme que Cicéron ! dit M. Dussault (1), et dans quel temps le ciel l'a montré à la terre! et sur quel théâtre il étoit placé! Peu de mortels ont été plus dignes d'attirer les regards de l'univers et de la postérité : c'étoit l'éloquence même, dans tout ce qu'elle a de plus majestueux et de plus aimable ; c'étoit la probité même, avec toutes les vertus qui lui servent de cortège. Quelle candeur, quel patriotisme, quelle beauté de génie dans ses lettres, et quelle sagacité, quelle hauteur de vues dans l'administration! Il confondit Catilina par son éloquence, et sauva Rome par son courage. Quel fut le prix de tant de talens, de vertus et de services? il périt égorgé à 63 ans, et sa tête et ses mains furent clouées sur la tribune aux harangues. Je ne prétends pas faire ici l'histoire de CICÉRON...... Je veux pourtant présenter en peu de mots l'orateur romain sous un rapport qui ne sauroit manquer de toucher notre siècle si sensible à l'éclat du luxe et aux pompes de la richesse. Les ignorans du bel air ne voient guère dans CICÉRON qu'une espèce d'homme de collège dont les ouvrages les ont cruellement ennuyés dans leurs études, qu'une manière de pédant qui savoit assez bien le latin, et qui enfiloit avec une prétention ridicule, de verbeuses périodes ; et, comme on ne gagne pas beaucoup d'argent à enfiler des périodes, ils soupçonnent que CICÉRON ne pouvoit être que ce qu'on appelle un *pauvre diable*, un

---

(1) Voyez le *Journal des Débats*, du 28 avril 1817.

peu plus favorisé de la nature que de la fortune. Qu'ils lisent son histoire donnée par Middleton (4 *vol. in*-8.° ou 4 *vol in*-12), ils seront bien détrompés; le seul nombre des maisons de campagne de Cicéron les frappera d'étonnement, et probablement les saisira de respect ; il en avoit une vingtaine toutes plus ou moins élégantes, plus ou moins magnifiques, toutes environnées de jardins parfaitement cultivés, de bosquets délicieux, et accompagnées de parcs immenses; toutes dans des situations variées et charmantes, à Tusculum, à Antium, à Asture, à Arpinum, à Formies, à Cumes , à Baies, à Pompéïa, etc. Les galeries de ces maisons de plaisance, qu'il appeloit lui-même les *délices de l'Italie,* étoient ornées des plus belles statues et des meilleures peintures de la Grèce ; sa vaisselle et ses autres meubles répondoient à tant de luxe , par la beauté de la matière et par l'excellence du travail ; et il faut remarquer que l'on ne compte pas parmi ces brillans domaines, une foule de petits lieux de repos, *diversoriola,* qu'il possédoit sur différentes routes, et qui ressembloient assez à nos maisons de campagne bourgeoises. On suppose qu'il avoit à peu près un million de rentes de notre monnoie (1) , quoiqu'il se fût toujours montré plein de désinté-

---

(1) Dans un Traité *du Luxe et de la somptuosité des Romains*, auquel nous travaillons depuis dix ans, nous avons inséré nos recherches sur la fortune particulière de Cicéron , sur ses possessions, sur son mobilier , etc., et il nous a semblé qu'il pouvoit posséder en capital à-peu-près 25,000,000 fr. de notre monnoie ;

ressement dans ses emplois, et qu'il n'eût pas reçu plus de quatre millions par ces présens testamentaires en usage chez les Romains. Que nos magnificences modernes semblent mesquines et pauvres, en comparaison de ces développemens de la richesse antique ! »

Jean DE LA FONTAINE, fabuliste inimitable (n. le 8 juillet 1621 — m. le 14 avril 1695), commença à l'âge de 22 ans à sentir son talent pour la poésie, en entendant lire quelques vers de Malherbe. Il s'attacha d'abord tellement à ce poëte, qu'après avoir passé les nuits à l'apprendre par cœur, il alloit le jour le déclamer dans les bois. Il l'imita d'abord; mais bientôt il s'aperçut que son talent l'appeloit à un autre genre et qu'il ne réussiroit pas dans celui de Malherbe. C'est ce qui lui fait dire dans une épître à M. Huet, en lui envoyant un Quintilien de Toscanella :

>Je pris certain auteur autrefois pour mon maître ;
>Il pensa me gâter : à la fin, grâce aux dieux,
>Horace par bonheur me dessilla les yeux.
>L'auteur avoit du bon, du meilleur; et la France
>Estimoit dans ses vers le tour et la cadence.
>Qui ne les eût prisés ? J'en demeurai ravi.
>Mais ces traits ont perdu quiconque l'a suivi.
>Son trop d'esprit s'épand en de trop belles choses :
>*Tous métaux y sont or, toutes fleurs y sont roses.*

On voit par ces vers, dont le dernier est de Mal-

---

et cette fortune étoit très modeste en comparaison de celle des Sylla, des Scaurus, des Lucullus, des Lépide, des Salluste, des Pompée, etc., etc.

herbe lui-même, que La Fontaine fit succéder la lecture d'Horace à celle de Malherbe. Il se pénétra aussi de Virgile, de Térence et de Quintilien, qu'un de ses parens, nommé Pintrel, lui désigna comme les vraies sources du bon goût et de l'art d'écrire. Parmi les auteurs français, il prit un goût particulier pour Rabelais, Marot, d'Urfé (l'Astrée) et Voiture. Le premier lui plaisoit par ses facéties; le second par sa naïveté; le troisième par ses images champêtres, et le quatrième par sa galanterie délicate et ingénieuse. C'est là où il a puisé l'esprit de simplicité, de candeur, de vérité, de délicatesse qui caractérise ses ouvrages, et qui le caractérisoit lui-même. Il s'en exprime ainsi dans une lettre écrite en 1687 à Saint-Évremont :

> J'ai profité dans Voiture;
> Et Marot par sa lecture
> M'a fort aidé, j'en conviens.
> Je ne sais qui fut mon maître;
> Que ce soit qui ce peut être,
> Vous êtes tous trois les miens.

Puis il ajoute : « J'oubliois maître François (Rabelais), dont je me dis encore le disciple, aussi bien que celui de maître Vincent (Voiture), et celui de maître Clément (Marot). Voilà bien des maîtres pour un écolier de mon âge. » La Fontaine avoit alors 66 ans. C'est surtout de Rabelais qu'il rafoloit. Cet auteur facétieux étoit une de ses plus anciennes passions. Il l'admiroit follement et ne connoissoit nul écrivain, ancien ou moderne, profane ou sacré, à qui l'on ne fît honneur en le mettant en parallèle avec maître François. Il étoit chez Despréaux avec Racine, Boileau le docteur et quelques autres ; on y parloit beaucoup de Saint Augustin ; il écoutoit de l'air d'un homme qui n'entend rien ; enfin se réveillant comme d'un somme, il demanda d'un grand sérieux au docteur, s'il croyoit que Saint Augustin eût eu plus d'esprit que Rabelais ? Le docteur l'ayant regardé de la tête aux pieds, lui dit pour toute réponse : « Prenez garde, M. de La Fontaine, vous avez mis un de vos bas à l'envers » et la chose étoit vraie (1). Outre Rabelais, La Fontaine aimoit aussi les *Fabliaux*, Villon et Saint-Gelais. Parmi les Italiens, avec lesquels, disoit-il, il se divertissoit mieux, il donnoit la préférence à l'Arioste, à Boccace, à Machiavel et au Tasse.

 Je chéris l'Arioste, et j'estime Le Tasse;
 Plein de Machiavel, entêté de Boccace,
 J'en parle si souvent qu'on en est étourdi.

Il aimoit aussi les Grecs. « Ce qu'on n'imagineroit pas, dit l'abbé d'Olivet, il faisoit ses délices de Platon, qu'il appeloit *le plus grand des amuseurs*, et de Plutarque (mais seulement en latin, car la belle langue des Grecs lui étoit inconnue). J'ai tenu, continue l'abbé d'Olivet, des exemplaires qu'il en

---

(1) La Fontaine étoit fort sujet à des naïvetés ou à faire des réponses singulières, qui prenoient leur source dans la distraction que lui causoit par fois une pensée qui l'occupoit fortement et lui faisoit oublier qu'il étoit en société : nous venons d'en citer un exemple. Sa vie en présente beaucoup d'autres ; mais ses biographes ont adopté plusieurs anecdotes apocryphes et plusieurs contes puérils dont il faut se méfier.

avoit, ils sont notés de sa main à chaque page; » et la plupart de ses notes étoient des maximes de morale et de politique qu'il a semées dans ses fables. PLUTARQUE, peintre si naïf et si vrai dans ses *Vies des hommes illustres,* discoureur si aimable et si ingénieux dans la plupart de ses traités de morale, lui procuroit à la fois de l'instruction et du plaisir. Mais PLATON, le divin PLATON, le séduisoit plus encore par ses nobles pensées, ses rêveries sublimes et ses belles formes de style qu'il savoit apercevoir à travers la plate fidélité des versions latines. Celui qui trouvoit tant de charmes dans le commerce des philosophes, ne pouvoit négliger celui d'HOMÈRE, de ce grand poëte, qu'Horace (épit. II, liv. I) met au-dessus des plus grands moralistes, des chefs de l'académie et du portique. On rapporte que La Fontaine alloit souvent chez Racine (1), pour se faire expliquer par lui des passages de l'*Iliade* et de l'*Odyssée*; aussi disoit-il encore dans son épître à Huet:

TÉRENCE est dans mes mains, je m'instruis dans HORACE;
HOMÈRE et son rival sont mes dieux du Parnasse.

Chacun sait que, sur la fin de sa carrière, il devint

---

(1) C'est ce que Racine le fils nous apprend, quand il dit: « Mes sœurs, dans leur jeunesse, ont souvent vu La Fontaine à table chez mon père. » Puis il ajoute : « Elles n'ont conservé de lui d'autre idée que celle d'un homme fort mal propre et fort ennuyeux; il ne parloit point, ou vouloit toujours parler de Platon. » Racine avoit dit précédemment : « Autant La Fontaine étoit aimable par la douceur de son caractère, autant il l'étoit peu par les agrémens de la société; il n'y mettoit jamais rien du sien. »

enthousiaste de BARUCH (1); voici à quel sujet : Un jour Racine le conduisit à ténèbres, et s'apercevant que l'office lui paroissoit trop long, il lui donna pour l'occuper un volume de la *Bible* qui contenoit les petits prophètes. Le bon homme tomba par hasard sur la prière des Juifs dans BARUCH; et ne pouvant se lasser de l'admirer, il se détourna tout-à-coup vers Racine : Qui étoit ce BARUCH? lui dit-il, savez-vous que c'étoit un beau génie? Pendant plusieurs jours, il fut tellement occupé de BARUCH, qu'il ne rencontroit personne de sa connoissance sans lui demander : Avez-vous lu BARUCH? savez-vous que c'étoit un beau génie? Pendant la dernière maladie qu'il eut sur la fin de 1692, il fut visité par un respectable ecclésiastique, M. Pouget, qui fut depuis un célèbre oratorien; et dans une des conférences qu'ils eurent ensemble, le malade dit avec sa naïveté ordinaire que l'on peut comparer à celle d'un enfant : « Je me suis mis pendant quelque

---

(1) Cet enthousiasme de La Fontaine pour Baruch me rappelle la passion d'un jurisconsulte Allemand nommé Jérôme Gerard, pour Isaïe, ou du moins pour le commentaire de Jean Brentzen, sur ce prophète. Non-seulement ce Gerard lut et relut plusieurs fois ce commentaire pendant sa vie; mais il en fut tellement enchanté, qu'il ordonna qu'on enterrât le livre avec lui après sa mort. Ce Brentzen, en latin *Brentius*, vivoit dans le 16.e siècle; il changea de religion, fut l'ami et l'apôtre de Luther. On lui doit sept à huit volumes *in-fol.* d'ouvrages de controverse, bien propres à guérir d'une maladie dont il a été tourmenté toute sa vie, c'est-à-dire de l'insomnie. Une trop grande application au travail dans sa jeunesse, lui avoit pour ainsi dire fait perdre l'habitude du sommeil.

temps à lire le *Nouveau Testament*; je vous assuré que c'est un fort bon livre; oui, ma foi, c'est un bon livre. » La Fontaine survécut deux ans à cette maladie; il paroît que pendant ces deux ans il fut tout à la religion, et même qu'il s'imposa les plus grandes austérités. Lorsqu'on l'ensevelit, on le trouva couvert d'un cilice. Louis Racine a fait à ce sujet les beaux vers suivans :

> Vrai dans tous ses écrits, vrai dans tous ses discours,
> Vrai dans sa pénitence à la fin de ses jours,
> Du Maître qui s'approche il prévient la justice,
> Et l'auteur de *Joconde* est couvert d'un cilice.

Passons à quelques jugemens portés par des hommes de goût sur les ouvrages de ce célèbre fabuliste. La Bruyère, dans son discours de réception à l'Académie française, en 1693, a dit de lui : « Plus égal que Marot et plus poëte que Voiture, il a le jeu, le tour et la naïveté de tous les deux; il instruit en badinant, persuade aux hommes la vertu par l'organe des bêtes; élève les petits sujets jusqu'au sublime : homme unique dans son genre d'écrire; toujours original, soit qu'il invente, soit qu'il traduise; qui a été au-delà de ses modèles, modèle lui-même difficile à imiter. »

M. Ducis, (m. le 30 mars 1816), s'exprime ainsi sur notre auteur :

> En revue avec lui j'ai passé l'univers.
> Oui, c'est lui le premier qui m'inspira des vers;
> De ma rêveuse enfance il a fait les délices.
> O poëte enchanteur! en diffamant les vices,
> Aux champs, à la candeur que tu prêtes d'attraits!
> Tes animaux parlant ne me quittoient jamais :

Tu couvois ma raison qui croissoit sous tes ailes.
Combien tes deux pigeons, si tendres, si fidèles,
M'ont fait de l'amitié savourer la douceur !
Je ne t'apprenois pas : je te savois par cœur.
. . . .
. . . .
O mon bon La Fontaine, auteur par-tout béni,
Où tout ce qui peut plaire à l'utile est uni,
Mon maître ! mon Mentor, je t'aimai dès l'enfance.
Je t'aime en cheveux blancs : la mort vers moi s'avance ;
  C'est par toi que j'aurai fini.

On peut assurer, sans crainte d'être démenti, que ses fables ne dureront pas moins que les plus beaux monumens consacrés à la gloire de Louis XIV. Molière le pensoit, quand il disoit de La Fontaine à Boileau : « Le bon homme ira plus loin que nous. » Non, il n'ira pas plus loin, mais aussi loin. La réputation des grands génies du siècle de Louis XIV n'aura de bornes que celles de l'existence de la langue française. On est surpris que Boileau n'ait pas parlé de La Fontaine dans son Art poétique ; je crois en avoir découvert la raison dans une opinion que le satirique a émise quelque part, sur les ouvrages du fabuliste : « La Fontaine, dit-il, a beaucoup d'esprit ; mais il n'en a qu'une sorte, et encore cette manière si naïve de dire les choses qui fait son caractère n'est pas originale en lui, puisqu'il la tient de Marot, de Rabelais et autres, qui ont écrit dans le vieux style. Il y a du mérite à s'en servir quelquefois ; mais que cela fasse le caractère principal d'un écrivain, c'est se rendre trop borné. Au reste, ajoutoit Boileau, La Fontaine a quelquefois surpassé ses originaux; il y a des choses inimitables dans ses fables; et ses contes, à la pudeur près qui y est toujours blessée (1), ont des grâces et des délicatesses que lui seul est capable de répandre dans un pareil ouvrage. « On voit combien ce jugement est sévère ; Boileau étoit sans doute trop près de La Fontaine pour sentir tout le mérite de ses fables.

Vauvenargues me paroît avoir une opinion plus juste sur le mérite de cet inimitable écrivain. « Lorsqu'on a entendu parler de La Fontaine, dit-il, et qu'on vient à lire ses ouvrages, on est étonné d'y trouver, je ne dis pas plus de génie, mais plus même de ce qu'on appelle de l'esprit, qu'on n'en trouve dans le monde le plus cultivé. On remarque avec la même surprise, la profondeur de l'intelligence qu'il fait paroître dans son art ; et on ne peut comprendre que le mot d'instinct ait été employé avec une

---

(1) Nous citerons, au sujet de ces contes, un passage de M. de Bonald, sur la licence d'expression que l'on remarquoit dans nos anciens auteurs, particulièrement dans Molière et dans La Fontaine qu'il mentionne: « Au siècle de Louis XIV, dit-il, ainsi que dans les temps qui l'avoient précédé, la licence étoit quelquefois dans l'expression, comme dans quelques farces de Molière. Mais la comédie commençoit ; et le grand poëte qui a porté l'art à une si haute perfection, l'avoit néanmoins pris à son berceau, et lui laissoit quelquefois par négligence et par précipitation, son antique et gauloise naïveté. Les contes de La Fontaine, plus polis, sont l'ouvrage d'un enfant qui écrivoit sans malice, et qui ne pensoit pas à faire autorité, pas plus que dans celui où il a été sans modèle et sans imitateurs. Au siècle suivant la licence a été dans les sujets, de temps en temps dans l'expression ; elle a même été quelquefois sérieuse et dogmatique, et c'est la pire de toutes. »

affectation particulière à marquer le caractère d'un esprit si fin. Il seroit superflu de s'arrêter à louer l'harmonie variée et légère de ses vers; la grâce, le tour, l'élégance, les charmes naïfs de son style et de son badinage. Je remarquerai seulement que le bon sens et la simplicité sont les caractères dominans de ses écrits. Il est bon d'opposer un tel exemple à ceux qui cherchent la grâce et le brillant hors de la raison et de la nature. La simplicité de La Fontaine donne de la grâce à son bon sens, et son bon sens rend sa simplicité piquante; de sorte que le brillant de ses ouvrages vient essentiellement de ces deux sources réunies. Cela ne doit pas nous surprendre : pourquoi le bon sens, qui est le flambeau de la nature, excluroit-il la grâce qui en est l'expression? La raison ne déplaît dans la plupart des hommes, que parce qu'elle y est étrangère. Un bon sens naturel est presqu'inséparable d'une grande simplicité, et une simplicité éclairée est un charme que rien n'égale. Je ne donne pas ces louanges aux grâces d'un homme si sage pour dissimuler ses défauts : je crois qu'on peut trouver dans ses écrits plus de style que d'invention. Le nœud et de fond de ses contes ont peu d'intérêt, et les sujets en sont bas. On y remarque quelquefois un air de crapule qui ne sauroit plaire. Ni cet auteur n'est parfait dans ce genre, ni ce genre n'est le plus noble. »

La Harpe confirme le jugement de Vauvenargues sur La Fontaine. Après avoir dit que chaque genre de poésie et d'éloquence voit sa supériorité disputée entre différens auteurs, du moins sous quelques rapports, il s'exprime ainsi : « Il n'existe qu'un genre de poésie, dans lequel un seul homme a si particulièrement excellé, que ce genre lui est resté en propre, et ne rappelle plus d'autre nom que le sien, tant il a éclipsé tous les autres. Nommer la fable, c'est nommer La Fontaine : le genre et l'auteur ne font plus qu'un. Ésope, Phèdre, Pilpay, Aviénus, avoient fait des fables; il vient, et les prend toutes, et ces fables ne sont plus celles d'Ésope, de Phèdre, de Pilpay, d'Aviénus : ce sont les fables de La Fontaine. Cet avantage est unique : il en a un autre presqu'aussi rare. Il a tellement imprimé son caractère à ses écrits, et ce caractère est si aimable, qu'il s'est fait des amis de tous ses lecteurs. On adore en lui cette *bonhomie*, devenue dans la postérité un de ses attributs distinctifs, mot vulgaire et ennobli en faveur de deux hommes rares, Henri IV et La Fontaine. *Le bon homme,* voilà le nom qui lui est resté; comme on dit, en parlant de Henri : *Le bon Roi.* Ces sortes de dénominations, consacrées par le temps, sont les titres les plus sûrs et les plus authentiques; ils expriment l'opinion générale, comme les proverbes attestent l'expérience des siècles. »

Le spirituel Chamfort a fait un très beau parallèle de La Fontaine et de Molière : « Sans méconnoître, dit-il, l'intervalle immense qui sépare l'art si simple de l'apologue et l'art si compliqué de la comédie, j'observerai, pour être juste envers La

Fontaine, que la gloire d'avoir été, avec Molière, le peintre le plus fidelle de la nature et de la société, doit rapprocher ici ces deux grands hommes. Molière, dans chacune de ses pièces, ramenant la peinture des mœurs à un objet philosophique, donne à la comédie l'unité, et pour ainsi dire la moralité de l'apologue. La Fontaine, transportant dans ses fables la peinture des mœurs, donne à l'apologue une des grandes beautés de la comédie, les caractères. Le poëte comique semble s'être plus attaché aux ridicules, et a peint quelquefois les formes passagères de la société; le fabuliste semble s'adresser davantage aux vices, et a peint une nature encore plus générale. Le premier me fait plus rire de mon voisin; le second me ramène plus à moi-même. Celui-ci me venge des sottises d'autrui; celui-là me fait mieux songer aux miennes. L'un semble avoir vu les ridicules comme un défaut de bienséance choquant pour la société; l'autre avoir vu les vices comme un défaut de raison fâcheux pour nous-mêmes. Après la lecture du premier je crains l'opinion publique; après la lecture du second je crains ma conscience. Enfin, l'homme corrigé par Molière, cessant d'être ridicule, pourroit demeurer vicieux; corrigé par La Fontaine, il ne seroit plus ni vicieux ni ridicule : il seroit raisonnable et bon. » Ce parallèle est charmant; il est tiré de l'excellent *Éloge de La Fontaine*, par Chamfort, et vaut beaucoup mieux que quelques-unes des notes du même Chamfort, sur les fables. On les trouve dans l'édition des *Trois Fabulistes*, par Gail, et, je crois, dans les *Études sur La Fontaine*, par Gaillard, 1812, in-8.º « Ces notes, dit M. Dussault, ont quelquefois des nuances de cette sombre misanthropie qui noircit les derniers temps de sa vie et les dernières productions de sa plume ; elles sont souvent plus politiques que littéraires, et plus chagrines qu'instructives ; on éprouve parfois quelque dégoût à voir les principes démagogiques de M. de Chamfort aux prises avec la bonhomie de La Fontaine. »

Ceux qui voudront connoître à fond La Fontaine, sous le rapport biographique et littéraire, doivent lire ses éloges envoyés à l'Académie de Marseille, en 1774, l'un par Chamfort, que nous venons de citer et qui a été couronné, et l'autre par La Harpe, qui a eu l'accessit. Celui-ci est plus historique ; on le trouve avec un commentaire, en tête du *La Fontaine et tous les fabulistes*, de Guillon, *Paris*, 1803, 2 *vol. in*-8.º Celui de Chamfort est dans l'édition des *Trois Fabulistes*, (Ésope, Phèdre, La Fontaine), par M. Gail, *Paris*, 1796, 4 *vol. in*-8.º Voy. le 3e., p. 171—218, et la vie de La Fontaine, qui est en tête de ce volume. Voyez encore la vie de La Fontaine, par M. Creuzé de Lesser, en tête de l'édition des Fables, par M. Didot, *Paris*, 1813, 2 *vol. in*-8.º Mais l'ouvrage qui surpasse tous ceux que nous venons de citer, soit par les détails biographiques, soit par les détails chronologiques et littéraires sur toutes les productions de La Fontaine, est, sans contredit, l'*Histoire de la vie et des ouvrages de La Fontaine, par C.-A. Walcknaer, membre de l'Institut.* Paris, A. Nepveu, 1820, 1 *vol. in*-8.°, x — 534 *pages*, ou 1821, 2 *vol. in*-18, fig. On y voit combien peu est fondée l'opinion qui s'est accréditée, que La Fontaine a été méconnu de son siècle. Peu d'hommes ont été plus répandus que lui dans la société, et plus recherchés sous le rapport du talent, mais non sous le rapport des usages du monde. M. Walcknaer a relevé beaucoup de vieilles erreurs relatives à la vie et aux ouvrages de notre fabuliste. Cette biographie se lit et se lira toujours avec un vrai plaisir, quoiqu'elle paroisse, au premier abord, un peu volumineuse. Mais peut-on jamais craindre d'ennuyer, quand on parle du bon La Fontaine, surtout quand on le fait avec autant d'esprit, autant de goût et autant de vérité?

Nous terminerons l'article de La Fontaine, par quelques réflexions sur un passage de M. Dussault, rendant compte de l'ouvrage assez foible, intitulé : *Études sur La Fontaine*, par feu M. Gaillard, 1812, *in*-8.°, que nous avons cité plus haut. Voici ce passage : « Quelque respect, dit M. Dussault, que j'aie pour l'érudition, je ne puis m'empêcher de la trouver un peu ridicule et cruellement ennuyeuse, lorsqu'elle se pique de rechercher curieusement les sources où La Fontaine a puisé ses sujets, et lorsqu'elle environne ce nom chéri des grâces et de la gloire, d'une foule de noms plus obscurs, plus barbares et plus baroques les uns que les autres. Le nouveau commentateur (Gaillard), reproche à M. l'abbé Guillon-Pastel de n'avoir fait mention dans son livre intitulé : *La Fontaine et tous les Fabulistes*, ni de Philibert Hégémon, ni de Habert Corrozet, ni de Targa, ni de Verdizotti, ni de plusieurs autres génies aussi célèbres ; M. l'abbé Guillon doit peut-être se reprocher de n'avoir dressé qu'une liste incomplète ; mais j'avoue que je sais bien peu de gré au nouveau commentateur, de sa sévère exactitude, et je lui pardonnerois volontiers de ne pas citer à côté du recueil des Fables de La Fontaine, les recueils de Nevelet et de Camerarius. Les vraies sources dans lesquelles notre fabuliste a puisé, sont : Pilpay, Esope, Phèdre, Plutarque, Rabelais, et son propre génie : où va-t-on chercher Camerarius ? Il est à présumer que La Fontaine connoissoit peu ces noms en *us*. » Nous permettra-t-on de n'être pas tout-à-fait de l'avis de M. Dussault ? L'abus de l'érudition est certainement toujours blâmable ; mais y a-t-il abus à rechercher les sources où La Fontaine a puisé ? Nous ne le pensons pas. Ne seroit-ce qu'un motif de curiosité, il seroit peut-être excusable ; mais il y a quelque chose de plus dans l'examen de l'art avec lequel il a converti en or pur et si délicatement travaillé, un métal grossier tiré d'une mine obscure : nous ne parlons ni d'Esope ni de Phèdre ; on est bien aise de juger de la distance du point de départ, au point où le génie est arrivé. Nous avouerons que cela n'est pas d'une nécessité absolue ; mais c'est un objet qui ne nous paroît point dépourvu d'intérêt, surtout quand il est question d'un auteur aussi célèbre que La Fontaine, et qui semble, par son originalité, avoir plutôt créé ses sujets que les avoir imités. Ce qui nous confirme encore dans notre opinion, c'est que nous savons qu'un homme de goût, M. G..... de B...., s'occupe depuis longtemps des recherches que blâme M. Dussault; et si elles étoient aussi fastidieuses et aussi inutiles que celui-ci le prétend, M. G..... ne les continueroit pas avec autant d'ardeur.

Claude LANCELOT, savant de Port-Royal, (n. 1616 — m. 1695), dit, dans la Préface de la *Nouvelle méthode pour apprendre la langue latine,* Paris, 1667, *in* 8.°, p. 16 — 17, que pour faire un choix des bons auteurs latins, ceux sur lesquels on doit établir la véritable connoissance de la langue latine dans sa plus grande pureté, non-seulement pour l'entendre, mais pour la parler et pour l'écrire, sont Térence, Cicéron, César, Virgile et Horace, dont le latin, en retranchant quelques phrases purement poétiques de ces deux derniers, se peut allier ensemble parfaitement. Parmi les autres auteurs latins, ceux qui tiennent le premier rang après les cinq que nous venons de citer, sont Quinte-Curce, Salluste et Tite-Live. « Ils se doivent lire avec soin en leur rang, et peuvent servir beaucoup pour former l'esprit et le jugement; mais non pas le style; si l'on en excepte quelques phrases élégantes et pleines de grâce, dont le choix est d'autant plus difficile qu'il suppose une grande connoissance de la véritable pureté de la langue, qu'on doit avoir puisée dans les cinq premiers mentionnés ci-dessus. »

Claude Lancelot, Antoine Arnauld, et Pierre Nicole (n. 1623 — m. 1695), ont eu part aux excellentes méthodes pour apprendre les langues grecque et latine, qui sont connues sous le nom de *Méthodes de Port-Royal*. Ils ont aussi publié de bonnes grammaires italienne, générale (1), française, et beaucoup d'autres livres utiles.

Le père Lami, de l'Oratoire (n. 1645 — m. 1715), est parfaitement de l'avis de MM. de Port-Royal, pour les ouvrages de choix qui doivent former le goût : « Je ne veux point, dit-il, (4.ᵉ *entretien sur les sciences*) vous accabler par une diversité de lectures ; faites choix d'un petit nombre d'auteurs. Dans le latin, je ne vous marque que Térence, César, Salluste, Cicéron, Virgile et Horace, avec lesquels vous conversiez si familièrement, que sans y penser vous preniez toutes leurs manières. » Un peu plus bas, il dit : « Tite-Live est clair, et on peut le prendre pour modèle d'un style facile et coulant. Tacite renferme en peu de mots des ré-

---

(1) M. Petitot, secrétaire général du Conseil royal de l'instruction publique, a donné une très bonne édition de la *Grammaire générale et raisonnée de Port-Royal*, précédée d'un *Essai sur l'origine et les progrès de la langue française*, et suivie des *Commentaires de Duclos*, à laquelle on a ajouté des notes. Paris, 1803, in-8.º. *Nouvelle édition augmentée*. Paris, 1809, in-8.º

flexions judicieuses. Imitez cette briéveté autant qu'elle est compatible avec la pureté et la netteté du style. C'est une excellente qualité d'être concis sans obscurité. » L'abbé Duguet, dans une lettre anonyme insérée parmi les *Entretiens sur les sciences*, pense comme le père Lami, sur la plupart des auteurs que nous venons de nommer ; cependant il y a quelques petites restrictions qui ne paroîtront peut-être pas sans fondement aux personnes de goût. « Pour le style des mémoires ou d'une histoire peu étendue, dit-il, on ne peut rien avoir de plus parfait que les *Commentaires* de César, et l'*Histoire* de Salluste. Il faut les lire souvent; et comme tout le monde convient que le premier parloit le mieux des Romains, et que le second est le premier des historiens, il ne faut pas appréhender de se mouler sur eux, et de former son jugement sur le leur. Il faut cependant avouer que le style de César et de Salluste n'est pas assez plein et assez majestueux pour une histoire étendue. Celui de Tite-Live est grand et digne de la majesté de l'empire romain, mais il est moins pur et moins exact. A Tite-Live, il faut joindre Quinte-Curce, Tacite et Justin, pour se faire une idée du style historique, quoique le dernier soit déjà un peu barbare. »

Puisqu'il est ici question des historiens latins, nous croyons devoir entrer dans quelques détails sur César et sur Salluste ; nous ne dirons rien de Tite-Live, de Tacite, etc., parce que nous avons

parlé du premier, pag. 123 ; et du second, pag. 75—
80 et 123—125.

J. César nous a laissé deux compositions historiques ; l'une intitulée : *Commentaires sur les guerres des Gaules*, et l'autre *Commentaires sur la guerre civile* : ce sont des *Mémoires* sur ces deux guerres. Les *Commentaires sur les guerres des Gaules* renferment l'histoire des exploits de l'auteur dans ce pays ; ils sont divisés en sept livres, auxquels Aulus Hirtius, lieutenant de César dans cette guerre, en a ajouté un huitième. Les *Commentaires sur la guerre civile* comprennent l'histoire de la lutte de César avec Pompée, qui se termine par la bataille de Pharsale ; ils sont distribués en trois livres. Ces ouvrages historiques ont joui de la plus grande réputation dès qu'ils ont paru, et la postérité a confirmé le jugement qu'en a porté Cicéron, qui (dans *Brutus*, I. 75,) s'exprime ainsi : « César a écrit des commentaires fort estimables ; ils sont simples (*nudi*), clairs (*recti*) et élégans. L'auteur a dépouillé son style de tout ornement, comme on rejette un vêtement inutile ; mais il a voulu laisser des matériaux à ceux qui se proposent d'écrire l'histoire. Peut-être a-t-il rendu service aux sots qui auront envie de la parer de colifichets ; mais certainement il a ôté aux hommes de bon sens le courage d'écrire après lui. » Un célèbre historien moderne, Jean Muller, nous dit : « Je sens que César me rend infidelle à Tacite. Il est impossible d'écrire avec plus d'élégance et de pureté ; il a la véritable précision ;

celle qui consiste à dire tout ce qui est nécessaire, et pas un mot de plus. Il écrit en homme d'état, toujours sans passion. Tacite est philosophe, orateur, ami zélé de l'humanité, et, à tous ces titres, il se passionne quelquefois: Si je m'en fie aveuglément à lui, il peut me mener trop loin; avec César je ne cours jamais ce risque..... Une élégance admirable, ce don si rare non-seulement de ne rien dire de trop, ce qui n'est pas difficile, mais en même temps de ne rien omettre d'essentiel; une harmonie toujours appropriée à la gravité du sujet, et, par-dessus tout, une étonnante égalité de style, et une mesure toujours parfaite, toutes ces qualités justifient à mes yeux l'expression de Tacite : *Summus auctorum divus Julius*..... Son discours n'est qu'une suite de faits représentés sous le jour le plus frappant et le plus lumineux ; son style est l'image de son caractère : tandis qu'il renfermoit au dedans les passions les plus violentes, à l'extérieur il sembloit, comme les Dieux, élevé au-dessus de toutes les passions, et rien ne paroissoit assez grand pour que l'ame de César pût s'en laisser émouvoir. »

Salluste, que Velleius Paterculus appelle l'émule de Thucydide, et que Quintilien préfère à Tite-Live, est auteur de quatre ouvrages, dont le plus important peut-être ne nous est parvenu que par fragmens. Ces quatre ouvrages sont : 1.º l'*Histoire de la conjuration de Catilina*, qu'il écrivit en 704 de Rome, après avoir été chassé du Sénat ; 2.º deux discours politiques *De republica ordinanda*, composés en 706, et qu'il adressa à César (1) ; 3.º l'*Histoire de la guerre de Jugurtha*, que les Romains avoient soutenue soixante ans auparavant contre ce prince. Il écrivit cette histoire en 709, selon les uns, et en 710, selon les autres; enfin, 4.º son *Histoire générale*, dont il ne reste plus que des fragmens informes, disséminés dans un grand nombre d'auteurs. Cette histoire fut commencée en 711; divisée en six livres, elle débutoit à la mort de Sylla, et se terminoit à la conjuration de Catilina. On y trouvoit, outre la guerre de Lépide, celle de Sertorius en Espagne, l'expédition de Lucullus contre Mithridate, le fameux siège de Cyzique, la révolte de Spartacus, l'invasion de Marc-Antoine dans l'île de Crète, celle de Curion dans la Mœsie, la guerre des Pirates, la publication de la loi Manilia; en un mot, tout ce qui s'est passé depuis l'abdication de Sylla jusqu'au temps de la grande puissance de Pompée en Orient. M. le président de Brosses, de Dijon, a rétabli cette histoire aussi complétement qu'il étoit possible, d'après les légers fragmens qui en restent, et à l'aide des historiens anciens, dans un ouvrage considérable, rempli de recherches im-

---

(1) C'est en 708 de Rome que Salluste, âgé de quarante ans, épousa Terentia, femme de Cicéron, avec qui elle venoit de divorcer. Cette Terentia a été femme de Cicéron, puis de Salluste, (ennemi de Cicéron), et après la mort de Salluste, elle a épousé Messala Corvinus, orateur très célèbre; de sorte qu'elle a été mariée aux trois plus beaux génies de son siècle. Enfin, veuve de Corvinus, elle épousa en quatrièmes noces Vibius Rufus, et ne mourut, dit-on, qu'à l'âge de 117 ans.

menses et marqué au coin de la plus profonde érudition. Cet ouvrage a pour titre : *Histoire de la république romaine dans le cours du septième siècle, par Salluste, en partie traduite du latin sur l'original, en partie rétablie et composée sur les fragmens qui sont restés de ses livres perdus , remis en ordre dans leur place véritable ou le plus vraisemblable.* Dijon, Frantin, 1777, 3 *vol. in-*4.°,*fig.* Il faut ajouter à cet ouvrage un supplément de 75 p., intitulé : *C. Sallustii Crispi historiarum fragmenta ut in editione gallicá ordinantur.* Ce supplément est posthume ; la mort ayant empêché M. de Brosses de donner un 4e volume, qui devoit renfermer le texte de Salluste, on a extrait de ses papiers ce qui regarde les fragmens de la grande histoire, et on les a imprimés séparément : c'est ce qui forme le supplément. Ces fragmens font vivement regretter que M. de Brosses n'ait pas eu le temps de mettre la dernière main à son quatrième volume. Les trois premiers sont parfaitement imprimés, et font beaucoup d'honneur aux presses de M. Frantin. Nous avons fait une analyse détaillée de tout ce que renferme ce bel ouvrage ; mais elle est trop étendue pour trouver place ici ; elle se trouve dans notre *Bibliothèque choisie des classiques latins.*

SÉVIGNÉ (Marie de Rabutin, marquise de), (n. 1626 — m. le 14 janvier 1696), étoit passionnée pour les *Essais de morale* de Nicole, puis pour Corneille, qu'elle appelle son *vieil ami,* et enfin pour La Fontaine. Elle cite souvent dans ses lettres, et toujours avec un à propos charmant, les vers de ces deux poëtes. Quant à Nicole, elle le lisoit habituellement, mais surtout quand elle avoit quelques chagrins, et l'on sait que le plus grand de ses chagrins étoit l'absence de sa fille. C'étoit pour s'y résigner, qu'elle cherchoit à puiser un peu de force dans les *Essais* : « mais le moyen, (disoit-elle avec cette tournure piquante et inimitable); il faut donc toujours avoir cette morale dans les mains, comme du vinaigre au nez, de peur de s'évanouir. »

Disons un mot des jugemens que l'on a portés des *Lettres* de madame de Sévigné, ouvrage immortel, qui, tant qu'il y aura du goût en France, fera les délices de la postérité, quoiqu'il n'ait point été fait pour elle. Ce n'étoit pas l'opinion de mademoiselle de Sommery, qui prétend le contraire, et qui appelle madame de Sévigné une caillette : il est vrai qu'elle traite La Fontaine de niais, et Fénélon de bavard; on doit apprécier de pareilles épithètes, quand on les voit appliquées avec une telle justesse et une telle délicatesse. Un auteur moderne a été l'interprète de l'opinion publique sur les lettres de madame de Sévigné, quand il a dit que « le caractère original qui y règne est si marqué, qu'aucun recueil épistolaire ne peut lui être comparé. Ce sont des traits fins et délicats, formés par une imagination vive qui peut tout, qui anime tout. Elle y met tant de naturel qu'on se sent affecté des mêmes sentimens qu'elle ; on partage sa joie et sa tristesse ; on souscrit à ses louanges et à ses censures. On n'a jamais raconté des riens avec tant de grâce ; tous ses récits sont des tableaux de l'Albane. Enfin, madame de Sévigné est dans son genre ce que La Fontaine est dans le sien, le modèle et le désespoir de ceux qui suivent la même carrière. » M. Campenon, rendant compte d'une des dernières éditions des Lettres de madame de Sévigné, s'exprime en ces termes : « Quels sont les mémoires de cette époque qui nous font mieux connoître les événemens du temps, les personnages mémorables qui marquoient alors dans l'église, dans les lettres, dans le ministère, à l'armée ; qui nous peignent plus au vrai ou la vie agitée de cette brillante cour de Louis XIV, ou la vie studieuse et retirée des habitans de Port-Royal ? Les meilleures pages de Pélisson pour la défense de Fouquet, nous intéressent-elles plus vivement au sort de l'accusé, que les récits rapides et animés de madame de Sévigné ? Le peu de lignes qu'elle écrit sur la mort de Turenne, ne produisent-elles pas sur nous une impression plus soudaine, plus pénétrante que toute l'éloquence de Fléchier ? Et si l'on examine ce recueil sous un rapport purement littéraire, quel est l'écrivain qui a donné plus de mouvement à son style, qui a su enrichir la langue de plus de tournures nouvelles, qui a créé, sans le savoir, un plus grand nombre de ces locutions vives, pittoresques, familières, souvent énergiques, qu'elle laissoit comme tomber de sa plume, et que l'usage et le temps ont transportées dans notre langage usuel? »

LA BRUYÈRE, célèbre moraliste (n. 1639 — m. 1696), met Moyse, Homère, Platon, Virgile et Horace, au-dessus des autres écrivains, à cause de leurs expressions et de leurs images. Il dit ailleurs qu'un chef-d'œuvre d'esprit ne peut guère être l'ouvrage de plusieurs. Homère a fait l'*Iliade;* Virgile, l'*Énéide;* Tite-Live, ses *Décades*, et Cicéron, ses *Oraisons*.

La vogue extraordinaire qu'ont eue les *Caractères* de La Bruyère, a tenu dans le principe, moins au mérite réel de l'ouvrage, qu'à la malignité du public, avide d'y reconnoître des personnages vivans que l'auteur avoit, à ce qu'on croit, pris pour modèles; mais quoique cette vogue ne soit plus aussi grande, il n'en est pas moins certain que ces *Caractères* seront toujours mis au rang des meilleurs livres de morale. « Ouvrage admirable, que l'on devroit savoir par cœur, dit un auteur, et qu'on ne peut trop méditer. C'est le tableau de la vie humaine d'après nature; c'est une galerie de portraits d'hommes ridicules, sots et curieux. Il n'y a rien de si aisé que de trouver des originaux qui y ressemblent. Les caractères sont relevés par l'éclat du coloris; on trouve de la force, de la noblesse dans le style, et très souvent une grande éloquence; à la vérité, l'ouvrage est beaucoup travaillé, il vise à l'épigramme. » Selon un autre écrivain : « La touche de La Bruyère est aussi forte que celle de Molière, et en même temps plus délicate et plus fine. Peintre énergique et fier, il montra par le style nerveux, les expressions vives, les traits de feu et de génie, les tours fins et singuliers de ses portraits, que la langue française avoit plus de force qu'on n'avoit cru jusqu'alors. Ses portraits sont autant de leçons utiles ; en faisant rougir le vice, il le force à se corriger. Il parcourt tous les états, toutes les conditions, tous les rangs, et donne à tous d'excellens préceptes. »

M. de Vauvenargues a fait un parallèle de La Bruyère et de Fénélon, qui doit trouver naturellement sa place ici : « Si l'on compare, dit-il, La Bruyère et Fénélon, la vertu toujours tendre et naturelle du dernier, et l'amour propre qui se montre quelquefois dans l'autre, le sentiment nous porte malgré nous à croire que celui qui fait paroître l'ame la plus grande a l'esprit le plus éclairé; et toutefois il seroit difficile de justifier cette préférence. Fénélon a plus de facilité et d'abondance, l'auteur des *Caractères* plus de précision et plus de force ; le premier, d'une imagination plus riante et plus féconde; le second, d'un génie plus véhément : l'un sachant rendre les plus grandes choses familières et sensibles sans les abaisser, l'autre sachant ennoblir les plus petites sans les déguiser; celui-là plus humain, celui-ci plus austère; l'un plus tendre pour la vertu, l'autre plus implacable au vice ; l'un et l'autre moins pénétrans et moins profonds que Bossuet et Pascal (V. leur parallèle, p. 176, 177), mais inimitables peut-être dans la clarté et dans la netteté de leurs idées ; enfin, originaux, créateurs dans leur genre et modèles très accomplis. »

Je ne quitterai pas La Bruyère sans parler d'un ouvrage qui, sous le rapport moral, a de la coïncidence avec les *Caractères*; ce sont les *Maximes et réflexions* du duc de La Rochefoucauld. C'est un livre vraiment original. « Il parut d'abord anonyme, dit M. Suard ; il excita une grande curiosité ; on le lut avec avidité, on l'attaqua avec acharnement ; on l'a réimprimé souvent, et on l'a traduit dans toutes les langues ; il a fait faire beaucoup d'autres livres ; par-tout enfin, et dans tous les temps, il a trouvé des admirateurs et des censeurs. C'est là, ce me semble, le sceau du plus grand succès pour les productions de l'esprit humain. » Écoutons encore Voltaire sur le livre des *Maximes* : « Un des ouvrages qui contribuèrent le plus à former le goût de la nation, et à lui donner un esprit de justesse et de précision, fut le *Recueil des maximes* de François de La Rochefoucauld. Quoiqu'il n'y ait presque qu'une vérité dans ce livre, qui est que l'amour propre est le mobile de tout, cependant cette pensée se présente sous tant d'aspects variés, qu'elle est presque toujours piquante : c'est moins un livre que des matériaux pour orner un livre ; on lut avidement ce petit recueil ; il accoutuma à penser et à renfermer ses pensées dans un tour vif, précis et délicat. C'étoit un mérite que personne n'avoit eu avant lui en Europe depuis la renaissance des lettres (1). » Il existe une belle édition des *Maximes*, faite en Angleterre, *Londres*, chez *L. Lhomme*, n.º 93, *new bondstreet*, 1799, gr. in-8.º *pap. vélin*, avec portrait. Je suis étonné que cette édition ne soit pas mentionnée dans nos bibliographies modernes. La dernière édition donnée par M. Didot (dans sa collection des meilleurs ouvrages français), *Paris*, 1815, *in*-8.º, est aussi fort belle, et plus ample que celle de Londres.

Le duc de La Rochefoucauld a encore fait des *Mémoires* que Bayle préféroit aux *Commentaires de César*; quoiqu'ils ne soient pas sans mérite, ils sont bien éloignés de mériter un jugement aussi favorable ; c'est à ses *Maximes* que La Rochefoucauld doit sa réputation.

JEAN RACINE (n. 1639 — m. 1699), savoit

---

(1) Champfort, dans ses notes sur les Fables de La Fontaine (les *Lapins*, liv. X, f. 15), ne flatte pas le duc de La Rochefoucauld. Il appelle les *Maximes*, « un livre cher aux esprits secs et aux ames froides. L'auteur, ajoute-t-il, qui n'avoit guère fréquenté que des courtisans, rapporte le motif de toutes nos actions à l'amour propre ; et il faut convenir qu'il dévoile avec une sagacité infinie les subterfuges de ce misérable amour propre. Mais s'il y a un amour propre petit, mesquin, ou si l'on veut méprisable, n'en est-il pas un autre noble, sensible et généreux ? Pourquoi M. le duc de La Rochefoucauld ne nous peint-il jamais que le premier ? Est-ce faire connoître un palais de n'en montrer que les portions consacrées aux usages les plus rebutans ? » Ce jugement est bien digne de Champfort. Montesquieu au contraire prétend que les *Maximes* de La Rochefoucauld sont les proverbes des gens d'esprit.

presque par cœur, à l'âge de seize à dix-sept ans, Sophocle et Euripide, texte grec. Il avoit déjà chargé d'apostilles les marges du Platon et du Plutarque, éditions de Bâle, texte grec, sans traduction latine, dont il se servoit dans ses classes. Étant encore à Port-Royal, entre 1655 et 1658, il trouva par hasard le roman grec de *Théagène et Chariclée*, d'Héliodore (1). Il le dévoroit, lorsque le sacristain Claude Lancelot, qui le surprit dans cette lecture, lui arracha le livre et le jeta au feu. Le jeune Racine trouva moyen d'en avoir un autre exemplaire, qui eut le même sort, ce qui l'engagea à en acheter un troisième, et pour n'en plus craindre la proscription, il l'apprit par cœur, et le porta au sacristain, en lui disant : « Vous pouvez encore brûler celui-ci comme les autres. » P. Nicole, chargé de diriger la classe de littérature à Port-Royal, prit un soin particulier du jeune Racine; il le familiarisa d'abord avec Quintilien, Cicéron, Virgile et l'*Art poétique* d'Horace. Il lui en fit remarquer avec soin les endroits les plus propres à former son esprit et à fixer son attention. Il lui expliqua toutes

---

(1) Nicéphore, dans son *Histoire ecclésiastique* (liv. xii, ch. 34), rapporte que l'évêque Héliodore, auteur de ce roman qu'il avoit composé dans sa jeunesse, n'ayant pas voulu le désavouer lorsqu'il fut parvenu à l'épiscopat, fut déposé par des évêques assemblés à Thessalonique. Le Duchat prétend que ce que l'on dit du christianisme et de l'épiscopat d'Héliodore ne peut être qu'une fable. Cependant Nicéphore paroît un peu plus digne de foi que Le Duchat.

les figures employées par ces auteurs pour rendre leurs discours plus ornés ou plus persuasifs. Nicole ne dictoit aucun cahier à son élève, mais il conféroit avec lui ; et pour rendre plus évidentes ses démonstrations, il les accompagnoit d'exemples sensibles et de comparaisons justes. Il laissoit à son disciple la liberté des objections, et y répondoit toujours avec autant de précision que de simplicité. Jamais il ne sortoit de ces entretiens journaliers, qu'il n'eût l'entière conviction d'avoir été compris par son élève. Cette méthode est certainement la meilleure pour faire faire à un jeune homme des progrès aussi solides que rapides (1).

Nous devrions peut-être placer ici les jugemens que l'on a portés sur les ouvrages de Racine ; mais la nature de notre travail exigeant qu'ils soient repor-

---

(1) On ne peut guère citer le nom de Nicole sans se rappeler celui d'Arnauld, dont nous parlons ailleurs. Un critique moderne a fait un parallèle de ces deux hommes célèbres ; nous pensons qu'on ne nous saura pas mauvais gré de le rapporter ici. Le savant critique commence par dire « qu'Aruauld et Nicole sont, après Pascal, les premiers maîtres de l'école de Port-Royal : heureux si, comme lui, ils avoient pu sauver de l'oubli une foule d'ouvrages qu'ils consacrèrent aux disputes du temps, et qui n'ont pu survivre à ces disputes. C'est à ces deux grands maîtres que la littérature française est redevable de la *grammaire* et de la *logique de Port-Royal ;* deux traités que toute l'idéologie de notre siècle n'a point égalés. Arnauld fut plus spécialement théologien ; Nicole plus philosophe et plus moraliste, quoique tous deux également sévères et rigoureux, et peut-être outrés dans leur doctrine. La diversité de leurs caractères dut influer sur le style de leurs ouvrages : le premier avoit l'humeur belliqueuse, ne respiroit que la

tés aux articles de ceux qui les ont prononcés, nous nous contenterons de donner ici un passage extrait des *Mélanges littéraires* de M. de Bonald sur notre célèbre tragique : « ...... Il est possible, dit-il, que quelque poëte découvre ou invente des sujets de tragédie plus intéressans que ceux qu'a traités Racine, qui peut-être en a pris un peu trop dans les fables du paganisme ; mais on peut assurer sans crainte de se tromper, que jamais aucun écrivain ne rendra ses pensées avec plus de perfection que ce poëte, qui réunit à un degré au-delà duquel l'esprit ne conçoit rien de mieux, toutes les conditions d'un style achevé, la clarté, la noblesse, l'énergie, la facilité, la rapidité, l'harmonie ; et selon le sujet, la vivacité ou la mollesse, la véhémence ou la douceur, l'abondance ou la concision : admirable surtout dans le dialogue, où les interlocuteurs se répondent tou-

---

dispute et les combats, étoit toujours prêt à descendre dans l'arène, et jusque dans un âge avancé, déployoit comme Entelle, ses bras vigoureux, et ses mains armées de cestes ; l'autre étoit pacifique et doux, d'un esprit tranquille, ne refusant point la lutte et ne la cherchant point. Arnauld répondoit à ceux qui l'engageoient au repos : *N'aurai-je pas toute l'éternité pour me reposer?* Nicole disoit qu'il *n'aimoit pas les guerres civiles.* Ils ont tous deux une logique parfaite ; mais l'un a plus d'impétuosité, de nerf et de feu dans ses raisonnemens ; l'autre déduit et développe ses idées avec plus de sang froid et plus de calme. Il y a quelque chose de passionné et d'impérieux dans les preuves, d'ailleurs presque toujours irrésistibles, du premier ; le second parle le langage de la raison, dégagé de toute affection étrangère ; l'un est plein de vivacité, de rapidité, de véhémence et de chaleur ; l'autre est lent, diffus et froid. »

jours l'un à l'autre, au lieu que dans beaucoup de tragédies, même estimées, ils ne font que parler l'un après l'autre. »

Quand Racine fut parvenu à la Cour, et qu'il eut la faveur de Louis XIV, ce roi lui demanda un jour quel étoit le premier des grands écrivains qui illustroient la France sous son règne ? « Molière, répondit Racine. Je ne le croyois pas, reprit le Roi, mais vous vous y connoissez mieux que moi. » Despréaux n'aimoit pas que Molière eût fait parler ses paysans en patois. « Vous ne voyez pas, dit-il, que Plaute, ni ses confrères aient estropié la langue en faisant parler des villageois. Otez cela à Molière, continuoit-il, je ne lui connois point de supérieur pour l'esprit et le naturel. Ce grand homme l'emporte beaucoup sur Corneille, sur Racine et sur moi ; car, ajoutoit-il en riant, il faut bien que je me mette de la partie.»
Il me semble, quel que soit le mérite incontestable de Molière, que Despréaux le flatte un peu trop en lui donnant une place aussi éminente. Je suis d'autant plus fondé dans cette opinion, que j'ai lu quelque part que Boileau lui-même, déclamant contre les plaisanteries bouffonnes qu'ont employées quelques auteurs comiques, parmi lesquels figure Molière, a fait un grand éloge de Térence qui s'en est abstenu, et a dit en propres termes : « C'est par là que Térence a l'avantage sur Molière, qui certainement est un peintre d'après nature, mais non pas si parfait que Térence, puisque Molière dérogeoit souvent à son génie noble par des plaisanteries gros-

sières qu'il hasardoit en faveur de la multitude, au lieu qu'il ne faut avoir en vue que les honnêtes gens. » Boileau louoit encore Térence de demeurer toujours où il en faut demeurer; c'est ce qui a manqué à Molière : *Ne quid nimis* est la grande règle qu'il prescrivoit aux poëtes, aux orateurs et aux historiens; aussi a-t-il, d'après Horace, établi la maxime suivante dans son Art poétique :

Tout ce qu'on dit de trop est fade et rebutant.

La Bruyère disoit : « Il n'a manqué à Térence que d'être moins froid : quelle pureté, quelle exactitude, quelle politesse, quelle élégance, quels caractères ! Il n'a manqué à Molière que d'éviter le jargon et le barbarisme, et d'écrire purement : quel feu, quelle naïveté, quelle source de la bonne plaisanterie, quelle imitation des mœurs, quelles images, et quel fléau du ridicule ! Mais quel homme on auroit pu faire de ces deux comiques ! » Quant à Vauvenargues qui avoit beaucoup de goût, il s'exprime ainsi sur notre premier auteur comique, qu'il me paroît juger un peu sévèrement : « Molière m'a paru autrefois répréhensible d'avoir pris des sujets trop bas. La Bruyère, plus parfait peut-être dans son genre, a laissé l'idée d'un comique plus élevé et plus fécond. Mais il est plus facile de caractériser les hommes, que de faire qu'ils se caractérisent eux-mêmes et de soutenir un personnage qui parle long-temps et parle toujours en vers. La véhémence inimitable de Molière et son caractère si original, le rendent d'ailleurs respectable. On peut mettre encore cet auteur en parallèle avec Racine : l'un et l'autre ont connu parfaitement le cœur de l'homme ; l'un et l'autre se sont attachés à peindre la nature. Racine la saisit dans les passions des grandes ames ; Molière dans l'humeur et les bizarreries des gens du commun. L'un a joué avec un agrément inexplicable les petits sujets ; l'autre a traité les grands avec une sagesse et une majesté touchante. Molière a ce bel avantage que ses personnages jamais ne languissent ; une forte et continuelle imitation des mœurs passionne ses moindres discours. Cependant, à considérer simplement ces deux auteurs comme poëtes, je crois qu'il ne seroit pas juste d'en faire comparaison. Sans parler de la supériorité du genre sublime donné à Racine, on trouve dans Molière tant de négligences et d'expressions forcées et impropres, qu'il y a peu de poëtes, si j'ose le dire, moins corrects et moins purs que lui........ Cependant l'opinion commune est qu'il va plus loin dans son genre qu'aucun de nos grands hommes dans le leur ; et si l'on demande pourquoi ? Parce qu'il est plus naturel. C'est une leçon importante pour tous ceux qui veulent écrire. »

SAINT-EVREMOND, littérateur et philosophe aimable (n. 1613 — m. 1703), disoit dans une de ses lettres au maréchal de Créqui : « *Don Quichotte* (de CERVANTES) est un ouvrage que je puis lire toute ma vie sans en être dégoûté un moment. De tous les livres que j'ai lus, *Don Quichotte* est celui que je voudrois avoir fait. Il n'y en a point à mon avis qui puisse contribuer davantage à nous former un bon goût sur toutes choses. J'admire comment, dans la bouche du plus grand fou de la terre, Cervantes a trouvé le moyen de paroître l'homme le plus entendu et le plus grand connoisseur qu'on puisse imaginer. » (Voyez plus haut Quevedo, p. 114). Saint-Evremond dit ailleurs : «Les *Essais de* Montaigne, les *Poésies* de Malherbe, les *Tragédies* de Corneille et les *OEuvres* de Voiture, se sont établi comme un droit de me plaire toute ma vie. »

Il paroît que les ouvrages du bel esprit Voiture (n. 1593 — m. 1648), qui jouissoient d'une si grande réputation sous Louis XIII, en avoient encore conservé une bonne partie du temps de Saint-Evremond. Maintenant ce qu'on en peut lire avec quelque fruit se réduit à bien peu de chose.

Jacques-Benigne BOSSUET, le plus éloquent des orateurs modernes (n. 1627—m. 1704), consulté sur celui de tous les ouvrages qu'il voudroit avoir faits, répondit : Les *Lettres provinciales* (de Pascal). M. le chancelier d'Aguesseau prétend que « la quatorzième Lettre provinciale surtout est un chef-d'œuvre d'éloquence qui peut le disputer à tout ce que l'antiquité a le plus admiré; et je doute, ajoute-t-il, que les Philippiques de Démosthène et de Cicéron offrent rien de plus fort et de plus parfait. »

Voy. tome 2, page 112, note (1).

Je ne puis résister au plaisir de citer le bel éloge que La Harpe fait de Pascal et des *Provinciales :* « Un génie non moins élevé que Descartes dans la spéculation, dit-il, et non moins vigoureux que Bossuet dans le style ; Pascal employa l'une et l'autre force à combattre l'incrédulité qui, venue à la suite du calvinisme, et quoique cachée et sans crédit, alarmoit dès-lors les vrais amis de la Religion. Il attaqua d'abord ces malheureux casuistes, qui paroissoient, il est vrai, avoir déraisonné de bonne foi, mais qui n'en avoient pas moins compromis l'honneur de la Religion, en la rendant complice de cette ridicule scolastique qui avoit rempli leurs livres des plus pernicieuses erreurs. On peut donc mettre sur le compte de la bonne philosophie ces fameuses *Provinciales* qui leur portèrent un coup mortel. Si ce n'eût été qu'un livre de controverse, il auroit eu le sort de tant d'autres, et auroit passé comme eux. S'il n'avoit eu que le mérite d'être écrit avec une pureté unique à cette époque, on ne s'en souviendroit que comme d'un service rendu à notre langue. Mais le talent de la plaisanterie réuni à celui de l'éloquence, et le choix ingénieux d'un cadre dramatique où il fait jouer à des personnages sérieux un rôle si comique et si plaisant, et naître le rire de la gaieté au milieu des matières les plus sèches et les plus graves, n'ont pas permis que cet excellent écrit polémique passât avec les intérêts particuliers qui lui promettoient d'abord une si grande fortune. » Aussi voyons-nous les *Provinciales* souvent réimprimées, tenir un des premiers rangs dans toutes les bibliothèques modernes les mieux composées. (Voyez encore sur Pascal, l'article DESPRÉAUX, pag. 185—188).

Revenons à Bossuet. Lorsqu'il eût lu les *Révolutions de Portugal*, par Vertot, il dit au cardinal de Bouillon : « Voilà une plume taillée pour écrire l'histoire de M. de Turenne. » Malheureusement ce vœu, car c'en étoit un de la part de Bossuet, n'a pas été exaucé. Le père Bouhours pensoit aussi avantageusement que Bossuet, du talent de l'abbé de Vertot. « Nous n'avons rien dans notre langue, disoit-il, qui, pour le style, soit au-dessus des *Révolutions de Suède* et de celles de *Portugal*. » Mably regardoit le même Vertot comme celui de tous nos écrivains qui a été le plus capable d'écrire l'histoire : « Nous avons un morceau, disoit-il, qu'à bien des égards, on peut comparer à ce que les anciens ont de plus beau; c'est l'*Histoire des Révolutions de Suède;* quel charme ne cause pas cette lecture ! » Mais le chef-d'œuvre de l'abbé de Vertot, est son *Histoire des Révolutions romaines*. Quelle chaleur de style ! Quelle vérité de sentimens! Quel tableau des passions toujours en mouvement! Cependant, comparera-t-on cette histoire avec le discours de Bossuet sur l'histoire universelle ? Non, sans doute, parce que l'une ne traite qu'un sujet particulier, et l'autre embrasse tous les âges; l'une est écrite d'un style vif, rapide, énergique et tel qu'il convient à la narration des faits et à l'expression des passions;

L'autre est un tableau immense où rien n'est omis quoique renfermé dans un cadre étroit ; la touche du pinceau en est énergique, grande, sublime, majestueuse et digne du sujet. Ces deux histoires, quoique chefs-d'œuvre chacune dans leur genre, ne peuvent donc entrer en parallèle. Voltaire regardoit comme un des morceaux les plus précieux de la langue française, le livre de Bossuet dont nous parlons, et même il a dit quelque part : « On a de lui cinquante-un ouvrages ; mais ce sont ses *oraisons funèbres* et ses *discours sur l'Histoire universelle* qui l'ont conduit à l'immortalité. » Comment a-t-il donc pu avancer ailleurs que « Bossuet n'a été que l'historien du peuple juif. » Cette qualification porte bien à faux, car, ainsi que l'a fort bien observé La Harpe, « Bossuet a été l'historien de la Providence, et personne n'en a été plus digne que lui ; personne sans exception, n'a mieux saisi l'enchaînement des causes secondes, quoiqu'il les rapporte toujours à la cause première ; chez lui tout est conséquent, et ses résultats moraux tirent leur évidence des faits. Sa pensée marche avec les temps et les événemens, depuis la naissance du Monde jusqu'à nous, et jette à tout moment des traits de lumière qui éclairent tout et font tout voir, les siècles, les hommes et les choses. »

Mais il est temps d'arriver aux jugemens que des hommes d'un mérite distingué ont portés de Bossuet ; on remarquera que la plupart, en parlant de ce grand orateur, ont été pour ainsi dire électrisés par son talent, et se sont presque mis à son niveau pour le peindre dignement.

La Bruyère parle ainsi du Démosthène français dans son Discours de réception à l'Académie française, prononcé le lundi 15 juin 1693. « Que dirai-je de ce personnage qui a fait parler si long-temps une envieuse critique et qui l'a fait taire, qu'on admire malgré soi, qui accable par le grand nombre et par l'éminence de ses talens? Orateur, historien, théologien, philosophe, d'une rare érudition, d'une plus rare éloquence, soit dans ses entretiens, soit dans ses écrits, soit dans la chaire : un défenseur de la Religion, une lumière de l'Église, parlons d'avance le langage de la postérité, un Père de l'Église (1). Que n'est-il point? Nommez une vertu qui ne soit pas la sienne. »

Vauvenargues a établi le parallèle suivant entre Bossuet et Pascal : « Qui n'admire la majesté, la

---

(1) Le cardinal Maury a relevé cette expression dans son *Essai sur l'éloquence* : « Ce sont à mon avis, dit-il, les Pères de l'Église que La Bruyère flatte, et non pas Bossuet, en disant de lui : *Parlons d'avance*, etc. Cet hommage étoit assurément très honorable et très beau pour un évêque qui le recevoit en personne au milieu d'une séance publique de l'Académie. Mais il me semble que depuis la mort de ce grand homme, en mettant à part l'incomparable autorité que donne le titre authentique et sacré de Père de l'Église, et le droit d'être ainsi compté parmi les anneaux dont se forme la chaîne de la tradition ; en ne considérant que sous des rapports purement littéraires l'érudition, la dialectique et l'éloquence des écrivains ecclésiastiques, il me semble, dis-je, qu'on pourroit, en jugeant ainsi Bossuet, l'appeler avec autant de confiance que de vérité, *le premier des Pères de l'Église*. »

pompe, la magnificence, l'enthousiasme de Bossuet, et la vaste étendue de ce génie impétueux, fécond, sublime ? Qui conçoit sans étonnement la profondeur incroyable de Pascal, son raisonnement invincible, sa mémoire surnaturelle, sa connoissance universelle et prématurée ? le premier élève l'esprit, l'autre le confond et le trouble ; l'un éclate comme un tonnerre dans un tourbillon orageux, et par ses soudaines hardiesses échappe aux génies plus timides ; l'autre presse, étonne, illumine, fait sentir despotiquement l'ascendant de la vérité ; et comme si c'étoit un être d'une autre nature que nous, sa vive intelligence explique toutes les conditions, toutes les affections et toutes les pensées des hommes, et paroît toujours supérieure à leurs conceptions incertaines. Génie simple et puissant, il assemble des choses qu'on croyoit incompatibles, la véhémence, l'enthousiasme, la naïveté avec les profondeurs les plus cachées de l'art, mais d'un art qui bien loin de gêner la nature, n'est lui-même qu'une nature plus parfaite, et l'original des préceptes. Que dirai-je encore ? Bossuet fait voir plus de fécondité, et Pascal a plus d'invention ; Bossuet est plus impétueux, et Pascal est plus transcendant ; l'un excite l'admiration par de plus fréquentes saillies, l'autre toujours plein et solide, l'épuise par un caractère plus concis et plus soutenu. »

L'auteur, après avoir parlé de Bossuet et de Pascal, passe à Fénélon : « Mais toi, dit-il, qui les a surpassés en aménité et en grâce, ombre illustre, aimable génie, toi qui fis régner la vertu par l'onction et par la douceur; pourrois-je oublier la noblesse et le charme de ta parole, lorsqu'il est question d'éloquence? Né pour cultiver la sagesse et l'humanité dans les rois, ta voix ingénue fit retentir au pied du trône les calamités du genre humain foulé par les tyrans, et défendit contre les artifices de la flatterie la cause abandonnée des peuples. Quelle bonté de cœur, quelle sincérité se remarque dans tes écrits! Quel éclat de paroles et d'images! Qui sema jamais tant de fleurs dans un style si naturel, si mélodieux et si tendre? Qui orna jamais la raison d'une si touchante parure? Ah! que de trésors d'abondance dans ta riche simplicité !

« O noms consacrés par l'amour et par les respects de tous ceux qui chérissent l'honneur des lettres, restaurateurs des arts, pères de l'éloquence, lumières de l'esprit humain, que n'ai-je un rayon du génie qui échauffa vos profonds discours, pour vous expliquer dignement et marquer tous les traits qui vous ont été propres! Si l'on pouvoit mêler des talens si divers, peut-être qu'on voudroit penser comme Pascal, écrire comme Bossuet, parler comme Fénélon; mais parce que la différence de leur style venoit de la différence de leurs pensées et de leur manière de sentir les choses, ils perdroient beaucoup tous les trois, si l'on vouloit rendre les pensées de l'un par les expressions de l'autre. On ne souhaite point cela en les lisant, car chacun d'eux s'exprime dans les termes les plus assortis au caractère de ses sentimens et de ses idées; ce qui est la véritable marque du génie. »

La Harpe, parlant de l'universalité des connoissances, qui ne peut être le partage d'un seul homme, après avoir payé un juste tribut aux talens de Voltaire, et avoir cependant démontré qu'à part la tragédie et la poésie légère, il occuperoit à peine le second rang dans d'autres parties, La Harpe s'écrie : « Un homme (si j'ose dire ce que j'en pense), me paroît avoir été plus magnifiquement partagé que personne, puisqu'il s'est élevé au plus haut degré dans ce qui est de science et ce qui est de génie ; c'est Bossuet. Il n'a point d'égal dans l'éloquence, dans celle de l'oraison funèbre, dans celle de l'histoire, dans celle des affections religieuses (voyez les *Méditations* sur l'Évangile), dans celle de la controverse (voyez les *Variations*); et en même temps personne n'a été plus loin dans une science immense qui en renferme une foule d'autres, celle de la Religion. C'est, ce me semble, l'homme qui fait le plus d'honneur à la France et à l'Église des derniers siècles. Et pourtant ce n'étoit point un esprit universel ; les sciences physiques, les sciences exactes, la jurisprudence et la poésie lui étoient fort étrangères. »

Ailleurs La Harpe s'exprime ainsi sur ce grand orateur : « Qu'un homme de goût le relise, qu'il le médite; il en sera terrassé d'admiration. Je ne saurois exprimer autrement la mienne pour Bossuet. Dans ses écrits on ne trouve jamais la moindre apparence d'effort ni d'apprêt; rien qui vous fasse songer à l'auteur. Il vous échappe entièrement, et ne vous attache qu'à ce qu'il dit. C'est là surtout, on ne sauroit trop le répéter, la différence essentielle du grand talent et de la médiocrité, du bon goût et du mauvais. Si votre imagination vous commande, vous commandez, et dans ce cas je ne verrai rien dans vous qui démente cette impression. Je ne vous verrai rien chercher, rien affecter, rien contourner. Suivez de l'œil l'aigle au plus haut des airs, traversant toute l'étendue de l'horizon ; il vole, et ses ailes semblent immobiles ; on croiroit que les airs le portent. C'est l'emblême du poëte et de l'orateur dans le genre sublime ; c'est celui de Bossuet. » Cette dernière image est une très belle imitation du style de Bossuet lui-même, et par là même, la plus vraie et la plus heureuse manière de le louer.

Finissons par le sublime éloge que M. le cardinal Maury a tracé de notre orateur : « Au seul nom de Démosthène, mon admiration me rappelle celui de ses émules avec lequel il a le plus de ressemblance ; l'homme le plus éloquent de notre nation. Que l'on se représente donc un de ces orateurs que Cicéron appelle véhémens et en quelque sorte tragiques ; (*grandis et, ut ita dicam, tragicus orator.* Brutus 203); qui, doués par la nature de la souveraineté de la parole, et emportés par une éloquence toujours armée de traits brûlans comme la foudre, s'élèvent au-dessus des règles et des modèles, et portent l'art à toute la hauteur de leurs propres conceptions; un orateur qui, par ses élans, monte jusqu'aux cieux, d'où il descend avec ses vastes pensées agrandies encore par la religion, pour s'asseoir sur les bords d'un tombeau et abattre l'orgueil des princes et des rois devant le Dieu qui, après les avoir distingués sur la terre durant le rapide instant de la vie, les rend tous à leur néant et les confond à jamais dans la poussière de notre commune origine; un orateur qui a montré dans tous les genres qu'il invente ou qu'il féconde, le premier et le plus beau génie qui ait jamais illustré les lettres, et qu'on peut placer avec une juste confiance, à la tête de tous les écrivains anciens ou modernes qui ont fait le plus d'honneur à l'esprit humain; un orateur qui se crée une langue aussi neuve et aussi originale que ses idées, qui donne à ses expressions un tel caractère d'énergie, qu'on croit l'entendre quand on le lit, et à son style une telle majesté d'élocution, que l'idiome dont il se sert semble changer de caractère et se diviniser en quelque sorte sous sa plume; un apôtre qui instruit l'univers en pleurant et en célébrant les plus illustres de ses contemporains, qu'il rend eux-mêmes du fond de leur cercueil les premiers instituteurs et les plus imposans moralistes de tous les siècles; qui répand la consternation autour de lui, en rendant pour ainsi dire présens les malheurs qu'il raconte, et qui, en déplorant la mort d'un seul homme, montre à découvert tout le néant de la nature humaine; enfin, un orateur dont les discours inspirés ou animés par la verve la plus ardente, la plus originale, la plus véhémente et la plus sublime, sont en ce genre des ouvrages absolument à part, des ouvrages où sans guide et sans modèles, il atteint la limite de la perfection, des ouvrages classiques consacrés en quelque sorte par le suffrage unanime du genre humain, et qu'il faut étudier sans cesse, comme dans les arts on va former son goût et mûrir son talent à Rome en méditant les chefs-d'œuvre de Raphaël et de Michel-Ange. Voilà le Démosthène français! voilà Bossuet! On peut appliquer à ses écrits oratoires l'éloge si mémorable que faisoit Quintilien du Jupiter de Phidias, lorsqu'il disoit que cette statue avoit ajouté à la religion des peuples. Bossuet a été en Europe le véritable créateur et le plus parfait modèle de l'éloquence de la chaire. »

Louis BOURDALOUE, célèbre prédicateur (n. 1633, jésuite en 1648, m. 1704), relisoit tous les ans Saint Paul, Saint Chrisostôme et Cicéron. C'est dans ces trois sources qu'il puisoit sa mâle et solide éloquence. On a dit de lui qu'il étoit le Corneille de la chaire, et que Massillon en étoit le Racine. On l'a comparé à Démosthène; on l'a appelé le prédicateur des rois, et le roi des prédicateurs. Toutes ces flatteuses dénominations prouvent bien que Bourdaloue est digne du rang qu'il occupe à tant de titres parmi les orateurs de la chaire les plus distingués. C'est surtout par la beauté et la régularité de ses plans, par une force toujours croissante d'idées distinctes et nettes, par une logique pressante, par un style sévère, qu'il se fait remarquer ; il n'a ni le sublime de Démosthène, ni les métaphores hardies et frappantes de Bossuet, ni les allégories brillantes, vives et riches de Massillon ; il ne s'amuse jamais à cueillir les fleurs que la route peut lui offrir ; mais il marche vers son but d'un pas ferme et rapide, sur la ligne la plus directe, visant plus à pousser à bout la raison de l'auditeur par la force de la dialectique, qu'à frapper son imagination par les charmes et les mouvemens de l'éloquence. Le tendre Massillon plaira davantage au commun des lecteurs, surtout aux jeunes gens ; l'austère Bourdaloue sera plus du goût de l'homme mûr et réfléchi qui tient plus à la conviction qu'à la persuasion.

M. le cardinal Maury a parfaitement rendu justice à notre célèbre prédicateur et le fait paroître sous son vrai jour, lorsqu'il dit : « Ce qui me plaît, ce que j'admire principalement dans Bourdaloue, c'est qu'il se fait oublier lui-même ; c'est que dans un genre trop souvent livré à la déclamation il n'exagère jamais les devoirs du christianisme, ne change point en préceptes les simples conseils, et que sa morale peut toujours être réduite en pratique ; c'est la fécondité inépuisable de ses plans qui ne se ressemblent jamais, et l'heureux talent de disposer ses raisonnemens avec cet ordre dont parle Quintilien lorsqu'il compare le mérite d'un orateur à l'habileté d'un général qui commande une armée, *velut imperatoris virtus ;* c'est cette logique exacte et pressante qui exclut les sophismes, les contradictions, les paradoxes; c'est l'art avec lequel il fonde nos devoirs sur nos intérêts, et ce secret précieux que je ne vois guère que dans ses sermons, de convertir les détails des mœurs en preuves de son sujet; c'est cette abondance de génie qui ne laisse rien à imaginer au-delà de chacun de ses discours, quoiqu'il en ait composé au moins deux, souvent trois, quelquefois même quatre sur la même matière, et qu'on ne sache après les avoir lus, auquel de ces sermons donner la préférence; c'est la simplicité d'un style nerveux et touchant, naturel et noble, la connoissance la plus profonde de la Religion, l'usage admirable qu'il fait de l'Écriture et des Pères; enfin je ne pense jamais à ce grand homme sans me dire à moi-même : Voilà donc jusqu'où le génie peut s'élever, quand il est soutenu par le travail ! »

Nicolas BOILEAU DESPRÉAUX (n. 1636 — m. 1711), avoit un goût particulier pour Homère; il en revenoit toujours à lui et en faisoit sa passion favorite. « C'est un poëte, disoit-il, que les grâces ne quittent point. Tout ce qu'il écrit est dans la nature, et d'un seul mot il vous fait connoître un homme. Ulysse arrive dans la caverne du Cyclope ; Polyphême ne fait qu'une bouchée de deux de ses compagnons; Ulysse lui présente à boire : Voilà de bon vin, dit le Cyclope ; va, mon ami, je te mangerai le dernier. » Il est certain que ce trait qui a l'air si peu intéressant, si minutieux en lui-même, est un des coups de pinceau les plus heureux pour faire ressortir le caractère souple, rusé, adroit d'Ulysse. Ce que Boileau estime le plus dans Homère, c'est le talent qu'il a d'exprimer noblement les plus petites choses. Il observe que c'est là où consiste l'art; car les grandes choses se soutiennent assez d'elles-mêmes. Ailleurs Boileau s'exprime ainsi : « Homère dit toujours tout ce qu'il faut dire sur un sujet, et ne dit jamais plus que ce qu'il faut dire, comme on peut le voir par la harangue du père de Chriséis, qui, dans le 1.er livre de l'*Iliade,* vient demander sa fille à Agamemnon. C'est le plus excellent modèle de harangue qu'on puisse proposer, en ce qu'en deux périodes tout au plus elle renferme une infinité de choses et de circonstances; il n'appartient qu'à Homère d'être si heureusement laconique. »

Un des écrivains anciens qui faisoit le plus de plaisir à Boileau, après Homère cependant, étoit Térence. « Cet auteur, disoit-il, dont toutes les expressions vont au cœur, ne cherche point à faire rire, ce qu'affectent surtout les autres comiques; il ne s'étudie qu'à dire des choses raisonnables, et tous ses termes sont dans la nature qu'il peint toujours admirablement. »

Boileau donnoit le pas aux anciens sur les modernes, à l'exception d'un seul auteur, qui surpassoit, à son goût, les vieux et les nouveaux; et cet auteur étoit Pascal. Ce satirique disoit au P. Bouhours (1) :

---

(1) Puisqu'il est ici question du P. Bouhours, nous dirons, en passant, que La Harpe a vivement critiqué la *Manière de bien*

« Mon Père, lisons les *Lettres provinciales*, et, croyez-moi, ne lisons point d'autres livres. » Le P. Bouhours avoit ses raisons pour n'être pas tout-à-fait de l'avis de Boileau.

Voltaire assure que « les meilleures comédies de Molière n'ont pas plus de sel que les premières *Provinciales*, et que Bossuet n'a rien de plus éloquent que les dernières. » Il faut convenir que c'est à ces *Lettres* que l'on doit rapporter l'époque de la fixation de la langue française. Quoiqu'elles aient paru dès 1656, la diction n'en a point vieilli, et l'on n'y remarque rien qui se ressente des changemens et de l'altération que le temps introduit dans les langues vivantes. N'eussent-elles que ce mérite, c'en seroit déjà un très grand; mais nous venons de voir à l'article BOSSUET, que ce n'est pas à celui-là seul qu'elles doivent leur réputation immortelle.

---

penser sur les ouvrages d'esprit, par ce Jésuite, ouvrage qui eut beaucoup de vogue dans son temps, et qu'il fait le plus grand éloge d'un livre de Barbier d'Aucourt, intitulé : *Sentimens de Cléante*, et dirigé contre les *Entretiens d'Ariste et d'Eugène*, de Bouhours. « Les *Sentimens de Cléante*, dit La Harpe, sont, après les *Lettres provinciales* qu'il suffit de nommer, le seul livre polémique qui ait assuré à son auteur une réputation qui a duré jusqu'à nous; et l'ouvrage en est digne. C'est, à très peu de chose près, ce que la critique a produit de meilleur dans le XVII.e siècle....... L'auteur a de la méthode, du sens et des principes. En indiquant l'erreur, il y substitue la vérité; il met le bon goût à la place du mauvais; en blâmant ce qu'on a fait, il montre ce qu'il faut faire. Il pense juste et il écrit bien. Il varie son ton à proportion des objets, et sa plaisanterie est fine et décente autant que sa raison est solide et lumineuse. »

Il est encore un ouvrage qui place PASCAL au rang des génies les plus profonds; nous parlons de ses *Pensées,* livre étonnant, quoique seulement ébauché. Le Quintilien français (La Harpe) en a bien fait sentir tout le mérite dans son Cours de littérature. « Une conception bien plus haute (que les *Provinciales*), dit-il, ce fut celle d'un grand ouvrage que PASCAL ne put que méditer et n'eut pas le temps de composer, et où il se proposoit de prouver invinciblement la nécessité et la vérité de la révélation; ce qui ne veut pas dire, pour ceux qui connoissent leur langue et leur religion, qu'il eût jamais pensé à expliquer les Mystères par une théorie purement humaine, ce qui seroit détruire la foi pour élever la raison. PASCAL n'étoit pas capable de cette inconséquence anti-chrétienne; il vouloit seulement démontrer les motifs de crédibilité fondés sur la certitude des faits et des conséquences, de manière à ce que la raison n'ait rien à y opposer et qu'elle soit forcée d'avouer qu'il suffit de ce que Dieu a voulu nous apprendre pour croire ce qu'il a voulu nous cacher. Ce plan est très philosophique et très exécutable; et personne ne pouvoit l'exécuter mieux que PASCAL, à en juger seulement par les fragmens qui nous restent, tout informes qu'ils nous sont parvenus. La liaison des idées est nécessairement perdue : c'est une force principale qui manque pour le but de l'ouvrage; mais celle de pensée et d'expression suffiroit pour l'immortaliser. *Ex ungue leonem,* on voit l'ongle du lion ; c'est ce qu'on peut dire à chaque page de ce singulier recueil qui ne parut qu'après sa mort, sous le titre de *Pensées*. Voltaire en a combattu quelques-unes avec une très mauvaise logique et beaucoup de mauvaise foi. Le projet d'attaque n'étoit pas même convenable en bonne justice. Comment se permet-on d'argumenter contre un homme qui, ne parlant encore qu'à lui-même, n'a souvent jeté sur des papiers détachés que des aperçus incomplets qu'il ne vouloit que retrouver pour les rattacher à la chaîne de ses raisonnemens ? Voltaire est allé se heurter contre des pierres d'attente : combien il eût moins réussi contre l'édifice entier ! »

Revenons à Boileau, et parlons un peu de lui-même. Son *Art poétique* l'a toujours fait considérer, à bien juste titre, comme le législateur du Parnasse; son *Lutrin*, plein de sel et de verve, prouve qu'il n'étoit pas simplement un bon versificateur, mais que la nature l'avoit encore doué de l'imagination la plus féconde et la plus brillante; et quoique ce charmant badinage soit une espèce de parodie épique, on voit que Boileau eût pu entonner avec succès la trompette héroïque s'il eût voulu appliquer son talent à ce genre de poëme (1); aussi nous dou-

---

(1) On peut s'en convaincre en lisant le *Parallèle de la Henriade et du Lutrin*, par l'abbé Batteux, 1746, *in*-12. C'est un morceau de critique littéraire fait avec beaucoup de goût, quoi qu'en ait dit La Harpe. La *Henriade* y est, à dire vrai, traitée un peu sévèrement; mais l'examen des deux poëmes est parfaitement détaillé, et ne peut être que fort instructif. Ce parallèle a été réimprimé dans le *Voltariana*, 1748, *in*-8.º; dans les *Opuscules de Fréron*, 1753, 3 vol. *in*-12, tom. II, et dans la *Henriade*,

tons que tout le monde soit de l'avis de La Harpe, qui, tout en convenant que Voltaire n'a pas été aussi parfait dans un grand sujet (la Henriade) que Boileau dans un petit (le Lutrin), ajoute : « On peut penser, sans être injuste envers Despréaux, qu'il n'auroit fait ni le second, ni le septième, ni le neuvième chant de la Henriade. » Sans doute les opinions pourroient être partagées à cet égard.

Mais au moins personne ne disconviendra que ses *Épîtres*, ainsi que son *Art poétique*, et la plupart de ses *Satires* l'ont fait, à juste titre, proclamer à l'unanimité des suffrages, *le poëte de la raison.* On ne fait pas assez d'attention aux services importans que ses *Satires* ont rendus à la littérature française. Personne ne l'a mieux senti qu'un auteur moderne qui, dans un article de critique, en 1806, s'est exprimé ainsi : « Une foule de charlatans littéraires (vers le commencement du règne de Louis XIV), trompoient la nation, faisoient illusion à la Cour et au peuple, et par toutes les séductions, par tous les prestiges du faux bel esprit, étoient parvenus à s'emparer des honneurs, du crédit et des récompenses qui ne sont dus qu'au vrai mérite (1).

---

avec le commentaire de *La Beaumelle*, Paris, 1775, *in*-4.º Il y en a aussi une édition *in*-8.º

(1) Nous en avons la preuve dans trois listes de pensions accordées par Louis XIV aux gens de lettres, en 1664, 1665 et 1666, que nous possédons dans un manuscrit du temps de Colbert, qui contient en outre le détail de toutes les dépenses que ce roi a faites pour ses châteaux royaux. Ce manuscrit en 3 volumes

Au milieu de ce triomphe magique de la sottise et du mauvais goût, Boileau paroît : à sa voix tous les fantômes s'évanouissent, toutes les illusions se dissipent; le public désabusé rit de ses propres erreurs et bafoue ceux qu'il avoit admirés (1); chacun prend sa place naturelle ; Chapelain, qui tenoit le sceptre de la littérature, n'est plus qu'un rimeur dur et barbare (2), digne d'autant de sifflets qu'il avoit dérobé d'applaudissemens ; Cottin, l'oracle des ruelles, le poëte des dames, le charme des salons, n'est plus qu'un misérable bel esprit, qu'un petit faiseur de mauvaises pointes, d'insipides calembourgs et de pitoyables madrigaux, berné dans ces mêmes cercles dont il avoit fait les délices. L'inépuisable Scudéry, qui tous les mois enfantoit un volume, est réduit à maudire sa triste fécondité. Tous ces intrus du Parnasse expient sous le fouet de la satire leurs préten-

---

a été analysé par nous, et nous publierons une dissertation que nous avons rédigée à ce sujet.

(1) Les *Femmes savantes* et les *Précieuses ridicules*, de Molière, ont aussi beaucoup contribué à la réforme du Parnasse et de la littérature française.

(2) De toutes les épigrammes de Boileau, la mieux faite, la plus acérée, la plus plaisante, est celle qu'il décocha contre le pauvre Chapelain, dans le genre de l'harmonie imitative :

> Maudit soit l'auteur dur, dont l'âpre et rude verve,
> Son cerveau tenaillant, rima malgré Minerve ;
> Et de son lourd marteau martelant le bons sens,
> A fait de méchans vers douze fois douze cents.

La *Pucelle* étoit en vingt-quatre chants; il n'y en eut que douze qui furent imprimés. Cette épigramme n'a pas peu contribué à empêcher les douze derniers de paroître; ils se trouvent manuscrits dans quelques cabinets de curieux.

tions ridicules et leur réputation usurpée. Une heureuse et salutaire révolution s'opère dans les esprits éclairés par le flambeau de la raison et de la saine critique ; le masque du charlatanisme tombe ; le bon sens reprend ses droits, la vérité son empire ; et la littérature française, dégagée de tout ce qui la souilloit, par le satirique qui donne à la fois la leçon et l'exemple, brille d'un éclat aussi pur que durable, et devient un des titres les plus glorieux du plus beau règne de notre ancienne monarchie. Voilà ce que la France doit à Boileau. » Nous n'ajouterons rien à ces faits qui font assez ressortir le mérite de notre auteur.

Disons encore un mot sur ses goûts littéraires. Il aimoit REGNARD, et trouvoit qu'il n'étoit pas médiocrement plaisant. En effet on le regarde comme notre second comique. Aussi Voltaire disoit : « Qui ne se plaît pas à REGNARD, n'est pas digne d'admirer MOLIÈRE. » De toutes les épigrammes qu'a connues l'auteur de la satire contre les femmes, il estimoit le plus celle-ci :

> Ci-gît ma femme ; ah ! qu'elle est bien
> Pour son repos et pour le mien !

mais il blâmoit hautement ce vers de Thomas Corneille, dans son *comte d'Essex*,

> Le crime fait la honte et non pas l'échafaud,

quoiqu'il ait passé en proverbe parmi nous. Boileau lui trouvoit un sens louche et le regardoit comme une espèce de galimatias. Cependant il paroît fort bien imité de ce passage de Tertullien, *Martyrem facit causa, non pœna,* qui est très clair (1); et n'en déplaise à Boileau, si ce vers eût été du galimatias, il n'eût pas eu l'assentiment de la postérité.

Nicolas MALLEBRANCHE, célèbre métaphysicien, (n. 1638—m. 1715), passant un jour (en 1664) dans la rue Saint-Jacques, fut invité par un libraire à acheter le *Traité de l'homme,* de Descartes, qui venoit de paroître (2). Il se mit à feuil-

---

(1) Il est d'autant plus clair que le cas de *pœna* n'est nullement douteux, et qu'on voit à l'instant qu'il est le nominatif ou sujet de *facit*, au lieu que le français n'ayant pas de cas marqués par la désinence, il ne seroit pas impossible qu'un étranger, très peu familiarisé avec la langue française, et lisant pour la première fois le vers de Corneille, fût incertain si le mot *échafaud* est ou sujet ou régime du verbe *fait*.

(1) Dès que le *Traité de l'homme* vit le jour, on le mit au nombre des plus beaux ouvrages de Descartes. Il n'y en a peut-être même aucun dont la marche soit aussi hardie et aussi neuve. La manière dont il y explique tout le mécanisme et tout le jeu des ressorts, dut étonner le siècle des *qualités occultes* et des *formes substantielles.* Avant lui on n'avoit point osé assigner les actions qui dépendent de l'ame, et celles qui ne sont que le résultat des mouvemens de la machine. Il semble qu'il ait voulu poser les bornes entre les deux empires. Cet ouvrage n'étoit point achevé quand Descartes mourut (le 11 février 1650, à cinquante-quatre ans); il ne fut imprimé qu'en 1660. Thomas, de qui nous empruntons ce jugement sur cet ouvrage, a un passage assez intéressant dans les notes qu'il a ajoutées à l'éloge de Descartes : il y parle des voyages de ce grand homme, et cite à ce sujet les philosophes de l'antiquité qui ont aussi voyagé, tels que Thalès, Solon, Pythagore, Platon et Démocrite. Ensuite il dit : « Parmi nous il semble que les voyages soient moins nécessaires. Toutes les connoissances sont rassemblées dans les livres ; et l'imprimerie a répandu les livres par toute la terre. Avec une bibliothèque on trouve l'univers

leter le livre et en fut frappé comme d'une lumière
qui sortit toute nouvelle à ses yeux ; il entrevit
une science dont il n'avoit point d'idée, et sentit
qu'elle lui convenoit. Il acheta le livre, le lut
avec empressement, et, ce qu'on auroit peine à
croire, avec un tel transport qu'il lui en prenoit des

---

sans sortir de chez soi. Mais cet univers composé de la main des
hommes, ressemble-t-il assez à l'univers réel? Les idées acquises
par une réflexion froide et lente, au fond d'un cabinet, sont-elles
aussi vives et aussi fortes que celles qui naitroient du spectacle
du Monde? L'homme qui lit croit sur parole; l'homme qui voit
juge par lui-même : il interroge la nature, et peut lui arracher
des secrets qu'elle avoit cachés jusqu'alors. D'ailleurs, il en est des
livres, par rapport à la nature, comme des copies par rapport aux
grands tableaux ; les traits s'altèrent en passant par différentes
mains. Pour bien peindre il faut être près de son modèle. Ajoutez
que chacun a sa manière de voir et de saisir les grands résultats ;
et la manière de l'un n'est presque jamais celle de l'autre. Ce n'est
même qu'en parcourant successivement une foule de grands objets, que l'on accoutume son ame à bien voir et à comparer. L'esprit s'étend avec l'espace qu'il veut embrasser. Enfin tout homme
qui écrit donne à la nature les bornes de son génie : on ne la
connoit donc point si on ne l'étudie dans elle-même. C'étoit là la
grande maxime de Descartes. Il n'avoit, disoit-il, d'autre livre
que le Monde. » C'est vers l'âge de trente ans qu'il forma la résolution de se passer de livres et de savans; il ne voulut plus lire
que dans ce qu'il appeloit *le grand livre du Monde*; et il s'occupa
à ramasser des expériences.

M. de Bonald dit, en parlant de ce grand homme : « Descartes,
j'entends le moraliste et non le physicien, a fait une révolution
dans les pensées; Voltaire a excité une révolte dans la société;
Voltaire a joui de son vivant de toute sa gloire,..... Descartes
n'a pas joui de la sienne; mais elle s'est accrue après lui, parce
que les grands génies, pareils aux édifices élevés, veulent être vus
à une juste distance. » (V. la *Législation primitive*, t. 1, p. 23.)

battemens de cœur qui l'obligeoient parfois d'interrompre sa lecture. Cette lecture fit sur lui l'effet de l'étincelle sur la poudre, et des vers de Malherbe sur La Fontaine. Il abandonna toute autre étude pour la philosophie de Descartes, et consacra à la métaphysique le reste de ses jours. Jusque-là il s'étoit adonné, mais sans goût, à l'histoire ecclésiastique et à la critique. Mallebranche a composé un grand nombre d'ouvrages, surtout de controverse. Quelquefois il a eu Arnauld pour adversaire. On a dit que Mallebranche étoit le Fénélon de la dispute et qu'Arnauld en étoit le Bossuet. Mallebranche ne s'énonçoit pas facilement dans la conversation ; un homme d'esprit, comparant ce profond écrivain avec l'ingénieux Fontenelle, dont il avoit cultivé la société après avoir lu leurs ouvrages, dit : « J'ai trouvé le P. Mallebranche fort au-dessous de ses écrits, et Fontenelle fort au-dessus des siens. »

LEIBNITZ, philosophe, littérateur et savant profond (n. 1646—m. 1716), faisoit, dit-on, consister toute sa bibliothèque dans les œuvres de Platon, d'Aristote, de Plutarque, de Sextus Empyricus, d'Euclide, d'Archimède, de Pline, de Cicéron et de Sénèque. Leibnitz perdit son père à l'âge de six ans ; on l'envoya à l'école où, sitôt qu'il eut appris les principes des langues grecque et latine, il quitta ses classes et se mit à lire en particulier les classiques de ces deux langues. Mais il donna la préférence à Tite-Live et à Virgile.

« Ainsi, dit l'auteur de sa vie, il fit par instinct ce que les maîtres les plus habiles ont conseillé que l'on fît faire aux autres par raison. L'élégance, la pureté, la noble simplicité de Tite-Live conviennent sans doute à cet âge pour qui la briéveté de Salluste et les oracles de Tacite, si beaux dans un âge plus avancé, sont alors de dangereux modèles. Quant à Virgile, également propre à réchauffer l'imagination glacée des vieillards et à retenir l'imagination fougueuse des jeunes gens, il convient à tous les âges, et il n'est pas surprenant qu'il ait plu à Leibnitz. Il le lut avec tant d'application, il le recommença si souvent, il le grava si profondément dans sa mémoire, qu'il pouvoit encore dans sa vieillesse en réciter des livres d'un bout à l'autre. Les *Acta Eruditorum*, Lipsiæ, 1717, *pag.* 323, rapportent qu'il profita tellement de cette lecture, qu'il a pu faire en un jour un poëme de trois cents vers, dans lequel il ne s'étoit pas permis une élision (1). Mais prenons plutôt cette entreprise pour un jeu d'esprit

---

(1) Si Leibnitz avoit tant de répugnance pour l'élision, qu'auroit-il dit de ce prétendu vers hexamètre qui est bien le plus long et le plus détestable qu'un mauvais jeu d'esprit ait imaginé ; c'est Guy Patin qui l'a recueilli :

Tu ergo age, abi, ægram adi anum ; atram eme ovem ; album ede ovem ;
ante agrum ubi hoc est.

On peut opposer à ce vers composé de dix-huit mots, les deux suivans qui n'en ont que quatre pour les deux, et qui n'en valent pas mieux.

Perturbabantur Constantinopolitani
Innumerabilibus sollicitudinibus.

que pour un fruit de la lecture de Virgile. » Leibnitz parcourut le cercle de toutes les connoissances humaines. Poëtes, orateurs, historiens, jurisconsultes, théologiens, philosophes, mathématiciens, il ne donna l'exclusion à aucun genre de littérature. Il fut le savant le plus universel de l'Europe. Le roi d'Angleterre l'appeloit son dictionnaire vivant. Historien infatigable dans ses recherches; jurisconsulte profond, éclairant l'étude du droit par la philosophie; métaphysicien délié, et enfin assez grand mathématicien pour disputer l'invention du calcul de l'infini au plus beau génie qu'ait eu l'Angleterre; tel fut Leibnitz.

CHARLES XII, roi de Suède (n. 1682 — m. 1718), avoit une prédilection particulière pour Quinte-Curce, et cela, par le vif désir de ressembler au héros de cet auteur. Ce même roi étant à Bender, lisoit beaucoup de tragédies dans ses longs loisirs. Celle qui l'avoit le plus frappé, et qui lui plaisoit davantage, étoit le *Mithridate* de Racine (1), dont le caractère est si élevé. Le roi montroit avec le doigt, à un de ses ministres, tous les passages qu'il admiroit le plus. Mais lorsqu'il lut les

---

(1) Corneille appeloit cependant l'*Achille*, l'*Agamemnon* et le *Mithridate* de Racine, des héros refondus à notre mode. Étant à une représentation de *Bajazet*, il dit à Segrais : « Je me garderois bien de le dire à d'autres qu'à vous, parce qu'on croiroit que j'en parle de jalousie; mais prenez-y garde, il n'y a pas un seul

Œuvres de Boileau et qu'il en fut à l'endroit de la huitième satire, où le poëte traite Alexandre d'é-cervelé, d'enragé, il déchira le feuillet avec indignation. Il est sûr que ce passage dirigé contre les conquérans, étant une espèce de miroir où Charles XII pouvoit se reconnoître, ne devoit pas être de son goût ; quoique ce morceau soit très connu, on le relit toujours avec plaisir.

 Quoi donc ! à votre avis, fut-ce un fou qu'Alexandre ?
 Qui ? cet écervelé qui mit l'Asie en cendre ?
 Ce fougueux l'Angeli, qui de sang altéré,
 Maître du monde entier, s'y trouvoit trop serré ?
 L'enragé qu'il étoit, né roi d'une province
 Qu'il pouvoit gouverner en bon et sage prince,
 S'en alla follement, et pensant être Dieu,
 Courir comme un bandit qui n'a ni feu ni lieu ;
 Et traînant avec soi les horreurs de la guerre,
 De sa vaste folie emplir toute la terre.
 Heureux ! si de son temps, pour cent bonnes raisons,
 La Macédoine eût eu des petites-maisons ;
 Et qu'un sage tuteur l'eût en cette demeure,
 Par avis de parens, enfermé de bonne heure.

Louis XIV jugea beaucoup mieux d'un autre passage de Boileau, qui étoit relatif à Titus ; lorsque le poëte lui lut sa première épître où se trouve ce beau portrait de l'empereur romain, ce grand roi, frappé

---

personnage dans *Bajazet*, qui ait les sentimens qu'on doit avoir et qu'on a à Constantinople. » Malgré cette opinion de Corneille, qui me semble bien sévère, Racine sera toujours admiré comme l'un des plus grands tragiques (pour ne pas dire le premier) qui ait illustré la scène tant par la vérité des caractères que par le naturel du dialogue.

d'admiration, se fit relire jusques à trois fois les vers suivans :

>Tel fut cet empereur sous qui Rome adorée
>Vit renaître les jours de Saturne et de Rhée (1);
>Qui rendit de son joug l'univers amoureux ;
>Qu'on n'alla jamais voir sans revenir heureux ;
>Qui soupiroit le soir, si sa main fortunée
>N'avoit par ses bienfaits signalé la journée (2).

Quoique dépourvu de l'instruction littéraire qui ne s'acquiert que dans le jeune âge, et qui ne put être donnée à Louis XIV à cause des troubles de la Fronde ; ce prince avoit un goût naturel, un jugement droit, un coup-d'œil perçant qui lui faisoient apprécier à l'instant ce qui étoit beau, ce qui étoit bon, enfin, tout ce qui étoit en harmonie avec le ton de dignité et de grandeur qu'il avoit imprimé à sa cour et à son règne.

PIERRE-DANIEL HUET, savant évêque d'Avranches (n. 1630 — m. 1721), a prétendu que tout ce qui a été écrit depuis l'origine du Monde, tiendroit facilement dans neuf ou dix volumes *in-folio*, si

---

(1) Ausone a peint Titus dans ces deux vers :
>*Felix imperio, felix brevitate regendi,*
>*Expers civilis sanguinis, orbis amor.*

(2) Alphonse, roi d'Aragon, entendant parler du regret qu'éprouvoit Titus d'avoir passé un jour sans faire du bien, témoigna que, grâces au ciel, il n'avoit jamais eu lieu de se faire un tel reproche. Cette conduite dans un prince est sans doute bien digne d'éloge ; mais il vaudroit mieux qu'elle fût vantée par un autre que par le prince lui-même ; le *diem perdidi* de Titus nous attendrit, et l'aveu d'Alphonse nous laisse plus que froids.

chaque chose n'avoit été dite qu'une fois (1). Il en exceptoit cependant les détails historiques. Il me semble qu'on pourroit encore réduire à moins de volumes les principes généraux et particuliers de toutes les connoissances humaines, que l'on a délayés, répétés, et présentés sous mille faces différentes dans des millions de volumes.

Louis DE LONGUERUE, savant critique (n. 1652 — m. 1723), estimoit si peu les poëtes, qu'à son inventaire on n'en trouva pas un seul dans sa bibliothèque. Il n'en parloit qu'avec mépris comme d'é-

---

(1) Le pape Clément XIV (Ganganelli, n. 1705 — pap. 1769 — m. 1774), pensoit que tous les livres du monde pouvoient être réduits à six cents *in-folio* (la latitude est un peu grande), et que ceux de nos jours étoient d'anciens tableaux que d'adroits réparateurs avoient trouvé l'art de nettoyer assez bien pour les présenter comme neufs aux yeux du public. Il étoit tellement persuadé qu'il y avoit beaucoup trop d'écrivains, qu'il trembloit toujours d'être tenté d'en accroître le nombre. Il disoit un jour en riant : « Qui sait pourtant s'il ne passera pas un jour par la tête à frère François (il se nommoit François-Laurent) de vouloir faire un livre ? Je répondrois cependant bien que ce ne sera pas l'histoire de ses ragoûts, ou le livre seroit bien court. » Il observoit que tous les écrivains opposés à la religion savoient uniquement creuser un fossé, mais ne savoient que faire de la terre qu'ils en tiroient, ni quoi faire du terrain qu'ils laissoient vacant. « Ce Voltaire, disoit-il, n'attaque si souvent la religion que pour se venger des inquiétudes qu'elle lui cause; quant à J. J. Rousseau, c'est un peintre, qui en manquant toujours les têtes, excelle uniquement dans les draperies. » Ganganelli savoit de mémoire les passages les plus sublimes et les plus ingénieux des poëtes anciens ; et parmi les poëtes d'Italie il donnoit la préférence à l'*Arioste*, au *Dante*, au *Tasse*, à *Pétrarque* et à *Métastase*.

crivains frivoles qui n'apprennent rien. Cependant il les connoissoit parfaitement. Dans une visite que lui rendit Racine le fils, la conversation roula sur les poëtes; l'abbé de Longuerue les passa tous en revue, en dit son opinion, qui ne leur étoit nullement avantageuse; il n'épargna que l'Arioste : « Pour ce fou-là, dit-il, il m'a quelquefois amusé. » Cet abbé n'étoit pas le seul qui pensât d'une manière aussi peu favorable aux poëtes; des hommes célèbres se sont rapprochés de son opinion; par exemple, Pascal ne voyoit dans la poésie que des mots vides de sens (V. ses *Pensées*); Fénélon, contemporain de Racine et de Boileau, prétendoit que la perfection de la poésie française étoit presque impossible. Montesquieu, dans ses *Lettres persanes* dont Voltaire a dit avec plus d'humeur que de vérité : *ce livre si frivole et si aisé à faire*, Montesquieu, dis-je, regarde les poëtes comme des *auteurs dont le métier est de mettre des entraves au bon sens et d'accabler la raison sous les agrémens*. Il estimoit peu Despréaux et J. B. Rousseau; cependant il daigne faire grâce aux auteurs dramatiques. Duclos, quand il rencontroit quelques passages poétiques très remarquables, disoit : « *Cela est beau comme de la prose* (1). » J. J. Rousseau témoigne faire assez peu de cas de la versification française. Buffon, comme

---

(1) Ce mot de Duclos fait tout-à-fait contraste avec celui de Voltaire qui est si connu « *Entrez, entrez, Monsieur, je ne fais que de la vile prose* ; » et cet autre de l'abbé Delille à qui M. Valcknaer observoit qu'un de ses beaux vers du poëme de *l'Imagination*,

on le sait, critiquoit les vers d'*Athalie*, etc. Heureusement cette manière de voir des différens philosophes que nous venons de citer, fait d'autant moins autorité, qu'ils ne se sont point occupés de poésie, ou du moins très peu. Pascal n'a pas fait un seul vers ; Fénélon en a quelques-uns, mais si foibles qu'on auroit pu se dispenser de les publier; Montesquieu pouvoit le disputer en ce genre au P. Mallebranche; Jean-Jacques étoit un versificateur très médiocre ; Duclos n'a rien, ni Buffon. Ajoutons que le grand Bossuet n'a fait qu'une ode qui n'est pas supportable. Ne soyons donc pas surpris si des écrivains aussi étrangers à la poésie ont porté des jugemens si étranges sur les poëtes.

Claude-François FRAGUIER, savant académicien (n. 1666 — m. 1728), aimoit passionnément Homère. Il le relut en entier jusqu'à six fois. La première fois, il souligna au crayon les passages qui le frappoient le plus; la seconde fois, il fut surpris de retrouver des beautés qu'il n'avoit pas aperçues d'abord, il les souligna encore. A la troisième lecture, nouveaux passages admirés qui sembloient lui reprocher une injuste préférence dans les deux premières lectures. Il en fut de même à la quatrième et à la cinquième ; de sorte qu'à la sixième le livre se

---

étoit pris mot à mot dans la belle prose des *Études de la nature*, de Bernardin de Saint-Pierre : « *Ce qui n'a été dit qu'en prose n'a jamais été dit,* » reprit avec vivacité M. Delille. Ce mot peint bien le poëte enthousiaste de son art.

trouva presque souligné d'un bout à l'autre. Ce n'est qu'en lisant un auteur avec une pareille attention, qu'on peut se flatter de le bien posséder et d'en sentir toutes les beautés (1). Ce même abbé Fraguier fit un vœu public en latin, de lire tous les jours mille vers d'Homère, en réparation des critiques audacieuses de La Mothe-Houdart. Voltaire parlant de cet auteur-ci, dit qu'il ne savoit pas le grec, mais que l'esprit supplée en lui, autant qu'il est possible, à cette connoissance. « Peu d'ouvrages, ajoute-t-il, sont écrits avec autant d'art, de discrétion et de finesse que ses dissertations sur Homère. Madame Dacier, connue par une érudition qu'on eût admirée dans un homme, soutint la cause d'Homère avec l'emportement d'un commentateur. On eût dit que l'ouvrage de La Mothe étoit d'une femme d'esprit, et celui de Madame Dacier d'un homme savant. L'un, par son ignorance de la langue grecque, ne pouvoit sentir les beautés de l'auteur qu'il attaquoit; l'autre, toute remplie de la superstition des commentateurs, étoit incapable d'apercevoir les défauts dans l'auteur qu'elle adoroit. »

―――――

(1) La principale règle pour lire les auteurs avec fruit, c'est d'examiner, dit Voltaire, si ce qu'ils disent est vrai en géuéral; s'il est vrai dans les occasions où ils le disent; s'il est vrai dans la bouche des personnages qu'on fait parler. Car enfin la vérité est toujours la première beauté, et les autres doivent lui servir d'ornement : c'est la pierre de touche dans toutes les langues et dans tous les genres d'écrire. (Voyez *Connoissance des beautés et des défauts de la poésie et de l'éloquence.* Londres, 1749, in-12, pag. 211 et dernière.)

Je dois encore citer ici M. Dominique Bertrand de Marseille, conseiller-d'état honoraire, et secrétaire-général du commerce, homme très instruit, qui est mort en 1818. Son amour pour Homère étoit une passion et même un culte. « Celui qui ne l'aime pas trop, disoit-il, ne l'aime pas assez : il charme mes jours et mes nuits. »

François ATTERBURY, savant évêque de Rochester (né à Milton en 1662—mort en exil à Paris en 1732), savoit par cœur tous les bons auteurs du siècle d'Auguste; mais il donnoit la préférence à Virgile et ne pouvoit le quitter, soit parce qu'il y trouvoit toujours de nouveaux charmes, soit parce qu'il vouloit former son style sur un si parfait modèle. Quoique le docteur Atterbury ne pût pas parler français, il avoit un discernement exquis dans le choix de nos bons auteurs qu'il lisoit avec goût et dont il jugeoit sainement. Parmi nos livres, ceux qu'il estimoit le plus étoient les *Essais* de Montaigne, les *Pensées* de Pascal (1), l'*Histoire univer-*

---

(1) Ce voisinage de Montaigne et Pascal, réunis dans les goûts littéraires d'Atterbury, nous autorise à rapporter ici un parallèle de ces deux écrivains, que nous puisons dans l'*Éloge de Pascal*, par M. Bélime, que l'Académie des Jeux floraux de Toulouse a couronné en 1816. « Montaigne, dit M. Bélime, accoutumé dès l'enfance, et sous le toit paternel, aux doux accens du plaisir, nourri de l'essence de la philosophie grecque, ami du repos, de la gaieté, de l'indépendance, tout brillant d'imagination, devoit s'abandonner à la séduction d'une morale qui flattoit ses goûts, berçoit mollement son existence, embellissoit la sagesse et lui don-

selle de Bossuet, le *Télémaque* de Fénélon, les *OEuvres* de Rollin, les *Poésies* de La Fontaine, de Despréaux et de J. B. Rousseau; il disoit de celui-ci : *Sapit antiquitatem.* Il admiroit aussi Molière et Racine. Les littérateurs dont Atterbury a cultivé la société pendant son exil à Paris, étoient Rollin, le Père Brumoy, l'abbé Granet et l'abbé Desfontaines.

Le Maréchal d'Estrées (n. 1660—m. 1737), étoit tellement épris d'Horace, que lorsqu'il servoit sur mer, et qu'il étoit à bord d'un vaisseau, il avoit toujours ce poëte à la main.

René-Joseph TOURNEMINE, très savant jésuite (n. 1661—m. 1739), lisoit tous les jours l'ouvrage

---

noit l'aimable cortège des Grâces. Pascal, élevé dans des principes sévères, occupé jour et nuit de profondes méditations sur les sciences, étranger à toutes les jouissances, hors celles de la pensée, précipité par son génie ardent dans les plus sombres abstractions des doctrines ascétiques, devoit repousser avec horreur des maximes contraires à la pureté du christianisme. Tous deux connurent très bien l'imperfection de la raison, mais ils ne s'accordèrent pas sur les moyens de se garantir de ses erreurs. L'un se jeta avec nonchalance dans les bras du scepticisme; l'autre invoqua les secours et les lumières de la foi. Montaigne fatigue ses lecteurs par son doute continuel, et les livre à une perplexité désolante; Pascal, en les rattachant à des idées positives et d'un ordre supérieur, affermit, élève leur esprit, épure, ennoblit leurs sentimens. On peut reprocher au premier trop de mollesse dans ses principes, au second trop d'inflexibilité dans sa philosophie : la religion qui en forme la base est plus indulgente, et sait mieux compatir à notre foiblesse. »

intitulé : *Les Effusions du cœur sur chaque verset des psaumes et des cantiques de l'Eglise* (par D. Robert Morel., n. 1653 — m. 1731, bénédictin de Saint-Maur). *Paris*, 1716, 5 *vol. in*-12. Il avoit une telle passion pour ce livre dont les expressions sont si affectueuses, que s'il étoit obligé d'aller à la campagne, il en portoit toujours un volume avec lui. Il voulut même en connoître l'auteur, et lui demander sa bénédiction à genoux. (*Hist. litt. de la Congrégat. de S. Maur*, p. 504).

Jean-Baptiste Rousseau, célèbre poëte lyrique (n. 1671 — m. 1740), a, dans son épître à Cl. Marot, passé en revue les poëtes latins qu'il regarde comme les seuls modèles qu'il faut lire, relire, apprendre et méditer. Ces poëtes sont, Virgile, Horace, Ovide, Catulle et Tibulle. Comme il les caractérise tous en peu de mots, nous allons rapporter ce passage, quoique cette épître qui est en style marotique, soit un des plus foibles ouvrages de Rousseau :

>Lisez les Grecs, savourez les Latins;
>Je ne dis tous, car Rome a ses Cotins :
>J'entends tous ceux qui d'une aile assurée
>Quittant la terre ont atteint l'empyrée.
>Là trouverez en tout genre d'écrits,
>De quoi former vos goûts et vos esprits;
>Car chacun d'eux a sa beauté précise
>Qui le distingue et forme sa devise.

>Le grand Virgile enseigne à ses bergers
>L'art d'emboucher les chalumeaux légers;
>Au laboureur, par des leçons utiles,

Fait de Cérès hâter les dons fertiles;
Puis, tout-à-coup, la trompette à la main,
Dit les combats du fondateur romain,
Ses longs travaux couronnés de victoire,
Et des Césars prophétise la gloire.

Ovide en vers doux et mélodieux
Sut débrouiller l'histoire de ses Dieux:
Trop indulgent au feu de son génie,
Mais varié, tendre, plein d'harmonie,
Savant, utile, ingénieux, profond,
Riche en un mot s'il étoit moins fécond.

Non moins brillant, quoique sans étincelle,
Le seul Horace en tous genres excelle;
De Cythérée exalte les faveurs;
Chante les Dieux, les héros, les buveurs;
Des sots auteurs berne les vers ineptes,
Nous instruisant par gracieux préceptes,
Et par sermons de joie antidotés.

Catulle en grâce et naïves beautés,
Avant Marot mérita la couronne;
Et suis marri que le poivre assaisonne
Un peu trop fort ses petits madrigaux.

Tibulle enfin, sur patins inégaux
Faisant marcher la boiteuse élégie,
De Cupidon traite à fond la magie.

Voilà les chefs qu'il vous faut consulter,
Lire, relire, apprendre, méditer:
Lors votre goût conduisant votre oreille,
Ne prendra plus le bourdon pour l'abeille,
Ni les fredons du chantre cordouan (*Lucain.*)
Pour les vrais airs du cygne mantouan. (*Virgile.*)

Si Rousseau n'eût jamais fait que de pareils vers, nous n'aurions certainement pas été dans le cas de les citer, parce que l'auteur ne feroit autorité ni sur le Parnasse, ni dans le temple du goût; mais comme ils sortent de la plume du poëte qui a mérité le surnom de grand et que la France regarde comme son premier lyrique, nous avons pensé que les conseils qu'il donne dans ces strophes seroient d'un plus grand poids. Rousseau qui a travaillé pendant vingt ans sous les yeux de Boileau, nous apprend lui-même qu'il a appris de ce grand maître tout ce qu'il savoit en poésie. On peut dire que jamais disciple n'a mieux profité. Dans tout ce qu'il a fait de bon, c'est-à-dire, dans ses *Psaumes*, dans la plupart de ses *Odes*, dans ses *Cantates*, on remarque une heureuse imitation des anciens, la fidélité aux bons principes, la pureté du langage et du goût. Jamais poëte n'a possédé à un plus haut degré le don de l'harmonie. Ses strophes, quelque sorte de vers qu'il emploie, sont toujours nombreuses; et il connoît parfaitement l'espèce de cadence qui leur convient. Ses *Odes* présentent de grandes vérités exprimées avec une force, une noblesse, une énergie qui ne se trouvent dans aucun poëte de son temps; et dans ses *Psaumes*, les images sont peintes en grand, et représentées avec cette majesté qui convient aux maximes et aux vérités de la Religion. En général, les œuvres de Rousseau annoncent le génie et les talens qui caractérisent les poëtes du premier ordre.

Charles ROLLIN, ancien recteur de l'Université, professeur d'éloquence au collége royal, et associé à l'académie royale des inscriptions et belles-lettres (n. 1661 — m. 1741), se sentoit le plus vif

attrait pour les Vies des grands hommes de Plutarque; il faisoit de cet ouvrage son compagnon de
promenade le plus ordinaire. Pour rendre plus por-
tatif un exemplaire imprimé par Henri Étienne,
qu'il possédoit, il l'avoit partagé en six volumes.
Pendant les trente dernières années de sa vie, il a
passé régulièrement tous les étés à la campagne avec
M. l'abbé D'Asfeld son illustre ami ; lorsqu'ils par-
toient pour se promener, ils se munissoient chacun
d'un petit volume de Plutarque, dont ils lisoient
une Vie ou deux en s'amusant.

Rollin comparoit les ouvrages utiles aux arbres
que la nature produit avec peine, et les ouvrages de
pur esprit aux fleurs des champs qui croissent et qui
meurent si vîte. La perfection consiste, comme dit
Horace, à joindre les fleurs aux fruits :

Omne tulit punctum qui miscuit utile dulci.

M. de Châteaubriand a consacré un chapitre de
son *Génie du Christianisme* à la gloire de Rollin considéré comme historien. « Rollin, dit-il, est le Fénélon de l'histoire, et comme lui, il a embelli l'É-
gypte et la Grèce. Les premiers volumes de l'Histoire ancienne abondent du génie de l'antiquité. La
narration du vertueux recteur est pleine, simple et
tranquille, et le Christianisme attendrissant sa plume lui a donné quelque chose qui remue les en-
trailles. Ses écrits respirent tout cet homme de
bien dont le cœur est une fête continuelle, selon
l'expression de l'Écriture. Nous ne connoissons
pas d'ouvrage qui repose plus doucement l'ame,

Rollin a répandu sur les crimes des hommes le calme d'une conscience sans reproche, et l'onctueuse charité d'un apôtre de Jésus-Christ. » Cet éloge sublime et tendre est digne sous tous les rapports de celui qui en est l'objet.

Montesquieu s'exprime ainsi sur Rollin : « Un honnête homme a, par ses ouvrages d'histoire, enchanté le public. C'est le cœur qui parle au cœur; on sent une secrète satisfaction d'entendre parler la vertu. C'est l'abeille de la France. » (Voyez encore l'article ESPIARD DE LA COUR, où il est question de Rollin sous le rapport historique.).

Voltaire a placé Rollin dans le *Temple du goût*, et il le compte parmi les grands hommes du siècle de Louis XIV; mais toujours malin, il ne peut s'empêcher de donner le coup de patte aux confrères du digne recteur :

> Non loin de lui (*le dieu du goût*) Rollin dictoit.
> Quelques leçons à la jeunesse,
> Et quoiqu'en robe on l'écoutoit,
> Chose assez rare en son espèce.

Ce passage a sans doute rapport au *Traité des études* que l'on regarde comme le chef-d'œuvre de Rollin; et qui, en effet, est un ouvrage excellent. « S'il ne frappe pas d'abord, dit un écrivain moderne, par l'éclat du style et par l'originalité des vues, il attache par l'attrait d'une diction toujours naturelle et toujours aimable, et satisfait par la plénitude des idées et la justesse des principes. Tout dans ce livre est pur et sain; tout y est solide; tout y est fondé sur le bon sens; on n'y trouve rien qui puisse être désavoué par la raison et par l'expérience. Ce qui ajoute encore à son prix, c'est qu'il n'y a pas une trace de pédanterie dans tout l'ouvrage ; le ton en est toujours simple, doux et naïf; l'auteur a su répandre de l'agrément sur des objets qui n'en paroissoient guère susceptibles; il a su semer des roses sur les détails les plus épineux et les plus arides de la discipline scolastique................ Quand Rollin composa le *Traité des études* (qui parut en 1726), le meilleur goût régnoit dans la littérature et dans l'Université ; le siècle de Louis XIV avoit achevé de dissiper les dernières ténèbres des âges précédens et répandu sur toutes les parties des arts et des sciences une lumière que notre prétendue philosophie n'a fait qu'obscurcir; les limites en tout genre étoient nettement tracées; les principes définis avec justesse et fixés avec précision. Rollin étoit lui-même un des esprits les plus éclairés et les mieux faits de l'époque où il écrivoit; l'âge, l'expérience et les circonstances avoient encore ajouté au grand sens dont la nature l'avoit doué. Il avoit été lié avec les plus grands hommes du siècle de Louis XIV, dont la conversation n'avoit pas dû être pour lui une source d'instruction moins abondante que les ouvrages des grands écrivains du siècle d'Auguste. C'étoit à soixante ans, après avoir long-temps appris à connoître l'esprit des jeunes gens, qu'il écrivoit sur l'éducation. Peut-on raisonnablement se flatter d'être aujourd'hui plus éclairé que lui sur cette matière, de savoir mieux comment il faut enseigner la grammaire, les langues anciennes, la rhétorique, l'histoire ?............. On doit considérer le *Traité des études* comme un des monumens de notre littérature ; ce n'est point un de ces livres qui ne sont faits que pour une certaine époque et de certaines circonstances ; fondé sur l'expérience des siècles passés, il doit instruire les siècles à venir; il doit partager le privilège de la vérité qui est de ne point avoir de vieillesse. » J'ajouterai à toutes ces sages réflexions, que cet excellent ouvrage devroit être le bréviaire de toute personne qui se voue à l'instruction publique; et si un professeur réunit au *Traité des études* les *Institutiones oratoriæ* de Quintilien, et le *De ratione docendi et discendi* de Jouvency, il peut se flatter d'avoir dans l'art difficile de l'enseignement et de la tenue des enfans, une bibliothèque didactique complette.

Quoique Rollin se soit peint dans ses écrits, quoique l'on sache que ses mœurs avoient la même simplicité, la même naïveté que son style, et que toute sa conduite respiroit la même vertu que ses ouvrages, on n'en lira pas moins avec le plus vif intérêt et le plus grand plaisir, la vie de cet illustre professeur, dont on a enrichi une édition du *Traité des études*, en 1805, 4 vol. in-8.º C'est en lisant et en relisant ce beau travail, que nous avons éprouvé de quel charme attendrissant pénètre le tableau de la vertu mise en action. Cet ouvrage nous a paru très bien écrit. « Les différentes parties en sont liées avec beaucoup d'art; l'auteur passe des faits aux réflexions et des réflexions aux faits par des nuances bien ménagées et des transitions adroites. En général, ce travail est remarquable par l'étendue et la finesse des vues et par la solidité des principes, soit de morale, soit de littérature. Il est terminé par une espèce de péroraison dans le goût de celle de Tacite (*Vie d'Agricola*); c'est le même ton de douleur noble et de mélancolie sublime. L'auteur, M. Gueneau de Mussy, l'œil fixé sur les ruines de ces établissemens utiles que la révolution a renversés, déplore la destinée des générations naissantes, qui, pendant dix années de trouble et d'anarchie, sont restées sans culture et sans éducation. »

Claude BROSSETTE, commentateur de Boileau (n. 1671 — m. 1743), écrivoit à J. B. Rousseau : « Je ne connois que trois personnes en France qui ont réussi, après Marot, dans le genre épigrammatique ; ces trois personnes sont, Despréaux, Racine, et vous (Rousseau). » On peut dire que le plus foible des quatre est Despréaux ; en lisant ses épigrammes, on s'aperçoit qu'il en a trop fait ; et en lisant celles de Racine, que celui-ci n'en a pas fait assez. Ce qu'il y a de certain, c'est que l'esprit de Racine étoit très enclin à l'épigramme et à la satire ; aussi Despréaux disoit à ceux qui lui reprochoient d'être trop malin : « Racine l'est bien plus que moi. »

Parmi les poëtes modernes, l'épigrammatiste le plus fécond et le plus heureux après Piron, est M. Ecouchard Le Brun ; on compte dans ses œuvres six cent trente-six épigrammes dont la plupart sont très bien faites et fort piquantes; mais il y en a aussi qui sont triviales et même plus que triviales. Un critique moderne qui n'a pas ménagé M. Le Brun, dans le compte qu'il a rendu de ses œuvres (4 *vol. in*-8.°) en 1811, rend justice à son talent pour l'épigramme : « Cette espèce de composition et de poésie, dit-il, est peut-être celle à laquelle M. Le Brun étoit appelé par une vocation plus particulière, et il faut convenir qu'il a bien rempli sa vocation et qu'il n'a pas résisté à la grâce............... Il savoit amener le trait de l'épigramme qui, parfois, comme l'a dit Boileau, n'est qu'*un bon mot de deux rimes orné*, et qui parfois aussi, prépare et balance habilement par une suite de dix ou douze vers, le coup qu'elle veut porter. On doit d'abord examiner deux choses dans une épigramme, le trait et la manière dont il est décoché; les traits du nouvel épigrammatiste n'ont pas tous la fleur et la grâce de la nouveauté, mais ils sont presque tous lancés d'une main agile, adroite et ferme. Il faut de plus faire attention au plus ou moins de finesse du trait qui, ce me semble, n'est plus digne du nom d'épigramme, s'il n'est qu'un aiguillon de plomb, qu'un lourd sarcasme, ou qu'une injure grossière, dans quelque tour heureux que ce sarcasme ou cette injure soit encadré. » M. Le Brun a malheureusement quelques épigrammes de ce dernier genre, surtout parmi celles qu'il a décochées contre un certain M. Urbain Domergue et contre deux hommes de mérite, M. de La Harpe et M. Baour-Lormian; ces trois personnages ont été le principal point de mire de la muse satirique de M. Le Brun.

Thémiseul de SAINT-HYACINTHE, savant littérateur (n. 1684—m. 1746), dit dans sa *déification d'Aristarchus Masso*, que pour former une excellente bibliothèque, il ne faut que joindre les ouvrages de Plutarque à ceux de Platon et de Lucien. Les livres de ces trois hommes doivent être regardés comme la source de la sagesse, du savoir et des grâces en tous genres. Il demande qu'on y ajoute par rapport aux mœurs des modernes, les *Caractères* de La Bruyère.

Le *Chef-d'œuvre d'un Inconnu*, par Saint-Hyacinthe, est une production vraiment originale et très piquante; c'est grand dommage qu'on ait un peu trop prolongé cette excellente plaisanterie. Finesse, délicatesse, sel épigrammatique, érudition, tout s'y trouve. Le *Chef-d'œuvre* est, pour les lourds et surabondans commentaires des auteurs anciens, ce que *Don Quichotte* est pour les livres de chevalerie. M. P.-X. Leschevin, notre confrère à l'Académie de Dijon, a publié une neuvième et dernière édition du *Chef-d'œuvre d'un Inconnu*, Paris, 1807, *2 vol. in*-8.º Quelques critiques ont prétendu que cette ingénieuse bagatelle, déjà un peu longue par elle-même, étoit devenue hors de toute proportion sous la plume du nouvel éditeur. Nous ne partageons pas tout-à-fait cette opinion. Si M. Leschevin eût augmenté le texte de l'auteur, qu'il eût multiplié les plaisanteries sur les lourds et ridicules commentateurs qui n'appartiennent plus à notre siècle, du moins en France, nous serions de l'avis des critiques; mais M. Leschevin n'a rempli ses deux volumes que de recherches littéraires très curieuses et qui seront de tous les temps; il y a fait preuve d'une grande érudition; son livre est donc utile, et il sera toujours recherché par ceux qui aiment les détails littéraires, parfois un peu minutieux, mais toujours instructifs. M. Leschevin est mort en 1814.

HENRI-FRANÇOIS D'AGUESSEAU, chancelier de France (n. 1668 — m. 1751), ne passoit jamais un seul jour sans ouvrir l'*Écriture Sainte*. Il étoit intimement persuadé que l'on ne peut se pénétrer de ce livre divin sans devenir plus vertueux. Partageant complètement cette opinion, nous donnons à la suite de l'article de cet illustre magistrat, une notice un peu détaillée sur la Bible. M. d'Aguesseau, convaincu des vérités de la religion, et fidelle à tous les devoirs qu'elle impose, répandoit autour de lui et parmi tous ceux qui l'approchoient, cet esprit vraiment religieux dont il étoit animé. Très connu par son désintéressement, il n'a laissé d'autres fruits de ses épargnes que sa bibliothèque; encore n'y mettoit-il qu'une certaine somme par an. Son esprit solide dans tous les genres n'aimoit que les livres utiles; il méprisoit ceux qui n'étoient que rares. Lui-même dirigea son fils dans ses études. On voit quels sont les ouvrages dont il lui conseilloit la lecture dans les *instructions* que, n'étant encore que procureur-général, il lui adressa le 27 septembre 1716; ces *instructions* se trouvent dans les *Œuvres complètes* de d'Aguesseau (*Paris*, 1759-89, 13 *vol. in*-4.º); ou dans un extrait de cette collection, intitulé : *Discours et Œuvres mêlées* de M. le chancelier d'Aguesseau, nouv. édit. *Paris*, 1771, 2 *vol. in*-12, tom. II, *pag*. 1-169. Les jeunes gens ne peuvent trop lire et trop méditer cet excellent morceau. Il y est bien question de quelques livres qui ne jouissent plus d'une aussi grande réputation qu'alors, mais ils n'en renferment pas moins d'excellentes choses ; on n'en sauroit douter, puisqu'ils ont eu le suffrage d'un vertueux magistrat, aussi illustre par la délicatesse de son goût que par l'étendue de ses connoissances. La seule nomenclature de ces livres seroit trop longue pour être détaillée ici ; M. d'Aguesseau cite en général les meilleurs ouvrages de religion, de jurisprudence, de littérature ancienne et moderne, et d'histoire ; il en discute le mérite avec beaucoup de sagacité, et souvent même il désigne les parties les plus saillantes ou les plus utiles de chaque ouvrage, et par conséquent celles dont il recommande le plus particulièrement la lecture à son fils. Par exemple, parlant du traité de la *Vérité de la Religion chrétienne*, par ABBADIE (dernière édit. *La Haye*, 1743, 4 *vol. in*-12), il rend justice à ce bon ouvrage ; mais il trouve le style de l'auteur trop diffus : ABBADIE n'a pas appuyé avec assez de force sur l'argument des prophéties, argument que Saint

Pierre regardoit comme la plus grande preuve de la véritable religion. Le troisième volume où ABBADIE parle de la divinité de Jésus-Christ, est le moins bien traité. Passant à d'autres objets, M. d'Aguesseau conseille à son fils de lire, dans BOSSUET, la seconde partie du *Discours sur l'Histoire universelle;* dans GROTIUS, seulement la préface ou les prolégomènes de son livre *De jure pacis et belli;* dans PUFFENDORF, l'abrégé de son traité *De jure gentium et civili,* traduit par Barbeyrac; dans DOMAT (dont nous avons déjà parlé, *pag.* 96.), le livre préliminaire qui est au commencement du premier volume de ses *Lois civiles,* et qui renferme un abrégé fort utile des maximes générales qui regardent la nature, l'usage et l'interprétation des lois; dans le *Digeste,* les deux derniers titres : *De regulis juris* et *de verborum significatione;* dans ARNAULD, l'*Art de penser,* le dernier livre (1); dans MALLEBRANCHE, le si-

---

(1) L'illustre d'Aguesseau ne pouvoit trop recommander l'étude de la logique à son fils, parce qu'on doit la considérer comme la base de toutes les sciences, de toutes les connoissances littéraires avec lesquelles elle a un rapport direct. C'est surtout avec la rhétorique qu'elle doit s'identifier, ainsi que le prouve un ancien professeur de philosophie, M. Hauchecorne, lorsqu'il dit : « Il y a une liaison intime entre la logique et la rhétorique, ou plutôt c'est le même art sous deux rapports différens. La logique trace le dessin de nos connoissances; la rhétorique y met ses couleurs : la logique pose les fondemens et construit, pour ainsi dire, la charpente de nos pensées, de nos raisonnemens, de tous les travaux de notre esprit; la rhétorique en fait un édifice brillant par la grâce et la disposition qu'elle sait leur donner : la logique prescrit les mesures, indique les proportions, détermine les convenances;

xième livre *De la recherche de la vérité;* dans Nicole, les quatre premiers volumes des *Essais;* dans Quintilien, les trois premiers et les trois derniers livres de son *Institution oratoire;* le reste est trop sec et pour ainsi dire trop scolastique; dans etc., etc., etc. Nous renvoyons le lecteur à l'excellent livre de M. d'Aguesseau, en regrettant que les limites

---

la rhétorique distribue les ornemens, répand le bon goût, le sentiment et la vie. L'une sans l'autre ne fait ou qu'un corps nerveux dont les formes sont rudes et durement prononcées, sans aucune draperie qui les sauve et les adoucisse, ou qu'un assemblage confus de riches draperies qui ne couvriroient qu'une ébauche informe. Réunies par une main habile, elles composent un tout harmonieux, dans lequel se marient agréablement la force et la délicatesse, la précision et l'abondance, la symétrie et la variété. »
Ces réflexions, aussi bien écrites que bien pensées, se trouvent dans la logique qu'a publiée M. Hauchecorne en 1806. Un autre auteur nous fournit un très beau passage qui coïncide avec celui que nous venons de rapporter. « Pour bien écrire, dit-il, il faut penser avec justesse; le style le plus brillant ne sauroit plaire aux esprits bien faits, si les idées qu'il exprime ne sont vraies et solides. Les figures les plus vives et les plus agréables, les termes les mieux choisis et les plus élégans, les phrases les mieux cadencées et les plus harmonieuses, n'ont qu'un éclat trompeur et ne sont qu'un vain bruit, s'ils ne servent à faire valoir des idées intéressantes. Un déclamateur qui ne cherche qu'à montrer les ressources de son esprit, et qui s'occupe uniquement des grâces de l'élocution, peut bien amuser un instant notre oreille et captiver notre imagination; mais il ne sauroit obtenir un suffrage durable. Ce suffrage est la récompense de l'écrivain ou de l'orateur qui nous instruit en nous charmant, qui réunit l'utile avec l'agréable, et qui, sans négliger les autres règles de l'art, regarde comme la première de toutes, celle qui prescrit la justesse des pensées et l'exactitude du raisonnement. »

que nous nous sommes imposées ne nous permettent pas de prolonger les citations.

Nous allons donner, ainsi que nous l'avons annoncé plus haut, quelques détails sur l'Écriture Sainte. Ces détails auront une certaine étendue, parce qu'il est naturel que dans un ouvrage qui a pour objet le choix des livres, nous nous appesantissions davantage sur celui qui les précède tous, qui équivaut à tous, et qui l'emporte sur tous par son origine, par ses détails, et par son influence sur l'ordre social et sur le bonheur des hommes.

DE LA BIBLE

Considérée sous le rapport religieux, moral, historique et littéraire (1).

Le premier, le meilleur, le plus sublime de tous les livres est, sans contredit, l'Écriture Sainte, composée de l'*Ancien* et du *Nouveau Testament*. C'est le livre divin, le livre par excellence, dans le-

---

(1) Ces considérations sur la Bible sont, en grande partie, composées des morceaux les plus saillans, les plus beaux, les plus éloquens; ou du moins de ceux qui nous ont le plus frappé dans divers écrivains qui ont parlé de l'Écriture Sainte. C'est le résultat des notes que nous avons prises à ce sujet, comme nous avons l'habitude d'en prendre sur tout ce qui nous paroît digne de remarque dans les ouvrages que nous lisons. Une longue expérience nous a prouvé que cette habitude est d'autant plus utile, qu'elle familiarise davantage avec un grand nombre de livres, qu'elle fixe mieux l'attention sur ce qu'ils renferment de meilleur, et que, par la suite des années, un recueil de notes bien fait rafraichit la mémoire

quel on trouve l'histoire la plus vraie, la philosophie la plus sage, la morale la plus pure, la doctrine la plus relevée et en même temps la plus salutaire. C'est l'exposé de ce que Dieu a fait pour les hommes, l'exposé des importantes vérités qu'il a bien voulu leur révéler, et l'exposé des lois qu'il leur a données pour éclairer leur marche dans le chemin de l'éternité. C'est un trésor qui nous est continuellement ouvert par un Dieu qui nous aime : le pécheur y puise les moyens de se corriger ; le juste de persévérer dans la justice et de se sanctifier de plus en plus ; le pauvre y trouve du soulagement dans sa misère ; l'affligé, de la consolation dans sa

---

sur une infinité d'objets qui ont pu lui échapper, et procure toujours une nouvelle jouissance. M. de Maistre a consigné, dans ses *Soirées de Saint-Pétersbourg*, tom. II, pag. 157, un passage relatif à cette même habitude qu'il avoit contractée ; et nous l'avons lu avec d'autant plus de plaisir et d'intérêt, que nous y trouvions notre propre histoire, aux localités près : « Depuis trente ans, dit M. de Maistre, j'écris tout ce que mes lectures me présentent de plus frappant. Quelquefois je me borne à de simples indications ; d'autres fois je transcris mot à mot des morceaux essentiels ; souvent je les accompagne de quelques notes, et souvent aussi j'y place ces pensées du moment, ces *illuminations soudaines* qui s'éteignent sans fruit, si l'éclair n'est fixé par l'écriture. Porté par le tourbillon révolutionnaire en diverses contrées de l'Europe, continue l'auteur, jamais mes recueils ne m'ont abandonné, et maintenant vous ne sauriez croire avec quel plaisir je parcours cette immense collection. Chaque passage réveille dans moi une foule d'idées intéressantes et de souvenirs mélancoliques, mille fois plus doux que tout ce qu'on est convenu d'appeler *plaisirs*. Je vois des pages datées de Genève, de Rome, de Venise, de Lausanne, etc...... »

douleur ; et l'ignorant, des lumières dans ses ténèbres (1). Les rois y apprennent à régner, les peuples à obéir. L'Écriture Sainte nous découvre une Providence qui règle tout avec une sagesse admirable, et une bonté sans bornes qui veille sur nous avec une attention continuelle ; elle nous montre notre génération à partir d'Adam ; si elle nous fait connoître l'origine de nos misères, elle nous en indique aussi le remède. « Elle est accessible à tous, dit saint Augustin, *epist.* 137 *ad Volusianum*, quoique peu soient en état de l'approfondir (2) ; elle

---

(1) M. de Châteaubriand, dans son *Génie du christianisme*, dit une chose d'une vérité frappante, qui a été vivement sentie par tous ceux qui ont lu la Bible avec une attention religieuse, et que, pour notre propre compte, nous avons remarquée plus de mille fois : « C'est qu'il n'y a pas une position dans la vie pour laquelle on ne puisse rencontrer dans la Bible un verset qui semble dicté tout exprès. (J'ajouterai surtout dans les Psaumes). On nous persuadera difficilement, continue-t-il, que tous les événemens possibles, heureux ou malheureux, aient été prévus avec toutes leurs conséquences dans un livre écrit de la main des hommes. Or, il est certain qu'on trouve dans l'Écriture l'origine du Monde et l'annonce de sa fin, la base de toutes les sciences humaines, tous les préceptes politiques depuis le gouvernement du père de famille jusqu'au despotisme inclusivement ; depuis l'âge pastoral jusqu'aux siècles de corruption, tous les préceptes moraux applicables à tous les rangs et à tous les accidens de la vie ; enfin, toutes les sortes de styles connus, styles qui, formant un corps unique de cent morceaux divers, n'ont toutefois aucune ressemblance avec les styles des hommes. »

(2) « Ne soyez pas étonnés, dit le Père Lami dans ses *Entretiens sur les sciences*, de la vaste étendue et de la profondeur de ce livre sacré ; car quoique vous ne le puissiez pas tout comprendre, vous trouverez des choses faciles qui vous seront un sujet de con-

parle comme un ami au cœur de tous, au cœur des ignorans comme des savans. » Semblable à un fleuve dont l'eau est si basse en certains endroits, qu'un agneau y pourroit passer, et en d'autres, si profonde, qu'un éléphant y nageroit ; ce livre divin renferme des mystères capables d'exercer les esprits les plus éclairés, et contient en même temps des vérités simples, faciles et propres à nourrir les humbles et les moins savans *(Saint Grégoire le Grand).* Il étoit dans l'ordre de la divine sagesse, que la parole de Dieu étant pour tous, fût en quelque manière mise à la portée de chacun. Oui, l'Écriture Sainte est pour tous ; elle est un bien commun auquel tous les Chrétiens ont droit, puisque c'est là que nous apprenons ce qui doit le plus contribuer à notre bonheur sur la terre en nous préparant à celui qui sera inaltérable dans la commune patrie ; et pour tout dire en un mot, d'après l'expression admirable de M. de La Harpe (1), les livres saints contiennent la science de Dieu et la science du salut.

---

solation ; et le peu que vous en découvrirez vous satisfera, comme dans un grand fleuve, quoiqu'on n'en boive que quelques gouttes, on étanche sa soif pleinement...... Sans l'histoire de la Bible, on ne peut rien entendre ni dans les Psaumes ni dans le Nouveau Testament, qui sont les livres de l'Écriture qu'on lit le plus souvent. Celui-là est un accomplissement de l'Ancien. »

(1) Cet écrivain a été un des plus ardens partisans des doctrines qui ont amené la révolution, et par suite il en a embrassé avec fureur les principes, jusqu'en 1793. Alors il est revenu sur ses erreurs, et s'est jeté avec autant de sincérité que d'ardeur, dans les bras de la Religion. Depuis sa conversion, tous ses écrits ont

Nous venons de considérer la Bible sous le rapport religieux ; voyons-la maintenant comme monument historique, et comme ouvrage le plus précieux et pour l'esprit et pour le cœur. La Bible remontant à l'origine des choses, est l'histoire, non d'un peuple en particulier, mais de tous les peuples en général ; elle offre à chaque nation un intérêt qui lui est propre. Ne semble-t-elle pas, apprenant à chaque peuple son origine et ses progrès, ses succès et ses revers, lui dévoiler l'avenir par les grandes leçons du passé ; et lui montrant, ou ce qu'il doit espérer, ou ce qu'il doit craindre, lui présager sa grandeur ou sa décadence prochaine ? D'un autre côté, quelle supériorité n'a pas l'histoire sacrée sur l'histoire profane ! Celle-ci ne nous apprend que des événemens ordinaires, si remplis d'incertitudes et de contradictions, que l'on est souvent embarrassé pour y découvrir la vérité ; tandis que l'histoire sacrée est celle de Dieu même, de sa toute-puissance, de sa sagesse infinie, de sa providence universelle, de sa justice, de sa bonté et de tous ses autres attributs. Ils y sont présentés sous mille formes et dans une série d'événemens variés, miraculeux et tels

---

été dirigés contre les doctrines qui l'avoient égaré, et contre les principes révolutionnaires. Dans son *Apologie de la Religion*, il dit : « Depuis que j'ai le bonheur de lire les divines Écritures, chaque mot, chaque ligne appelle en moi une abondance d'idées et de sentimens qui semblent se réveiller dans mon ame, où ils étoient comme endormis dans le long sommeil des erreurs de ma vie. »

qu'aucune nation n'en eut de semblables. La supériorité de l'Écriture, en ce genre comme en tout autre, est donc incontestable; mais elle est encore douée d'un avantage auquel les historiens profanes n'arrivent pas, et qui distingue seul les siens : c'est la manière simple et sans affectation avec laquelle les faits y sont racontés ; et cette simplicité, loin de nuire à la grandeur et à la majesté des images, les fait briller d'un éclat que l'on ne rencontre que dans ce livre divin. Il n'y a pas de doute que cette admirable simplicité ne soit l'une des principales causes qui aient fait passer tant d'étonnantes narrations par tous les âges et par toutes les langues, sans qu'elles aient rien perdu de leur vérité, de leur force et de leur éclat. Voyez, dès la première page du livre, cette magnifique description de la création, dont Longin, le meilleur de nos anciens critiques, étoit enthousiasmé ; lisez-la dans quelle langue vous voudrez, en grec, en latin, en français, dans toutes les langues modernes ; son mérite sous le rapport du style, c'est-à-dire, la grandeur de l'image, n'en souffrira point; vous y trouverez toujours cette réunion de simplicité et de sublime qui étonne, transporte, et qui, tout en frappant l'esprit, soumet le cœur et lui impose sans contrainte le joug de la foi.

Si, des considérations historiques, nous passons aux considérations morales et politiques, nous serons également convaincus, et peut-être encore davantage, que la Bible l'emporte infiniment sur tout ce qu'il a été possible de faire et d'écrire en ce genre.

Écoutons à ce sujet un savant moderne (M. Bernardi) qui va en peu de mots nous démontrer cette vérité. « Les livres des Juifs, dit-il, ont cet avantage sur ceux des autres peuples, de faire connoître la nature de l'homme, celle du souverain bien, et les vrais fondemens de la législation et de la morale..... Nous avons beaucoup de traités philosophiques sur la nature des gouvernemens et sur l'art de les maintenir ; mais les préceptes qu'ils contiennent n'ont ni amélioré leur sort, ni ne les ont garantis de leur chute ; ils ont même peut-être contribué à l'accélérer, en inspirant à ceux qui étoient à leur tête une vaine confiance dans les combinaisons d'une sagesse ou d'une raison présomptueuse, qui dirige rarement les hommes, et que tant de causes imprévues troublent ou dérangent..... Au contraire, ce qui distingue particulièrement les Juifs, c'est ce but moral qui se montre dans leurs institutions et qui ne se dément pas un seul instant pendant la durée de leur longue existence. Leurs lois ne furent point, comme celles des Grecs et des Romains, l'ouvrage progressif du temps : complettes et parfaites dès leur naissance, elles subsistent encore..... » Eh ! comment ne subsisteroient-elles pas, quand Dieu a daigné lui-même graver sur leur base, ces commandemens éternels, ce code du genre humain, et comme le dit M. de Bonald, « cette loi primitive et générale, cette loi naturelle, parfaite, divine (tous mots synonymes), cette loi, ajoute-t-il, qui se trouve au livre des révélations divines, conservé chez les

Juifs et chez les Chrétiens avec une religieuse fidélité, quoique dans des vues différentes et même opposées, et porté par les uns et par les autres dans tout l'univers (1) ? »

Citons encore sur le même sujet un autre auteur moderne, M. l'abbé Fayet, dont les pensées profondes coïncident si bien avec celles de MM. Bernardi et de Bonald. « Le plus beau caractère des livres saints, dit-il, c'est de n'avoir rien de commun avec ce qu'ont écrit les hommes: Homère et Virgile ont eu des imitateurs plus ou moins heureux ; mais la Bible n'a trouvé jusqu'ici que des traducteurs ou des copistes. Ouvrez ce livre : une législation complette ; une histoire, source de toutes les histoires (2) ;

---

(1) « L'existence des Juifs, dit en note M. de Bonald, a quelque chose de si extraordinaire, qu'elle ne peut être expliquée que par la nécessité d'attester à tous les peuples de l'univers, et dans tous les temps de sa durée, l'authenticité d'une loi écrite pour tous les peuples et pour tous les temps. C'est la branche aînée de la grande famille, et elle a le dépôt des livres originaux. Cela a été dit cent fois, et toujours avec raison ; mais, comme l'observe un homme d'esprit, les pensées vieillissent par l'usage, et les mots par le non usage. » Législation primitive.

(2) Feu William Jones, président de la Société de Calcutta, l'homme le plus savant qui ait existé dans les langues, l'histoire et la littérature de l'Inde, assure « n'avoir rencontré dans les antiquités indiennes qu'un amas confus de fables absurdes et incohérentes, sans suite, sans liaison, enveloppées d'allégories qui les rendent encore plus inintelligibles. Si l'on y aperçoit par intervalles, ajoute-t-il, quelque foible éclat de lumière, c'est pour faire bientôt place aux ténèbres les plus profondes. Il n'en est pas ainsi de la Bible ; elle a conservé le dépôt des archives du genre humain ; elle expose à nos yeux les premiers monumens de l'histoire.

une morale inimitable; une politique qui fonde les
États et qui civilise les nations (1); une philosophie

---

des nations; elle en suit la filiation. Ce n'est que par son secours
qu'on a pu former un système suivi et raisonnable de chronologie, ainsi qu'en convenoit le savant Freret. Elle présente enfin une
variété de compositions qui égalent et qui surpassent même les
compositions analogues qu'on rencontre chez les autres peuples. »

(1) Qui n'a pas lu le beau traité de Bossuet, intitulé : *Politique
tirée des propres paroles de l'Ecriture Sainte, à Monseigneur le
Dauphin* ? Il renferme tout ce qui est relatif à la politique, dans
la Bible. L'auteur devoit développer ensuite, dans des discours particuliers, les principes qui en découlent; il est bien à regretter qu'il
n'ait pas achevé un ouvrage si digne d'exercer son puissant génie.
Comme on le reconnoît bien, ce beau génie, dans le début de son
livre : « Dieu est le Roi des Rois; c'est à lui qu'il appartient de les
instruire et de les régler comme ses ministres. Ecoutez donc,
Monseigneur, les leçons qu'il leur donne dans son Écriture, et
apprenez de lui les règles et les exemples sur lesquels ils doivent
former leur conduite. Outre les autres avantages de l'Écriture,
elle a encore celui-ci, qu'elle reprend l'histoire du Monde dès sa
première origine, et nous fait voir par ce moyen mieux que par
toutes les autres histoires, les principes primitifs qui ont formé
les empires. Nulle histoire ne découvre mieux ce qu'il y a de bon
et de mauvais dans le cœur humain, ce qui soutient et renverse
les royaumes, ce que peut la religion pour les établir, et l'impiété pour les détruire. Les autres vertus et les autres vices trouvent aussi dans l'Écriture leur caractère naturel, et on n'en voit
nulle part dans une plus grande évidence les véritables effets. On
y voit le gouvernement d'un peuple dont Dieu même a été le législateur; les abus qu'il a réprimés et les lois qu'il a établies, qui
comprennent la plus belle et la plus juste politique qui fut jamais...
Jésus-Christ vous apprendra par lui-même et par ses Apôtres,
tout ce qui fait les Etats heureux; son Évangile rend les hommes
d'autant plus propres à être bons citoyens sur la terre, qu'il leur
apprend par-là à se rendre dignes de devenir citoyens du Ciel.
Dieu, enfin, par qui les Rois règnent, n'oublie rien pour leur apprendre à bien régner...... »

toute divine, voilà ce qu'il offre à l'esprit humain....
Tout ce qu'on a publié de sage sur l'état social, le droit des gens, la religion et la politique, sort de ce livre, comme le commentaire sort du texte. Commencé par un berger législateur, ce commentaire a été continué de siècle en siècle, par des rois, des magistrats, des solitaires, des artisans, des hommes obscurs qui paroissent n'avoir eu d'autre mission que d'en écrire quelques pages et qui ont disparu après l'avoir remplie. Cependant il ne présente point d'inégalités, de contradictions; c'est par-tout le même esprit, la même doctrine, la même sagesse. »

Ne nous lassons donc pas de le répéter, parce que tout homme de bonne foi, tout homme instruit et qui n'a pas le cœur corrompu, en a l'intime conviction; la Bible est le premier, le plus important, le plus attrayant de tous les livres, et ainsi que son titre l'annonce, le livre par excellence. « Pour juger de sa haute antiquité, il suffit de considérer l'admirable rapport qui se trouve entre les mœurs des temps héroïques et les mœurs des Hébreux. Les héros d'Homère se servent eux-mêmes, et les patriarches se servent également eux-mêmes. Abraham âgé de près de cent ans, environné d'un peuple de domestiques, se hâte lui-même de porter de l'eau pour laver les pieds de ses hôtes; il presse sa femme de leur faire du pain; il va choisir ce qu'il y a de plus beau dans sa bergerie; il le leur présente avec du beurre et du lait, et les sert pendant le repas, se tenant debout auprès d'eux. Rébecca vient aussi à la fontaine puiser l'eau qu'elle porte à la maison. Rachel conduisoit ses nombreux troupeaux ; et cette première simplicité, nous la retrouvons chez les Grecs. C'est ainsi que nous voyons la noble fille d'Alcinoüs descendre vers le fleuve pour y laver les vêtemens de son père et les siens. Plus les auteurs Grecs se rapprochent des premiers âges, plus ils ressemblent aux Hébreux. Mais, quelle comparaison établir entre des productions qui ne réunissent que certains genres de mérite, certains genres d'utilité, et un ouvrage qui les réunit tous à la fois ! Quoi de plus beau que la conduite de ce Joseph qui, vendu par ses frères, se venge en pardonnant (1) ! Quoi de plus touchant que le moment de la reconnoissance : *Ego sum frater vester quem vendidistis in Ægyptum* (2) !

―――――――――――――――――――――――

(1) Voltaire a dit : « Ce morceau d'histoire (celle de Joseph) a toujours passé pour un des plus beaux de l'antiquité ; nous n'avons rien dans Homère de si touchant. C'est la première de toutes les reconnoissances, dans quelque langue que ce puisse être. » *OEuvres compl.*, édit. de Kehl, *tom.* xxxiv, pag. 91 ; et ailleurs (*Bible expl.*), il s'exprime ainsi à l'occasion de Ruth : « L'histoire de Ruth est écrite avec une simplicité naïve et touchante ; nous ne connoissons rien dans Homère ni dans Hérodote, qui aille au cœur comme cette réponse de Ruth à sa mère : « J'irai avec vous ; et par-tout où vous resterez, je resterai ; votre peuple sera mon peuple ; votre Dieu sera mon Dieu ; je mourrai dans la terre où vous mourrez. » Il y a du sublime dans cette simplicité. »

(2) Sterne, parlant de la supériorité des auteurs sacrés sur les auteurs profanes, en fait une très belle application à l'histoire de Joseph. « Lorsque Joseph, dit-il, se fait connoître et qu'il pleure sur la tête de son frère Benjamin, à cet instant dramatique, y a-

Quels accens plus douloureux que ceux des Israélites gémissant sur le bord d'un fleuve étranger (1)! La douleur de Jacob en apprenant et croyant qu'une bête féroce a dévoré son fils, n'est-elle pas plus simple et en même temps plus frappante que celle de Priam aux pieds d'Achille, redemandant le corps de son fils (2)? Les plaintes d'Andromaque égalèrent-

---

t-il un de ses frères qui profère un seul mot, soit pour exprimer sa joie, soit pour pallier l'injure qu'ils lui firent? Non, de tout côté s'ensuit un silence profond et *solennel*, un silence infiniment plus éloquent et plus expressif que tout ce qu'on auroit pu substituer à sa place. Que Thucydide, Hérodote, Tite-Live ou tel autre historien classique eussent été chargés d'écrire cette histoire; quand ils en auroient été là, ils eussent sûrement épuisé toute leur éloquence à fournir les frères de Joseph de harangues étudiées; et cependant, quelques belles qu'on puisse les supposer, elles auroient été peu naturelles et nullement propres à la circonstance. Lorsqu'une telle variété de passions dut fondre tout-à-coup dans le cœur de ces frères, quelle langue auroit été capable d'exprimer le tumulte de leurs idées! Quand le remords, la surprise, la honte, la joie, la reconnoissance envahirent soudainement leurs ames, ah! que l'éloquence de leurs lèvres eût été insuffisante! Combien leurs langues eussent été infidelles en transmettant le langage de leur cœur! Oui, le silence seul participoit de la sublimité oratoire; et des pleurs achevoient de rendre ce qu'une harangue ne pouvoit jamais faire. » Ces réflexions de Sterne sont très justes, et pour s'en convaincre il suffit de lire l'histoire de Joseph, racontée par Philon d'Alexandrie, ensuite par Joseph, l'auteur des *Antiquités judaïques*, puis par le Père Berruyer. C'est en vain qu'on chercheroit dans ces froides paraphrases la noble simplicité et le charme qui produit tant d'effet dans le récit des livres sacrés.

(1) L'admirable psaume *Super flumina Babylonis*, etc.
(2) Cependant ce passage est un des plus beaux, des plus pathétiques de l'Iliade : « Juge de l'excès de mon malheur, dit Priam à Achille, puisque je baise la main qui a tué mon fils! »

elles jamais ces cris de douleur, cette voix de Rachel qui pleure ses enfans dans Rama, et qui rejette loin d'elle toute consolation parce qu'ils ne sont plus (1)? Qui jamais, comme Jérémie, sera capable d'égaler les lamentations aux calamités? Quels objets plus propres à enflammer l'imagination, que cette mer entr'ouverte et suspendue qui engloutit Pharaon et son armée? que cette nuée de feu, et ces murailles qui s'écroulent avec fracas au seul bruit des trompettes? Qui dira le nom de Jérusalem, ce nom tout à la fois si poétique et si douloureux dans la bouche des prophètes (CHATEAUBRIAND)? » Quoi de plus profond que les réflexions de Job sur la briéveté de la vie et sur l'instabilité des choses humaines? Quoi de plus vrai que le tableau du cheval de bataille dans le livre du même Job, tableau où il n'y a pas un seul trait dont la beauté n'exige un commentaire particulier? Existe-t-il quelque chose de plus tendre, de plus pathétique, que ces reproches adressés aux enfans d'Israël, par les prophètes, et dont le lecteur le plus froid et le plus prévenu a tant de peine à ne pas être affecté? « O habitans de Jérusalem, et vous, hommes de Juda, décidez entre ma vigne et moi. Que pouvois-je faire de plus pour ma vigne que ce que j'ai fait? Eh bien! j'attendois qu'elle me donnât des raisins, et elle me jette quelques grappes sauvages. Mais, direz-vous,

---

(1) *Et noluit consolari quia non sunt.* Quelle admirable et touchante simplicité!

la voie du Seigneur est inégale : écoutez à présent, Maison d'Israël, c'est la vôtre qui l'est, et non la mienne. Ai-je quelque plaisir à voir l'homme s'égarer et mourir ? N'en aurois-je pas davantage à le voir revenir et vivre ? J'ai nourri, j'ai élevé des enfans, et ils se sont révoltés contre moi. Le bœuf connoît son maître, l'âne connoît la crèche du sien, mais Israël ne me connoît pas ; mon peuple ne veut pas me connoître. » (Isaïe.) « Non, il n'est rien dans les livres des païens qui soit comparable à l'éloquence, à la vivacité, à la tendresse de ces reproches ; il y règne quelque chose de si affectueux, de si noble, de si sublime, qu'on peut défier les plus grands orateurs de l'antiquité de rien produire de semblable. » (Sterne.)

Trouvera-t-on un morceau plus touchant, plus consolant que ce passage du prophète-roi sur les miséricordes de Dieu et sur le bonheur de l'aimer ? « Qu'elles sont grandes, ô mon Dieu, les douceurs que vous réservez à ceux qui vous craignent ! Vous les cacherez dans le secret de votre face, loin de la persécution des hommes ; vous les mettrez en sûreté dans votre tabernacle, à l'abri de la contradiction des langues. Je disois dans l'excès de mon trouble : Mon Dieu, vous m'avez donc rejeté loin de vous ; et tandis que je vous adressois ma prière, vous m'aviez déjà exaucé. Aimez donc le Seigneur, parce qu'il conservera ceux qui lui sont fidelles. Agissez avec courage, vous tous qui espérez en Dieu, et que votre cœur se fortifie en lui..... Cherchez la présence de Dieu, cherchez-la toujours..... »

Opposons à ces passages si doux un tableau grand, terrible et majestueux. C'est l'Éternel qui se peint lui-même : « Sa colère a monté comme un tourbillon de fumée ; son visage a paru comme la flamme, et son courroux comme un feu ardent. Il a abaissé les cieux ; il est descendu, et les nuages étoient sous ses pieds. Il a pris son vol sur les ailes des Chérubins ; il s'est élancé sur les vents. Les nuées amoncelées formoient autour de lui un pavillon de ténèbres. L'éclat de son visage les a dissipées, et une pluie de feu est tombée de leur sein. Le Seigneur a tonné du haut des cieux ; le Très-Haut a fait entendre sa voix ; sa voix a éclaté comme un orage brûlant. Il a lancé ses flèches et dissipé mes ennemis ; il a redoublé ses foudres qui les ont renversés. Alors les eaux ont été dévoilées dans leurs sources, les fondemens de la terre ont paru à découvert, parce que vous les avez menacés, Seigneur, et qu'ils ont senti le souffle de votre colère. » Quelle supériorité dans les idées, dans les expressions ! car elles sont ici littéralement rendues, dit le traducteur, M. de La Harpe ; plus loin il ajoute : « Avouons-le, il y a aussi loin de ce sublime à tout autre sublime, que de l'Esprit de Dieu à l'esprit de l'homme. On voit ici la conception du grand dans son principe : le reste n'en est qu'une ombre, comme l'intelligence créée n'est qu'une foible émanation de l'intelligence créatrice ;

comme la fiction, quand elle est belle, n'est encore que l'ombre de la vérité, et tire tout son mérite d'un fond de ressemblance. »

Ne cessons donc de le redire, la Bible est une source aussi riche que féconde où puisèrent et où puiseront toujours l'éloquence et les arts. Tel est l'intérêt de ce livre divin, que les différentes parties qui le composent, prises séparément et détachées du tout qu'elles forment, attachent néanmoins et instruisent le lecteur. Que dire du corps entier de l'ouvrage? Rien de plus majestueux et de plus imposant que ce vaste tableau, où l'on voit une longue suite d'événemens qui naissent tous les uns des autres, qui tous sont réglés par une même volonté, qui tous conduisent à une même fin. Mais peu de personnes veulent astreindre leur paresse à suivre un pareil enchaînement et à en étudier toutes les beautés en détail.

Ces beautés sur lesquelles nous nous plaisons à revenir sous le rapport littéraire, feront toujours les délices des hommes de goût, et l'on ne peut se lasser de les indiquer. Jamais aucune ode grecque ou latine a-t-elle pu atteindre à la hauteur des psaumes? Que l'on nous permette de nous arrêter un instant sur ce livre extraordinaire qui, composé par un roi, tient, parmi les productions littéraires, le rang que son sublime auteur occupoit au milieu de ses peuples. Recueillons l'opinion des savans sur ces chants divins que l'on peut appeler la nourriture forte et habituelle des ames sensibles et religieuses.

« De tous les livres de la Bible, dit M. l'abbé Fayet, celui des Psaumes paroît le plus admirable par l'éclat et la majesté des images, la variété des figures et des sujets, l'impétuosité d'une éloquence que Bossuet compare *aux tourbillons qui sortent de la fournaise.* Jamais Homère ni Pindare n'ont égalé la richesse, le mélange de douceur et d'énergie qui règne dans les cantiques de David. Le plus grand effort de l'éloquence est sans doute de représenter fidellement les choses par les mots. Ici l'on va plus loin : les choses même sont mises à la place des mots; on voit, on entend, on contemple, on ne lit pas..... La beauté des psaumes parle bien mieux au cœur qu'à l'esprit. On oublie, en lisant ces hymnes sacrés, qu'ils furent chantés il y a trois mille ans par un peuple qui célébroit ses triomphes ou pleuroit ses grandeurs anéanties. On croit lire l'histoire de sa propre patrie, sa captivité, sa délivrance, la fuite de ses rois, leur merveilleux retour. *Là aussi les nations ont frémi (Ps.* iv), *les peuples ont médité de vains complots contre le Seigneur et son Christ; là aussi le prophète vit des impies élevés comme les cèdres du Liban; il passa et ils n'étoient plus.* » Nous reviendrons sur ce dernier passage du psaume xxxvi.

M. de Maistre, dans ses entretiens intitulés *Soirées de Saint-Pétersbourg* (1), tome 11, p. 56,

─────────────

(1) Cet ouvrage que nous avons déjà cité, a paru en 2 vol. *in-*8º; il n'a point été terminé, et comme le dit M. le comte O'Ma-

dit : « La Bible, en général, renferme une foule de prières dont on a fait un livre dans notre langue ; mais elle renferme de plus, dans ce genre, le livre des livres, le livre par excellence et qui n'a point de rival, celui des Psaumes. » M. de Maistre, après avoir parlé de Pindare dont on prononce quelquefois le nom à côté de celui de David, et après avoir démontré que ce lyrique grec n'est presque plus intelligible ; M. de Maistre, dis-je, s'exprime ainsi : « David, au contraire, brave le temps et l'espace, parce qu'il n'a rien accordé aux lieux ni aux circonstances ; il n'a chanté que Dieu et la vérité immortelle comme lui (1). Jérusalem n'a point disparu

---

honi : « Le trépas a glacé la main qui en traçoit les dernières lignes. Peut-être espéroit-il que c'étoit un don qu'il alloit nous offrir : ce n'est qu'un legs qu'il nous a fait. Après avoir, durant vingt ans passés, ajourné lui-même son triomphe, il n'en a pas joui même un seul jour. C'est qu'apparemment sa mission n'étoit que de faire le bien, et non d'en recevoir le salaire dans ce monde. Dieu l'a soustrait à la gloire comme à la reconnoissance humaine, et le ciel s'est chargé de la dette de la terre. »

(1) Un philosophe du xviii.e siècle, M. de Ferrière, dans un livre intitulé : *Le Théisme*, dit : « Je m'étonne infiniment de la sublimité des livres sacrés, qui furent composés chez des peuples ignorans et abrutis (*) (nous reviendrons sur cette épithète). Je pourrois citer ici quantité de passages de la sainte Bible, et je ferois voir que nul peuple et même nulle secte de philosophes n'a parlé de Dieu avec autant de grandeur et de vérité que les Juifs ; je m'en tiendrai au psaume CIII, *Benedic, anima mea, Domino*, etc, monument précieux que la Grèce la plus savante n'auroit pas désavoué...... »

(*) Voyons si l'épithète d'IGNORANS et d'ABRUTIS, prodiguée aux Juifs par les anciens et les modernes, est fondée sur tous les points, et surtout

SECONDE PARTIE.

pour nous : *elle est toute où nous sommes;* et c'est David qui nous la rend présente. Lisez donc et relisez sans cesse les psaumes, non, si vous m'en croyez, dans nos traductions modernes qui sont trop loin de la source, mais dans la version latine adoptée dans notre Église....... Les psaumes sont une véritable

---

si on peut la leur appliquer pour le temps où les psaumes ont été composés. La mérite-t-il vraiment, ce peuple qui, depuis l'origine du Monde, a su conserver, je ne dirai pas un système pur et raisonnable de religion, mais la vraie religion au milieu du polythéisme sauvage et de l'idolâtrie révoltante qui souilloient toute la terre? La mérite-t-il vraiment, ce peuple qui, du temps de Moïse, de David, de Salomon, et même des Machabées, a fait de si grandes choses? « Les mœurs des anciens Israëlites étoient simples et pures; ils s'appliquoient à la plus utile comme à la plus innocente des professions, à la culture des champs et au soin des troupeaux; ce fut aussi celle qui fut le plus en honneur dans les premiers temps de la Grèce et de Rome. Toutes ces nations se ressembloient dans le principe; mais les unes et les autres changèrent avec le temps. La simplicité rustique des Israëlites, maintenue pendant la durée de l'administration anarchique des Juges, se polit sous la monarchie. Salomon, dont la mémoire est encore en honneur dans tout l'Orient, fut un prince sage et magnifique; il favorisa les arts, et il établit un commerce lucratif avec l'Afrique et vraisemblablement avec l'Inde. Ce commerce suspendu après lui, mais repris ensuite par Josaphat, amena tant de monde à Jérusalem, et lui procura tant de richesses, que cette ville excita la jalousie de la fameuse Tyr, qui fit éclater une joie inhumaine à la vue de la destruction de cette ville rivale, par les Chaldéens. Ezéchiel en fait le reproche à Tyr, en lui prédisant un sort pareil. (Ezéch. XXVI-2.) La prospérité du commerce engendra le luxe; il fut porté très loin, si l'on en juge par les plaintes que les prophètes ne cessent d'en faire. (V. Isaïe, III-16; Osée, II-13; Amos, VI-4.) Les Juifs ne manquèrent ni de valeur ni de courage : la conquête de la Palestine suffiroit seule pour le prouver. Asservis quelquefois par leurs voisins, du temps des Juges, ils secouèrent presque toujours avec gloire le joug passager qu'on leur avoit imposé. David et Salomon régnèrent depuis l'Égypte jusqu'à l'Euphrate. Leurs actions, ainsi que celles des autres rois d'Israël et de Juda, nous sont peu connues, parce que nous n'avons que des abrégés très succincts de

préparation évangélique : car nulle part l'esprit de la prière qui est celui de Dieu, n'est plus visible ; et de toutes parts on y lit les promesses de tout ce que nous possédons. Le premier caractère de ces hymnes, c'est qu'elles prient toujours. Lors même

---

leur histoire : il y avoit des annales plus étendues auxquelles ces abrégés renvoient sans cesse, et qui se sont perdues. Les Juifs tombèrent avec tout l'Orient sous la domination des Chaldéens ; mais remis en liberté par Cyrus, ils surent bien mieux que les Grecs maintenir leur indépendance contre les successeurs d'Alexandre. Rien n'est plus brillant, dans l'histoire grecque, que leur guerre avec les rois de Syrie. Quel capitaine que ce Judas Machabée! Le chevalier Folard l'a mis sur la même ligne que les plus fameux guerriers de la Grèce et de Rome, en montrant, dans son Commentaire sur Polybe, toute l'habileté de ses manœuvres militaires. On sait encore toute la peine qu'eurent les Romains à soumettre les Juifs ; il leur fallut plus de temps qu'ils n'en avoient employé à conquérir les royaumes qui s'étoient formés des débris de l'empire d'Alexandre. » Pourquoi donc prodigue-t-on les épithètes injurieuses de vil, d'ignorant et d'abruti, à un peuple qui a joué un rôle assez brillant dans l'histoire, ainsi que nous venons de l'exposer? C'est que les Grecs et les Latins, chez les anciens, n'en ont entendu parler que quand sa gloire a été éclipsée, et qu'il étoit déjà répandu en peuplades dans toutes les parties du Monde, y vivant, comme la plupart sont encore aujourd'hui, des professions les plus ignobles. Et certes, ce n'est pas depuis la mort de Jésus-Christ, et depuis la destruction de Jérusalem, prédite par le Sauveur, que ce peuple, dispersé par toute la terre, et toujours subsistant, peut avoir recouvré son ancienne gloire. On a répété mille fois, et toujours avec raison, que l'existence malheureuse dont il a joui dès-lors et dont il jouit encore actuellement, formant une nation nombreuse sans réunion et sans contrée, est une preuve très forte et constamment miraculeuse de la vérité de la Religion chrétienne. Nous dirons donc qu'il faut distinguer les temps pour appliquer les épithètes en question, et que l'auteur cité en tête de cette note a eu tort de dire que les Psaumes avoient été composés chez des peuples ignorans et abrutis. Ils n'étoient rien moins que cela du temps de David ; et il y auroit peut-être bien des exceptions à faire pour beaucoup d'autres époques postérieures que nous n'avons pas citées.

que le sujet d'un psaume paroît accidentel et relatif seulement à quelque événement de la vie du Roi prophète, toujours son génie échappe à ce cercle rétréci ; toujours il généralise. Comme il voit tout dans l'immense unité de la puissance qui l'inspire, toutes ses pensées et tous ses sentimens se tournent en prière. Il n'a pas une ligne qui n'appartienne à tous les temps, à tous les hommes...... Tantôt il se laisse pénétrer par l'idée de la présence de Dieu, et les expressions les plus magnifiques se présentent à son esprit (*Ps.* cxxxviii, *w.* 7, 9, 10, 8); tantôt il jette les yeux sur la nature, et ses transports nous apprennent de quelle manière nous devons la contempler (*Ps.* xci, *w.* 5, 6, 7) ; s'il descend aux phénomènes particuliers, quelle abondance d'images ! Quelle richesse d'expressions ! Voyez avec quelle vigueur et quelle grâce il exprime les *noces* de la terre et de l'élément humide (*Ps.* lxiv, *w.* 10, 11, 12, 13, 14); mais c'est dans un ordre plus relevé qu'il faut l'entendre exprimer les merveilles de ce culte intérieur qui ne pouvoit de son temps être aperçu que par l'inspiration. L'amour divin qui l'embrase, prend chez lui un caractère prophétique ; il devance les siècles, et déjà il appartient à la loi de grâce...... Il est inépuisable lorsqu'il exalte la douceur et l'excellence de la loi divine... Quelquefois le sentiment qui l'oppresse intercepte sa respiration. Un verbe qui s'avançoit pour exprimer la pensée du prophète, s'arrête sur ses lèvres et retombe sur son cœur ; mais la piété le comprend, lorsqu'ils s'écrie : « Tes autels, ô Dieu des esprits, ô mon Dieu et mon Roi (1) ! » *Altaria tua, Domine virtutum; Rex meus et Deus meus!* (*Ps.* LXXXIII; *v.* 4). D'autres fois on l'entend deviner en quelques mots tout le christianisme, etc. etc. » Ce bel éloge des Psaumes par M. de Maistre, commencé à la page 56, finit à la page 75, par cette péroraison : « Il est exaucé parce qu'il n'a chanté que l'Éternel. Ses chants participent de l'éternité ; les accens enflammés, confiés aux cordes de sa lyre divine, retentissent encore après trente siècles dans toutes les parties de l'univers. La Synagogue conserva les psaumes ; l'Église se hâta de les adopter ; la poésie de toutes les nations chrétiennes s'en est emparée ; et depuis plus de trois siècles, le soleil ne cesse d'éclairer quelques temples dont les voûtes retentissent de ces hymnes sacrés. On les chante à Rome, à Genève, à Madrid, à Londres, à Quebec, à Quito, à Moskou, à Pekin, à Botany-Bay; on les murmure au Japon. » Concluons donc de cet assentiment, de cette admiration générale, que les Psaumes sont la partie de la Bible la plus féconde en beautés de tous les genres ; le quarante-neuvième, qui commence

---

(1) M. de La Harpe fait très bien remarquer que cette phrase n'est point achevée ni dans l'hébreu ni dans la Vulgate; l'hébreu est plus elliptique qu'aucune autre langue ; mais cette ellipse, ajoute-t-il, seroit trop forte pour nous; elle n'en est pas moins de sentiment. Il a rendu la phrase en François, par : « *Vos autels, ô mon Dieu et mon Roi! vos autels*, c'est l'asile que je vous demande. »

par ces mots : *Le Dieu des dieux, le Seigneur a parlé, il a appelé la terre*, etc., surpasse toute imagination humaine. Quelle majesté dans le début du dix-huitième : *Les cieux racontent la gloire de l'Éternel, et le firmament annonce l'ouvrage de ses mains* (1)! Quoi de plus énergique que cette superbe pensée : *J'ai vu l'impie élevé dans la gloire, haut comme les cèdres du Liban ; j'ai passé et il n'étoit plus* (2)! (*Ps.* XXXVI, w. 35 et 36.) Nous ne finirions jamais si nous voulions faire remarquer tout

---

(1) *Cœli enarrant gloriam Dei, et opera manuum ejus annuntiat firmamentum.* Que l'on compare à ce texte la traduction de Rousseau, toute belle qu'elle est :

Les cieux instruisent la terre
A révérer leur auteur;
Tout ce que leur globe enserre
Célèbre un Dieu créateur, etc.

Quelle différence pour la majesté, l'énergie et le laconisme!

(2) *Vidi impium exaltatum et elevatum sicut cedros Libani; et transivi et ecce non erat.* Tout le monde sait par cœur ces beaux vers de Racine ;

J'ai vu l'impie adoré sur la terre;
Pareil au cèdre, il cachoit dans les cieux
   Son front audacieux.
Il sembloit à son gré gouverner le tonnerre;
Fouloit aux pieds ses ennemis vaincus.
Je n'ai fait que passer, il n'étoit déjà plus.

« Certes, dit La Harpe, le poëte a fait ici ce qu'il y avoit de mieux à faire : il a eu recours à la richesse et à l'éclat de la plus magnifique paraphrase, dans l'impossibilité d'égaler la sublime concision de l'original. Mais enfin mettez ces beaux vers en comparaison avec le verset de la Vulgate : il n'y a personne qui ne donne la palme à l'original par un cri d'admiration. Les vers de Racine sont de l'or parfilé; mais le lingot est ici. »

ce qu'il y a de merveilleux dans les hymnes du Roi-prophète ; mais combien d'autres inspirations divines dans les livres saints, ne sont pas moins étonnantes et moins dignes de notre admiration ! je veux parler des prophètes.

Il seroit difficile d'indiquer dans Homère ou dans tout autre poëte un morceau supérieur au chant de joie d'Isaïe sur la chute du roi de Babylone. Quels mouvemens animés, quelle rapidité et en même temps quelle grandeur d'idée, quelle terrible peinture de la chute d'un tyran impie et orgueilleux(1)! D'un autre côté, quelle douceur, quelle onction dans le cantique d'Ezéchias (2)! Dans ces deux morceaux si différens, on trouve réunies toutes les grandes qualités poétiques, élévation d'ame, force d'imagination, pathétique de sentiment et d'expression. Aussi Fénélon a dit que jamais aucun poëte n'a égalé Isaïe peignant la majesté de Dieu aux yeux duquel les royaumes ne sont qu'un grain de poussière ; l'univers, qu'une tente qu'on élève aujourd'hui et qu'on enlèvera demain. Tantôt, ajoute-t-il, sa poésie a toute la douceur et toute la tendresse d'une églogue dans les riantes peintures qu'il fait de la paix ; tantôt

---

(1) Isaïe, ch. xiv, ℣. 5 *et suiv.* Racine le fils a imité en vers français ce passage sublime d'Isaïe :

Comment est disparu ce maître impitoyable ?
Et comment du tribut dont nous fûmes chargés
Sommes-nous soulagés ?
Le Seigneur a brisé le sceptre redoutable, etc.

(2) D'Alembert préféroit la touchante simplicité du texte, à l'ode magnifique que Rousseau en a tirée.

le poëte s'élève jusqu'à laisser tout au-dessous de lui.

Y a-t-il rien dans l'antiquité, qui puisse soutenir le parallèle avec les lamentations du tendre Jérémie déplorant les maux de son peuple, et surtout avec la touchante prière qui termine ces lamentations ? Le langage d'Ezéchiel est dur, impétueux, plein de force, d'aspérité et de violence ; mais quoi de plus beau que sa complainte sur la ruine de Tyr (1) ! Parmi les petits prophètes, Osée, Joël, Michée, Habacuk dont le cantique sublime fit tant d'impression sur La Fontaine, ont tous un caractère poétique très remarquable. Les trois chapitres de Nahum forment un petit poëme complet sur la destruction future de Ninive, qui est rempli d'images les plus naturelles et les plus relevées. On croit voir cette superbe Ninive tomber sous les efforts d'une armée innombrable ; on croit voir cette armée ; on croit entendre le bruit des armes et des chariots. Tout est dépeint d'une manière élevée qui saisit l'imagination. Qu'on lise encore Daniel dénonçant à Balthasar la vengeance de Dieu toute prête à fondre sur lui ; trouvera-t-on dans les plus sublimes originaux de l'antiquité quelque chose que l'on puisse comparer à ces différens morceaux ? Et combien d'autres qui ne leur sont pas inférieurs ! Disons donc en toute assurance, que si l'on vouloit examiner séparément toutes les parties de la Bible, puis leur

---

(1) Ezéchiel, ch. xxvi et suiv.

ensemble, l'admiration iroit toujours en croissant, et l'on seroit fortement convaincu que tout se soutient dans l'Écriture Sainte ; tout y garde le caractère qu'il doit avoir : l'histoire, les lois, les descriptions, les passions, les discours de morale, les mystères, tout y est à sa place ; tout y est bien. Enfin, il y a autant de différence entre les poëtes profanes et les prophètes, qu'il y en a entre le véritable enthousiasme et le faux : les uns, véritablement inspirés, expriment sensiblement quelque chose de divin ; les autres s'efforçant de s'élever au-dessus d'eux-mêmes, laissent toujours voir en eux la foiblesse humaine (1).

Si la supériorité du style de l'Écriture Sainte sur tout ce que nous avons de plus parfait chez les meilleurs écrivains de tous les temps pouvoit encore être douteuse aux yeux de quelques personnes, ou prévenues, ou superficielles et indifférentes, nous ajou-

---

(1) Et cette foiblesse humaine, ne peut-on pas dire qu'elle a beaucoup de part à la manière dont beaucoup de personnes jugent la Bible, sous différens rapports? N'est-ce pas elle qui nous empêche d'en sentir, d'en approfondir toutes les beautés; de les voir sous leur vrai jour, et d'être bien pénétré de leur véritable sens; et quand cette foiblesse est réunie à la corruption du cœur, qu'en résulte-t-il? Elle ajoute bientôt le sacrilège à l'aveuglement ; elle altère, travestit et attaque avec virulence mille passages qui, soit historiques, soit allégoriques, ont été pendant tant de siècles l'objet du respect de tous les peuples, de tous les hommes instruits. De-là toutes les turlupinades impies qui ont inondé la dernière moitié du xviii.e siècle et le commencement du xix.e, et qui ont fait tant de mal, quoiqu'elles aient été réfutées par des plumes du premier mérite.

terons à ce que nous avons déjà dit sur cet objet, un passage très beau, tiré d'un auteur anglais cité précédemment. Cet auteur est fort ingénieux, fort piquant; mais si l'originalité de son esprit l'a quelquefois égaré sur la route qu'il a le premier frayée (on voit que je veux parler de Sterne, le créateur du genre sentimental), il est certain qu'ici il a rendu l'hommage le plus pur et le plus beau à l'excellence du style de l'Écriture Sainte. Voici comment il établit la comparaison entre l'éloquence profane et l'éloquence sacrée : « Il y a, dit-il, deux sortes d'éloquence : l'une en mérite à peine le nom ; elle consiste en un nombre fixe de périodes arrangées et compassées, et de figures artificielles, brillantées de mots à prétention : cette éloquence éblouit, mais éclaire peu l'entendement. Admirée, affectée par des demi-savans dont le jugement est aussi faux que le goût est vicié, elle est entièrement étrangère aux écrivains sacrés. Si elle fut toujours estimée comme étant au-dessous des grands hommes de tous les siècles, combien à plus forte raison a-t-elle dû paroître indigne de ces écrivains que l'Esprit d'éternelle sagesse animoit dans leurs veilles, et qui devoient atteindre à cette force, cette majesté, cette simplicité à laquelle l'homme seul n'atteignit jamais ? L'autre sorte d'éloquence est entièrement opposée à celle que je viens de censurer; et elle caractérise véritablement les saintes Écritures. Son excellence ne dérive pas d'une élocution travaillée et amenée de loin, mais d'un mélange étonnant de simplicité et de majesté, double caractère si difficilement réuni qu'on le trouve bien rarement dans les compositions purement humaines. Les pages saintes ne sont pas chargées d'ornemens superflus et affectés. L'Être infini, ayant bien voulu condescendre à parler notre langage pour nous apporter la lumière de la révélation, s'est plu sans doute à le douer de ces tournures naturelles et gracieuses qui devoient pénétrer nos ames. Observez que les plus grands écrivains de l'antiquité, soit grecs, soit latins, perdent infiniment des grâces de leur style, quand ils sont traduits littéralement dans nos langues modernes. La fameuse apparition de Jupiter, dans le premier livre d'Homère; sa pompeuse description d'une tempête; son Neptune ébranlant la terre et l'entr'ouvrant jusqu'à son centre; la beauté des cheveux de sa Pallas; tous ces passages, en un mot, admirés de siècles en siècles, se flétrissent et disparoissent presque entièrement dans les versions latines. Qu'on lise les traductions de Sophocle, de Théocrite, de Pindare même, y trouvera-t-on autre chose que quelques vestiges légers des grâces qui nous ont charmés dans les originaux (1)? Concluons que la pompe de l'expression, la suavité des nombres, et la phrase musicale, constituent la plus grande partie des beautés de nos auteurs classiques, tandis que celle de nos Écri-

---

(1) Voltaire a dit avec fondement : « Qu'on ne croie point encore connoître les poëtes par les traductions ; ce seroit vouloir apercevoir le coloris d'un tableau dans une estampe. Les traductions augmentent les fautes d'un ouvrage et en gâtent les beautés. »

tures consiste plutôt dans la grandeur des choses même que dans celle des mots. Les idées y sont si élevées de leur nature, qu'elles doivent paroître nécessairement sublimes dans leur modeste ajustement : elles brillent à travers les plus foibles et les plus littérales versions de la Bible. »

Nous avons déjà eu occasion de parler de M. William Jones, fondateur de la Société asiatique de Calcutta, et nous ne connoissons point de savans qui unissent plus de bonne foi, plus de candeur, à l'érudition la plus profonde surtout relativement aux antiquités et aux langues de l'Inde ; ajoutons son opinion à celle de son compatriote que nous venons de citer : « La collection d'ouvrages que nous appelons l'Écriture par excellence, dit-il, contient, indépendamment de son origine divine, plus de vrai sublime, plus de beautés réelles, plus de moralité, plus d'histoires intéressantes, et plus de traits élevés de poésie et d'éloquence, qu'on ne pourroit en rassembler dans un espace pareil, en faisant un extrait des livres qui ont été publiés dans les différens âges et dans les différens idiomes. Les deux parties qui forment l'Écriture Sainte, sont unies entre elles par une suite de compositions qui n'ont aucune ressemblance, soit pour la forme, soit pour le style, avec tout ce qu'on pourroit tirer de la littérature grecque, indienne, persane, et même arabe. » L'auteur déclare ensuite qu'il ne prétend pas donner sa croyance pour règle de celle des autres ; mais que cependant on ne lui refusera pas de convenir que les premiers historiens hébreux ne méritent autant de confiance que tout autre de l'antiquité (1).

On sait que, dans le xviii.ᵉ siècle, on a osé avancer que la Bible n'étoit pas le plus ancien livre qui existe, ni le monument le plus authentique des premiers âges ; et pour le prouver, on adjugeoit la priorité aux livres de Zoroastre ; mais des savans de l'université de Gottingue ont fait justice de cette prétention de mauvaise foi. Ensuite on s'est rejeté sur les livres indiens ; ici il étoit plus difficile de juger à fond cette question à cause de l'éloignement des lieux et du peu de connoissance qu'on avoit de ces livres ; mais la Société asiatique de Calcutta est venue à propos pour fournir les lumières dont on avoit besoin. Son respectable président, dont nous venons de parler, rendant compte des travaux de la Société sous ce rapport, se félicite de ce qu'ils servent à justifier les récits de Moyse sur l'origine du Monde. C'est avec une candeur et une impartialité admirables qu'il dit : « Notre témoignage sur ce point mérite d'autant plus de confiance, que quand

---

(1) Le célèbre Newton dit un jour au docteur Smith, auteur des Commentaires sur Daniel : « Je trouve plus d'authenticité dans les livres de la Bible, que dans aucune histoire profane quelconque. » *Dutensiana*, pag. 5. Voltaire, parlant de Newton, s'exprimoit ainsi : « C'est le plus grand génie qui ait existé. Quand tous les génies de l'univers seroient arrangés, il conduiroit la bande. » Et ailleurs : « Ce grand homme (Newton) n'entendoit jamais prononcer le nom de Dieu sans faire une inclination profonde qui marquoit et son respect et son admiration pour les œuvres du Créateur. »

même nous aurions trouvé le contraire, nous l'eussions également publié, non à la vérité avec la même satisfaction, mais du moins avec la même franchise. La vérité doit l'emporter sur tout. » (Voyez le dixième discours anniversaire, prononcé le 28 février 1793 : *Asiatik research.* Tom. IV, édit. *in*-8.º) Quel hommage rendu à l'authenticité de la Bible ! Quant aux zodiaques trouvés dernièrement en Egypte, de savantes et profondes dissertations ont prouvé que cette dernière branche à laquelle s'attachoient fortement les adversaires de la Bible, n'est pas moins vermoulue que celle des livres de Zoroastre et de tant d'autres qui ont disparu.

Tout ce que nous avons dit précédemment regarde l'ANCIEN TESTAMENT ; quant au NOUVEAU, de quelle vénération, de quel amour ne doit-il pas nous pénétrer, puisqu'il renferme dans le récit des actions de Jésus-Christ, l'accomplissement de toutes les promesses faites au genre humain par la bouche des patriarches et des prophètes, c'est-à-dire, par Dieu lui-même, et exprimées avec une clarté incontestable dans mille endroits de l'Ancien Testament : en un mot, c'est l'Évangile, c'est ce livre où la bonté divine parut en personne, parut en action et en paroles, au point que les incrédules eux-mêmes, en refusant d'y voir Dieu, y ont au moins vu la perfection de l'homme (ce qui est beaucoup pour eux); enfin, c'est ce livre qui a conquis le monde en condamnant le monde. Que l'on fasse attention à cette pensée de Pascal : « Les deux Testamens regardent

Jésus-Christ ; l'Ancien, comme son attente ; le Nouveau, comme son modèle ; tous deux comme leur centre ; » et l'on verra que rien n'est plus vrai : un libérateur étoit visiblement promis au Monde dans les livres prophétiques des Juifs (eux-mêmes en conviennent encore aujourd'hui), et tous ses caractères y sont distinctement tracés ; or Jésus-Christ les a remplis de point en point dans la plus exacte précision ; il est né, il a vécu, il a instruit, il est mort, il est ressuscité, comme le Messie devoit naître, vivre, enseigner, mourir et renaître ; donc il est le vrai libérateur ; il n'y en a point eu, et il n'y en aura jamais d'autre. Mais si les actions de Jésus-Christ portent le vrai cachet de sa divinité, ne peut-on pas dire que la manière dont elles sont racontées a également un caractère particulier qui annonce quelque chose de divin ? Quelle simplicité de style (1)

---

(1) M. de Châteaubriand, parlant des différens styles employés dans la Bible, en distingue trois sortes ; 1.° le style historique, qui est celui de la Genèse, du Deutéronome, etc. ; 2.° le style poétique, tel qu'il existe dans les Psaumes, dans les Prophètes, les traités moraux, etc. ; et le style évangélique, qui est celui du Nouveau Testament. Parvenu à ce dernier, il dit : «C'est là que la sublimité des Prophètes se change en une tendresse non moins sublime ; c'est là que parle l'amour ; c'est là que le *Verbe s'est réellement fait chair*. Quelle onction! quelle simplicité! La Religion du Fils de Marie est comme l'essence de toutes les religions, ou ce qu'il y a de plus céleste en elles. On peut peindre en quelques mots le caractère du style évangélique : c'est un ton d'autorité de père, mêlé à je ne sais quelle indulgence fraternelle, et à je ne sais quelle commisération d'un Dieu qui, pour nous racheter, a daigné devenir fils et frère des hommes. »

surtout dans les paroles de Jésus-Christ! Cette simplicité est entièrement dans le goût antique; elle est conforme à Moyse et aux prophètes, dont même on trouve assez souvent les expressions. Mais, quoique simple et familier, ce style est sublime et figuré en bien des endroits, même dans les prédications les plus populaires du Sauveur. Quant à ses discours rapportés par Saint Jean, presque tout y est sensiblement divin. L'un des caractères les plus frappans de l'inspiration qui a présidé à la rédaction de l'Évangile, est que les quatre narrations de la vie de Jésus-Christ, quoique nullement calquées l'une sur l'autre, quoique n'ayant rien de commun avec le genre historique ordinaire, quoique présentant même quelque différence quant à l'ordre des faits, étonnent tant par le ton de vérité qui y règne, que par la conformité parfaite qui existe entre elles pour peindre l'Homme-Dieu tel qu'il a été parmi les hommes, c'est-à-dire, tenant au ciel par sa divine essence, et tenant à la terre par ce corps qu'il lui a plu revêtir pour accomplir ses grands desseins. Voyez-le commencer à prêcher son Évangile, et révéler les secrets qui reposoient de toute éternité au sein de son Père; voyez-le poser les fondemens de son Église par la vocation de douze pêcheurs, gens du peuple, et pourtant destinés à porter le flambeau de l'Évangile par toute la terre; voyez-le parcourir toute la Judée qu'il remplit de ses bienfaits. Secourable aux malades, miséricordieux envers les pécheurs dont il se montre le vrai médecin par l'accès qu'il leur donne auprès de lui, faisant ressentir aux hommes une autorité et une douceur qui n'avoient jamais paru dans aucun mortel avant lui ; il annonce de hauts mystères, mais il les confirme par de grands miracles ; il commande de grandes vertus, mais il donne en même temps de grandes lumières, de grands exemples et de grandes grâces. Tout se soutient en sa personne : sa vie, sa doctrine, ses miracles. La même vérité y brille par-tout: tout concourt à y faire voir le maître du genre humain et le modèle de la perfection (1). Lui seul vivant au milieu des hommes et à la vue de tout le monde, a pu dire sans crainte d'être démenti : « Qui de vous me reprendra de péché ? » Ses miracles sont d'un ordre particulier, d'un caractère nouveau. Il les fait presque tous sur les hommes même et pour guérir leurs infirmités. Tous ces miracles tiennent plus de la bonté que de la puissance, et ne surprennent pas tant les spectateurs, qu'ils les touchent au cœur. Qui n'admireroit la condescendance avec laquelle il tempère la hauteur de sa doctrine ? C'est du lait pour les enfans et tout ensemble du pain pour les forts. On le voit plein des secrets de Dieu, mais on voit qu'il n'en est pas étonné comme les autres mortels

---

(1) M. de La Harpe dit dans son *Apologie de la Religion* : « Tout est dans ces livres divins (les Évangiles), et le malheur le plus commun et le plus grand, est de ne pas les lire. Il y a entre autres un sermon de la Cène qui me paroit contenir toute notre Religion, et où chaque parole est un oracle du Ciel : je ne l'ai jamais lu sans une émotion singulière. »

à qui Dieu se communique : il en parle naturellement comme étant né dans ce secret et dans cette gloire ; et ce qu'il a sans mesure, il le répand avec mesure afin que notre foiblesse le puisse porter. (BOSSUET).

Quant aux Apôtres, on trouve dans leurs écrits le même style à-peu-près que dans les Évangiles (1), avec cette différence cependant, que Jésus-Christ, maître de sa doctrine, la distribue tranquillement ; il dit ce qu'il lui plaît, et il le dit sans aucun effort ; il parle du Royaume et de la gloire célestes, comme de la maison de son Père. Toutes ces grandeurs qui nous étonnent lui sont naturelles ; il y est né, et il ne dit que ce qu'il voit, comme il nous l'assure lui-même. Au contraire, les Apôtres succombent sous le poids des vérités qui leur sont révélées. Ils ne peuvent exprimer tout ce qu'ils conçoivent. Les paroles leur manquent. De-là viennent ces transpositions,

---

(1) N'oublions pas une pensée de Pascal, bien remarquable sur le style de l'Évangile. « Ce style, dit-il, est admirable en une infinité de manières, et entre autres, en ce qu'il n'y a aucune invective de la part des historiens contre Judas ou Pilate, ni contre aucun des ennemis ou des bourreaux de Jésus-Christ. Si cette modestie des historiens évangéliques avoit été affectée, aussi bien que tant d'autres traits d'un si beau caractère, et qu'ils ne l'eussent affectée que pour la faire remarquer ; s'ils n'avoient osé la remarquer eux-mêmes, ils n'auroient pas manqué de se procurer des amis qui auroient fait ces remarques à leur avantage. Mais comme ils ont agi de la sorte, sans affectation et par un mouvement tout désintéressé, ils ne l'ont fait remarquer par personne ; je ne sais même si cela a été remarqué jusqu'ici, et c'est ce qui témoigne la naïveté avec laquelle la chose a été faite. »

ces expressions confuses, ces liaisons de discours qui ne peuvent finir. Toute cette irrégularité du style marque dans Saint Paul et dans les autres Apôtres, que l'Esprit de Dieu entraînoit le leur. Mais, nonobstant ces petits désordres pour la diction, tout y est noble, vif et touchant. Plus on lit leurs épîtres, surtout celles de Saint Paul, plus on est étonné; on ne sait quel est cet homme qui, dans une espèce de prône familier, dit cependant des mots sublimes, jette les regards les plus profonds sur le cœur humain, explique la nature du Souverain Être et prédit l'avenir. Pour l'Apocalypse, on y trouve la même magnificence et le même enthousiasme que dans les prophètes. Les expressions sont souvent les mêmes, et quelquefois ce rapport fait qu'ils s'aident mutuellement à être entendus. On peut donc conclure de tout ce que nous venons de dire, que l'éloquence n'appartient pas seulement aux livres de l'Ancien Testament, mais qu'elle se trouve également dans le Nouveau.

Tel est l'Évangile ; tel est ce livre divin, le seul nécessaire à un Chrétien, et le plus utile de tous à quiconque ne le seroit pas ; il n'a besoin que d'être médité pour porter dans l'ame l'amour de son Auteur et la volonté d'accomplir ses préceptes. Jamais la vertu n'a parlé un si doux langage, jamais la sagesse ne s'est exprimée avec tant d'énergie et de simplicité. On n'en quitte pas la lecture sans se sentir meilleur. C'est l'opinion d'un fameux philosophe du xviii.e siècle, si inconstant en matière de religion, si habile dans l'art du paradoxe, et à qui cependant la force de la vérité a arraché le plus bel hommage que l'on ait jamais rendu à l'Évangile et à son divin Auteur(1). Après avoir parlé de la révélation sur laquelle il ose dire qu'il reste dans un *doute respectueux*, quoiqu'il ait avancé plus haut qu'il y a tant de raisons solides pour y croire, il continue ainsi : « Je vous avoue que la sainteté de l'Évangile est un argument qui parle à mon cœur, et auquel j'aurois même regret de trouver quelque bonne réponse. Voyez les livres des philosophes avec toute leur pompe ; qu'ils sont petits près de celui-là ! Se peut-il qu'un livre, à la fois si sublime et si simple, soit l'ouvrage des hommes ? Se peut-il que celui dont il fait l'histoire ne soit qu'un homme lui-même ? Est-ce là le ton d'un enthousiaste ou d'un ambitieux sectaire ? Quelle douceur, quelle pureté dans ses mœurs ! Quelle grâce touchante dans ses instructions ! Quelle élévation dans ses maximes ! Quelle

---

(1) M. de Châteaubriand, parlant de Rousseau sous le rapport religieux, nous paroît l'avoir montré sous son véritable jour, dans ce peu de lignes : « M. Rousseau, dit-il, est un des écrivains du dix-huitième siècle dont le style a le plus de charme, parce que cet homme, bizarre à dessein, s'étoit au moins créé une ombre de religion. Il avoit foi en quelque chose qui n'étoit pas le *Christ*, mais qui pourtant étoit l'*Évangile*. Ce fantôme de christianisme, tel quel, a quelquefois donné des grâces ineffables à son génie. Lui qui s'est élevé avec tant de force contre les sophistes, n'eût-il pas mieux fait de s'abandonner à toute la tendresse de son ame, que de se perdre, comme eux, dans de vains systèmes, dont il n'a fait que rajeunir les vieilles erreurs ? »

profonde sagesse dans ses discours! Quelle présence d'esprit, quel naturel et quelle justesse dans ses réponses! Quel empire sur ses passions! Où est l'homme, où est le sage qui sait agir, souffrir et mourir sans foiblesse et sans ostentation? Quand Platon peint son juste imaginaire couvert de tout l'opprobre du crime et digne de tous les prix de la vertu, il peint trait pour trait Jésus-Christ (1) : la ressemblance est si frappante, que tous les Pères l'ont sentie, et qu'il n'est pas possible de s'y tromper. Quels préjugés, quel aveuglement ne faut-il pas avoir pour oser comparer le fils de Sophronisque au Fils de Marie? Quelle distance de l'un à l'autre! Socrate mourant sans douleur, sans ignominie, soutint aisément jusqu'au bout son personnage ; et si cette facile mort n'eût honoré sa vie, on douteroit si Socrate, avec tout son esprit, fût autre chose qu'un sophiste. Il inventa,

---

(1) C'est quelque chose de bien étonnant et de bien singulier, que ce passage de Platon. (*de Republ.*, lib. II.) « Le juste parfait, dit-il, est celui qui cherche non pas à paroître vertueux, mais à l'être. Il faut qu'il soit privé de l'estime du public; car s'il passe pour juste, il aura des honneurs et des récompenses, et l'on ne pourra savoir s'il pratique la justice pour l'amour de ces biens, ou pour la justice elle-même. Il faut donc qu'il soit dépouillé de tout, excepté de la vertu : il doit n'en avoir pas même la réputation, mais passer pour injuste et méchant; et comme tel, être fouetté, tourmenté, mis dans les chaînes, privé de la vue, et, après avoir souffert toutes sortes de maux, ÊTRE CRUCIFIÉ. » Il est impossible d'avoir mieux spécifié la fin douloureuse de Jésus-Christ, qui cependant n'eut lieu que 371 ans après la mort de Platon.

Un autre passage non moins singulier du même Platon, est ce-

SECONDE PARTIE.

dit-on, la morale : d'autres avant lui l'avoient mise en pratique ; il ne fit que dire ce qu'ils avoient fait ; il ne fit que mettre en leçons leurs exemples. Aristide avoit été juste avant que Socrate eût dit ce que c'étoit que la justice ; Léonidas étoit mort pour son pays avant que Socrate eût fait un devoir d'aimer la patrie. Sparte étoit sobre avant que Socrate eût loué la sobriété ; avant qu'il eût loué la vertu, la Grèce abondoit en hommes vertueux. Mais, où Jésus-Christ avoit-il pris chez les siens cette morale élevée et pure, dont lui seul a donné les leçons et l'exemple ? La mort de Socrate philosophant tranquillement avec ses amis, est la plus douce qu'on puisse désirer ; celle de Jésus expirant dans les tourmens, injurié, raillé, maudit de tout un peuple, est la plus horrible qu'on puisse craindre. Socrate prenant la coupe empoisonnée, bénit celui qui la lui présente et qui pleure ; Jésus, au milieu d'un

---

lui où il définit Dieu comme Dieu se définit lui-même. Il dit que Dieu a tout fait par son *Verbe*, et que le Verbe *très divin* a rendu l'univers harmonique et visible. Il donne le nom de *Père* et de *Seigneur* au Père de l'Auteur du Monde. Il distingue de bons et de mauvais anges. Il enseigne que notre ame est l'image et la ressemblance de Dieu. Ces discours et quelques autres pareils ont fait dire à saint Clément d'Alexandrie, que Platon, nouveau Prométhée, avoit dérobé des Livres saints quelques étincelles du feu sacré qu'ils renferment. V. PLATON, *in Timœo*; le même, *in Epinomide*; le même, *in epistol. ad Hermiam, Erastum et Coriscum*; le même, *de Leg.*, l. 10; le même, *in Phædone et in Alcibiade*; et CLÉMENT D'ALEX. *in Stromat.*, lib. 1. M. De Maistre a un mot fort heureux à ce sujet ; il appelle la philosophie de Platon, *la préface humaine de l'Évangile*.

supplice affreux, prie pour ses bourreaux acharnés. Oui, si la vie et la mort de Socrate sont d'un sage, la vie et la mort de Jésus-Christ sont d'un Dieu. Dirons-nous que l'histoire de l'Évangile est inventée à plaisir ? Ce n'est pas ainsi qu'on invente ; et les faits de Socrate, dont personne ne doute, sont moins attestés que ceux de Jésus-Christ : au fond, c'est reculer la difficulté sans la détruire. Il seroit plus inconcevable que plusieurs hommes d'accord eussent fabriqué ce livre, qu'il ne l'est qu'un seul en ait fourni le sujet. Jamais des auteurs Juifs n'eussent trouvé ce ton ni cette morale ; et l'Évangile a des caractères de vérité si grands, si frappans, si parfaitement inimitables, que l'inventeur en seroit plus étonnant que le héros. »

Nous terminons par cet éloquent morceau plein de force et de vérité, ce que nous avions à dire sur l'Écriture Sainte en général. Nous n'avons parlé que d'après les auteurs sacrés et profanes qui nous ont paru le plus pénétrés de la grandeur et de la dignité de cette production vraiment miraculeuse. Eh! que pourrions-nous dire de plus de ces livres divins, qui, selon un écrivain moderne, sont l'éternel héritage des générations chrétiennes ; de ces livres qui, dans leur incompréhensible universalité, consolent le fidelle, confondent l'incrédule, et ont ravi d'une sainte admiration les plus beaux génies de tous les âges ?

Abraham MOIVRE (n. 1667 — m. 1764), célèbre mathématicien, et homme très sérieux, étoit passionné pour Rabelais et pour Molière ; il les savoit par cœur. Il dit un jour à l'un de ses amis qu'il aimeroit mieux être Molière que Newton ; opinion bizarre et plus surprenante encore dans un mathématicien. Il récitoit des scènes entières du *Misanthrope* avec toute la finesse et toute la force qu'il se rappeloit de leur avoir entendu donner soixante et dix ans auparavant par la troupe de Molière.

Charles Secondat de MONTESQUIEU (n. 1689 — m. 1755), président au parlement de Bordeaux, auteur de l'*Esprit des Lois* et d'autres ouvrages, faisoit de Tacite son auteur favori. « Cet historien, dit-il, abrégeoit tout, parce qu'il voyoit tout. »

Nous croyons devoir donner ici un extrait des pensées de Montesquieu sur les auteurs grecs et romains. « J'avoue, dit-il, mon goût pour les anciens; cette antiquité m'enchante, et je suis toujours prêt à dire avec Pline : C'est à Athènes que vous allez, respectez les Dieux. — L'ouvrage divin de ce siècle, *Télémaque*, dans lequel Homère semble respirer, est une preuve sans réplique de l'excellence de cet ancien poëte. Pope seul a senti la grandeur d'Homère. — Eschyle, Euripide, Sophocle, ont d'abord porté le genre d'invention au point que nous n'avons rien changé depuis aux règles qu'ils nous ont laissées, ce qu'ils n'ont pu faire sans une connoissance parfaite de la nature et des passions.—Plutarque me charme toujours : il y a des circonstances attachées aux personnes, qui font grand plaisir. — Qu'Aristote ait été précepteur d'Alexandre, ou que Platon ait été à la cour de Syracuse, cela n'est rien pour leur gloire ; la réputation de leur philosophie a absorbé tout. — Cicéron, selon moi, est un des plus grands esprits qui aient jamais été : l'ame toujours belle lorsqu'elle n'est pas foible. — Deux chefs-d'œuvre : la mort de César dans Plutarque, et celle de Néron dans Suétone. Dans l'une, on commence par avoir pitié des conjurés qu'on voit en péril, et ensuite de César qu'on voit assassiné. Dans celle de Néron, on est étonné de le voir obligé par degrés de se tuer, sans aucune cause qui l'y contraigne, et cependant de façon à ne pouvoir l'éviter. — Virgile inférieur à Homère par la grandeur et la variété des caractères, par l'invention admirable, l'égale par la beauté de la poésie. — Belle parole de Sénèque : *Sic præsentibus utaris voluptatibus, ut futuris non noceas.* — Jamais philosophe n'a mieux fait sentir aux hommes les douceurs de la vertu et la dignité de leur être que Marc-Antonin. Le cœur est touché, l'ame agrandie, l'esprit élevé. — il faut réfléchir sur la politique d'Aristote et sur les deux républiques de Platon, si l'on veut avoir une juste idée des lois et des mœurs des anciens Grecs. Les chercher dans leurs historiens, c'est comme si nous voulions trouver les nôtres en lisant les guerres de Louis XIV. — République de Platon, pas plus idéale que celle de Sparte. »

Telle est l'opinion de Montesquieu sur les auteurs anciens; celle qu'il a émise sur les modernes se trouve dans ce volume, aux différens articles des écrivains dont il a parlé, tels que Voltaire, Crébillon, etc., etc.

Jetons maintenant un coup d'œil sur ses propres ouvrages : les principaux sont les *Considérations sur la grandeur et la décadence des Romains*, et l'*Esprit des Lois*. Nous ne parlons pas des *Lettres persanes* qui parurent en 1721 ; il suffit de dire que, se sentant de la licence qui régnoit sous la régence, ce livre fut le premier qui, sous l'apparence de la frivolité, mit à la portée du vulgaire l'esprit philosophique et la critique des objets les plus sérieux et les plus respectés dans la société. Les *Considérations sur les Romains* sont tout autre chose, et l'on peut assurer, d'après un célèbre critique, que « c'est un chef-d'œuvre de raison et de style dont nous n'avions aucun modèle dans notre langue, qui durera autant qu'elle, et qui laisse bien loin Machiavel, Gordon, Saint-Réal, Amelot de la Houssaie; et tous les autres écrivains politiques qui avoient traité les mêmes objets. Jamais on n'avoit encore rapproché dans un si petit espace une telle quantité de pensées profondes et de vues lumineuses. Le mérite de la concision dans les vérités morales, naturalisé dans notre langue par La Rochefoucauld et La Bruyère (1), doit

---

(1) Un auteur moderne dont nous ne nous rappelons pas le nom, s'exprime ainsi sur les différens écrivains de son choix qui lui ont paru les plus remarquables par la précision, et qu'il classe

le céder à celui de Montesquieu, en raison de la hauteur et de la difficulté du sujet........ Quoi de plus imposant que ce vaste tableau de vingt siècles (depuis la fondation de Rome jusqu'à la prise de Constantinople), renfermé dans un cadre étroit, où, malgré sa petitesse, les objets ne perdent rien de leur grandeur et n'en deviennent même que plus saillans et plus sensibles ! Que peut-on comparer en ce genre à un petit nombre de pages, où l'on a pour ainsi dire fondu et concentré tout l'esprit de vie qui animoit et soutenoit ce colosse de la puissance romaine, et en même temps tous les poisons rongeurs qui, après l'avoir long-temps consumé, le firent tomber en lambeaux sous les coups de tant de nations réunies contre lui ? C'est un monument unique dans notre siècle, que ce livre qui avec tant de substance a si peu d'étendue, où la philosophie est si heureusement mêlée à la politique, que l'auteur a pris de l'une la justesse des idées générales, et de

---

dans l'ordre suivant : MONTESQUIEU, LA BRUYÈRE et BOSSUET. « L'esprit de MONTESQUIEU, dit-il, franchissoit toutes les idées intermédiaires ; ses pensées n'étoient que des résultats ; il est peut-être encore plus précis que Tacite. Quant à LA BRUYÈRE qui n'a écrit que des pensées détachées, il abonde en expressions heureuses et inusitées, en tournures de phrases qui ne sont qu'à lui : il s'est créé une langue dans la nôtre. C'est l'écrivain le plus original par l'expression, sans jamais être bizarre. BOSSUET, dans les beaux morceaux de ses *Oraisons funèbres*, unit la force, la concision, la majesté et la négligence ; il est de tous les écrivains le moins *léché* ; dans son *Histoire universelle*, il entasse les faits en épargnant les mots, et cependant y sème à profusion de grandes idées. »

l'autre, celle des applications particulières : deux choses très différentes et qui, faute d'être réunies, ont produit si souvent ou des législateurs qui n'étoient nullement philosophes, ou des philosophes qui n'étoient nullement législateurs. »

Quant à l'*Esprit des Lois*, c'est une vaste conception qui a exigé trente ans de travaux, et qui, grâce au style concis de l'écrivain, quoique resserrée dans un cadre assez étroit, renferme les différens principes de législation et de politique dont toutes les nations civilisées ou susceptibles de l'être peuvent faire leur profit, quelque gouvernement qu'elles aient ou qu'elles veulent adopter; mais aussi elles peuvent en faire abus. C'est ce qui fait que cet ouvrage si profond et dont l'ensemble est si difficile à saisir à moins d'être long-temps médité, a été l'objet d'éloges pompeux et de critiques amères. Voltaire dont le jugement étoit si sûr en matières littéraires, mais si mobile quand l'humeur ou la passion le dominoit, a dit blanc et noir en parlant de ce livre; tantôt il se plaisoit à répéter ce mot de madame Dudeffant : « Ce n'est pas l'*Esprit des Lois*, mais *de l'esprit sur les lois;* tantôt il s'écrioit: « *Le genre humain avoit perdu ses titres ; Montesquieu les a retrouvés et les lui a rendus.* » Mais lorsque la révolution se préparoit et qu'elle a commencé à éclater, les regards se sont fixés bien davantage sur l'ouvrage de Montesquieu, et sur un autre livre non moins fameux et qui, aux yeux des novateurs, parut bien plus approprié aux circonstances du moment; je veux parler du *Contrat social*. Les deux écrivains ont eu leurs enthousiastes et leurs détracteurs qui se sont alors prononcés avec une exaltation nullement surprenante en 89 et 90. Nous ne citerons donc aucun des jugemens de ce temps; mais nous en rappellerons deux qui leur sont postérieurs, et dans lesquels Montesquieu et Rousseau sont jugés d'après les résultats de la révolution. L'un est de M. de La Harpe qui se déclare ouvertement pour Montesquieu. Il le présente par-tout comme un grand homme qui a examiné tous les gouvernemens sous les rapports de l'ordre à conserver et de l'abus à modifier; tandis qu'il donne Rousseau comme blâmant universellement ce qui est, et imaginant sans cesse ce qui devroit être, sans s'embarrasser si ce qu'il propose est possible; et il pense qu'avec les principes de Rousseau on ne feroit pas même une petite république, et qu'avec ceux de Montesquieu on maintiendra toujours une grande monarchie. Cette opinion de La Harpe, très détaillée, est trop longue pour être rapportée ici; on la trouvera dans son *Cours de littérature*, édition de Dijon, tom. XVII, pag. 64 et suiv.

Le second jugement est de M. de Bonald qui n'est partisan ni de Montesquieu, ni de Rousseau. Comme ce passage de la *Législation primitive*, etc. Paris, 1802, 3 *vol. in*-8.º, tom. 1, *pag.* 90-92, n'est pas très long, nous pouvons le donner en entier; on y verra que l'auteur regarde l'*Esprit des Lois* comme ayant influé, de même que le *Contrat social*, sur la politique de la génération présente, cependant avec des nuances différentes : « Montesquieu et Rousseau, dit-il, écrivirent tous deux sur la politique avec un succès égal, parce que les talens étoient semblables et que les intentions n'étoient pas très différentes. Tous deux admirent comme base de la société, ou du moins établirent, dès l'entrée, la bonté native de l'homme et un prétendu état humain de pure nature antérieur à la société et meilleur que la société........ Montesquieu, partisan de l'unité de pouvoir par état et par préjugé et du gouvernement populaire par affection philosophique, favorable aux sociétés unitaires par ses aveux et aux sociétés opposées par ses principes, sans plan et sans système, écrivit l'*Esprit des Lois* avec le même esprit, et dans quelques endroits, avec la même manière qu'il avoit écrit les *Lettres persanes* ; et cherchant sans cesse l'esprit de ce qui est, et jamais la règle de ce qui doit être, il trouva la raison des lois les plus contradictoires et même des lois qui sont contre toute raison. L'auteur du *Contrat social* ne vit dans la société que l'individu, et dans l'Europe que Genève. Il confondit dans l'homme la domination avec la liberté, dans la société la turbulence avec la force, l'agitation avec le mouvement, l'inquiétude avec l'indépendance ; et il voulut réduire en théorie le gouvernement populaire, c'est-à-dire, fixer l'inconstance et *ordonner* le désordre. L'instruction politique de la génération présente fut toute renfermée dans ces deux ouvrages : l'un conséquent à ses principes, appelant tout le monde à la domination, et fait pour séduire des hommes orgueilleux et avides de pouvoir ; l'autre heureusement inconséquent, rachetant l'erreur des principes par de grandes vérités dans les détails, et fait pour en imposer à des esprits inattentifs et à des cœurs honnêtes; l'un et l'autre soutenus par un style qui éblouit par son éclat, ou qui étonne par sa précision, accrédités par des noms fameux, et ce qui est plus décisif, appuyés par un parti puissant. L'*Esprit des Lois* fut l'oracle des philosophes du grand monde, le *Contrat social* fut l'évangile des philosophes de collége ou de comptoir ; et comme les écoles tiennent toujours quelque chose du tour d'esprit et du caractère de leurs fondateurs, les adeptes de Rousseau, tranchans comme leur maître, attaquèrent à force ouverte les principes de l'ordre social, que les partisans de Montesquieu ne défendirent qu'avec la foiblesse et l'irrésolution que donnent une doctrine équivoque et un maître timide et indécis. »

Je crois pouvoir ajouter ici un passage tiré comme le précédent, de la *Législation primitive,* tom. 1, pag. 128. M. de Bonald y caractérise en peu de mots la révolution de France. C'est un petit tableau plein de vérité : « La révolution, dit-il, a passé, et de bien loin, toutes les craintes et toutes les espérances. Assemblage inouï de foiblesse et de force, d'opprobre et de grandeur, de délire et de raison, de crimes et même de vertus ; la tête dans les cieux et les pieds dans les enfers, elle a atteint les deux points extrêmes de la ligne qu'il a été donné à l'homme de parcourir, et elle a offert à l'Europe, dans tous les genres, des scandales et des modèles qui ne seront jamais surpassés. »

M. ESPIARD DE LA COUR (né le 1.ᵉʳ février 1715 — m.......), conseiller au Parlement de Dijon, dit, dans ses *Œuvres mêlées,* Amsterdam (Dijon), 1749, *in*-12, qu'Hérodote, Thucydide, Xénophon, Joseph, Tite-Live, Salluste et Tacite sont des historiens parfaits, et que le seul Français que nous puissions leur comparer, est Rollin. Cependant M. Espiard ajoute des réflexions sur Rollin, dont le fond a peut-être quelque chose de fondé, mais dont la forme me paroît un peu cynique. « Déplacez, dit-il, M. Rollin du poste qu'il occupoit à l'université; vous lui ôterez la manie de tout rapporter à la Religion ; vous le mettrez dans le cas d'abréger ses réflexions et de couvrir d'un voile moins épais la vérité des faits qui blessent la pudeur : alors M. Rollin sera le plus véridique et le plus accompli des historiens. » Oui ; mais Rollin que je regarderois comme l'homme le plus vertueux des temps modernes, si Fénélon ne lui disputoit ce beau titre, Rollin ne travailloit-il pas pour la jeunesse ? Pouvoit-il prendre trop de précautions pour l'affermir dans les principes religieux, et pour dérober à ses yeux tout ce qui pouvoit blesser la morale et la pudeur ? A-t-il jamais trahi la vérité de l'histoire ? Ne l'a-t-il pas écrite d'un style soutenu et toujours convenable ? Ses réflexions sont un peu étendues ; mais son style est si doux, si coulant, si entraînant, que non-seulement on lui pardonne, mais on est tenté de lui savoir gré de sa prolixité. Je citerai à ce sujet un témoignage bien flatteur pour Rollin. Le duc de Cumberland et les princesses ses sœurs se procuroient toujours les premiers exemplaires des ouvrages de Rollin ; c'étoit à qui les auroit plutôt lus et à qui en rendroit le meilleur compte. Ce prince disoit : « Je ne sais comment fait M. Rollin ; par-tout ailleurs les réflexions m'ennuient, et je les saute à pieds joints ; mais dans son livre elles me charment, et je n'en perds pas un mot. » Tel est l'empire de la vertu exprimée dans un style qui lui convient ; il est certain qu'on ne peut lire une page de Rollin sans devenir meilleur.

Il est encore un reproche que l'on a fait à Rollin, c'est d'avoir été *trop peu en garde contre les exagérations de l'antiquité* ; et ce reproche lui a été fait par M. Royou qui nous a donné un *Précis de l'histoire ancienne, d'après Rollin*. Nous ne nous permettrons pas de décider si cette accusation est plus ou moins fondée ; mais nous y répondrons par des observations très judicieuses qu'elle a suggérées à un savant critique, qui, dans les journaux, a rendu compte, en 1811, du *Précis* de M. Royou. « Il faut se rappeler, dit-il, le plan que s'étoit tracé Rollin et les vues dans lesquelles il écrivoit ; quand on veut le juger avec impartialité : d'abord il travailloit pour la jeunesse, et ce n'étoit pas seulement les faits

de l'histoire ancienne, mais l'esprit, le génie de
l'antiquité qu'il vouloit lui faire connoître. Il est
nécessaire de savoir les fables, les contes, toujours
plus ou moins intéressans, toujours plus ou moins
moraux, que débitent les historiens anciens; cette
connoissance des traditions même les plus suspectes,
doit former, comme celle des mensonges mytholo-
giques, une partie de l'éducation; il n'est point permis d'ignorer ce que raconte le père de l'histoire
avec une éloquence si naïve, tant de bonhomie et
de simplicité, et quelquefois probablement avec plus
de vérité que ne le pense notre dédaigneuse critique (1). Ses narrations sont comme les récits d'Homère; elles ont quelque chose de sacré, quelque
chose qui tient à l'autorité des vieux âges; elles parlent à l'imagination, la charment et la nourrissent;
l'enfance et la jeunesse ne sont point le temps des
discussions critiques : j'aime mieux dans les jeunes
gens une certaine simplicité de croyance, qu'une
orgueilleuse incrédulité; j'ai meilleure idée des enfans qui respectent Homère et Hérodote, que de
ceux qui veulent s'en moquer; les histoires philosophiques et raisonnées ne sont point faites pour ces
jeunes esprits : le flambeau de la critique les éclaire

---

(1) On sait que depuis plus de vingt ans les connoissances archéologiques, historiques et géographiques s'étant accrues par
suite d'expéditions et de voyages très intéressans, soit dans la
Grèce, soit en Égypte, soit en Asie; on sait, disons-nous, que
plusieurs points des histoires d'Hérodote, que l'on taxoit de fables
et d'erreurs, ont été reconnus pour être vrais et exacts.

moins qu'il ne les dessèche ; il viendra une époque
où ils pourront examiner avec sévérité les trésors
amassés dans leur mémoire et dans leur imagination;
mais en attendant, il faut qu'ils écoutent avec modestie et docilité les grands écrivains de l'antiquité,
et personne n'a su mieux que Rollin leur servir
d'interprète et d'organe auprès de la jeunesse. »

Nous ne parlerons pas ici de l'excellent *Traité des
études* ; nous en avons fait mention, *pag.* 209 ; nous
dirons seulement que dans tous les ouvrages de Rollin, on remarque un style clair, pur, correct, harmonieux, élégant, mais d'une élégance qui se con-
cilie avec la naïveté et qui ne coûte rien au naturel ; et pour revenir au reproche qu'on lui a fait de
moraliser un peu trop, nous conviendrons avec le
célèbre critique cité plus haut, « que ses dissertations morales sont quelquefois un peu longues, mais
qu'il est très rare qu'elles le paroissent, parce qu'elles ne sont point pédantesques, parce qu'elles ne
sont jamais dures, parce qu'on y sent toujours un
fonds d'indulgence, d'intérêt véritable et de bonté,
parce qu'elles ont même un certain attrait et une
certaine aménité qui les introduisent sans effort dans
les esprits et qui leur gagnent en secret les cœurs :
c'est ce ton de tendresse et de simplicité patriarcale
qui a rendu l'épithète de bon comme inséparable du
respectable nom de Rollin. Heureux les auteurs,
comme les princes, à qui la voix publique décerne
un si doux honneur ! Une statue fut élevée au bon
Rollin, comme au grand Bossuet, au sensible Féné-

lon, au profond Pascal, au naïf La Fontaine, à Corneille, à Racine, à Descartes; le bon Rollin tient sa place parmi les lettrés qui ont le plus honoré notre nation et qui l'ont le mieux servie. »

Revenons à M. Espiard. Il prétend que c'est faire tort au siècle de Louis XIV de le comparer au siècle d'Auguste : ce dernier siècle n'est recommandable à ses yeux que par les poésies de Virgile, d'Horace et d'Ovide. Pas un seul capitaine à comparer aux Turenne, aux Condé, aux Luxembourg, aux Catinat, aux Villars, puis aux Gassion, Créqui, Thoiras, le Plessis-Praslin, Rantzau, Vendôme, etc. Point d'auteurs à opposer aux Bossuet, aux Fénélon, aux Pascal, aux La Bruyère, aux Bourdaloue, aux Fléchier. Point d'artistes, de peintres, de sculpteurs, de musiciens, qui puissent le disputer aux Lebrun, aux Mignard, aux Girardon, aux Mansard, aux Lully. Point de mathématicien qui rivalise avec Vauban. Mécène n'est pas comparable à Colbert. Il est cependant vrai que la *Henriade* est bien au-dessous de l'*Enéide*, que les *Satires* de Boileau sont au-dessous de celles d'Horace, et que nous n'avons point de poésies galantes à placer vis-à-vis celles d'Ovide, de Catulle et de Tibulle; (Parny n'existoit pas encore du temps de M. Espiard, il n'y avoit guère que Chaulieu); mais les Romains n'ont personne qui puisse être comparé à Corneille, à Racine, à Crébillon, (à Voltaire). Térence ne peut le disputer à Molière; Phèdre à La Fontaine; Martial à J.-B. Rousseau. M. Espiard qui paroît juger un peu sévèrement les Romains, trouve qu'il seroit plus convenable de comparer le siècle de Louis-le-Grand aux beaux temps de la Grèce. En conséquence il fait des parallèles que je vais disposer en tableaux sur deux colonnes, afin qu'on les saisisse plus facilement.

Guerriers.		*Poëtes.*	
Epaminondas	et Turenne.	Sophocle	et Corneille.
Thémistocle	et Condé.	Euripide	et Racine.
Cimon	et Luxembourg.	Eschyle	et Crébillon.
Alcibiade	et Villars.	Ménandre	et Molière.
Historiens, Moralistes, Orateurs.		Ésope	et La Fontaine.
		Anacréon	et Chapelle.
Thucydide	et Bossuet.	Théocrite	et Fontenelle.
Platon	et Pascal.		*Artistes.*
Xénophon	et Fénélon.	Apelle	et Lebrun.
Théophraste	et La Bruyère.	Protogène	et Mignard.
Démosthène	et Bourdaloue.	Praxitèle	et Girardon.
Eschine	et Massillon.	Dinocrate	et Mansard.
Hypéride	et Fléchier.	Archimède	et Vauban.

Il n'est pas certain que tous ces parallèles soient parfaitement exacts; mais il y a quelques points de contact entre le génie et les talens des personnages que M. Espiard compare entre eux.

En prenant un peu plus de latitude, c'est-à-dire, en puisant dans toute l'antiquité grecque et romaine, nous avons aussi essayé d'établir quelques parallèles qui nous paroissent présenter plus d'analogie que ceux de M. Espiard. Nous avons eu pour but, dans ces rapprochemens, de faire juger, dans chaque genre, de la supériorité des anciens sur les modernes, ou des modernes sur les anciens. Il suffit pour cela de comparer

Aristote	à Descartes.
Xénophon (Cyropédie)	à Fénélon. (Télémaque.)
Théophraste	à La Bruyère.
Sénèque le philosophe	à Montaigne.

Pline l'ancien	à Buffon.
Columelle	à Rozier.
Euclide	à Pascal.
Quintilien	à Rollin et à La Harpe.
Démosthène	à Bossuet.
Isocrate	à Fléchier.
Eschine et Cicéron	à Massillon.
Virgile (Énéide)	à Voltaire (Henriade.)
Sophocle	à Corneille.
Euripide	à Racine.
Eschyle	à Crébillon.
Les trois tragiques précédens	à Voltaire.
Térence et Plaute	à Molière.
Ménandre	à Regnard.
Aristophane	à Palissot.
Sénèque le tragique	à Quinault.
Horace (Odes)	à J.-B. Rousseau (Odes.)
Horace (Sat. et Épît.)	à Boileau.
Horace (Art poétique)	à Boileau.
Ovide (Héroïdes)	à Colardeau (Héroïdes.)
Juvénal	à Boileau et à Gilbert.
Martial	à Marot, Racine et Rousseau.
Ésope et Phèdre	à La Fontaine.
Théocrite et Virgile (Bucoliq.)	à Fontenelle (Pastorales.)
Bion et Moschus (Idylles)	à Berquin (Idylles.)
Virgile (Géorgiques)	à Delille (Homme des champs.)
Tibulle	à Parny (ses seules Élégies.)
Thucydide et Tite-Live	à Rollin.
Quinte-Curce	à Vertot.
Salluste (Conj. de Catilina)	à Saint-Réal (Conj. de Venise.)
Velleius Paterculus, Florus et Eutrope	à Hénault (le Président).
etc., etc.	

Quoique nous ne nous soyons pas prononcé, dans cette liste, sur la supériorité réciproque que certains auteurs, soit anciens, soit modernes, peuvent avoir les uns sur les autres, on ne peut cependant pas disconvenir que La Bruyère ne l'emporte beaucoup sur Théophraste ; que Bossuet, égal à Démosthène pour le génie, ne lui soit supérieur pour l'ordre des idées où nos doctrines religieuses avoient élevé son talent ; que Racine n'ait perfectionné ce qu'il a emprunté à Euripide, et ne l'emporte sur lui par les détails du style et par les grâces de la diction ; que Molière ne soit fort au-dessus de Térence et de Plaute ; que La Fontaine n'éclipse totalement Phèdre, etc.

Montesquieu a aussi fait une espèce de table de comparaison, mais différente de celle que nous venons d'exposer. Il ne parle que d'auteurs Français, et il les met en rapport avec des peintres. « S'il faut donner le caractère de nos poëtes, dit-il, je compare

Corneille	à Michel-Ange.
Racine	à Raphaël.
Marot	au Corrège.
La Fontaine	au Titien.
Despréaux	au Dominiquin.
Crébillon	au Guerchin.
Voltaire	au Guide.
Fontenelle	au Bernin.
Chapelle, Lafare, Chaulieu	au Parmesan.
Regnier	au Giorgion.
Lamotte	à Rembrandt.
Chapelain	au-dessous d'Albert Durer.

Si l'on veut parler des étrangers :

Milton	à Jules Romain.
Le Tasse	au Carrache.
L'Arioste	à personne, parce que personne ne peut lui être comparé.

J'ajouterai encore ici un parallèle de trois prophètes avec trois auteurs grecs, que fait le célèbre Lowth, auteur d'un excellent traité sur la poésie des Hébreux. Il compare

Isaïe   à Homère.
Jérémie   à Simonide.
Ezéchiel   à Eschyle.

On sent bien que tous ces parallèles ne reposent pas sur des rapprochemens complets et rigoureux ; mais cependant ils donnent une idée assez juste de certains points de contact qui se trouvent entre tel et tel génie ; et sous ce rapport ils ne sont pas dénués d'intérêt, puisqu'ils mettent en présence et la littérature et les grands hommes des différens siècles ; c'est ce qui nous a engagé à réunir tous ces parallèles dans un seul article.

Bernard Le Bovier de FONTENELLE, littérateur (n. 1657—m. 1757), sentoit tout le prix de l'*Imitation de Jésus-Christ,* lorsque, dans la vie du grand Corneille, il a dit : « Ce livre admirable, traduit dans les langues des peuples même les plus barbares, est le plus bel ouvrage qui soit sorti de la main des hommes, puisque l'Évangile n'en vient pas. » En effet, on ne peut disconvenir que ce livre, malgré la négligence du style, touche beaucoup plus que les réflexions pétillantes de Sénèque et les froides consolations de Boece. Il charme à la fois le chrétien et le philosophe ; Luther même le mettoit au-dessus des ouvrages de tous les Pères, excepté ceux de S. Augustin. Leibnitz s'exprime ainsi dans ses lettres, (*p.* 77) : « L'*Imitation de Jésus-Christ* est un des plus excellens traités qui aient été faits ; heureux celui qui en pratique le contenu, non content de l'admirer ! » Le prince Eugène (n. 1663, m. 1736), portoit toujours sur lui l'*Imitation de Jésus-Christ,* dans ses expéditions militaires. M. de Juvigny, éditeur des *Bibliothèques françaises de La Croix du Maine et du Verdier,* parlant de Jean Bouillon, traducteur de l'*Imitation de Jésus-Christ,* apostrophe ainsi les écrivains de son temps, qui, dans leurs productions, cherchoient à saper les bases de la religion et de la morale publique : « Téméraires et orgueilleux philosophes du dix-huitième siècle, oseriez-vous, à cet ouvrage si pur, si consolant du treizième, opposer vos écrits ténébreux dont l'odieuse et sombre philosophie ne respire que le doute, le désespoir et le néant? » Qu'eût ajouté à cette apostrophe un peu vive pour le temps, M. de Juvigny, s'il eût été témoin de l'influence qu'ont eue sur la révolution française les écrits en question, et surtout s'il voyoit les livres en tous genres dont la presse nous inonde depuis quatre à cinq ans? Il en est quelques-uns, et même un trop grand nombre, qui sans doute lui feroient dire avec M. de Bonald : « Lorsque l'on voit des écrivains doués, quelques-uns, des plus rares talens, et qui tous ensemble ont pris un si haut ascendant sur leur siècle, traitant la philosophie par hyperboles, publier sur les objets les plus importans leurs *conceptions hardies* qu'on ne doit pas prendre à la rigueur, et faire ainsi avec une inconcevable témérité de l'esprit sur les lois, les mœurs, la religion, l'autorité politique, au milieu de la société, et en présence de toutes les passions, on ne peut s'empêcher de les comparer à des enfans qui, dans leurs jeux imprudens, tranquilles sur des dangers qu'ils ne soupçonnent même pas, s'amuseroient à tirer des feux d'artifice dans un magasin à poudre. »

Revenons à l'*Imitation* : Aucun livre, si ce n'est la Bible, n'a plus souvent été réimprimé que ce bel ouvrage (1), et le nombre de ses traductions

---

(1) Le P. Desbillons, dans sa dissertation sur l'auteur de l'*Imitation*, prétend que dans l'espace de trois siècles il a paru plus de deux mille éditions de cet ouvrage. Si l'on suppose que chaque édition a été tirée, terme moyen, à trois mille, c'est six millions d'exemplaires qui ont été répandus dans le monde chrétien. M. Barbier pense que le nombre des éditions des traductions françaises du même ouvrage, peut s'élever à près de mille.

Quant à la Bible, pour donner une idée de la multiplicité de ses éditions, je citerai seulement le nombre d'exemplaires qui est sorti d'une seule imprimerie pendant cent ans. Cette imprimerie est celle des Orphelins, fondée à Halle par M. le baron de Canstein, en 1710, pour la publication de l'Écriture Sainte seulement. Elle a produit depuis sa fondation jusqu'en 1810, environ deux millions de Bibles complettes, et près d'un million de Nouveaux Testamens imprimés à part avec les Psaumes. Si l'on ajoute à ce nombre le résultat des travaux des Sociétés bibliques modernes de France, d'Angleterre, de Russie, de l'Inde, etc., l'imagination sera effrayée de la quantité inouie d'exemplaires de l'Écriture répandus dans les différentes parties du Monde.

On assure que la Bibliothèque royale de Wurtemberg possède plus de neuf mille Bibles, toutes d'éditions différentes, en diverses langues; et l'on ajoute qu'il en manque bien trois mille pour que

dans diverses langues, est aussi très considérable. Jusqu'ici l'on n'a pu encore découvrir d'une manière certaine le véritable auteur de ce livre admirable; le savant M. Barbier a donné une très bonne dissertation sur soixante traductions françaises de cet ouvrage, *Paris*, 1812, *in*-12; dans son avertissement, il dit que « l'excellent livre de l'*Imitation*, si remarquable par la noblesse et l'élévation des sentimens, n'est pas moins célèbre par les disputes auxquelles le nom de son auteur a donné lieu depuis plus de trois cents ans. Le quinzième et le seizième siècle ont vu alléguer une multitude de témoignages soit pour Saint Bernard, soit pour le chancelier Gerson, soit pour le chanoine régulier Thomas-à-Kempis. Vers le commencement du dix-septième siècle, on a mis en scène un prétendu Jean Gersen, bénédictin, abbé de Verceil en Italie. Au milieu du même siècle, les Chanoines réguliers plaidèrent vivement pour Thomas-à-Kempis, et les Bénédictins pour Jean Gersen. Pendant le dix-huitième siècle, la question s'étant renouvelée en faveur de ce dernier, des savans très recommandables se déclarèrent pour Thomas-à-Kempis. Depuis quelques années,

---

la collection soit complette. Ordinairement une édition de la Bible se tire à cinq mille; mais prenons le terme moyen de trois mille de tirage, les douze mille éditions produiroient donc trente-six millions d'exemplaires de la Bible. Que l'on juge, par ce seul article, du nombre de volumes en tous genres, que la presse a fait éclore depuis 1436, époque de sa découverte. (Voy. à ce sujet là note, *pag.* 2-4.)

SECONDE PARTIE.

des Italiens très érudits se prononcent de nouveau en faveur de Gersen, tandis qu'un littérateur français qui a fait une profonde étude de cette matière, paroît penser que le véritable auteur de l'Imitation de Jésus-Christ seroit plutôt le chancelier Gerson, ou le chanoine Thomas-à-Kempis. M. Barbier déclare qu'il n'entre pas dans cette honorable lice, parce que son objet principal est de faire connoître les traducteurs de cet ouvrage. Après avoir lu beaucoup de dissertations à ce sujet, il me semble que Thomas-à-Kempis a le plus de présomptions en sa faveur. Dans de pareilles discussions il faut sacrifier le préjugé national à la recherche de la vérité. Un très respectable magistrat (1), ancien président du parlement de Bourgogne, a publié une nouvelle traduction de l'Imitation de Jésus-Christ, *Dijon*, 1816, *in*-12; il en a donné une nouvelle édition en 1820, *in*-8.°, à laquelle il a ajouté en note tous les textes de l'Écriture Sainte, qui forment la base de cet excellent livre. Enfin, en février 1822, parut une nouvelle édition de la même traduction, avec les mêmes textes de l'Écriture, en français, d'après la

---

(1) Ce digne magistrat est M. Louis-Philibert-Joseph Joly de Bévy, connu par différens ouvrages détaillés dans le *Journal de la Librairie*, n.° 12, du 23 mars 1822, d'après une notice de M. Amanton, consignée dans le *Journal de Dijon et de la Côte-d'Or*, du 23 février. M. de Bévy est mort le 21 février 1822, âgé de 86 ans, au moment où l'on terminoit l'impression de la troisième édition de sa traduction de l'*Imitation de J.-C.* Ces trois éditions sortent des presses de M. Frantin.

version du Père Carrières. C'est donc une traduction de plus à ajouter aux soixante dont M. Barbier a fait l'objet de ses savantes recherches. Mais elle n'est pas la seule ; on connoît encore une traduction nouvelle de M. Gentz, une de M. Genoude, qui l'une et l'autre ont paru en 1820, etc., etc. Le même M. Barbier dit dans ses notes, que si l'on réunit l'édition du Louvre, 1640, *in-folio*, l'édition de Didot jeune, *Parisiis*, 1789, *in-*4.°, avec un beau portrait du Sauveur, par Klauber, l'édition de Bodoni, *Parme*, 1793, *in-folio,* et la jolie édition des Elzevirs, *Lugduni (Batav.),* sans date, mais entre 1652 et 1654, *in-*12, on connoîtra ce que la typographie a exécuté de plus magnifique et de plus élégant pour reproduire un des chefs-d'œuvre de l'esprit humain.

C. FALCONNET, médecin (n. 1671—m. 1762), disoit que si on ne lui permettoit de choisir que quatre volumes dans sa bibliothèque (qui étoit composée de 19,798 ouvrages), il prendroit d'abord la Bible ; pour les trois autres, il les désignoit ainsi : Maître François, maître Michel et maître Benoit ; ce qui, si je ne me trompe, signifie assez clairement Rabelais, Montaigne et Spinosa. On trouvera sans doute de la bizarrerie, et même quelque chose de plus, à lui voir placer la Bible en tête des trois ouvrages, objet de sa prédilection, surtout du dernier.

LOUIS de France (n. 1729—m. 1765), Dauphin,

père de Louis XVI, faisoit de Cicéron et d'Horace, ses auteurs favoris. On conservoit dans la bibliothèque particulière de Louis XVI, un exemplaire de Cicéron, édition de d'Olivet, qui, dans le *Traité des offices*, étoit chargé de notes écrites de la main du Dauphin, sur les marges. Horace lui étoit si familier qu'il le savoit presqu'entièrement par cœur. Il avoit appris seul la langue anglaise; il paroît qu'il lisoit Locke avec intérêt, car il le plaçoit sous son chevet. Il a traduit plusieurs passages du *Spectateur* d'Addisson et des œuvres de Pope qu'il lisoit volontiers. (V. pour des extraits de ses traductions, sa *Vie* par M. l'abbé Proyard, édition de 1777, in-12, pag. 66-71). Dans ce dernier ouvrage, on trouve encore un morceau très intéressant sur la dernière maladie du Dauphin, écrit entièrement de la main de madame la Dauphine son épouse. Dans l'édition en question, ce morceau tient depuis la page 286 jusqu'à la 317.e La relation de madame la Dauphine ne va pas jusqu'à la mort de son auguste époux, parce qu'elle n'a voulu écrire que ce qu'elle avoit vu. Cette relation a été continuée par M. l'évêque de Verdun qui est resté auprès du prince jusqu'à son dernier soupir.

Jacques DOUGLAS, médecin anglais (n. 1707 — m. 1768, étoit tellement enthousiasmé d'Horace, qu'il avoit uniquement composé sa bibliothèque d'éditions de cet auteur. Il en possédoit quatre cent cinquante, dont la première datoit de 1476, et la dernière de 1739, époque à laquelle il en publia le catalogue. *Londres*, 1739, *in*-8.º

Il a existé depuis un autre amateur, le comte de Solmes, qui avoit dans sa bibliothèque près de huit cents, tant éditions d'Horace qu'ouvrages relatifs à cet auteur. Voici comment Sommer s'exprime à ce sujet dans sa *Bibliotheca Horatiana*, Lipsiæ, 1775, in-8.º (Voy. la préface) : *Silentio autem non involvendum hoc, sed palàm prædicandum multa me ex tantá ac splendidá supellectile illustrissimi et excellentissimi Friderici Ludovici è comitibus Solmensibus, Elect. Sax.. comitis consistoriani, deprompsisse. Litterarum hic ut est fautor eximius, bibliothecæ suæ Horatianæ catalogum nobis inspiciendum dedit : quæ bibliotheca omnium instructissima editiones et scripta huc pertinentia ferè* DCCC *continet.* »

Germain-François Poulain de SAINT-FOIX, historiographe de l'ordre du Saint-Esprit (n. 1703 — m. 1776), faisoit son idole de Corneille. Quoique s'étant exercé sur des sujets pleins de délicatesse, tels que l'*Oracle*, les *Grâces*, etc. Saint-Foix n'estimoit que les ouvrages d'une touche austère et vigoureuse. Racine avoit, selon lui, trop de mollesse et de douceur. Grimm prétend qu'il avoit pris l'aversion la plus décidée pour Henri IV ; je présume que cette manière de voir de Saint-Foix sur Racine et sur Henri IV, tient plus à l'originalité qu'à un défaut de goût; car il en avoit beaucoup. C'étoit un homme singulier qui écrivoit très agréablement, qui savoit intéresser son lecteur, soit par la pureté de son style, soit par les recherches curieuses dont il a rempli ses *Essais sur Paris* et son *Histoire de l'ordre du Saint-Esprit;* mais dont le caractère pétulant et la conduite dans la société faisoient un contraste continuel avec la fraîcheur, les grâces et l'intérêt qui règnent dans presque tous ses écrits.

Jean-Baptiste GRESSET, poëte français (n. 1709 m. 1777), a consigné dans sa jolie pièce de *la Chartreuse*, la liste des auteurs auxquels, dit-il, il bornoit sa bibliothèque. Il est présumable qu'elle étoit plus étendue, et d'un choix plus sévère et plus éclairé sous certains rapports; car on n'a jamais mis Pavillon ni Saint-Evremond au rang des écrivains *primæ notæ*. Voici le passage où Gresset fait l'éloge des auteurs de son goût :

Que dis-je! est-on seul, après tout,
Lorsque, touché des plaisirs *sages,*
On s'entretient dans les ouvrages
Des Dieux de la lyre et du goût ?
Par une illusion charmante
Que produit la verve brillante
De ces chantres ingénieux,
Eux-mêmes s'offrent à mes yeux,
..... sous cette parure aisée,
Sous ces lauriers vainqueurs du sort,
Que les citoyens d'Élysée
Sauvent du souffle de la mort.
    Tantôt de l'azur d'un nuage
Plus brillant que les plus beaux jours,
Je vois sortir l'ombre volage

D'Anacréon, ce tendre sage,
Le Nestor du galant rivage,
Le patriarche des Amours.
Épris de son doux badinage,
Horace accourt à ses accens,
Horace, l'ami du bon sens,
Philosophe sans verbiage,
Et poëte sans fade encens.
Autour de ces ombres aimables,
Couronnés de roses durables,
Chapelle, Chaulieu, Pavillon,
Et la naïve Deshoulières,
Viennent unir leurs voix légères,
Et font badiner la raison;
Tandis que Le Tasse et Milton
Pour eux des trompettes guerrières
Adoucissent le double ton.
Tantôt à ce folâtre groupe
Je vois succéder une troupe
De morts un peu plus sérieux,
Mais non moins charmans à mes yeux.
Je vois Saint-Réal et Montagne
Entre Sénèque et Lucien;
Saint-Évremond les accompagne:
Sur la recherche du vrai bien
Je le vois porter la lumière;
La Rochefoucauld, La Bruyère
Viennent embellir l'entretien.
Bornant au doux fruit de leurs plumes
Ma bibliothèque et mes vœux,
Je laisse aux savantas poudreux
Ce vaste chaos de volumes
Dont l'erreur et les sots divers
Ont infatué l'univers,
Et qui, sous le nom de science,
Semés et reproduits par-tout,
Immortalisent l'ignorance,
Les mensonges et le faux goût.

SECONDE PARTIE.

C'est ainsi que par la présence
De ces morts vainqueurs des destins,
On se console de l'absence,
De l'oubli même des humains.

La *Chartreuse*, d'où sont tirés les vers que je viens de citer, parut en 1735. L'auteur avoit alors vingt-six ans. Quand J.-B. Rousseau lut cette pièce, il s'écria : « Quel prodige ! quel désespoir pour tous les prétendus beaux esprits modernes ! » Il préféroit cette épître à *Ververt*, comme étant d'un ordre de poésie et de talent au-dessus du récit des aventures d'un perroquet.

François-Marie Arouet de VOLTAIRE (n. 1694 — m. 1778), avoit, dit-on, toujours sur sa table, l'*Athalie* de Racine et le *Petit-Carême* de Massillon (1) ! Il écrivoit au marquis de Maffei : « La

---

(1) D'Alembert atteste ce fait dans son éloge de Massillon ; il dit positivement : « Le plus célèbre écrivain de notre nation et de notre siècle (Voltaire), faisoit des sermons de ce grand orateur une de ses lectures les plus assidues. Massillon étoit pour lui le modèle des prosateurs, comme Racine celui des poëtes, et il avoit toujours sur la même table le *Petit-Carême* et *Athalie*. » J'ai ouï dire qu'il y avoit aussi la Bible.

Puisqu'il est ici question d'*Athalie*, nous rapporterons une opinion assez singulière de M. le cardinal de Bernis, qui, dans une de ses lettres à Voltaire, écrite de Rome le 28 février 1770, dit : « *Athalie* ne m'a jamais paru un ouvrage supérieur que par le style ; je n'osois pas le dire. » Palissot fait à ce sujet la remarque suivante : « Cette pièce est non-seulement un chef-d'œuvre par le style, mais c'est la première tragédie sans amour qui ait été donnée au théâtre. Les caractères admirablement soutenus, l'exacte vérité des mœurs, l'ordonnance noble et simple, la pompe du

France se glorifie d'*Athalie* ; c'est le chef-d'œuvre de notre théâtre et de notre poésie. » Boileau, long-temps auparavant, avoit émis la même opinion ; et dans un temps où cette pièce toute nouvelle avoit été mal reçue du public, il soutint qu'elle étoit le chef-d'œuvre du poëte et de la tragédie, et que le public y reviendroit tôt ou tard. Cette dernière pré-diction ne tarda pas à se vérifier. Le duc d'Orléans, régent, voulant connoître quel effet cette pièce produiroit sur le théâtre, ordonna aux comédiens de l'exécuter (malgré la clause insérée dans le privi-lège). Le succès fut étonnant. Les premières repré-sentations faites à la Cour donnoient un nouveau prix à cette pièce, parce que le Roi (Louis XV)

---

spectacle, les chœurs comparables aux plus beaux modèles de la scène antique, toutes les règles de l'art fidellement observées, en un mot, tous les genres de mérite paroissent réunis dans ce ma-gnifique ouvrage. » Que penser du goût de Dorat qui appeloit *Athalie, la plus belle des pièces ennuyeuses*. Il ne faut pas être surpris d'après cela, si le célèbre Lekain n'aimoit pas jouer les tra-gédies de Dorat. A propos d'*Athalie* et de Lekain, citons l'anec-dote suivante : Cet acteur inimitable vint, à l'âge de 18 ans, chez Voltaire, faire devant lui l'essai de son talent. Il voulut d'abord lui réciter le rôle de Gustave. *Non, non*, dit le poëte qui crai-gnoit et n'aimoit pas Piron, *je n'aime pas les mauvais vers*. Le jeune homme lui offrit alors de répéter la première scène d'*A-thalie*, entre Joad et Abner. Voltaire écoute ; et l'ouvrage lui fai-sant oublier l'acteur, il s'écrie avec transport : *Quel style ! quelle poésie ! Et toute la pièce est écrite de même ! Ah ! Monsieur, quel homme que ce Racine !* C'est Lekain qui rapporte lui-même ce fait dans ses Mémoires qui ont été imprimés en 1801, 1 vol. in-8.º Ces paroles remarquables de Voltaire font apprécier à sa juste valeur le blasphème littéraire de Dorat.

étoit à-peu-près de l'âge de Joas ; mais par la suite, cet à-propos ne pouvoit plus influer sur l'accueil inoui que l'on a toujours fait à ce chef-d'œuvre. *Athalie* sera dans tous les temps, mise au rang des premiers et des plus beaux modèles du goût, de la poésie et de l'art dramatique.

Il faut être juste à l'égard de Voltaire ; il a toujours rendu un hommage éclatant au beau talent de Racine. Quelqu'un lui proposa de faire un commentaire sur ce grand poëte, comme il en faisoit un sur Corneille. Il répondit ces propres mots : « Il est tout fait, il suffit de mettre au bas de toutes les pages : *Beau, pathétique, harmonieux, admirable.* » Ce qui prouve que ce sentiment étoit sincère, quoi qu'en ait dit un critique moderne, c'est que Voltaire a commenté la *Bérénice* de Racine dans le même volume avec celle de Corneille, et il a fait remarquer dans ses notes (malgré quelques critiques), l'art infini que le poëte a employé et les ressources inconcevables qu'il a trouvées dans son talent pour remplir cinq actes avec si peu de chose. En effet, la pièce porte tout entière sur ces trois mots de Suétone : *Invitus invitam dimisit;* mais il faut convenir que c'est l'une des plus foibles tragédies de Racine.

Puisqu'il est ici question de Corneille, de Racine et de Voltaire, nous allons entrer dans quelques détails sur nos premiers tragiques français ; nous tâcherons de les puiser dans de bonnes sources. Commençons par un passage auquel Voltaire lui-même n'est point étranger ; ce passage est tiré d'un petit

ouvrage anonyme, intitulé : *Connoissance des bau-*
tez (sic) *et des défauts de la poésie et de l'élo-*
quence, etc. Londres, 1749, *in-*12, dont on nous a
assuré que Voltaire étoit lui-même l'auteur. Il sera
facile de voir pourquoi il n'y parle pas à la première
personne. Voici comment il s'exprime, *page* 90 :
« Après ces quatre tragiques (Corneille, Racine,
Crébillon et Voltaire), je n'en connois point qui
méritent d'être lus. D'ailleurs il faut se borner dans
ses lectures. Il n'y a dans Corneille que cinq à six
pièces qu'on doive ou plutôt qu'on puisse lire. Il n'y
a que l'*Électre* et le *Radamiste* (sic) chez M. de
Crébillon, dont un homme qui a un peu d'oreille,
puisse soutenir la lecture; mais pour les pièces de
Racine, je conseille qu'on les lise toutes très souvent, hors *les Frères ennemis.* » M. de Voltaire, qui,
sous le voile de l'anonyme, parle beaucoup de ses ouvrages dans ce petit volume, ne dit rien ici de son
théâtre. Mais, deux feuillets plus haut, il parle de
lui en ces termes : « M. de Voltaire dialogue infiniment mieux que M. de Crébillon, de l'aveu de tout
le monde ; et son style est si supérieur, que, dans
quelques-unes de ses pièces, comme dans *Brutus* et
dans *Jules-Cezar* (sic), je ne crains point de le
mettre à côté du grand Corneille. Je n'avance rien
là que je ne puisse prouver. »

Parcourons d'autres jugemens sur nos principaux
tragiques.

La Harpe a fort maltraité Crébillon.(V. son *Cours*
de Littérature, édition de *Dijon,* 18 *vol. in-*12,

tom. XII, *pag.* 5-149); il le met beaucoup au-dessous de Voltaire, et soutient qu'il n'a qu'une seule bonne pièce qui est *Rhadamiste*. Il s'exprime ainsi : « Le talent que Crébillon avoit reçu de la nature s'est arrêté à *Rhadamiste*, et n'a pas été au-delà : il a eu quelques éclairs dans *Idoménée* et dans *Atrée*, des momens lumineux dans *Électre* et un beau jour dans *Rhadamiste*. »

Montesquieu s'exprime bien autrement sur le compte de Crébillon. « Nous n'avons pas, dit-il, d'auteur tragique qui donne à l'ame de plus grands mouvemens que Crébillon, qui nous arrache plus à nous-mêmes, qui nous remplisse plus de la vapeur du Dieu qui l'agite : il vous fait entrer dans le transport des Bacchantes. On ne sauroit juger son ouvrage, parce qu'il commence par troubler cette partie de l'ame qui réfléchit. C'est le véritable tragique de nos jours, le seul qui sache exciter la véritable passion de la tragédie, *la terreur*. »

La Harpe termine son long examen du théâtre de Crébillon par un morceau qui a rapport à la difficulté de fixer les rangs entre Corneille, Racine et Voltaire. « Nous avons, dit-il, trois grands tragiques entre lesquels il seroit très difficile de prononcer une primauté absolue : du moins ce n'est certainement pas moi qui l'entreprendrai. La saine critique peut seulement reconnoître que chacun d'eux l'emporte dans les parties qui le distinguent particulièrement : Corneille, par la force d'un génie qui a tout créé, et par la sublimité de ses conceptions;

Racine, par la sagesse de ses plans, la connoissance approfondie du cœur humain, et surtout par la perfection de son style; Voltaire, par l'effet théâtral, la peinture des mœurs, l'étendue et la variété des idées morales adaptées aux situations dramatiques. Je doute que les générations futures, en admirant ces trois hommes rares, soient jamais d'accord sur le rang qui leur est dû. »

Boileau, quoique ami de Racine, n'a point osé le préférer à Corneille. Il tenoit entre eux la balance égale, jugeant de leur talent à-peu-près comme Juvénal a jugé de celui d'Homère et de Virgile :

Conditor Iliados cantabitur, atque Maronis
Altisoni dubiam facientia carmina palmam.

La Bruyère a établi le parallèle suivant entre Corneille et Racine : « S'il est permis de faire entre eux quelque comparaison, et de les marquer l'un l'autre par ce qu'ils ont de plus propre et par ce qui éclate le plus ordinairement dans leurs ouvrages, peut-être qu'on pourroit parler ainsi : Corneille nous assujettit à ses caractères et à ses idées; Racine se conforme aux nôtres : celui-là peint les hommes comme ils devroient être; celui-ci les peint tels qu'ils sont : il y a plus dans le premier de ce que l'on admire et de ce que l'on doit même imiter; il y a plus dans le second de ce que l'on reconnoît dans les autres, ou de ce que l'on éprouve dans soi-même. L'un élève, étonne, maîtrise, instruit; l'autre plaît, remue, touche, pénètre. Ce qu'il y a de plus beau, de plus noble et de plus impérieux dans la raison est manié par le premier ; et par l'autre, ce qu'il y a de plus flatteur et de plus délicat dans la passion. Ce sont dans celui-là des maximes, des règles et des préceptes ; et dans celui-ci du goût et des sentimens. L'on est plus occupé aux pièces de Corneille ; l'on est plus ébranlé, plus attendri à celles de Racine. Corneille est plus moral ; Racine plus naturel. Il semble que l'un imite Sophocle, et que l'autre doit plus à Euripide. »

La Harpe a donné un résumé sur Corneille et Racine, qui, sans établir un parallèle proprement dit entre ces deux auteurs, les fait parfaitement apprécier sous tous les rapports. V. le *Cours de Littérature*, tom. VI, pag. 268-328.

Nous terminerons cette digression sur les principaux tragiques français, par un extrait de M. de Bonald, où, après avoir démontré qu'il existe trois époques distinctement marquées dans nos mœurs et fidèlement répétées dans nos drames, il prouve que « la tragédie a marché du même pas que la société et en a parcouru toutes les phases. Elle a eu, comme la société, son époque de fondation, par des caractères héroïques et des sentimens exaltés ; son époque d'affermissement et de perfection, par des vertus généreuses et des sentimens nobles et réglés ; son époque de décadence, par des passions fougueuses et désordonnées ; et sous ce rapport, on peut regarder Corneille comme le poëte de la fondation, Racine comme celui des progrès et de la perfection. La décadence date de Voltaire..........

Mais si les mœurs et l'esprit général qui dominent aux diverses époques de la société, ont donné une direction particulière aux génies qui les ont illustrées par leurs écrits, il semble qu'on peut comparer entre eux les hommes puissans dans la société qui ont exercé sur l'esprit public et sur les mœurs une grande influence, et les hommes puissans aux mêmes époques dans la litterature, dont les pensées ont éprouvé l'influence des mœurs dominantes; et en suivant ce parallèle, Voltaire paroît brillant et corrompu comme le régent; Racine, grand, noble, poli, décent comme Louis XIV; Corneille, haut, absolu, dominateur comme Richelieu; car Richelieu étoit, à cette époque, le roi de la France et l'arbitre de l'Europe......... Le théâtre comique a marché du même pas que le théâtre tragique; et a subi les mêmes changemens. La première comédie, à commencer par celle de Corneille, étoit romanesque dans les caractères, et amie du merveilleux dans les événemens. La seconde, celle dont Molière est le père, offre plus de vérité, de naturel, de décence théâtrale. La troisième, celle dont Regnard est le fondateur ou le coryphée, est plus pétulante, plus malicieuse, et en général, plus immorale dans le choix des sujets, plus licencieuse dans les intentions, même lorsqu'elle est plus réservée dans l'expression....... » M. de Bonald fait voir encore que « jusque dans les romans, qui sont à la comédie ce que la poésie épique est à la tragédie, et qu'on pourroit appeler l'épopée familière, on aperçoit les mêmes progrès et bientôt la même décadence. Dans le premier âge de cette composition, les romans ne sont qu'un tissu d'aventures chevaleresques et d'un *merveilleux* souvent extravagant. Ces fiers paladins ont sans cesse les armes à la main, et la scène est toujours en champ clos. Dans le second âge, les romans sont des intrigues de *société*, et les héros sont dans les salons. On y retrouve plus de tendresse que de passion, moins de hauteur que de noblesse, et la délicatesse des sentimens y est quelquefois poussée jusqu'à la fadeur. Au troisième âge, l'action du roman se passe dans des boudoirs et des tombeaux; la licence y est portée jusqu'à l'obscénité, et le pathétique jusqu'à l'horreur. Ce goût de l'horrible, qui a régné aussi dans la tragédie, et même dans la comédie métamorphosée en drame *larmoyant,* est une imitation malheureuse de la littérature anglaise. Elle annonçoit le passage inévitable et prochain des mœurs molles aux mœurs féroces, et nous préparoit à des imitations anglaises ou *anglicanes* d'un genre plus sérieux, etc. »

Passons au *Petit-Carême*, à cet ouvrage immortel, pour lequel Voltaire professoit la plus haute estime. Il fut composé en six semaines, et prononcé en 1718, devant Louis XV âgé de huit ans, et devant la Cour. Il s'agissoit, dans ces sermons, de traiter de toutes les vertus et de tous les vices dans leur rapport avec les hommes chargés de commander aux autres hommes, de former un cœur simple et de ramener des cœurs corrompus, de donner des leçons qu'un enfant pût comprendre et où des vieillards pussent profiter. Tel est le plan que Massillon a su si bien adapter aux circonstances, et qu'il a parfaitement rempli. La dignité du Ministère évangélique est heureusement tempérée par cette onction paternelle que permettoit l'âge du Prince à qui l'orateur parloit. Toutes les vérités importantes sont exposées avec un courage qui n'en dissimule rien, et revêtues d'un charme qui ne permet pas de les repousser; jamais la religion n'eut une voix plus tendre, jamais la raison n'eut un accent plus noble et plus vrai.

Cet éloge sans doute est bien mérité; mais il ne doit pas nous empêcher de rappeler le jugement que le cardinal Maury porte de cet ouvrage, auquel il rend également justice sous le rapport du style, mais qu'il blâme fortement comme étant qualifié de sermons, parce que la morale profane en est presque seule l'essence, et que ce genre absolument neuf dans la chaire, et peut-être bon dans la circonstance, mais dangereux pour l'exemple, a été la source d'une nouvelle école, qui, préférant l'esprit philosophique à l'esprit du texte sacré, a été très funeste à l'éloquence de la chaire; je citerai seulement un passage de l'opinion de M. Maury à cet égard. « Malgré l'infériorité oratoire du *Petit-Carême*, dit-il, comparé aux stations de Massillon, cet ouvrage vivra par le style; mais les orateurs sacrés ne le compteront jamais parmi les sermons du premier ordre qui ont assuré sa gloire. Il suffiroit d'en changer le titre pour en faire un beau livre, disons plus, un chef-d'œuvre de morale. Il ne manque presque à ces discours pour réunir tous les suffrages, que de n'avoir pas été prononcés en chaire au nom de la religion. Ils ont dû faire et ils ont fait un honneur immortel à leur auteur comme écrivain, si l'on veut même, comme moraliste ; mais ils ne peuvent pas être cités parmi les monumens de Massillon prédicateur. Oh! combien toutes ces consciences de courtisans, pendant les dissolutions de la régence, durent savoir gré à Massillon de n'avoir pas remué la lie infecte de leurs vices et de leurs débauches, de ne les traduire jamais au tribunal du Souverain Juge, et de pouvoir se distraire ainsi des remords, devant son ministère, par des applaudissemens! Massillon auroit pu s'apercevoir néanmoins de la révolution qu'il opéroit dans la chaire, par ses succès même et par les moyens étranges auxquels il étoit obligé de recourir en dénaturant ouvertement sa mission...... Après le succès si contagieux du *Petit-Carême*, la nouvelle génération d'orateurs qui succédèrent à Massillon, fortement entraînée vers un si dangereux écueil par l'attrait de la gloire, suivit cette fatale impulsion de l'esprit public, en dirigeant ses discours vers les matières philosophiques. Tous ou presque tous les talens en ce genre se précipitèrent à l'envi dans la même route, comme si chaque auditoire eût ressemblé à la cour d'un enfant roi. On agrandit bientôt outre mesure la carrière séduisante que Massillon venoit d'indiquer à l'éloquence en la parcourant lui-même avec tant d'éclat ; et une simple nouveauté de circonstances devint une véritable révolution dans le ministère évangélique. » Ce jugement du cardinal Maury sur le *Petit-Carême*, a été vivement critiqué par un littérateur moderne qui l'a regardé comme un paradoxe inconcevable. Sans doute ce jugement de M. Maury semble sévère, et il le paroît d'autant plus que le *Petit-Carême* a été constamment l'objet des suffrages unanimes de tous les hommes de goût; mais il faut faire attention que M. Maury n'attaque, pour ainsi dire, que le titre de *sermons* donné à ces beaux discours qui, en effet, composés pour une circonstance particulière, et proportionnés, autant qu'il étoit possible, à l'intelligence du royal enfant, devoient plus porter sur la morale simple que sur les développemens austères puisés dans l'Écriture et qui font l'essence des véritables sermons. Le *Petit-Carême* tenant donc plus à l'éloquence de l'académie qu'à l'éloquence de la chaire, a été d'un exemple dangereux pour les prédicateurs ; beaucoup de sermons publiés dans le XVIII.e siècle en font foi ; M. Maury est-il donc si coupable d'avoir révélé les sources du mal ? Nous ne le pensons pas.

Il est temps d'arriver aux différens jugemens que l'on a portés sur Voltaire. Nous donnerons quelque extension à cette partie de notre travail, parce qu'il nous semble qu'elle doit être proportionnée à l'importance de l'objet qui nous occupe.

Tout homme impartial et guidé par l'amour de la

vérité ne peut disconvenir que Voltaire a été doué
de très grands talens, et comme poëte et comme
prosateur ; mais en même temps, qu'il en a souvent fait abus : aussi a-t-il eu, et a-t-il, surtout dans
le moment où nous écrivons, beaucoup d'admirateurs et beaucoup de détracteurs. Commençons par
deux jugemens relatifs à cet homme célèbre, très
différens l'un de l'autre, ou pour mieux dire, diamétralement opposés ; ils donneront une idée très juste
du point de vue sous lequel il est envisagé par ses
partisans et par ses adversaires. Nous réunissons ces
deux morceaux, parce qu'ils débutent à-peu-près
de la même manière. Le premier est de M. Suard :
« Il s'éleva de nos jours, dit-il, un homme extraordinaire, né avec l'ame d'un poëte et la raison d'un
philosophe. La nature avoit allumé dans son sein la
flamme du génie et l'ambition de la gloire. Son goût
s'étoit formé sur les chefs-d'œuvre du beau siècle
dont il avoit vu la fin. Son esprit s'enrichit de toutes
les connoissances qu'accumuloit le siècle de lumières
dont il annonçoit l'aurore. Si la poésie n'eût pas été
née avant lui, il l'auroit créée ; il la défendit par
des raisons et la ranima par son exemple ; il étendit
son domaine sur tous les objets de la nature. Tous
les phénomènes du ciel et de la terre, la métaphysique, la morale, les productions des deux mondes,
l'histoire de tous les peuples et de tous les siècles
lui offrirent des sources inépuisables de beautés nouvelles. Il donna des modèles dans tous les genres de
poésies, même de ceux qui n'avoient point été es-

sayés dans notre langue. » Voyons maintenant le second jugement que M. de Cullion présente sous le voile de l'allégorie : « Un homme, dit-il, parut en France au commencement du dernier siècle. C'étoit un cèdre orgueilleux : sa tête touchoit aux nues, et ses racines pénétroient jusqu'aux enfers d'où elles tiroient leur sève. Ses rameaux couvroient la terre ; sa beauté attiroit la foule sous son ombre ; on croyoit y respirer un air nouveau qui donnoit du ressort à l'ame ; mais son ombre étoit funeste et causoit le vertige. Le murmure qu'il rendoit, comme les chênes de Dodone, n'étoit qu'un oracle faux, que quelques vérités rendirent célèbre. L'arbre poussa des rejetons sans nombre, dont les malignes influences étouffèrent la forêt qui les avoit vus naître ; eux-mêmes ils périrent dans la destruction qu'ils avoient causée. Tel fut Voltaire..... Homme rare, né pour l'honneur de la France, et qui n'auroit jamais dû naître pour son repos! » Mably ne jugeoit pas non plus favorablement Voltaire ; mais il le considéroit sous le rapport littéraire seulement. Après en avoir tracé un portrait peu avantageux, il l'accuse d'avoir voulu être un Alexandre en littérature, et courant toujours de conquête en conquête, de n'avoir pas connu les vastes provinces dans lesquelles il a fait des incursions pour y élever à sa gloire des trophées peu solides. Cependant il s'exprime ainsi quelque part : « Quoique je sois porté à refuser la partie de l'invention à Voltaire, il me semble qu'on ne peut, sans injustice, lui contester cette imagination vive et brillante qui est si propre à embellir les détails et qui a fait sa réputation. Ses pièces fugitives, ouvrage de sa jeunesse, sont écrites avec la plus heureuse facilité; nul effort, nulle contrainte ne les gâtent, et les grâces semblent l'inspirer; le coloris de son style fait illusion. Les bons juges même applaudissent à une première lecture, etc. »

Montesquieu n'a pas non plus flatté Voltaire; celui-ci n'étoit pas encore reçu à l'Académie française, lorsque l'auteur de l'*Esprit des lois* s'exprimoit ainsi dans ses *Pensées diverses*: «Voltaire n'est pas beau, il n'est que joli: il seroit honteux pour l'Académie, que Voltaire en fût, et il lui sera quelque jour honteux qu'il n'en ait pas été. — Les ouvrages de Voltaire sont comme les visages mal proportionnés qui brillent de jeunesse. — Voltaire n'écrira jamais une bonne histoire. Il est comme les moines qui n'écrivent pas pour le sujet qu'ils traitent, mais pour la gloire de leur ordre. Voltaire écrit pour son couvent. — Charles XII, toujours dans le prodige, étonne et n'est pas grand. Dans cette histoire il y a un morceau admirable, la retraite de Schulembourg, morceau écrit aussi vivement qu'il y en ait. L'auteur manque quelquefois de sens. — Plus le poëme de la Ligue paroît être l'Énéide, moins il l'est (1). »

---

(1) Malgré cela nous sommes parfaitement de l'avis d'un célèbre critique moderne, qui dit que la *Henriade*, malgré les critiques très fondées que l'on en a faites, n'en est pas moins un des monumens les plus précieux de la littérature française, puisque c'est le seul poëme épique que nous ayons, quoique plusieurs écri-

A ces différentes opinions sur Voltaire, nous désirerions pouvoir ajouter celle du profond écrivain moderne qui, dans ses *Mélanges littéraires, politiques et philosophiques*, a consigné, tom. 1.ᵉʳ, pag. 1-30, un chapitre fort curieux sur les *écrits de Voltaire*; mais tout s'enchaîne tellement dans ce morceau, ou pour mieux dire, tout y est si substantiel, qu'il nous paroît très difficile d'en détacher

---

vains, dont quelques-uns n'étoient pas sans mérite, aient essayé de parcourir la même carrière, mais toujours en vain. La *Henriade* est unique parmi nous, comme l'*Iliade*, l'*Énéide*, la *Jérusalem délivrée*, le *Paradis perdu*, la *Lusiade*, sont uniques chez les Grecs, les Romains, les Italiens, les Anglais et les Espagnols. Nous ne parlerons pas ici de tous les défauts que l'on a reprochés à la *Henriade*; mais il en est un que notre critique a remarqué et qu'on peut citer ici, parce que ses prédécesseurs l'ont moins signalé que plusieurs autres. « Un des traits les plus frappans de la *Henriade*, dit-il, c'est que cet ouvrage a le premier mis à la mode cette fureur de disserter sur tous les sujets, qui s'empara même de la poésie dans le xvııı.ᵉ siècle, et que Thomas a poussée au dernier degré dans les fragmens que nous connoissons de sa *Pétréide*. Les dissertations de Thomas sur l'art d'exploiter les mines, de construire les vaisseaux, sur les mathématiques, sur la statistique; tous ces morceaux scientifiques qui appesantissent la marche de son poëme, ne sont que des copies outrées des ornemens du même genre que présente la *Henriade*. S'agit-il de l'attentat du moine Clément? Voltaire disserte sur les monastères et sur les moines. S'agit-il des États-Généraux assemblés par la Ligue? Vite une dissertation sur les États-Généraux. Est-il question du siège de Paris? Vite une dissertation sur les antiquités de cette ville. Va-t-on donner une bataille? Encore une dissertation sur la manière dont on faisoit la guerre dans l'antiquité et sur celle dont on la fait aujourd'hui. A la vérité Voltaire sait garder dans son envie de disserter, une certaine mesure que ses imitateurs n'ont pas connue. »

quelques passages sans les affoiblir. Cependant nous allons tâcher d'en donner une idée par quelques citations : « ∴ Voltaire est depuis long-temps parmi nous, dit M. de Bonald, un signe de contradiction; non assurément pour son esprit extraordinaire sur lequel il ne peut y avoir deux opinions, mais sur les fruits que la société en a recueillis. Ceux qu'on accuse d'être ses détracteurs, en rendant justice à ses talens, détestent l'usage qu'il en a fait, qui leur paroît un abus coupable des plus beaux dons de l'esprit : et ceux qui se donnent pour ses plus zélés partisans, admirent ce talent, précisément à cause de cet abus qu'ils regardent comme un usage utile et glorieux de la supériorité du génie. » M. de Bonald donne le développement de cette vérité, en prouvant qu'il n'y a que les talens qui créent ou les talens qui détruisent, qui commandent cette admiration exaltée, voisine du fanatisme. « Les talens qui ne font que conserver, ajoute-t-il, excitent des sentimens plus calmes ; et si on leur dresse des statues, on ne leur élève pas d'autels. »

Ensuite prenant Voltaire au commencement de sa carrière, c'est-à-dire, sur la fin des désordres de la régence, M. de Bonald dit : « .... Il s'aperçut de bonne heure que pour plaire à la multitude (et l'on peut, selon les temps, comprendre sous cette dénomination les grands aussi bien que les petits), il s'agissoit moins, comme il le disoit lui-même, *de frapper juste que de frapper fort,* et surtout de frapper souvent ; moins d'éclairer que d'éblouir : car il calculoit, cet homme habile, ses succès comme sa fortune; et même toute sa vie, il a mis dans sa conduite littéraire, ainsi que dans le soin de ses affaires domestiques, plus d'art et de combinaison qu'il n'appartient peut-être au génie. Il jugea donc sans trop de peine, qu'il falloit étonner les esprits superficiels par l'universalité des talens; subjuguer les esprits foibles par l'audace et la nouveauté des opinions; occuper les esprits distraits par la continuité des succès. Sa longue carrière fut employée à suivre ce plan avec une merveilleuse persévérance. Tout y servit, jusqu'aux boutades de son humeur et à la fougue de son imagination; et grâce aux dispositions de ses partisans, ses inconséquences même ne furent pas des fautes, et l'extrême licence de ses écrits ne fut pas un tort. Ainsi Voltaire commenta à la fois la philosophie de Newton et le chant d'amour du Cantique des cantiques; il fit un poëme épique et des poëmes bouffons, des tragédies bien pathétiques et des poésies légères bien licencieuses, de grandes histoires et de petits romans. Il voulut être philosophe et même théologien. Il entretint des correspondances avec les têtes couronnées et avec des marchands, et dédia ses ouvrages à Benoît XIV et à Mme. de Pompadour........ »

Que conclurons-nous de ces différens jugemens portés sur Voltaire? Qu'il a été l'homme le plus spirituel de son temps; qu'il a exercé la plus grande influence sur la littérature et sur les opinions de son siècle et du siècle suivant. Comme poëte, comme prosateur, il tient sans contredit le premier rang. Sa versification est pure, facile, claire et brillante. Il en est de même de sa prose ; par-tout on reconnoît la finesse et la pureté de son goût, quoique cependant son style, agréable en général, offre quelquefois, soit en vers, soit en prose, de la bigarrure et de l'incohérence ; mais cela est rare. Il faut aussi convenir que dans sa prose, il n'a ni le nerf, ni la chaleur, ni la précision de Rousseau ; mais il possède au suprême degré cette facilité, cette élégance, cette clarté lumineuse qui met ses ouvrages à la portée de tout le monde et qui est plus rare qu'on ne pense. « Le mérite de la clarté, dit un moderne de grand goût, suppose dans la conception et dans les idées une netteté qui n'est pas commune ; ce style qui se développe et qui coule avec une extrême limpidité, cette transparence de diction, si l'on peut s'exprimer ainsi, ne peuvent naître que d'une source très pure ; c'est une grande perfection dans les organes de l'intelligence, qui produit cette clarté frappante et qui répand cette abondance de lumière dans les détails de l'élocution. C'est de Voltaire encore plus que de Malherbe, que l'on doit dire avec Boileau :

. . . . Aimez sa pureté,
Et de son tour heureux imitez la clarté.

Ceux qui lisent avec quelque soin savent combien d'écrivains, d'ailleurs estimables, sont loin de posséder au même degré que Voltaire cette qualité qui est la plus nécessaire quand on écrit, mais qui n'est pas la plus brillante : notre siècle a produit quelques hommes d'un grand talent ; ils peuvent à beaucoup d'égards être comparés, égalés même à l'auteur de la *Henriade*; mais sous ce rapport, ils lui sont très inférieurs. »

Une des choses encore très remarquables dans Voltaire est son talent pour le sarcasme, pour la fine plaisanterie, pour la peinture des travers de la société, à part cependant quand il a voulu aborder la scène comique et quand il est descendu aux injures ignobles que lui suggéroit une aveugle colère. Ce talent satirique du patriarche de Ferney a fait naître chez le célèbre critique moderne que nous avons cité plus haut, les réflexions suivantes : « Qu'on se figure, dit-il, Voltaire avec le rare talent qu'il avoit pour se servir du ridicule, talent dont il a tant abusé, tournant cette même arme si redoutable entre ses mains, contre ceux dont il s'étoit déclaré l'appui et le chef, et se moquant d'eux en public comme il s'en moquoit quelquefois en secret : croit-on que tout cet édifice de réputations factices, bâties sur le sable et sur la boue, auroit pu résister aux traits qu'il auroit su lancer? S'il avoit seulement dirigé contre la fausse et dangereuse philosophie de son siècle la moitié de l'esprit qu'il a prodigué contre les institutions les plus utiles et les plus sacrées, c'en étoit fait de tant de beaux systèmes, de tant de brillantes renommées, de toute cette sublime doctrine dont nous avons pu apprécier les effets, après en avoir admiré si long-temps et si stupidement les théories. » Mais il en a été autrement, et Voltaire, surtout dans le

SECONDE PARTIE. 305

moment où j'écris, doit peut-être plus à son esprit fin, malin, mordant, satirique, audacieux, qu'à ses chefs-d'œuvre littéraires, la réputation colossale dont il jouit, et les éditions multipliées que l'on donne en ce moment de ses œuvres complettes (1).

Cependant il faut dire que l'esprit ne suffit pas pour consolider une réputation littéraire, et lui faire traverser les siècles; il est reconnu que l'esprit sans le génie peut bien briller d'un grand éclat, mais que son triomphe sera peu durable, à moins que des cir-

---

(1) Les anciennes éditions complètes ne manquoient cependant pas; on en a donné un aperçu raisonné depuis 1732 jusqu'en 1817, dans une brochure intitulée : *Recherches sur les ouvrages de Voltaire*, contenant 1.º des *Réflexions sur ses écrits*; 2.º une *Notice des différentes éditions de ses œuvres choisies ou complètes jusqu'à ce jour*; 3.º le *Détail des condamnations juridiques qu'ont encourues la plupart de ses écrits*; et 4.º l'*Indication des principaux ouvrages dirigés contre Voltaire*. Par J.-J.-E. G....., avocat. Paris, (*Dijon*) 1817, *in*-8.º de 69 pages. La liste des éditions se trouve *pages* 22-38. M. Beuchot s'occupe d'un travail bibliographique sur les œuvres de Voltaire, beaucoup plus étendu et plus exact; en l'attendant voici la liste des principales éditions qui ont paru depuis 1748 :

Œuvres de Voltaire, *Dresde*, 1748-54, 10 *vol. in*-8.º.
— *Genève*, 1756 *et suiv.*, d'abord 17 *vol. in*-8.º, dont le nombre est allé successivement jusqu'à 40 *vol.*
— *Genève*, 1768 *et suiv.*, 45 *vol. in*-4.º, tirée à 4,500 exemp.
— *Genève* (édition encadrée), 1775, 40 *vol. in*-8.º, tirée à 6,000 exemplaires.
— *Kehl* (édition de Beaumarchais), 1784 *et suiv.*, 70 *vol. in*-8.º, tirée à 28,000 exemplaires.
— *Kehl*, 1785, 92 *vol. in*-12, tirée à 15,000 exemplaires.
— *Basle et Gotha*, 1784 *et suiv.*, 71 *vol. in*-8.º, tirée à 6,000 exemplaires.

constances imprévues ne le prolongent de quelques lustres. Nous rapporterons encore à ce sujet des observations très judicieuses de l'écrivain cité précédemment et sur l'opinion duquel nous ne pouvons trop nous appuyer : «Il y a une chose bien fâcheuse pour l'esprit, dit-il, c'est qu'il gâte et corrompt presque tous les genres de littérature où il cherche à dominer..... C'est lui qui égara le talent aimable d'Ovide, qui sema de pointes les écrits philosophiques de Sénèque, qui contourna les phrases élégan-

---

— *Lyon, La Mollière*, 1791, 100 vol. in-12.
— *Basle et Deux-Ponts*, 1792, 100 vol. in-12.
— *Paris* (édition de Palissot), 1792, 55 vol. in-8.º, tirée à 500 exemplaires.
— choisies. *Paris, Servière*, 1798, 40 vol. in-8.º
— *Paris*, stéréotype, 1800 *et suiv.*, 54 vol. in-18 et in-12, tirée à 2,500 exemplaires.
— choisies. *Paris, Nicole*, 1810, 21 vol. in-8.º et in-12.

Ajoutons qu'outre ces éditions on a tiré à part :
Le *Théâtre*, à plus de . . . . 50,000 exemplaires.
La *Henriade*, à au moins. 300,000   id.
Un autre poëme, à 300,000   id.
Les *Romans* et *Contes*, à 250,000   id.
Les *Questions sur l'Encyclopédie*, à . . 150,000   id.

Nous ne parlons ni des ouvrages historiques, ni des poésies diverses, ni des mélanges, qui ont aussi été imprimés séparément en grand nombre.

Arrivons maintenant aux éditions complètes publiées depuis 1817; nous devons dire qu'à cette époque, on assure qu'il existoit encore à Paris, en magasin, plus de mille exemplaires de l'édition de Kehl, *in*-8.º Cela n'empêche pas que, soit spéculation, soit tout autre motif, plusieurs entrepreneurs n'aient à l'envi jeté sous presse les éditions suivantes, dont la plupart ont des additions inédites, des notes, des remarques, des corrections, etc., etc., etc.

tes de Pline le Jeune, qui obscurcit les pensées profondes de Tacite ; c'est lui qui dicta à Fontenelle ces *dialogues* si jolis par la forme et si ridicules pour le fond, ... qui l'induisit à travestir des bergers en métaphysiciens et en dissertateurs, qui répandit dans *les Mondes* quelques traits capables de décrier le meilleur ouvrage, et qui défigura même les éloges des académiciens par une affectation de finesse dans les idées et par une certaine coquetterie de style absolument contraire à ce genre ; c'est lui qui inspira

---

OEuvres complètes (éditeur, M. Auger), *Paris, Desoer*, 1817, 13 *vol. in*-8.º (y compris un vol. de table), eu 25 *tomes* très forts : c'est l'édition compacte (*).
— *Paris, Plancher,* 1817-22, 44 *vol. in*-12.
— *Paris, Lefèvre* et *Déterville,* 1817, 41 *vol. in*-8.º
— *Paris* (éditeur, M. Beuchot), *veuve Perronneau,* 1817 *et suiv.*, 50 *vol. in*-12. L'éditeur a donné beaucoup de soins aux volumes de cette édition que lui-même a publiés.
— *Paris* (éditeur, M. Renouard), 1819 *et suiv.*, 60 *vol. in*-8.º Cette édition est sans contredit la plus belle, la plus soignée et la plus complète de toutes celles qui ont paru.
— *Paris* (éditeur, M. Lequien), 1820, 70 *vol. in*-8.º
— *Paris, Carez, Thomine* et *Fortic,* 1820, 60 *vol. in*-18.
— *Paris* (éditeur, M. Touquet), 1820. D'abord 15 *vol. in*-12; puis 71 *vol. in*-12.
— *Paris* (éditeur, M. J. Esneaux), 1821, 60 *vol. in*-8.º

(*) On a eu soin, dans le prospectus de cette édition, de nous prévenir qu'elle seroit en 12 volumes, que chaque volume auroit environ 1000 pages, que chaque page seroit de 50 lignes, et que chaque ligne renfermeroit 55 lettres. Ainsi, nous voyons par-là que Voltaire a tracé, pour la collection de ses œuvres, à-peu-près 33,000,000 de caractères alphabétiques ; et si nous ajoutons le volume de table, ce sera environ 35,750,000 lettres dont se compose cette édition. La Bible n'en renferme que 3,566,480 ; et l'Alcoran, 323,015 seulement.

à Lamotte ces odes insipides et glacées; .... c'est lui qui altéra par le clinquant l'or des solides beautés dont le poëme du Tasse est enrichi; c'est lui enfin qui nuisit aux dons heureux que l'auteur de la Henriade avoit reçus de la nature : Voltaire écrit-il une histoire, c'est l'esprit qui lui suggère ces épigrammes, ces quolibets, ces facéties, ces mots parfois triviaux dont il souille et dénature le plus grave de tous les genres. L'*Histoire de Charles XII*, le morceau historique le plus parfait qui soit sorti de la plume de l'auteur, n'est pas exempte de ces défauts; le *Siècle de Louis XIV* en offre davantage; et l'*Essai sur les Mœurs des nations* n'est presque en totalité qu'un recueil de plaisanteries quelquefois très piquantes et souvent très fades et très ennuyeuses (1);

(1) Nous croyons que ces épithètes de *fades* et d'*ennuyeuses*, auroient pu être remplacées par d'autres plus exactes et plus justes. M. de Bonald qui entre dans plus de développemens sur Voltaire considéré comme historien, ne le taxe jamais d'*ennuyeux*. « Les Huet, dit-il, les Mabillon, les Tillemont, les Fleury, les Bossuet, les Rollin, les Lebeau, auroient trouvé bien superficiels son étalage d'érudition historique et sa manière d'écrire l'histoire, sans profondeur, sans gravité, sans autorité. Je ne parle pas de l'histoire de Charles XII, continue M. de Bonald; d'une histoire toute romanesque, il étoit difficile de faire autre chose qu'un roman historique, et celui de Voltaire est pour le style un ouvrage classique. La simplicité du récit y contraste d'une manière piquante avec le merveilleux des aventures, et l'histoire ressemble au héros qui étoit simple dans ses mœurs et extraordinaire dans ses actions. » En effet, Charles XII est le chef-d'œuvre historique de Voltaire. «Ces chapitres si bien écrits, connus sous le nom de *Siècle de Louis XIV*, ou même de *Louis XV*, ne sont ni l'histoire d'un siècle, ni celle d'un roi, ni celle d'un

Voltaire fait-il une tragédie, c'est l'esprit qui lui dicte ces tirades ambitieuses, ces sentences à prétention si contraires à la vérité du dialogue ; c'est lui qui met dans la bouche de Zaïre une dissertation sur l'influence de l'éducation ; dans celle d'Orosmane, un abrégé de l'histoire universelle ; dans celle d'Alzire,

---

peuple, mais la narration rapide et tranchante de quelques événemens remarquables ; ce sont quelques scènes d'un grand drame, auxquelles il manque une exposition, un nœud, un dénouement.
.... Le morceau d'histoire le plus important dans les écrits de Voltaire, est son *Essai sur l'histoire générale*......... » On sait qu'elle commence où a fini celle de Bossuet qui, dans son admirable *Discours*, « a lié l'histoire du genre humain à celle du peuple de Dieu, et fait dépendre tous les grands événemens historiques du seul fait de l'établissement du christianisme. Le plan de Voltaire paroît être la *contre-partie* de celui de Bossuet ; et l'intention générale de son *Essai*, est que la Religion a été la cause de tous les maux et de tous les désordres de l'univers. C'est à-peu-près comme si l'on rejetoit sur la santé toutes les infirmités humaines, parce qu'effectivement on est malade avant de recouvrer la santé, et on meurt quand on l'a perdue. Ce plan est triste et faux ; il nie la Divinité, et ruine la société par ses fondemens. Le mal, quelque répandu qu'il soit, n'est qu'un *défaut*, une exception, et ne peut être le sujet d'une histoire générale. Aussi cet *Essai* prétendu *général* est tout-à-fait particulier et partial ; l'histoire de la Religion est l'histoire des papes ; l'histoire des peuples, celle de quelques chefs ; l'histoire de la société, celle de quelques hommes. Au lieu d'événemens, des anecdotes dont il est aussi aisé de pénétrer le motif que difficile de découvrir la source ; au lieu de réflexions, des épigrammes : toujours le hasard ; par-tout des vices et du désordre, une recherche continuelle de contraste entre ce qu'il y a de plus grand dans la société et ce qu'il y a de plus petit dans l'homme, je veux dire ses passions. Cette *manière* familière à Voltaire, donne à l'histoire un air querelleur et chagrin, incompatible avec sa dignité et son impartialité..... »

un traité sur le suicide ; Voltaire, touché de la plus noble ambition, veut-il enrichir d'un poëme épique la littérature française, c'est encore l'esprit qui lui fait illusion sur l'invention, le plan et l'ensemble de l'ouvrage, et qui lui persuade que le cliquetis des contrastes et des oppositions, que l'enluminure des portraits, que la malignité des déclamations anti-religieuses, que la pompe des réflexions philosophiques, pourront suppléer à ces créations magnifiques et sublimes, à ces grands tableaux, à cette peinture animée des caractères, à ces passions vives et variées, à cette connoissance profonde du cœur humain toujours peint par les actions et jamais disséqué par l'analyse, qui caractérisent et feront vivre à jamais les ouvrages des grands maîtres. S'est-on jamais avisé de dire qu'Homère, que Virgile, que Démosthène, Cicéron, Boileau, Racine, Bossuet, Bourdaloue, Massillon, avoient de l'esprit ? C'est un mérite qu'on ne daigne pas remarquer en eux ; c'est une pensée qui ne se présente pas en lisant leurs ouvrages, et malheureusement, c'est presque la seule qui se présente en lisant ceux de Voltaire. » Ce jugement nous paroît sévère, mais est-il injuste ? Nous ne le pensons pas. Au contraire, nous sommes d'autant plus disposé à croire à l'impartialité de l'auteur, que, malgré des *mais* de restriction à la suite de chaque éloge, il se plaît à rendre justice à Voltaire ; il convient que « dans ses poésies légères et dans ses contes, il a une grâce et un agrément bien rares..... ; qu'en général son style est clair, élégant, souple, facile, harmonieux; que la justesse de son esprit l'a préservé de cette manie des systêmes, de cette métaphysique ténébreuse, de ce galimatias scientifique, qui infectent la plupart des productions du XVIII.e siècle.....» Il convient encore que «les productions littéraires de Voltaire, prises en totalité, sont très saines; il possédoit bien les principes, et il en fait des applications fort justes dans ses critiques; mais, ajoute-t-il, il ressembloit à ces hommes qui connoissent à fond la morale, qui en dissertent très doctement, et qui cependant ne pratiquent point les vertus qu'elle enseigne : aucun des ouvrages sortis de sa plume n'est véritablement classique; aucun ne peut servir de modèle. »

Jean-Jacques ROUSSEAU (n. 1712—m. 1778), faisoit, dès son bas âge, sa lecture favorite des *Vies* de Plutarque. Il raconte dans ses *Confessions*, qu'après avoir lu beaucoup de romans, à l'âge de sept ans, pour amuser son père (horloger à Genève) pendant qu'il travailloit, il se trouva heureusement un ministre, homme de goût et d'esprit, qui lui procura de bons livres, à la lecture desquels il prit, dit-il, un goût rare et peut-être unique à son âge. Ces livres dont il donne la nomenclature, sont l'*Histoire de l'Église et de l'Empire,* par Le Sueur; le *Discours de* Bossuet *sur l'Histoire universelle;* les *Hommes illustres de* Plutarque ; l'*Histoire de Venise,* par Nani ; les *Métamorphoses d'*Ovide ; les *Caractères de* La Bruyère ; les *Mondes de*Fon-

TENELLE, ses *Dialogues des Morts*, et quelques tomes de MOLIÈRE. Rousseau exprime ailleurs (CONF. *liv.* VI) le goût particulier qu'il avoit pour certains livres dans un âge plus avancé : « Ceux qui mêloient la dévotion aux sciences m'étoient, dit-il, plus convenables ; tels étoient particulièrement ceux de l'Oratoire et de Port-Royal. Je me mis à les lire ou plutôt à les dévorer. Il m'en tomba dans les mains un du P. LAMI, intitulé : *Entretiens sur les sciences*. C'étoit une espèce d'introduction à la connoissance des livres qui en traitent ; je le lus et le relus cent fois ; je résolus d'en faire mon guide (1). Enfin je me sentis entraîné peu à peu vers l'étude avec une force irrésistible ; et tout en regardant chaque jour comme le dernier de mes jours, j'étudiois avec autant d'ardeur que si j'avois dû toujours vivre. » Il est encore un livre dont Rousseau parle dans son *Émile* (*liv.* II) avec un intérêt bien marqué ; cela n'est point surprenant : un roman dont le héros obligé de vivre loin des hommes, est indépendant et pourvoit seul à tous ses besoins, devoit singulièrement plaire au philosophe genevois. Mais écoutons l'instituteur d'Émile lui-même : « Puisqu'il nous faut absolument des li-

---

(1) C'est en effet un bon livre. Je l'ai lu avec attention ; il est maintenant un peu suranné ; il seroit à refaire, parce que les sciences et les arts ont fait des progrès depuis sa publication qui date de plus d'un siècle (1706, *in*-12) ; mais on y trouve d'excellentes choses sur les parties les plus solides des connoissances humaines, et à chaque page la Religion y marche de front avec l'érudition. La dernière édition des *Entretiens sur les sciences* est de 1724, *in*-12.

vres, il en existe un qui fournit à mon gré le plus heureux traité d'éducation nationale. Ce livre sera le premier que lira mon Émile : seul il composera durant long-temps toute sa bibliothèque, et il y tiendra toujours une place distinguée. Il sera le texte auquel nos entretiens sur les sciences naturelles ne serviront que de commentaire. Il servira d'épreuve durant nos progrès à l'état de notre jugement, et tant que notre goût n'y sera pas gâté, sa lecture nous plaira toujours. Quel est donc ce merveilleux livre ? Est-ce Aristote ? Est-ce Pline ? Est-ce Buffon ? Non ; c'est *Robinson Crusoé* (de Foë) ...... Ce roman, débarrassé de tout son fatras, commençant au naufrage de Robinson près de son île, et finissant à l'arrivée du vaisseau qui vient l'en tirer, sera tout à la fois l'amusement et l'instruction d'Émile..... »

Parmi les hommes d'un grand mérite auxquels Rousseau s'est plu à rendre justice, il faut compter le célèbre Linnée. Il en parle ainsi dans ses *Confessions :* « Je passois trois ou quatre heures de la matinée à l'étude de la botanique, et surtout du système de Linnæus, pour lequel je pris une passion dont jamais je n'ai pu bien me guérir, même après en avoir senti le vide. Ce grand observateur est, à mon gré, le seul avec Ludwig, qui ait vu jusqu'ici la botanique en naturaliste et en philosophe ; mais il l'a trop étudiée dans des herbiers et dans des jardins, et pas assez dans la nature elle-même. »

Quand on lit avec attention les écrits de Rousseau, on est obligé de convenir qu'il s'étoit bien pénétré des écrits de Montaigne; La Harpe est de cet avis, mais il y ajoute Sénèque. « Les deux auteurs, dit-il, dont Rousseau paroît avoir le plus profité sont Sénèque et Montaigne (1); il a quelquefois les tournures franches et naïves de l'un, et l'ingénieuse abondance de l'autre. Mais en général ce qui distingue son style, c'est la chaleur et l'énergie. » L'abbé Morellet, dans ses *Mémoires* publiés en 1821, 2 vol. in-8.°, parle ainsi qu'il suit, des auteurs qui étoient les plus familiers à Rousseau : « Je sais que l'on a dit que le fond des idées de l'*Émile* est tout entier dans Plutarque, dans Montaigne et dans Locke, trois auteurs qui étoient constamment dans les mains de Jean-Jacques et dont il a suivi toujours les traces. Mais je ne regarde pas cette observation comme suffisante pour diminuer la gloire d'avoir mis si habilement en œuvre ces matériaux que fournissoit la nature. Des idées si vraies, si justes, si près de nous, sont à tout le monde, comme l'arbre d'une forêt avant que l'homme l'abatte et le façonne en canot, en charrue; mais, comme l'arbre aussi, elles deviennent la propriété de celui qui les a façonnées, qui les a revêtues de l'expression la plus pure, em-

---

(1) Rousseau dit dans ses *Confessions*, liv. x : « J'avois toujours ri de la fausse naïveté de Montaigne qui, faisant semblant d'avouer ses défauts, a grand soin de ne s'en donner que d'aimables; tandis que je sentois, moi qui me suis toujours cru et qui me crois encore, à tout prendre, le meilleur des hommes, qu'il n'y a point d'intérieur humain, si pur qu'il puisse être, qui ne recèle quelque vice odieux. » L'aveu est naïf : les *Confessions* ne viennent-elles pas un peu à l'appui de cet aveu?

bellies de la plus vive couleur, et les a rendues capables de pénétrer et de convaincre nos esprits. »

Jetons, d'après quelques auteurs connus, un coup d'œil sur les principaux ouvrages de Rousseau.

« Le *Discours sur l'inégalité des conditions* est, selon La Harpe, bien supérieur au *Discours sur les sciences*, premier essai de l'auteur. Le morceau sur la formation des sociétés étoit d'une tête pensante, et l'on apercevoit déjà ce mélange d'une philosophie vigoureuse et d'une éloquence entraînante qui depuis ont caractérisé les ouvrages de Rousseau. Mais aussi l'éloquence a-t-elle jamais soutenu une cause plus triste, plus désolante que celle dont le philosophe genevois a développé les moyens dans ce système sur l'origine de la société ou de l'inégalité, ce qui est la même chose?» «Quelles conséquences affreuses, dit un moderne, et pourtant très bien déduites des principes ! Quel horrible résultat de tant de pénibles méditations ! *La société est le plus grand des maux !* Mais, philosophe, continue l'auteur, l'évidente fausseté de vos conséquences devroit au moins vous ramener en arrière et vous faire examiner de nouveau le point d'où vous êtes parti : plus votre dialectique est juste et pressante, plus vous devez avoir de doutes sur les hypothèses dont elle a tiré de si noires inductions... Non, je vous entends, vous chérissez les abstractions qui ne sont qu'à vous, et vous négligez les faits qui appartiennent à tout le monde ; vous ne voulez rien devoir qu'à votre génie!»Nous ne dirons rien du *Discours sur les scien-*

ces : c'est le champ clos où le paradoxe a fait ses premières armes, et où il a causé le plus grand étonnement par la dextérité, par l'aplomb et par la force avec laquelle il a débuté.

La *Nouvelle Héloïse* est un livre dangereux et par conséquent mauvais ; il y a quelques beaux morceaux de passion et de philosophie. Voltaire qui jugeoit défavorablement ce roman , y avoit distingué plusieurs lettres qu'il eût voulu, dit-il, en arracher. Nous croyons devoir rapporter ici l'opinion de l'abbé Morellet sur cet ouvrage dont il fut enthousiaste dans sa jeunesse ; après en avoir fait l'éloge , il ajoute : « Ce n'est pas qu'aujourd'hui (à l'âge de 70 ans) je m'en dissimule les défauts que je ne faisois alors qu'entrevoir. *Héloïse* est souvent une foible copie de *Clarisse*. *Claire* est calquée sur *Miss Howe*. Le roman , comme composition dramatique, ne marche pas. Plus d'une moitié est occupée par des dissertations fort bien faites , mais déplacées et qui arrêtent les progrès de l'action. Telles sont les lettres sur Paris, le duel, le suicide, les spectacles. A peine resteroit-il deux volumes , si l'on retranchoit tout ce qui n'est point du sujet. Quelle comparaison peut-on faire d'une composition pareille avec *Clarisse*, cette grande machine avec laquelle tant de ressorts sont employés à produire un seul et grand effet, où tant de caractères sont dessinés avec tant de force et de vérité, où tout est préparé avec tant d'art, où tout se lie et se tient ? Quelle différence encore dans le but moral de ces deux ouvrages ! Quel intérêt inspire l'héroïne anglaise, et combien est froid celui que nous prenons à Julie! Elle est séduite comme Clarisse, mais ne s'en relève pas comme elle; au contraire elle s'abaisse encore davantage en épousant Wolmar sans l'aimer, tandis qu'elle en aime un autre. On me la montre mariée, bonne mère de famille, élevant bien ses enfans, remplissant froidement ses devoirs d'épouse; mais le tableau de ces vertus domestiques seroit bien mieux placé dans une femme qui eût toujours été chaste et pure; et c'est blesser la morale, que de les supposer à une fille corrompue avant son mariage et qui n'aime pas son mari. Rousseau a voulu quelque part, non seulement excuser cette immoralité, mais la tourner à son avantage; cette apologie n'est qu'un tissu de sophismes.» Rien de plus vrai et de plus juste que ces réflexions de l'abbé Morellet sur l'*Héloïse*.

L'*Émile* est d'un ordre plus relevé(1). «C'est là, dit encore La Harpe, que Rousseau a mis le plus de véritable éloquence et de philosophie (à part ce qui est répréhensible sous le rapport religieux). Ce n'est pas que son système d'éducation soit pratica-

---

(1) On présume que Rousseau a pris l'idée de son *Émile* dans un passage des *Considérations sur les mœurs*, par Duclos. En effet, dans le chapitre *sur l'éducation*, Duclos dit : « Il est constant que dans l'éducation qui se donnoit à Sparte, on s'attachoit d'abord à former des Spartiates. C'est ainsi qu'on devroit dans tous les États, inspirer des sentimens de citoyen, former des Français parmi nous, et pour en faire des Français, travailler à en faire des hommes. » Il est certain que ce peu de mots renferme tout le fond de l'ouvrage de Rousseau; c'est la base de son système.

ble ; mais dans les diverses situations où il place Émile, depuis l'enfance jusqu'à la maturité, il donne d'excellentes leçons, et par-tout la morale est en action et animée de l'intérêt le plus touchant. Son style n'est nulle part plus beau que dans l'*Émile*. » C'est aussi l'opinion de l'abbé Morellet que nous nous plaisons encore à citer, parce que, tout admirateur qu'il étoit du talent de Rousseau, il n'a point dissimulé l'abus que le philosophe genevois en a fait. Nous observerons seulement que M. Morellet n'auroit pas dû louer l'intégralité de l'*Émile* comme ouvrage d'éducation pratique : les deux premières parties sont excellentes, mais il est impossible d'en dire autant des deux dernières : le moindre des reproches graves que l'on y peut faire à l'auteur, est de présenter un système d'éducation que sa bizarrerie rend heureusement tout-à-fait impraticable. Mais il faut convenir que l'ouvrage entier est écrit d'un style enchanteur, et que par-tout on y trouve une éloquence vive et séduisante (1); c'est sans doute ce qui a motivé l'opinion d'enthousiasme que manifeste ainsi M. Morellet : « L'*Émile*, dit-il, est sans contredit

---

(1) Ne pourroit-on pas appliquer à l'*Émile* de Rousseau, du moins aux deux derniers livres, l'anecdote suivante, à laquelle a donné lieu un autre ouvrage du même auteur ? Un grand seigneur, charmé de la description que Rousseau a faite dans la *Nouvelle Héloïse*, du jardin de madame de Wolmar, voulut en avoir un pareil. Il fit lire la description à son jardinier qui lui répondit naïvement : *Monseigneur, cela est fort beau ; mais il n'y a qu'un inconvénient, c'est que cela est inexécutable.*

et le meilleur ouvrage de Rousseau et un excellent ouvrage : la douce loi qu'il impose aux mères, l'éducation physique et morale de la première enfance, la marche et les progrès de l'instruction du jeune âge, la naissance des passions, etc. etc., tous ces sujets donnent à l'*Émile* un caractère d'utilité qui le met dans la première classe des ouvrages dont la lecture a contribué ou peut contribuer à l'instruction des hommes. Au reste, même force, même éloquence dans le style où le raisonnement se trouve heureusement entremêlé et fondu avec les mouvemens oratoires, à la manière de Pascal, et d'Arnaud et de Mallebranche ; vrai modèle d'une discussion philosophique et animée, raisonnable et pathétique, dont nos harangueurs révolutionnaires, sans en excepter Mirabeau lui-même, sont restés bien loin, etc...... Si je veux examiner Rousseau comme philosophe, je dirai qu'il est vraiment philosophe dans son *Émile ;* mais aussi je ne crains pas d'affirmer que dans la plupart de ses autres ouvrages, non seulement il ne mérite pas ce titre, mais qu'il n'a enseigné que la plus fausse et la plus funeste philosophie qui ait jamais égaré l'esprit humain. » V. *Mémoires de l'abbé Morellet*, tom. 1, *pag.* 112-113. Le même auteur continue : « On voit que c'est surtout contre ses livres de politique que je porte cet anathême, et je ne le prononce qu'après avoir consacré toute mon intelligence et toute ma vie aux questions et aux recherches où le philosophe de Genève me semble avoir adopté des principes faux, contraires à la nature même de l'homme qu'il a prétendu suivre, et subversifs de tout état social. » L'abbé Morellet continue : « Sa première erreur, et peut-être celle qui a entraîné toutes les autres, a été son paradoxe extravagant sur la part funeste qu'il attribue aux sciences et aux arts dans la corruption et le malheur des hommes ; je ne combattrai pas cette doctrine qu'il faut en effet regarder comme folle, si l'on ne veut pas, pour être conséquent, retourner dans les bois, se vêtir de peaux de bêtes et vivre de glands............ Ce premier paradoxe une fois embrassé par Jean-Jacques, il fut assez naturellement conduit à ceux qui remplissent son discours *sur l'Inégalité des conditions*. Mais c'est surtout dans le *Contrat Social* qu'il a établi des doctrines funestes qui ont si bien servi la révolution, et, il faut le dire, dans ce qu'elle a eue de plus funeste, dans cet absurde système d'*égalité*, non pas devant la loi, vérité triviale et salutaire, mais *égalité* de fortunes, de propriétés, d'autorité, d'influence sur la législation, principes vraiment destructeurs de tout ordre social, etc...... »

« Quant à ses *Confessions*, beaucoup de monde y est maltraité, mais personne autant que lui : c'est une des productions de l'amour propre les plus bizarres que l'on ait jamais vues. La Harpe place Rousseau parmi nos plus grands prosateurs. C'est au temps et à la postérité à marquer le rang qu'il doit occuper dans le petit nombre d'hommes qui ont joint à une tête pensante une imagination sensible, et l'éloquence à la philosophie.

Mably, dans un de ses ouvrages posthumes (*Des Talens*), a tracé un portrait de Rousseau, où, tout en rendant justice à ses grands talens, il ne dissimule pas ses défauts : « Rousseau, dit-il, est un grand exemple, et peut-être unique, de tout ce que l'imagination peut produire à la fois de bien et de mal. De là ces morceaux divins et frappans qui sont fréquemment répandus dans ses ouvrages, qui prennent quelquefois sous sa plume la forme de la plus sage philosophie; mais, si l'on y fait attention, qui ne peuvent jamais avoir une certaine étendue sans être terminés par des disparates choquantes. De là encore ces paradoxes qui déplaisent aux bons esprits recherchant avant tout la vérité; de là ce désordre qui règne quelquefois dans ses écrits, et qui sert même à tromper le lecteur dont l'imagination trop docile se laissant entraîner par l'imagination trop impérieuse de Rousseau, suit le maître sans demander où il va. Dès qu'il entroit dans sa verve, il n'avoit plus le sang froid nécessaire pour tenir une route certaine, considérer lentement un objet, le décomposer, et l'examiner par toutes ses différentes faces. Il s'enivroit lui-même de son éloquence ; le jugement étoit de la partie, et croyoit encore obéir à l'évidence quand l'imagination l'avoit déjà obligé à se taire. Occupé entièrement du moment présent, si une idée s'emparoit de lui avec une certaine force, il ne songeoit plus à ce qu'il avoit dit dans des momens lucides où son entendement plus libre n'avoit été qu'embelli des grâces et même des ornemens sublimes de l'imagination ; de là ces contradictions sans nombre qui dégradent ses ouvrages et dont il ne s'est jamais douté. Ce n'étoit pas en vérité la peine de faire des livres pour prouver qu'il n'est jamais d'accord avec lui-même. Les gens qui ont le talent de lire, talent plus rare qu'on ne croit, n'avoient pas besoin de cet avertissement, et les autres n'en profiteront pas. Ce seroit, je crois, se tromper que d'accuser cet homme extraordinaire de n'être qu'un sophiste qui se proposoit de faire du bruit par la hardiesse de ses opinions, d'éblouir et de séduire ses lecteurs ; il étoit lui-même persuadé, il étoit le premier ébloui et séduit par les fantômes qui lui faisoient illusion. Si sans rien ôter à la chaleur et à l'impétuosité de cette imagination, la nature eût pu y joindre miraculeusement une intelligence supérieure et capable de la gouverner, Rousseau auroit été le plus prodigieux des hommes, ou plutôt son génie auroit passé les bornes prescrites à l'humanité. » Ceci paroît un peu fort ; je doute qu'il eût été au-dessus de Pascal, de Bossuet, etc.

Jean le Rond d'ALEMBERT, savant littérateur et mathématicien (n. 1717—m. 1783), disoit que si l'on étoit réduit à ne conserver qu'un seul poëte ancien, « il faudroit choisir Horace de préférence à tous les autres, parce qu'il est peut-être le seul où l'on trouve des beautés de tous les genres : enthousiasme, imagination, noblesse, harmonie, élégance, sensibilité, finesse, gaieté, goût exquis, philosophie

tantôt légère, tantôt profonde, et toujours utile. »
Le même d'Alembert prétend que les auteurs latins dignes d'être traduits, peuvent se partager en deux classes : ceux du siècle d'Auguste, CICÉRON, VIRGILE, HORACE, et ceux du siècle suivant, les PLINE, SÉNÈQUE et LUCAIN.

Nous avons parlé précédemment des jugemens portés sur Cicéron, Virgile, Horace et Lucain; il nous reste à donner ici quelques détails sur SÉNÈQUE le philosophe et sur les deux PLINE.

SÉNÈQUE (né à Cordoue l'an 3 de J.-C.—m. près de Rome en 65), a laissé de nombreux ouvrages dont la plus grande partie a rapport à la morale, et quelques-uns à la physique et à l'histoire naturelle; on y trouve aussi quelques anecdotes et des passages qui appartiennent à l'histoire. Tous sont marqués au coin d'une imagination très vive et souvent d'un excellent jugement. Sénèque qui a éprouvé toutes les vicissitudes du sort, avoit étudié le cœur humain au milieu d'une Cour brillante et corrompue, ainsi que dans les classes inférieures de la société ; il en avoit approfondi les replis les plus secrets. Ses livres qu'on peut regarder comme le manuel de tous les hommes qui aiment la philosophie ou plutôt la morale pratique, renferment une infinité d'observations tendant à corriger et à ennoblir le caractère, à assurer l'empire de la raison sur les passions, à apprendre à se modérer dans la prospérité et à supporter avec patience et courage l'adversité. Il y en a peu où l'on trouve autant de tableaux des différentes situations où l'homme peut se trouver, tracés d'un pinceau aussi ferme et aussi ingénieux. Mais cela n'empêche point qu'on ne fasse de graves reproches au style de Sénèque. Il n'a pas su se garantir du goût de son siècle pour la déclamation. Quoique « personne, dit un célèbre critique moderne, n'ait eu plus d'invention que lui, plus de facilité, d'abondance, de ressources dans le style, de combinaisons dans les pensées, de traits, de saillies, de tours ingénieux et frappans, toute l'autorité de Quintilien put à peine faire entendre aux Romains de son temps, que cet écrivain étoit très inférieur à Cicéron ; et cependant Sénèque, avec tout son talent, tout son esprit, toute sa recherche, toutes ses épigrammes, *ne sut jamais écrire* : c'est le jugement qu'en porte La Harpe, et même le terme dont il se sert dans le IV.e volume de son *Cours de Littérature*, lorsqu'il examine les écrits du rhéteur latin. Ce jugement paroît d'abord sévère pour le fond et même dur dans la forme ; mais il n'en est pas moins juste, continue le même écrivain : pour y souscrire, il suffit de lire avec attention l'excellent morceau de critique où il est développé ; on se convaincra aussi, en le lisant, que ce qui a manqué à Sénèque, au milieu de ses fausses richesses, c'est la raison qui n'admet que des idées saines et justes, la logique qui les enchaîne, la méthode qui les classe : le bon goût n'est que la logique appliquée aux arts de l'imagination, à la poésie, à l'éloquence, à toutes les productions de l'esprit. » Nous avons rapporté en entier ce jugement de M. Dussault, qui, réuni à celui de La Harpe, nous paroît excessivement rigoureux. Ne seroit-il pas possible d'en appeler, non pas pour le faire entièrement réformer, ce qui seroit retomber dans un autre excès, mais au moins pour en adoucir les dispositions? La Harpe s'est prononcé contre Sénèque avec beaucoup d'aigreur ; et l'aigreur accompagne rarement l'impartialité. Il avoit de l'humeur; cette humeur n'auroit-elle pas pris sa source dans la haine qu'il portoit à Diderot grand apologiste de Sénèque? Quoi qu'il en soit, le sévère arrêt qu'il a porté sur le philosophe romain n'a pas eu l'approbation entière d'un savant distingué dont nous allons rapporter l'opinion. M. De Maistre, dans le neuvième entretien des *Soirées de Saint-Pétersbourg*, tom. II, pag. 178 *et suiv.*, établit sur Sénèque le dialogue suivant : «Le Chevalier..... Je me rappelle que mes premières versions étoient puisées dans un petit livre intitulé: *Sénèque Chrétien*, qui ne contenoit que les propres paroles de ce philosophe. Il falloit que cet homme fût un bien grand moraliste pour qu'on lui eût fait cet honneur. J'avois donc une assez grande vénération pour lui, quand La Harpe est venu déranger toutes mes idées avec un volume entier de son Lycée tout rempli d'oracles tranchans rendus contre Sénèque. Je vous avoue cependant que je penche toujours pour l'avis du valet de la comédie : *Ce Sénèque, Monsieur, étoit un bien grand homme.* — Le Comte. Vous faites fort bien de ne pas changer d'avis. Je sais par cœur tout ce qu'on a dit contre Sénèque. Mais il y a bien des choses aussi à dire en sa faveur. Prenez garde seulement que le plus grand défaut qu'on reproche à lui ou à son style tourne au profit de ses lecteurs ; sans doute il est trop recherché, trop sentencieux ; sans doute il vise trop à ne rien dire comme les autres. Mais avec ses tournures originales, avec ses traits inattendus, il pénètre profondément les esprits, *et de tout ce qu'il dit laisse un long souvenir.* Je ne connois pas d'auteur (Tacite peut-être excepté) qu'on se rappelle davantage ; à ne considérer que le fond des choses, il a des morceaux inestimables ; ses *Épîtres* sont un trésor de morale, de bonne philosophie. Il y a telle de ses épîtres que Bourdaloue ou Massillon auroient pu réciter en chaire avec quelques légers changemens. Ses *Questions naturelles* sont sans contredit le morceau le plus précieux que l'antiquité nous ait laissé dans ce genre. Il a fait un beau Traité de la *Providence* qui n'avoit point encore de nom à Rome du temps de Cicéron. Il ne tiendroit qu'à moi de le citer sur une foule de questions qui n'avoient pas été traitées ni même pressenties par ses devanciers..... » Après ce passage, M. De Maistre traite la question plus que problématique du christianisme de Sénèque et de sa correspondance avec saint Paul ; et il emploie 19 pages (de 181 à 200) à démontrer que s'il n'y a rien de certain à cet égard, il y a de grandes probabilités, sinon pour l'affirmative de ces deux faits, du moins pour l'assertion que

Sénèque a connu saint Paul (1). Puis il finit par dire :
« Ne soyons donc nullement surpris si cette doctrine divine, plus ou moins connue de Sénèque, a produit dans ses écrits une foule de traits qu'on ne sauroit trop remarquer. Quant à La Harpe que j'avois tout-à-fait perdu de vue, que voulez-vous que je vous dise? En faveur de ses talens, de sa noble résolution, de son repentir sincère, de son invariable persévérance, faisons grâce à tout ce qu'il a dit sur des choses qu'il n'entendoit pas, ou qui réveilloient en lui quelque passion mal assoupie. *Qu'il repose en paix !* »

---

(1) Nous citerons à cet égard M. Schoell, qui, dans son *Histoire abrégée de la littérature romaine*, tom. II, pag. 450, après avoir prouvé par plusieurs citations la singulière ressemblance que l'on a remarquée entre beaucoup de passages de Sénèque et des saintes Écritures, surtout des épîtres de saint Paul, s'exprime ainsi : « Rien au reste de ce que nous savons de la vie de saint Paul, ne jette la moindre invraisemblance sur la tradition qui le met en rapport avec le philosophe romain. Ce fut, d'après le calcul des plus savans critiques, au printemps de l'an 61 de J. C., que l'Apôtre arriva à Rome. Le préfet du Prétoire auquel il fut remis, lui permit de demeurer dans une maison particulière avec un soldat qui le gardoit à vue, et lui laissa toute liberté de voir ses amis. Ce préfet du Prétoire étoit Burrhus, l'ami de Sénèque. N'est-il pas naturel de penser que leur conversation sera tombée sur ce docteur juif, éloquent et hardi, qui, pour de nouvelles opinions religieuses, avoit été persécuté en Palestine, et en avoit appelé au tribunal de l'empereur? Sénèque n'aura-t-il pas été curieux de voir et d'entendre cet homme extraordinaire? Il est même probable que le nom de saint Paul étoit connu de Sénèque avant son arrivée à Rome. Lors de son séjour à Corinthe, l'Apôtre avoit été amené devant le tribunal de Gallion. Celui-ci refusa

PLINE l'Ancien, né à Côme ou à Vérone l'an 23 de J.-C., mort en 79 près du Vésuve, ainsi que nous le raconte son neveu (*Epît.* 16, *liv.* VI), doit être mis au rang des écrivains de Rome les plus laborieux et les plus savans. Il n'y a pas de lecture plus curieuse, ni plus instructive que celle de son immense ouvrage que l'on appelle improprement *Histoire naturelle*, car l'histoire naturelle n'en forme qu'une partie, et c'est plutôt une encyclopédie des sciences naturelles, de la cosmographie, de la médecine et de l'histoire des arts. Toutes les connoissances de l'antiquité s'y trouvent réunies avec exactitude, et accompagnées de pensées et de vues qui annoncent

---

de prononcer dans une affaire qui concernoit les opinions religieuses d'un peuple étranger, peu considéré à Rome et connu par son intolérance. Mais ce gouverneur de l'Achaïe n'étoit autre que M. Annæus Novatus, ce frère de Sénèque qui, ayant passé par adoption dans une autre famille, avoit pris les noms de Junius Annæus Gallio. Probablement le propréteur avoit, dans sa correspondance avec son frère, parlé de ce docteur qui avoit enseigné pendant dix-huit mois l'Évangile dans la capitale de sa province...» M. Schoell, après avoir réfuté quelques objections contre les présomptions des entrevues de saint Paul avec Sénèque, quoiqu'il rejette comme apocryphes les quatorze lettres de Sénèque à saint Paul, malgré qu'elles soient citées par saint Jérôme et saint Augustin, M. Schoell, disons-nous, finit par dire que les ressemblances avec les expressions de saint Paul et des autres écrivains sacrés, ne se trouvent fréquemment que dans les derniers ouvrages de Sénèque, dans son traité de la *Vie heureuse*, dans celui des *Bienfaits*, qui tous les deux ont été rédigés après l'an 61, et surtout dans ses lettres écrites pendant la dernière époque de sa vie. (Voyez *Tractatiuncula de familiaritate quæ Paulo apostolo cum Senecà philosopho intercessisse traditur, verisimillima;* à Fr. Ch. Gelpke. Lips. 1813, in-4.°)

un esprit éminemment philosophique. Cette vaste compilation, tirée de plus de deux mille ouvrages, d'une érudition infinie et très variée, est divisée en xxxvii livres : le premier est une espèce de table des matières, et le catalogue des auteurs dont Pline s'est servi ; le second renferme la géographie mathématique et physique ; les trois suivans, la géographie historique et politique ; les livres six à dix, la zoologie ; les neuf suivans, la botanique. Les livres vingt à trente-deux sont consacrés aux médicamens que fournissent le règne animal et le règne végétal ; et dans les cinq derniers, l'auteur s'occupe des métaux, de la sculpture et de la peinture, ainsi que des principaux artistes et de leurs ouvrages. On trouve dans ce grand travail tous les phénomènes de physique, tous les faits d'histoire naturelle, et tous les chefs-d'œuvre de l'art observés, recueillis et décrits avec soin. « L'auteur, plein de feu, de vigueur et de verve, rapide, énergique, toujours précis, souvent sublime, animé de ce génie qui aperçoit avec étendue les objets dans tout leur ensemble et qui les peint avec force jusque dans leurs derniers détails, a mérité de servir de modèle à cet illustre écrivain dont la gloire est un des titres de la France, et qui, recueillant parmi nous le double héritage et les traditions combinées du précepteur d'Alexandre et du naturaliste romain, joignit à l'avantage d'être venu tant de siècles après eux celui de les surpasser par la beauté du style et par l'éclat de l'éloquence. Pline apprit à Buffon qu'il ne suffit pas d'analyser et de disséquer la nature, mais qu'il faut encore la peindre, parce que la nature n'est pas un cadavre, mais un ouvrage vivant....... Cependant il faut convenir que doué du plus heureux génie, Pline écrivit malheureusement dans un siècle où la pureté du bon goût commençoit à se corrompre : sa diction, quelquefois dure et forcée, tourmentée et pesante, entortillée, pénible et obscure, porte l'empreinte d'un temps de décadence; ses morceaux les plus éloquens ne sont pas exempts d'exagération, d'enflure, de subtilité, d'emphase, de tout ce qui constitue les vices de la déclamation ; mais il n'est aucune des tirades d'ornement et d'apparat dont il a semé son ouvrage, où l'on ne voie briller les éclairs d'un talent sublime. »

Pline le Jeune, né à Côme vers l'an 63 de J.-C., et mort à-peu-près en 110, est connu par un recueil de dix livres de lettres et par un panégyrique en l'honneur de Trajan. « Le style de Pline dans ses lettres, dit un moderne, M. Schoell, est en même temps celui d'un grand écrivain et d'un homme du monde. Il est élégant, gracieux et correct ; mais, sous le rapport de la simplicité et de l'ingénuité, ces lettres sont inférieures à celles de Cicéron ; on y voit l'envie de plaire qui faisoit la passion dominante de l'auteur. On peut reprocher à la diction de Pline d'être trop finie. » Un autre écrivain parle ainsi des lettres de notre auteur : « Leur principal agrément consiste dans l'idée que Pline y donne de son caractère; il est impossible de les lire et de ne pas aimer l'auteur, tant il s'y montre orné de toutes les vertus, de toutes les qualités qui constituent l'homme de bien, l'homme sociable, rempli de tous les sentimens qui méritent et s'attirent la bienveillance. Quelle noble passion pour la gloire! Quelle délicatesse dans les affaires! Quelle douceur dans le commerce de la vie! Quelle aménité d'humeur! Quelle amabilité! Quelle indulgence! Quelle absence de toutes les passions haineuses et répulsives! Quel concours de toutes les affections expansives et attirantes! Si parmi tant de perfections, il étoit permis d'épier quelques foiblesses, il faudroit peut-être lui reprocher un amour un peu trop vif pour les lettres; il a le goût des petits vers, il en fait, il en parle trop souvent à ses amis, il les convoque trop souvent pour leur lire des pièces de poésie ou des morceaux de prose, des *indécasyllabes* ou des harangues; il court trop volontiers les Lycées et les Athénées de Rome, il y porte une indulgence trop facile, qui applaudit à tout, qui excuse tout, qui conçoit trop aisément des espérances, et caresse avec trop de foiblesse la présomption des petits auteurs. La Capitale étoit alors remplie de bureaux d'esprit (1), à-peu-près comme Paris l'est maintenant; le culte des lettres n'y fut jamais plus ardent,

---

(1) Dans l'article d'où nous tirons ce passage, l'auteur parlant de la décadence du goût, nous peint Sénèque qu'il appelle « ce bel esprit, ce faiseur de calembours philosophiques, comme un intrigant très répandu dans le beau monde, très aimé des belles dames de Rome, et comme étant à la tête de la principale coterie littéraire où les Philamintes latines prononçoient avec l'air du dégoût, que Cicéron étoit un écrivain sans génie et *trop périodique*. Le sage Quintilien lutta prudemment contre cette épidémie

plus minutieux, plus superstitieux qu'à l'époque de leur décadence : elle offroit le spectacle de tous les ridicules littéraires ; et Pline auroit été bien digne de ne les point partager. On peut d'ailleurs recueillir dans ses lettres des renseignemens précieux sur les mœurs, les usages, la vie privée des Romains, sur la construction de leurs maisons, l'ordonnance de leurs jardins, les règles de leur économie domestique. La connoissance des mœurs et des usages est un des principaux fruits que l'on doit tirer de la lecture des ouvrages de l'antiquité ; mais il faut pour cela quelque attention, et les lecteurs attentifs sont rares. »

Pline le Jeune est encore célèbre par son *Panégyrique en l'honneur de Trajan*, qu'il adressa à ce prince, après avoir été nommé consul en l'an 100 de J.-C. C'est un des beaux monumens de la langue latine, chef-d'œuvre d'éloquence et de correction. Pline y peint son héros comme homme public, comme administrateur, et comme prince. Il loue son amour pour les sciences, sa justice, et sa générosité. Il peint ensuite la simplicité de sa vie privée. Toutes les parties de ce discours sont réunies par des transitions extrêmement heureuses. On y trouve de belles images, des descriptions intéressantes et des

---

littéraire, etc. » Il nous semble que dans ce passage on habille Sénèque et les Romains un peu trop à la française ! C'est sans doute pour mieux faire ressortir le rapprochement de la littérature du siècle de Sénèque avec celle du xviii.e siècle.

sentences profondes. Cependant le style manque quelquefois de simplicité et porte quelques traces de la décadence du goût qui se manifestoit depuis quelques années.

M. Dussault qui a brisé plusieurs lances pour soutenir qu'il est non seulement difficile, mais impossible de traduire en français les classiques anciens, a cependant bien voulu appliquer aux traductions en général, ou plutôt aux bonnes traductions, le vers de Boileau sur les femmes;

Il en est jusqu'à trois que je pourrois nommer.

Et il ajoute : « Nous en avons du moins trois assez bien faites, assez fidelles, assez bien écrites, assez élégantes, assez semblables à l'original, ou qui en compensent assez précisément les beautés pour que le nom de l'auteur traduit ne puisse être prononcé sans rappeler le nom du traducteur. Ces trois traductions sont, 1.º celle des Géorgiques de Virgile, par l'abbé Delille qui a su associer la fortune de son talent à l'immortalité du génie; 2.º celle de Pline le Jeune, par de Sacy, qui se mêle à la gloire de l'auteur latin, la partage, la dispute en quelque sorte, et se substitue insensiblement à l'original qu'elle ne fait pas oublier assurément, mais dont elle semble vouloir prendre la place, et dont on sent vaguement qu'elle pourroit réparer la perte, s'il pouvoit venir à se perdre; 3.º enfin, la traduction de morceaux choisis de Pline l'Ancien (5 *vol. in*-8.º), par M. Gueroult l'aîné, homme aussi plein de goût que de modestie, et qui par conséquent sait aussi

bien écrire qu'il sait peu faire valoir ses ouvrages.
« Cette traduction, disoit en 1808 M. Dussault, est
à peine connue, (elle l'est davantage maintenant), et
je soutiens qu'elle est en ce genre un des titres les
plus solides et les plus brillans de notre littérature:
Habent sua fata libelli. »

Quant à la traduction de Pline le Jeune, M. Dussault dit encore « qu'elle est d'autant plus admirable, que sans dénaturer le caractère de l'original, le traducteur est parvenu à corriger ses défauts, à rendre sa finesse plus naturelle, son esprit plus simple et moins ambitieux, ses traits plus précis et non moins piquans, sa physionomie plus naïve et non moins agréable, son style plus facile et non moins ingénieux. Cette traduction n'a point l'air d'une traduction; tout y coule de source; et l'on peut dire que la manière du traducteur est beaucoup plus conforme à la nature, aux qualités principales, à l'aisance, à la rapidité, à l'abandon, à la négligence gracieuse du style épistolaire, que celle de l'auteur latin. »

Denis DIDEROT, littérateur et philosophe (n. 1713—m. 1784), assuroit que s'il étoit obligé de vendre sa bibliothèque, il garderoit Moyse, Homère, Euripide, Sophocle et Richardson. C'est surtout de Richardson dont on peut dire qu'il étoit non seulement enthousiaste, mais vraiment fanatique. «Depuis que les romans de Richardson, dit-il, me sont connus, ils ont été ma pierre de touche; ceux à qui ils déplaisent sont jugés par moi. Je n'en ai jamais parlé à un homme que j'estimasse, sans trembler que son jugement ne se rapportât pas au mien ; je n'ai jamais rencontré personne qui partageât mon enthousiasme, que je n'aie été tenté de le serrer entre mes bras et de l'embrasser... » Diderot trouvoit-il quelqu'un qui arrivât d'Angleterre, il lui demandoit sur-le-champ : *Avez-vous vu le poëte Richardson?* La lecture des ouvrages de cet estimable Anglais avoit donné à Diderot une teinte assez habituelle de mélancolie ; quand ses amis le rencontroient et lui demandoient : *Qu'avez-vous ? Vous n'êtes pas dans votre état naturel;* il répondoit d'un ton comiquement pathétique : *O mes amis, Paméla ; Clarisse, Grandisson sont trois grands drames!* Le même Diderot, dans son *Traité d'Éducation publique,* dit : «Il ne faut pas glisser trop légèrement sur les lois de Moyse; c'est un chef-d'œuvre d'économie politique dont les plus fameux législateurs n'ont pas approché. » Il est sûr que Diderot, tout philosophe qu'il étoit, voyoit à la fois dans Moyse le plus grand poëte et le plus grand législateur qui eût existé. Il le répète souvent dans ses ouvrages, surtout dans son éloge de Richardson. Il dit ailleurs que l'on doit commencer par faire apprendre aux enfans le *Petit Catéchisme* de Fleury, que c'est un ouvrage vraiment substantiel, au-dessus de tout éloge,.. et que c'est à de tels hommes qu'il convient de faire des abrégés.

Le début du *Traité d'Éducation,* par Diderot, est si beau, que je ne puis m'empêcher d'en consigner ici la partie qui a rapport aux connoissances indispensables à l'homme. « J'appelle, dit-il, connoissances essentielles, celles qui ont des objets réels et nécessaires à tous les états, dans tous les temps, et auxquelles rien ne peut suppléer, parce qu'elles comprennent tout ce que l'homme doit absolument savoir et faire sous peine d'être dégradé et malheureux. Elles se réduisent à trois : 1.° La Religion par laquelle nous devons commencer, continuer et finir, parce que nous sommes de Dieu, par lui et pour lui; 2.° la morale, pour se connoître soi-même et les autres, ce que l'on peut et ce que l'on doit dans les cas divers où il plaît à la Providence de nous placer; 3.° la physique pour prendre une idée de la nature et de ses opérations, de notre propre corps et de ce qui fait la santé ou la rétablit, et des arts divers qui augmentent l'aisance en adoucissant les ennuis....... L'homme a une ame à perfectionner, des devoirs à observer et une autre vie à prétendre. Il est sous la main de Dieu, lié à une société et chargé de lui-même. Or le premier commandement de Dieu est qu'on lui rende hommage de toutes ses facultés, en travaillant selon l'ordre de la Providence. La première loi de toute société est qu'on lui soit utile pour acheter par des services les avantages qu'elle procure. Le premier conseil de l'amour propre est d'augmenter son bien-être par l'aisance que la raison permet et la considération que le mérite attire. Il faut donc que l'on abjure sa destination et son existence, ou que l'on connoisse les œuvres de Dieu et le culte qu'il exige, les droits de la nature et les ressources de l'économie, les lois de sa patrie et les talens qu'elle honore, les moyens de la santé et les arts d'agrément. Il faut adorer Dieu, aimer les hommes, et travailler à son bonheur pour le temps et pour l'éternité. Religion, morale, physique, ces trois objets se représentent sans cesse et ne se séparent point... J'observe que la Religion, la morale et la physique, c'est-à-dire, toutes les vraies sciences, ont en effet chacune trois parties bien distinctes, dont la première est le fondement de la seconde et celle-ci le principe de la troisième ; savoir, l'histoire, c'est-à-dire, le recueil des faits relatifs à la chose et qui servent de matériaux à l'esprit ; la théorie qui combine ces faits, en cherche les raisons et en déduit la chaîne des axiomes et des règles ; la pratique qui, munie de ce secours, opère avec la lumière et doit être le principal et dernier but de toute étude sensée.... L'histoire de la Religion a deux parties ; celle du peuple de Dieu, laquelle remonte à l'origine des siècles, ce que n'a fait aucune autre histoire, et celle de l'Église qui, remplaçant ce peuple proscrit, ne finira qu'avec le Monde. L'une contient les faits, les lois et les oracles qui ont préparé la venue du Messie ; l'autre nous montre la loi éternelle et immuable établie par le Messie et les Apôtres, avec l'oracle toujours subsistant dans l'Église, qui explique ses mystères et consacre sa doctrine. Les monumens authentiques de cette histoire sont, d'une part, les livres sacrés de l'Ancien et du Nouveau

Testament; et de l'autre, les décisions des Conciles généraux et les traditions unanimement reçues des anciens Pères. On y ajoute la suite de la discipline, des rites et des établissemens divers, moins essentiels sans doute, puisqu'ils peuvent changer, mais qui constituent spécialement l'histoire ecclésiastique. Voilà les faits de la Religion, et l'objet de ce qu'on appelle théologie positive, sans laquelle il n'y éut jamais que de vains et dangereux raisonnemens. Je ne parle donc ici que de la Religion révélée : l'histoire des fausses religions et des hérésies en est à la vérité un accessoire, mais qui dépend de la morale, puisque c'est l'histoire, non de Dieu, mais des hommes... Il ne peut y avoir de théorie et plus sûre et plus nette que celle de la Religion, puisque les faits qui lui servent de base sont décidés et authentiques : il n'est point d'ignorance plus honteuse que celle de la vraie théologie, puisqu'il n'est point de science plus importante et plus aisée à apprendre. » Diderot ajoute que s'il y a tant d'obscurités et de disputes dans cette étude, c'est que l'on confond la scolastique avec la théologie véritable qui a trois parties : celle de l'histoire ou la théologie positive ; celle du dogme ou la théologie dogmatique, qui ne peut être qu'une logique saine appliquée aux faits de la Religion; celle de la morale, qui se réduit à une seule et grande règle, la conformité de nos volontés à celle de Dieu, et qui n'est qu'un développement méthodique de la loi de l'Évangile et des ordonnances de l'Église universelle. » Ailleurs il dit :

« La Religion ne prêche que l'ordre et l'amour, et n'ôte point la raison, mais elle l'épure et l'ennoblit ; elle ne détruit pas les hommes, mais elle en fait de vrais sages ; la morale humaine n'est point le christianisme, mais elle ne peut le contredire : elle vient du ciel comme lui. La pratique de la morale, c'est la justice qui comprend également la piété et l'humanité, et en elles toutes les vertus. La piété adore Dieu avec le respect profond d'une foible créature pour le Dieu de l'univers, et la tendre confiance d'un fils pour son père....... » L'auteur commence son plan d'étude par la Religion. « Ce sera toujours la première leçon, dit-il, et la leçon de tous les jours. Est-il concevable que jusqu'à présent l'on n'ait pas senti que cela devoit être? N'est-il pas scandaleux que les jeunes gens parlent si hardiment de la Religion dans le monde (1), et qu'ils en soient si peu instruits, etc. etc. etc. ? » Cette citation d'un ouvrage de Diderot est un peu longue ; mais j'ai fait en cela comme le voyageur qui, surpris de trouver

---

(1) M. de La Harpe fait une réflexion bien juste et bien sage à ce sujet : « Diderot n'a que trop raison, dit-il, sur l'ignorance trop commune de la Religion, et sur la confiance vraiment ridicule des jeunes gens qui en parlent d'un ton que leur âge ne rend que plus indécent, loin de le rendre plus excusable; ils en rougiroient, s'ils étoient seulement capables de se rappeler le nom des hommes qui ont respecté ce qu'ils méprisent. Mais le plus grand mal, c'est que la présomption n'est en effet que de l'ignorance, au point que, si on leur demandoit de nous dire sérieusement ce que c'est que cette Religion dont ils se moquent, la plupart, en se hasardant à répondre, risqueroient de dire une sottise à chaque mot. »

quelques paillettes d'or sur son chemin, se laisse entraîner au plaisir d'en ramasser le plus qu'il peut.

Si Diderot ne se fût jamais écarté des principes énoncés dans le morceau que nous venons de citer, et s'il n'eût pas sacrifié ses talens (car il en avoit beaucoup) à l'idole du jour, il jouiroit d'une réputation plus générale, plus solide et beaucoup plus honorable. La Harpe qui l'a traité sévèrement, en a tracé le portrait suivant : « Diderot n'étoit pas né sans génie ou plutôt sans imagination ; c'est cette partie du génie qui est chez lui dominante dans les idées comme dans le style. Mais l'imagination, quand elle est seule, avorte plus souvent qu'elle ne produit. Il faut qu'elle soit fécondée par le jugement, pour devenir cette force créatrice d'où naissent les conceptions soutenues et durables. L'imagination de Diderot, trop destituée de ce jugement en tout genre, ressembloit à une lumière qui a peu d'aliment, qui jette de temps en temps des clartés vives, et vous laisse à tous momens dans les ténèbres. Toujours prêt à s'échauffer sur tout, ce qui est un moyen sûr de s'échauffer souvent à froid, il ne pouvoit s'attacher à rien : de-là les disparates continuelles d'un style scabreux, haché, martelé, tour-à-tour négligé et boursouflé ; de-là les fréquentes éclipses du bon sens et les bizarres saillies du délire. Incapable d'un ouvrage, jamais il n'a pu faire que des morceaux ; et c'est lui-même qu'il louoit quand il réduisoit le génie à de *belles lignes*. Il y en a dans tout ce qu'il a fait, plus ou moins rares, et toujours il faut les acheter beaucoup plus qu'elles ne valent. » Tout homme impartial qui a lu les ouvrages de Diderot, conviendra que si ce portrait n'est point flatté, il est du moins assez ressemblant.

MABLY, historien et publiciste (n. 1709—m. 1785), savoit presque par cœur PLATON, THUCYDIDE, XÉNOPHON, PLUTARQUE, et les ouvrages philosophiques de CICÉRON. Dans l'une de ses œuvres posthumes intitulée : *Des talens*, il passe en revue nos plus grands auteurs. « Il me semble, dit-il, qu'on ne démêle jamais mieux l'action des passions sur notre esprit, qu'en fixant ses regards sur ces hommes que la nature seule a favorisés, et qui, dans leur heureuse obscurité, ont été les maîtres de disposer à leur gré de leur génie. Nous admirons tous l'intelligence sublime de DESCARTES, de CORNEILLE, de PASCAL, de BOSSUET, de FÉNÉLON, de MALLEBRANCHE, de DESPRÉAUX, de RACINE, de CONDILLAC, de MOLIÈRE, de LA FONTAINE. Mais tous ces grands hommes, conduits par des passions différentes, se séparent, pour ainsi dire, en différentes bandes. » Mably fait voir ensuite que les passions tranquilles produisent les philosophes : tels ont été DESCARTES, MALLEBRANCHE et CONDILLAC ; les passions moins tranquilles produisent les poëtes, comme CORNEILLE, MOLIÈRE et LA FONTAINE, qui, avec le même succès, ont parcouru une carrière différente. Parlant de LA FONTAINE, il dit : « Conduit par sa bonhomie, et nous menant à la morale la plus sage

et en même temps la plus enjouée, il nous apprend
à connoître l'homme qui n'est si souvent qu'un loup,
un mouton, un renard, un lion, un geai, etc. »
Il peint la différence des caractères de Corneille et
de Racine ; puis passant à Bossuet, à Fénélon et
à Pascal, il fait aussi ressortir la différence de leurs
caractères produits par des passions plus ou moins
vives. « La forme de notre gouvernement, dit-il,
ne permettoit pas à Bossuet de montrer son éloquence avec le même avantage que Démosthène et
Cicéron ; mais je crois m'apercevoir qu'il auroit eu
les mêmes succès à Athènes et à Rome, parce qu'il
avoit leur génie. Il auroit rendu leur courage aux
Athéniens, inquiété Philippe, ou fait pâlir Verrès,
Catilina et Antoine. Aux passions qu'il réveille en
moi pour m'entraîner, je juge de celles dont il est
animé lui-même. Fénélon, au contraire, avec une
éloquence plus douce, mais également puissante,
s'insinue adroitement dans mon cœur en éclairant
ma raison ; il s'élève à côté d'Homère et de Virgile ;
il est plein de leur esprit ; tout s'embellit sous ses
pinceaux ; et il leur est supérieur par le choix d'un
sujet plus important que la ruine de Troie, et l'arrivée d'Énée en Italie, et qui plaira à toutes les nations, tant qu'il y aura des rois et des peuples qui
désireront d'être heureux. » Passant à Pascal, il dit :
« Grâce à cette intelligence qui l'animoit et qui ne
peut être sans action, il est géomètre avant que de
savoir s'il y avoit une géométrie ; et la physique al-

doit vraisemblablement lui devoir la plupart des découvertes qu'elle a faites depuis, lorsque la Religion qui le frappe vivement, l'arrache à ses études profanes; et déjà ce génie aussi flexible qu'étendu, médite de confondre l'incrédulité : on peut pressentir la sublimité de son ouvrage par la lecture des *Pensées* qu'il n'a jetées sur le papier que pour se tracer la route qu'il devoit tenir. Cependant, distrait par un autre objet, il compose ses immortelles *Provinciales*, etc. etc. (1). » Mably fait, dans son *Traité du Beau*, l'éloge de *la Pluralité des Mondes*, par FONTENELLE, qu'il appelle un chef-d'œuvre : « Le caractère d'esprit de sa marquise est, dit-il, une des plus heureuses inventions, et des plus propres à répandre de l'agrément dans un ouvrage de physique. Ne sachant rien, la marquise devine tout, dès qu'on la met sur la voie. A l'exception de trois ou quatre galanteries que je voudrois pouvoir effacer, le reste est plein de grâce et de génie. »

LÉONARD-ANTOINE THOMAS, orateur, poëte, etc. (n. 1732—m. 1785), lisoit toujours le même livre;

---

(1) Un littérateur moderne, parlant de Pascal, le qualifioit ainsi : « Le géomètre du premier ordre, le physicien qui arrache à la nature d'importans secrets, le penseur profond, l'écrivain supérieur qui, dès son premier pas, portant notre langue au terme de sa perfection, réunit la naïveté de Térence, le comique de Molière, l'imagination de Bossuet, la dialectique, la verve et la véhémence de Démosthène. »

si l'on en croit Herault-Sechelles, et ce livre étoit Cicéron; il ne manquoit jamais de l'emporter à la campagne. Ailleurs le même Herault-Sechelles, parlant toujours de Thomas, dit : «Ses auteurs favoris étoient, parmi les poëtes, Homère, Euripide, Virgile, Métastase et Le Tasse. Voltaire étoit toujours dans ses mains (sans doute avec Cicéron). Racine, J.-B. Rousseau et Juvénal qu'il traduisoit souvent, lui plaisoient beaucoup....... Je demandai un jour à Thomas quel étoit l'ordre des écrivains, et comment il faudroit donner les places, si l'on vouloit les juger par la force et l'étendue des idées. Il mit d'abord Montesquieu le premier, le premier même à une grande distance au-dessus des autres; cependant au-dessus de lui il plaça Bacon : *Considérez en effet*, disoit-il, *de quel génie il falloit que Bacon fût pourvu; seul, il y a deux siècles, il a tout deviné, tracé toutes les routes; ses explications de la mythologie, ses morceaux de morale sont remplis d'esprit et d'invention.* Après Montesquieu, Thomas plaçoit Buffon pour le don de la pensée. Buffon possède éminemment l'art suprême de généraliser ses idées; il s'élève, il tire de son sujet tout ce qu'il y a de grand et de noble; il compare avec supériorité les objets; c'est un aigle qui tient d'abord ses ailes serrées, et qui ensuite en les déployant tout-à-coup, offre aux regards une envergure considérable. Après Buffon, Thomas plaçoit Diderot; il hésitoit même s'il ne le placeroit pas avant pour la jouissance de la pensée, ou au moins sur la même ligne (1). Après Buffon et Diderot, venoit J.-J. Rousseau, plus foible que les précédens (c'est la première fois qu'on a avancé une telle opinion), mais cependant un des plus riches, souvent au moyen de ses paradoxes ; en général, Rousseau s'est plus abandonné au sentiment qu'à l'idée. Tho-

---

(1) Je ne sais pas si Diderot *jouissoit* mieux de la pensée que Buffon ; mais ce qu'il y a de certain, c'est qu'il la rendoit souvent d'une manière très obscure, tandis que Buffon s'exprime toujours avec la plus grande clarté. A propos de cette obscurité de style qui se remarque dans quelques écrivains du xviii.e, ajoutons du xix.e siècle, et qu'on ne trouve point dans les auteurs du siècle de Louis XIV, voici un passage où M. de Bonald explique comment ce changement de style tient à des causes morales : « Les écrivains du xvii.e siècle, dit-il, avoient des principes décidés et n'avoient point d'intentions cachées. L'expression étoit franche comme l'idée, et cette franchise de style est la première qualité de l'esprit et du caractère français. Au siècle suivant, les écrivains même les plus célèbres ont eu sur de grands objets des notions confuses, incertaines, et des vues secrètes et profondes; et en même temps qu'ils ont voulu cacher les unes, ils n'ont su comment expliquer les autres. Trop souvent le style est devenu une espèce de *chiffre* qui présentoit un sens à l'Autorité avec laquelle on ne vouloit pas se compromettre, et un autre sens aux disciples qu'on vouloit *éclairer;* et il s'est introduit ainsi un langage à deux faces et à double entente, qui, au moyen de tours adroits, d'expressions vagues et jamais définies, signifie beaucoup plus ou beaucoup moins qu'il ne paroît signifier. Si c'est là un progrès, ce progrès est réel; et l'art de faire entendre ce qu'on n'ose pas dire, ou de voiler ce qu'on veut faire entendre, s'est extrêmement perfectionné. Comme ces mêmes écrivains ont été en état de guerre contre les institutions et contre les hommes, ils ont dû armer leur style pour le combat; et le style est devenu quelquefois violent, amer, et le plus souvent moqueur et insultant. »

mas nommoit aussi Marmontel, non qu'il pense en grand mais beaucoup en détail, d'Alembert, Raynal et Saint-Lambert. (Quel amalgame!) Quant aux orateurs, il n'en trouvoit que deux qui le fussent véritablement, Bossuet et J.-J. Rousseau. Il mettoit Bossuet le premier, à cause de ce ton de maître qui n'appartient qu'à lui seul et dont le modèle n'existe nulle part, de cette rapidité, de cette élévation qui vous emporte, sans que vous sachiez jamais où vous vous arrêterez. Massillon n'est qu'un grand écrivain ; Bourdaloue, un faiseur de traités ; Mascaron, informe, inégal ; d'Aguesseau est sans force, sans imagination, souvent *minutieux* (1) ; Bossuet seul est grand, et Rousseau, énergique. Il m'a recommandé surtout la lecture de Tacite et de Montesquieu ; ce sont deux auteurs de cheminée : il ne faut pas passer un jour sans les lire.... »

Tels étoient les goûts littéraires de Thomas et les jugemens qu'il portoit sur nos grands écrivains, si l'on en croit Herault-Sechelles, son ami : reste à savoir si Herault-Sechelles est bien fidelle dans ce qu'il rapporte de Thomas, et si quelquefois il ne prend pas son opinion particulière (dont on a beaucoup à se défier sous le rapport du goût) pour celle de son

---

(1) Ces jugemens portés sur Massillon, Bourdaloue, Mascaron et d'Aguesseau, sont plus que hasardés, pour ne pas dire ridicules. J'en dirai à peu près autant de celui de Madame Necker qui appeloit Thomas l'*homme de ce siècle*, et Buffon l'*homme de tous les siècles*. Mais il faut ajouter qu'elle adressoit ce jugement à Buffon, en lui annonçant la mort de Thomas.

ami ; nous serions assez tenté de le croire, et peut-être le lecteur pourra être de notre avis, quand il aura parcouru la notice suivante relative aux auteurs qui ont le plus contribué à former la langue poétique chez les anciens et chez les modernes. Ce morceau assez étendu où Thomas passe en revue les principaux poëtes des différens siècles, nous a paru approprié au sujet que nous traitons et par conséquent devoir y figurer. Mais avant, nous dirons un mot de la langue française, ou plutôt des hommes à grand talent que Thomas désigne comme ayant le mieux manié cette langue et ayant le plus contribué à l'enrichir.

« Parmi les écrivains du siècle de Louis XIV, dit-il, c'est Pascal, La Bruyère et Bossuet pour la prose ; Corneille et Racine pour les vers (1). Ce sont eux véritablement qui sont créateurs à l'égard du style, et je les mets au premier rang. Après vient Boileau qui, par ses formes soignées et correctes, épura la langue et y ajouta plus d'expressions pi-

---

(1) *Les grands hommes du siècle passé*, dit Voltaire, *ont enseigné à penser et à parler.* Ce fut d'abord Corneille, et après lui, La Rochefoucauld, le cardinal de Retz, Pascal, Bossuet, Bourdaloue, Molière, Pelisson, Boileau, Racine, Fénélon, La Bruyère, qui formèrent l'esprit, la langue et le goût de la nation. (*Voyez* Marmontel, *de l'autorité et de l'usage sur la langue.*)

Dreux du Radier remonte plus haut dans ses *Récréations historiques*, tom. ii, pag. 75 : « Amyot, dit-il, est un des écrivains qui ait le mieux connu le génie de sa langue, et celui auquel le français a le plus d'obligation. Nous lui devons une infinité d'ex-

quantes, neuves et même hardies que la régularité sage de son esprit et de son talent ne sembloit le promettre : il est même en général plus créateur d'expressions que d'idées ; peut-être même l'emporte-t-il sur ROUSSEAU pour ce genre de mérite, quoique ROUSSEAU soit celui de nos poëtes qui ait donné plus de magnificence, de pompe et d'harmonie à la langue ; mais il a encore plus la richesse des images que des formes nouvelles de style..... MOLIÈRE et LA FONTAINE, par les genres qu'ils embrassèrent, furent presque toujours relégués dans la langue commune... Ce n'est que dans les belles scènes du *Misanthrope* et du *Tartufe*, où le ton de la comédie s'élève, que le génie ardent de MOLIÈRE a le plus imprimé ses formes à la langue... Quant à FÉNÉLON, il me semble qu'il fit plutôt un choix élégant et heureux de la langue connue, qu'il n'en étendit les limites..... Il en est à peu près de même de QUINAULT, dont le mérite fut, comme écrivain, la plus douce et la plus aimable souplesse. C'est ce qu'une personne de goût exprima fort heureusement par ce mot : *Cet homme a désossé la langue.* » Il y auroit bien un peu à redire sur quelques-unes de ces asser-

---

pressions et de tours qui subsistent encore dans notre langue. Les auteurs qui ont le plus contribué à la former, sont Alain Chartier, Villon, Commines, Rabelais, Desessarts dans ses *Amadis;* Amyot, d'Urfé dans son *Astrée;* Coëffeteau, Balzac, Patru, d'Ablancourt, Pascal, Port-Royal, Pelisson, Racine, etc. On a bien de la peine à s'imaginer que Commines écrivoit sous Louis XI, et on ne se figure pas en lisant les Mémoires de la reine Marguerite, qu'elle étoit fille de Henri II. »

tions de Thomas ; mais il est temps d'arriver à la formation de la langue poétique chez les différens peuples. Ce morceau, ainsi que ce que nous venons de dire sur la langue française, est tiré du *Traité de la langue poétique,* ouvrage posthume de Thomas. Il commence avec raison par le peuple dont la littérature a servi de modèle à toutes les nations qui ont cultivé la poésie ; et suivant la série des temps et des langues il arrive jusqu'au dernier siècle.

« Les premiers grands écrivains chez les Grecs, dit-il, ont été des poëtes, et ces poëtes ont été ou épiques ou lyriques, deux genres de poésie qui donnent le plus d'audace au génie et par conséquent à la langue. Homère surtout, dont le sentiment étoit si vif et les conceptions si vastes, Homère qui partout associoit la nature céleste à la nature humaine, donna plus d'énergie et de mouvement à sa langue. Il créa ou employa beaucoup de mots composés qui présentoient à la fois une association d'images, comme pour peindre d'un mot ce que l'esprit concevoit d'une pensée. Il fit plus : parmi les dialectes différens des peuples de la Grèce, il se permit de choisir les différentes terminaisons de mots qui convenoient le plus ou à la mesure ou à l'harmonie de son vers... Les poëtes tragiques qui vinrent après lui, créèrent leur art d'après le sien et parlèrent à-peu-près la même langue, avec la seule différence du style dramatique au style épique. Eschyle, par l'audace de ses expressions, dans ses scènes se rapprocha souvent de la hardiesse de l'épopée. Sophocle, dans plusieurs descriptions dont ses tragédies sont ornées, se plaît à créer des choses nouvelles....... Dans les tragédies grecques, les chœurs qui terminoient les actes, étoient de véritables odes; la langue poétique la plus hardie s'y trouvoit naturellement placée. Qu'on lise les chœurs d'Euripide qui cependant des trois tragiques grecs est le moins poëte dans la scène, et l'on pourra juger à quel degré les chœurs admettoient cette sorte de langue. Tel fut le progrès de l'établissement de la langue poétique chez les Grecs; et c'est peut-être le peuple chez qui elle fut le plus distinguée de la prose. Mais personne ne marqua plus cette séparation que Pindare.

« Chez les Romains, la langue poétique ne fut pas aussi séparée, parce que l'éloquence y étant cultivée avec succès long-temps avant qu'il y eût des poëtes célèbres, la prose y eut pour ainsi dire le droit d'aînesse. La prose avoit fondé son empire avant Lucrèce, Virgile et Horace; et lorsqu'ils parurent, la langue étoit déjà créée dans toute sa perfection (1). Ils furent obligés de la suivre au lieu de la diriger; ceux-ci même ne firent qu'imiter les poëtes grecs... La langue poétique menée à la Cour d'Auguste par le génie devenu courtisan, fut plus rapprochée du caractère général de la langue ordinaire, et se soumit aux lois déjà reçues. Elle perdit même quelques-

---

(1) Térence, bien antérieur à Lucrèce, avoit contribué à la polir, et il est surprenant que Thomas n'en ait pas fait mention. Il auroit même pu rappeler Plaute quoique bien moins châtié que Térence parce qu'il avoit écrit avant lui.

ins des privilèges que lui avoient donnés les poëtes Romains et que lui avoit conservés Lucrèce. Cependant Horace et Virgile, par le pouvoir de leur génie, transportèrent dans la langue poétique de Rome tous les genres de beauté qu'ils purent enlever à la Grèce, à-peu-près comme les conquérans Romains avoient fait passer en Italie les statues et les tableaux de Corinthe et d'Athènes.......... On doit remarquer une singularité assez frappante, c'est qu'Horace, dans ses odes, communiqua peut-être à la langue poétique plus de beautés originales et de hardiesses véritablement heureuses que Virgile. Il a beaucoup plus de ces expressions qui ne sont qu'à lui et qui n'ont jamais passé dans le domaine de la prose, soit que cette audace lui ait été inspirée par le genre lyrique, soit par son propre génie et cette multitude de sensations vives et promptes qu'il exprimoit rapidement dans chacune de ses odes....... A l'égard d'Ovide, c'est sans contredit celui des trois dont la langue poétique est la moins distinguée de celle de la prose. Dans la rapidité de sa composition molle et facile, impatient de produire, il associe souvent les images de la poésie aux tours et aux expressions de la prose.... Les autres poëtes forment leur langue, et la travaillent pour l'élever jusqu'à eux ; Ovide n'a pas même l'air de penser à la sienne ; il la trouve, l'emploie et ne la choisit pas : c'est un artiste qui jette indifféremment les formes et les traits de la vie sur l'or, le marbre, la pierre, l'argile ou le bois, à mesure qu'ils se rencontrent sous sa main.

Pour Lucain, c'est de tous les hommes de génie qui ont fait des vers chez les Romains, le moins poëte pour l'expression. Dans ses plus beaux vers même, il n'a presque jamais un langage distingué de la prose; sa langue austère et vigoureuse, mais sans imagination et sans éclat, est presque toujours celle de l'orateur, de l'historien, souvent du philosophe stoïcien. Lucain, dans ses beaux morceaux, est pour son langage, ce que Caton étoit pour sa toilette; et l'on voit par ces deux vers, que celui-ci n'en faisoit pas grands frais :

> *Intonsos rigidam in frontem descendere canos*
> *Passus erat, mœstamque genis increscere barbam.*

Si l'on rompoit la mesure des vers de Lucain et qu'on les mît en prose (épreuve que Lamotte a faite sur une scène de Racine), il seroit sans contredit celui de tous les poëtes qui perdroit le moins quand il est véritablement beau. A peine se douteroit-on qu'il eût écrit en vers.

«Passons aux Italiens (1). La langue poétique a eu

---

(1) Voltaire dit : « Après que l'empire Romain eut été détruit par les Barbares, plusieurs langues se formèrent des débris du latin, comme plusieurs royaumes s'élevèrent sur les ruines de Rome. Les conquérans portèrent dans tout l'occident leur barbarie et leur ignorance. Tous les arts périrent, et lorsqu'après huit cents ans ils commencèrent à renaître, ils renaquirent Goths et Vandales. Ce qui nous reste de l'architecture et de la sculpture de ces temps-là est un composé bizarre de grossièreté et de colifichets. Le peu qu'on écrivoit étoit dans le même goût. Les moines conservèrent la langue latine pour la corrompre (cela est plus que douteux, car si nous possédons les classiques grecs et latins, et le goût pour les apprécier, c'est aux maisons religieuses du moyen âge que nous

le même avantage chez eux, qu'elle avoit eu chez les Grecs, celui d'avoir été formée avant qu'il y eût de bons écrivains en prose. Elle fut créée par Le Dante, comme celle des Grecs le fut par Homère... Le Dante transportant ses concitoyens et ses lecteurs dans un Monde invisible et peignant les vices et les vertus de son siècle dans les régions de la mort, au milieu des supplices ou des récompenses d'une autre vie, où tout ce qui est crime ou vertu prend sous les yeux de la Divinité un caractère immuable et éternel, Le Dante, dans son *Enfer*, son *Purgatoire* et son *Paradis*, parcourut tout le merveilleux de la Religion; Le Marini, dans son poëme de l'*Adonis*, tout le merveilleux de la Religion ancienne; Le Boyardo et l'Arioste, le merveilleux de la féerie, des enchantemens et de la chevalerie au

---

en sommes redevables); les Francs, les Vandales, les Lombards mêlèrent à ce latin corrompu leur jargon irrégulier et stérile. Enfin la langue italienne, comme la fille aînée de la latine, se polit la première, ensuite l'espagnole; puis la française et l'anglaise se perfectionnèrent. La poésie fut le premier art qui fut cultivé avec succès. Le Dante et Pétrarque écrivirent dans un temps où l'on n'avoit pas encore un ouvrage de prose supportable : chose étrange que presque toutes les nations du monde aient eu des poëtes avant que d'avoir aucune autre sorte d'écrivains! Homère fleurit chez les Grecs plus d'un siècle avant qu'il parût un historien. Les cantiques de Moïse sont le plus ancien monument des Hébreux. On a trouvé des chansons chez les Caraïbes qui ignoroient tous les arts. Les Barbares des côtes de la mer Baltique avoient leurs fameuses rimes runiques dans les temps qu'ils ne savoient pas lire : ce qui prouve en passant que la poésie est plus naturelle aux hommes qu'on ne pense. »

temps des romans et des fables ; Le Tasse, le merveilleux des mœurs chevaleresques, agrandies par l'héroïsme religieux, et associées à une époque brillante de l'histoire. Enfin Pétrarque, quoiqu'il écrivît dans un genre différent, fut aussi le peintre du merveilleux ; mais il peignit le merveilleux de l'amour, de cette passion qui, portée jusqu'à l'enthousiasme, est elle-même une espèce de Religion, un enchantement et une féerie continuelle.... (1).

« Chez les Anglais, la langue poétique a conservé le droit de modifier et de tronquer des mots et des syllabes pour la mesure. Ce qu'elle a de plus remarquable, c'est son caractère ; elle a été formée par le génie même anglais, qui a l'audace et l'indépendance que lui donnent son gouvernement, ses mœurs et ses lois, et par la méditation profonde et solitaire des phénomènes de la nature et des passions humai-

---

(1) Thomas prétend à juste titre que le beau climat de l'Italie a dû influer sur le caractère et sur la langue poétique de ses habitans : « Là, dit-il, les esprits ont je ne sais quoi de plus prompt et de plus ardent ; les sensations sont plus vives ; l'amour est plus voluptueux ; toutes les passions y donnent des secousses plus rapides ; les oreilles se passionnent pour la musique, comme les yeux pour la beauté ; la nature vivante et morte sans cesse y travaille sur l'imagination : les cimes majestueuses des Alpes, les rochers et les branches de l'Apennin, le volcan du Vésuve, les rives enchantées de Pouzzol et de Naples, les deux mers qui embrassent ces contrées, ces fleuves qui ont autrefois porté les dominateurs du monde, ce Tibre qui semble encore rouler dans ses flots la destinée de l'ancien univers, ces ruines célèbres qui sont comme le tombeau d'un vaste empire...... En foulant ces ruines, on croit y voir imprimés les pas de Virgile et d'Horace, d'Ovide et de Tibulle ; on croit encore entendre leur voix harmonieuse et douce,

nes. Une telle méditation introduit l'ame plus avant dans les profondeurs de la nature, et donne au peuple même, sous des dehors froids, une sensibilité recueillie qui brûle en dedans, comme celle des peuples légers s'exhale tout entière en dehors. Cette chaleur ardente et sombre se fait sentir par-tout dans les poëtes anglais... En général, la langue poétique anglaise penche vers l'énergie, comme celle des Italiens vers la mollesse, et réussit surtout à peindre ce merveilleux terrible qui ébranle fortement l'imagination. Un de ses autres caractères est la richesse ; elle a prodigieusement acquis dans un commerce habituel avec les anciens poëtes qui ont été traduits en vers, soit en tout, soit en partie, par les plus grands poëtes anglais ; car en Angleterre on n'a jamais cru que le génie dérogeât à traduire. Cicéron ne le

---

Là enfin les fables vivent encore dans les monumens qui les éternisent. Ce ne sont pas seulement les vases antiques, les statues, les bas-reliefs, qui les représentent ; ce sont encore les lieux, ce sont les côtes visitées par les vaisseaux errans d'Ulysse et d'Énée, l'île où chantoient les Syrènes, l'île qu'habitoit Circé, le rivage de Cumes où aborda Dédale et où s'enfonçoit la retraite prophétique de la Sybille ; cette mer si fameuse où *Carybde* et *Sylla* engloutissoient les vaisseaux, les antres du Cyclope, l'Etna dont la masse embrasée couvroit les géans, et plus près le laurier qui croit sur le tombeau de Virgile, d'où son ombre semble encore présider à ce pays des antiques fables qu'il a rendues immortelles. Tous ces charmes réunis font de l'Italie entière le séjour de l'imagination ; là les eaux, l'air et la terre semblent, pour ainsi dire, exhaler de toute part la vapeur du merveilleux et le délire enchanteur de la poésie. C'est donc de tous les pays de l'Europe moderne, celui qui a dû avoir plus particulièrement une langue poétique. » (*OEuv. posth. de* Thomas, t. II, p. 71-72).

pensoit pas non plus lorsqu'il traduisoit Démosthène,
et le poëme grec d'Aratus sur l'astronomie..........
Pope, Addisson et Dryden n'étoient pas comme ce
soldat barbare à qui l'on confia des statues et des tableaux précieux, et qui crut les rendre entiers, parce qu'après les avoir mutilés, brisés et rompus, il
en rendit avec soin les pièces et les lambeaux : c'est
assez l'emblême des traducteurs ordinaires qui dé-
figurent deux langues et n'en enrichissent aucune...
Passons aux principaux poëtes anglais : Milton (1)
qui ne prit aucun modèle dans l'antiquité, agrandit
la langue poétique des Anglais par son génie et par

---

(1) L'article de ce célèbre poëte anglais devoit se trouver entre
ceux de CLARENDON et de TURENNE, pag. 125; ayant été
omis à l'impression, nous allons le rétablir ici.

Jean MILTON (n. en 1608—mort 1674), avoit
une telle prédilection pour la Bible, que tous les
matins il en lisoit un chapitre en hébreu. Après l'É-
criture Sainte, son livre favori étoit Homère qu'il
savoit presque par cœur. On rapporte qu'il eut trois
filles auxquelles il avoit fait apprendre à lire et à
bien prononcer huit langues qu'elles n'entendoient
pas. Il avoit coutume de dire qu'*une langue suffisoit
à une femme;* mais il voulut, comme il étoit devenu
aveugle, que ses filles fussent capables de lui faire
les lectures dont il avoit besoin. On a su par l'une
d'elles que ce qu'il se faisoit lire le plus souvent c'é-
toit Isaïe en hébreu, Homère en grec, et les *Métamorphoses* d'Ovide en latin. Milton étoit si pau-

SECONDE PARTIE. 357

le sujet extraordinaire qu'il traita(1).......Il trouva des expressions égales à l'horreur des enfers, à la magnificence des cieux, à la volupté céleste et pure des premiers habitans de la terre, c'est-à-dire, à des sensations que l'homme n'éprouva jamais; il falloit que tour-à-tour il sanctifiât, divinisât sa langue et la rendit ou majestueuse, délicate ou terrible...... Moyse, les prophètes, Homère, l'Orient et son propre génie vinrent à son secours..... Nous ne citerons qu'en passant, COWLEY, poëte ingénieux et brillant, mais dont le style fut infecté de métaphysique. Ce poëte resté attaché à la cause de ses rois,

vre sur la fin de ses jours, qu'il fut obligé de vendre sa bibliothèque, et de faire un marché presqu'humiliant avec un libraire pour la première édition du *Paradis perdu*. Le contrat, daté du 27 mai 1667, a été conservé avec le manuscrit sur lequel est écrit l'*imprimatur* du censeur. Par ce contrat il est dit que le libraire s'engage à payer à l'auteur dix livres sterlings, en cas que la vente n'allât pas à un certain nombre d'exemplaires, et cinq livres de plus si elle alloit jusqu'à ce nombre. Une page de la traduction en vers de l'abbé Delille, a été payée davantage. *Sic habent sua fata libelli.*

(1) « Le *Paradis perdu* est un poëme dont la scène est très souvent hors des limites de la nature connue, dans les enfers, dans le chaos, sur la voûte extérieure du Monde, au dessus de la hauteur des cieux, et dans le temple éternel de la Divinité; un poëme dont les principaux acteurs à jamais inconnus aux sens ne peuvent être saisis que par l'œil de l'imagination, et dui-

comme Milton à celle de Cromwel, étoit alors regardé comme le premier de l'Angleterre, car Milton étoit à peine connu. Mais le colosse sortit de l'ombre qui le couvroit et fut bientôt à sa place ; tout disparut ou s'abaissa devant lui. Sous le règne de Charles II, on fut ingénieux sans être subtil, hardi

---

vent cependant pour attacher être revêtus de toutes les formes de la vraisemblance ; d'un côté le merveilleux des génies infernaux à peindre, et un caractère sublime dans son horreur même, en qui l'on doit reconnoître les traits d'une grande nature dégradée et un être presque divin, tombé en ruine ; un être qui appartient au Ciel par son origine, à l'Enfer par ses tourmens et ses passions, à l'Éternité par sa durée ; menaçant sous la main toute-puissante qui l'enchaîne, souffrant et malheureux avec toute l'énergie d'une force surnaturelle, placé entre trois mondes qui sans cesse occupent son activité funeste : celui des cieux qu'il a perdu, celui des enfers dont il est souverain, celui de la terre dont il aspire à être le conquérant ; de l'autre côté, Dieu, les génies célestes, les merveilles de la création ; les décrets qui font le destin de l'univers ; les messages des cieux à la terre et de la terre aux cieux ; sur cette terre encore nouvelle, et parmi des berceaux de fleurs, le genre humain tout entier renfermé dans deux habitans, créatures innocentes et pures, chez qui la volupté même est sainte, et l'amour a les charmes les plus touchans de la vertu ; le bonheur et l'immortalité perdus par un moment de foiblesse ; le mal flétrissant tout-à-coup la nature ; les sphères des cieux dérangées ; la terre ébranlée sur son axe ; un chemin immense de communication tracé à travers l'espace entre les enfers et la terre ; la mort accourt pour s'emparer du monde ; la race des hommes condamnée au malheur et au crime ; le tableau effrayant de tous les maux des siècles à venir ; et dans le lointain la perspective consolante du monde réparé, et de l'homme par les secours d'un Dieu remontant à sa primitive grandeur. Il faut convenir qu'un pareil sujet, sous la plume d'un homme de génie, devoit donner le plus grand essor à la langue poétique des Anglais. »

sans être bizarre, et correct autant qu'on le peut être avec une grande liberté. Ce fut l'époque de WALLER, de PRIOR, de ROCHESTER et de CONGRÈVE. Enfin parurent trois hommes d'un mérite distingué, DRYDEN, ADDISSON et POPE : le premier, d'un génie fécond, riche et vigoureux, mais inégal; le second, élégant et pur, mais qui n'eut que le degré de force qui peut se concilier avec une mesure toujours juste ; le dernier enfin posséda peut-être toutes les qualités de l'esprit et quelques-unes de celles du génie ; car il n'avoit pas la hauteur du sublime qui n'appartient qu'à MILTON (1), et les mouvemens passionnés de l'ame qui sont eux-mêmes le sublime de la sensibilité et qui forment les grands traits de Shakespeare (1); mais il réunit d'ailleurs la précision et la vigueur philosophique, la force pénétrante de la satire, l'art de peindre ces nuances mélancoliques de l'ame si chères aux Anglais, et cette nature en deuil qui char-

---

(1) La Harpe dit, en parlant de la poésie anglaise, que Pope est de tous les auteurs anglais celui qui lui a donné le plus de précision, et Milton le plus d'énergie.

(2) « Veut-on, dit Rivarol, avoir une idée juste de Shakespeare? Qu'on prenne le Cinna de Corneille, qu'on mêle parmi les grands personnages de cette tragédie, quelques cordonniers disant des quolibets, quelques poissardes chantant des couplets, quelques paysans parlant le patois de leur province et faisant des contes de sorciers; qu'on ôte l'unité de lieu, de temps et d'action; mais qu'on laisse subsister les scènes sublimes, et on aura la plus belle tragédie de Shakespeare... Cet homme extraordinaire a deux sortes d'ennemis, ses détracteurs et ses enthousiastes : les uns ont la vue trop courte pour le reconnoître quand il est sublime; les autres l'ont trop fasciné pour le voir jamais autre. »

me en attristant... Après ces trois écrivains et ceux du règne de Charles II, qui par leur naturel, leur goût et leur élégante facilité, représentent assez bien en Angleterre les écrivains du siècle de Louis XIV en France, la langue poétique anglaise parut éprouver une sorte de révolution ; j'en fixerois l'époque à Thompson, le plus grand de ses poëtes modernes; comme dans l'histoire des États on fixe chaque époque aux noms les plus connus..., à ce Thompson, dit ailleurs Thomas, à ce poëte trop abondant, mais vigoureux et hardi, qui semble avoir jeté dans son poëme (des Saisons) toutes les richesses de la nation avec une magnifique profusion.

« Le véritable fondateur de la langue poétique en France fut Malherbe ; ensuite vint Corneille, puis Racine, puis Voltaire. Thomas établit le parallèle suivant entre les tragédies de Racine et celles de Voltaire : « La langue poétique de Racine, dit-il, est plus correcte et plus pure ; celle de Voltaire est plus vive et plus passionnée : l'une a plus de ces effets qui tiennent à la perfection des détails ; l'autre de ceux qui tiennent à la rapidité de l'ensemble : l'une ne choque jamais le goût, l'autre ne laisse jamais reposer l'imagination : enfin l'une, même en peignant les passions les plus tumultueuses de l'ame, semble toujours conserver une portion de sang froid pour observer et mesurer sa marche ; l'autre semble avoir l'ivresse même des passions qu'il peint. Voltaire a de plus communiqué à cette langue une partie du luxe de son esprit, peut-être un peu conforme à celui de son siècle ; il détache plus ses idées du fond général et les met plus en relief ; souvent ses vers sortent plus de la ligne pour s'attirer une attention particulière, au lieu que dans Racine, les vers marchent tous ensemble sous une discipline égale qui ne permet à aucun de se faire remarquer aux dépens de la troupe entière. » Thomas parlant de Rousseau, prétend « qu'aucune de ses odes ne peut se mettre à côté de la fameuse ode anglaise pour la *fête de Sainte Cécile*, où Dryden peint les différens effets de la musique sur Alexandre, lorsque Timothée lui chantoit tour-à-tour sur sa lyre des airs majestueux, guerriers, voluptueux ou bachiques. Celle de Pope, quoique inférieure, offre encore des beautés rares de style et d'harmonie, lorsqu'il peint également par le charme et la musique des vers le pouvoir et l'enchantement de la musique, dans la *Descente d'Orphée aux enfers*. Peut-être ce sont là les deux plus belles odes modernes et qui se rapprochent le plus des anciens. Quoi qu'il en soit, Rousseau ne contribua pas peu à embellir notre langue poétique, en lui donnant une richesse, une pompe et une harmonie peu communes, en multipliant les images et les expressions plutôt magnifiques que nouvelles, enfin en lui communiquant un caractère qu'elle n'avoit point eu jusqu'alors, excepté dans les beaux morceaux des *chœurs d'Esther* et *d'Athalie*. » Thomas cite encore les *Saisons* de Saint-Lambert et la traduction des *Géorgiques de Virgile* par l'abbé Delille.

Tels sont les passages qui nous ont le plus frappé dans le *Traité de la langue poétique* par Thomas. Il nous reste à dire un mot sur ses autres ouvrages. Le jugement que l'on en a porté lui est assez avantageux, et il mérite un rang parmi nos écrivains du second ordre. On lui reproche à juste titre trop d'apprêt, trop d'efforts dans le style, une emphase qui le rend parfois ridicule, des comparaisons forcées et trop multipliées, une éloquence de mots plutôt que de choses ; mais ces défauts sont moins sensibles dans son *Essai sur les éloges* et dans l'*Eloge de Marc-Aurèle*, que l'on peut regarder comme ses meilleurs ouvrages. Parmi ses poésies, on distingue son *Epître au Peuple*, son Ode *sur le Temps*, et plusieurs morceaux de son poëme de *Jumonville*. La publication de ses œuvres posthumes n'a presque rien ajouté à sa réputation. On y trouve quatre chants d'un poëme auquel il a travaillé long-temps et qu'il n'a point terminé. C'est la *Pétréide*, monument qu'il vouloit élever en l'honneur de Pierre-le-Grand. Les seuls chants qu'il ait finis présentent les tableaux successifs des voyages de ce prince en Allemagne, en Hollande, en Angleterre et en France. On y remarque des morceaux brillans, de fort belles tirades, ainsi qu'en offrent son poëme sur la mort de l'infortuné *Jumonville*, son Ode *sur le Temps* et son *Epître au Peuple*; mais les défauts de l'orateur se retrouvent dans le poëte ; même emphase, même goût pour les lieux communs scientifiques, même surcharge de détails prolixes, même monotonie;

peu de variété dans les couleurs, et profusion d'idées.
Semblable à Lucain et à Claudien, il n'ouvre jamais
une mine sans l'épuiser; il tourmente ses pensées
pour les rendre plus saillantes ; comme eux il s'étend
et se complaît dans des descriptions qui n'ont pas de
fin ; il néglige l'ensemble de l'ouvrage pour s'appesantir sur les différentes parties ; et c'est surtout dans
ce qu'il avoit déjà fait de la *Pétréide*, que ces défauts
sont le plus sensibles. Malgré cela Thomas étoit vraiment poëte ; il possédoit parfaitement le mécanisme
du vers. On a remarqué que sa facture a des rapports avec celle de l'abbé Delille ; sa versification est
travaillée, précise et brillante ; il a porté dans la
poésie le même genre de grandeur que dans l'éloquence. M. Dussault le considérant sous le rapport
poétique, dit « qu'en général, quoique l'abbé Delille
lui soit très supérieur, ces deux écrivains ont des
traits de ressemblance : tous deux ont une manière
plus ingénieuse et plus brillante que naturelle ; tous
deux cherchent surtout les effets qui naissent de la
coupe et de la construction du vers ; tous deux s'étudient beaucoup plus à faire des morceaux qu'à
combiner un ensemble ; tous deux aiment à s'appesantir sur les particularités et sur les accessoires ; tous
deux s'épuisent en descriptions, en lieux communs,
en détails techniques ; tous deux abandonnent volontiers leurs sujets pour ne s'occuper que des ornemens ; tous deux enfin ont ce même goût scientifique et encyclopédique qui fut peut-être plus encore
la faute de leur siècle que la leur, et qui se fait sen-

tir également dans les *Géorgiques françaises* et dans la *Pétréide*; mais M. Delille est précieux et Thomas emphatique ; M. Delille est affété, mignard, coquet ; Thomas est ampoulé, enflé, gigantesque ; la grandeur de l'un n'est que bouffissure ; la grâce de l'autre n'est que fard et vermillon; l'un cherche à étonner, et il a irrité la censure ; l'autre ne veut que plaire, et il a rencontré l'indulgence. Je ne sais si les *Jardins* et les *Géorgiques françaises* vivront plus que cette *Pétréide* et les autres poésies de Thomas ; mais Delille a laissé un monument immortel ; il a interrogé un moment le génie de Virgile, et ce génie a daigné lui répondre ; Thomas n'a consulté que le sien, et n'a pas trouvé dans ses propres ressources de quoi s'élever au rang des grands poëtes. »

Thomas n'étoit pas moins recommandable par ses vertus que par ses talens ; il étoit philosophe, mais la philosophie de ses ouvrages n'a jamais offert même l'apparence de l'impiété, et sa mort fut celle d'un Chrétien : à ses derniers momens il reçut les secours de la Religion de la main de M. de Montazet, archevêque de Lyon, qui étoit son ami et qui lui-même rédigea l'épitaphe suivante : « Au Dieu
« Créateur et Rédempteur. Ci-gît Léonard-An-
« toine Thomas, l'un des quarante de l'Académie
« française, associé de celle de Lyon, né à Cler-
« mont en Auvergne le 1.ᵉʳ octobre 1732, mort dans
« le château d'Oullins le 17 septembre 1785. Il eut
« des mœurs irréprochables, un génie élevé, tous
« les genres d'esprit : grand orateur, grand poëte,

« bon, modeste, simple et doux, sévère à lui seul,
« il ne connut de passions que celles du bien, de l'é-
« tude et de l'amitié; homme rare par ses talens,
« excellent par ses vertus. Il couronna sa vie labo-
« rieuse et pure par une mort édifiante et chrétienne.
« C'est ici qu'il attend la véritable immortalité. —
« Ses écrits et les larmes de tous ceux qui l'ont connu,
« honorent assez sa mémoire; mais M. Antoine de
« Malvin de Montazet, archevêque de Lyon, son
« ami, et son confrère à l'Académie française, après
« lui avoir procuré dans sa maladie tous les secours
« de l'amitié et de la Religion, a voulu lui ériger ce
« foible monument de son estime et de ses regrets. »
Cette épitaphe a été gravée sur le tombeau de Thomas.

PIERRE-JEAN GROSLEY, savant distingué (n. 1718
—m. 1785), vivoit habituellement avec ÉRASME,
RABELAIS, MONTAIGNE dont il aimoit le franc parler,
et les auteurs de la *Satire Ménipée* qui sont P. LE
ROY, P. PITHOU (1), F. CHRESTIEN, J. PASSERAT,
N. RAPIN et J. GILLOT. On reconnoît au style de
M. Grosley, à la finesse, à l'enjouement, à la ma-

---

(1) M. Fournier, dans son *Dictionnaire bibliographique*, pag.
473, met P. Dupuy au rang des auteurs de la Satire Ménipée; il
a tort. Ce savant, né en 1582, ne pouvoit avoir eu part à un ouvrage imprimé en 1593 : il falloit mettre Pithou au lieu de Dupuy.
Il est bien vrai qu'on a tiré d'un manuscrit de Dupuy, mort en
1651, des remarques et des explications sur les endroits difficiles
de cette Satire, pour l'édition de *Ratisbonne* (*Bruxelles*), 1664
in-12; mais cela ne peut pas faire considérer Dupuy comme l'un
des auteurs de cet ouvrage.

lignité, et quelquefois à la causticité que l'on remarque dans ses écrits, qu'il avoit passablement profité dans cette agréable compagnie. Doué d'un caractère très prononcé, d'un esprit original, il s'est fait remarquer par une profonde érudition et par un ardent amour de son pays. Mais ces titres honorables sont partagés par un de ses estimables compatriotes, M. Patris-Debreuil, qui a donné de très bonnes éditions de quelques-uns des nombreux et curieux ouvrages du savant Troyen. Nous citerons entre autres l'édition des *Éphémérides de Grosley*, ouvrage historique mis dans un nouvel ordre, corrigé sur les Mss. de l'auteur, avec des notes, par M. Patris-Debreuil, Paris, 1811, 2 vol. in-8.º et 2 vol. in-12. — *OEuvres inédites de Grosley*, édition collationnée sur son manuscrit, et augmentée d'articles biographiques et d'un discours préliminaire; par M. Patris-Debreuil. Paris, 1812, 3 vol. in-8.º avec un beau portrait de l'auteur. Ces deux ouvrages sont très intéressans sous le rapport historique et littéraire, tant par les pièces curieuses qu'ils renferment que par les remarques et les additions du savant éditeur.

RENAU D'ELIÇAGARAY, célèbre marin, né dans le Béarn, avoit une aversion prononcée pour tous les livres, à l'exception d'un seul, *la Recherche de la Vérité*, par le P. MALLEBRANCHE; mais il avoit une passion ardente pour les mathématiques qu'il cherchoit et qu'il trouvoit dans sa tête;

BUFFON, l'historien et le peintre de la nature (n. 1707—m. 1788), recommandoit la lecture des ouvrages des plus grands génies, et il les bornoit à cinq : NEWTON, BACON de Verulam, LEIBNITZ, MONTESQUIEU et LUI : il paroît qu'il avoit le sentiment de ses forces. On sait encore qu'il faisoit un cas particulier de FÉNÉLON et de RICHARDSON. « Il ne faut, disoit-il, lire que les ouvrages principaux, mais les lire dans tous les genres, dans toutes les sciences, parce qu'elles sont parentes, comme dit Cicéron ; parce que les vues de l'une peuvent s'appliquer à l'autre, quoiqu'on ne soit pas destiné à les exercer toutes....... Les livres capitaux dans chaque genre sont rares, et, au total, ils pourroient peut-être se réduire à une cinquantaine d'ouvrages qu'il suffiroit de bien méditer. » Buffon, dans ses jeunes années, étoit tellement passionné pour la géométrie, qu'il ne pouvoit se séparer des *Élémens* d'EUCLIDE ; il en avoit toujours un exemplaire dans sa poche. Il a fait dans ses ouvrages le plus pompeux éloge d'ARISTOTE (*Histoire des animaux*), et de PLINE (*Histoire du Monde*).

Thomas, dans son *Traité de la langue poétique*, a rendu hommage au génie de Buffon. Après avoir parlé de son système de la formation de la Terre et des époques de la nature (dont l'éloge nous paroît emphatique et exagéré), il dit : « ..... Avec moins d'audace et non moins de fierté, Buffon décrit la nature qui est sous nos yeux ; tous ces tableaux variés que présente la terre : la mer, les fleuves, les volcans, la composition intérieure du globe, l'architecture des montagnes, toute cette force majestueuse et terrible de la nature, qui, par l'agitation continuelle de l'eau, de l'air et du feu, s'attaque, se combat, et semble vouloir se détruire elle-même, mais conserve tout en paroissant tout menacer; enfin, les merveilles de la nature organisée, chaîne immense à la tête de laquelle paroît l'homme comme le souverain de la terre, et qui de l'homme s'abaisse et redescend à toutes les espèces douées de mœurs et d'instincts différens, copiées toujours, et toujours renouvelées d'un premier modèle dont Dieu grava l'empreinte en traits ineffaçables. M. de Buffon par son style égale encore la grandeur de son sujet; il est fier, élevé, profond comme la nature; il paroît créer avec la même richesse et la même magnificence; ses idées naissent en foule, se pressent comme les êtres dans l'univers, et se revêtent comme eux de couleurs et de formes sensibles; il peint le merveilleux réel comme Milton a peint le merveilleux de l'imagination; mais l'un n'est pas moins grand lorsqu'il semble atteindre aux bornes de la nature, que l'autre lorsqu'il nous entraîne au-delà de ses limites. Ses expressions, comme ses vues, semblent avoir quelquefois l'étendue des espaces et des temps qu'il parcourt et du monde qu'il embrasse..... Buffon, au milieu de l'immensité, semble n'être qu'à sa place; la langue sublime et calme qu'il emploie, inspire, comme le spectacle de l'univers, une admiration tranquille. C'est par ce mélange de tableaux, de style et d'idées, qu'il a fait une si grande impression sur l'Europe : il semble qu'il ait ramené l'homme à la nature, et qu'il l'ait averti d'un magnifique spectacle qui l'entouroit sans qu'il daignât s'en apercevoir. Le mouvement qu'il a imprimé s'est communiqué de Paris à Pétersbourg, et de l'Europe jusqu'à Philadelphie....... »

GERBIER (Pierre-Jean-Baptiste), célèbre avocat (n. 1725 — m. 1788), étoit passionné pour les *Lettres provinciales.* « Les livres de sa bibliothèque, superbement reliés (dit M. Garat dans ses *Mémoires sur Suard,* tom. 1.er, pag. 137), étoient plus le luxe de son état que de son goût; presque tous restoient neufs dans leurs rayons. Un seul, un seul petit volume se voyoit dans ses mains, se rencontroit à Paris et à Franconville, sur ses tables, sur ses fauteuils; il le savoit par cœur et le lisoit toujours : c'étoient les petites Lettres, les *Provinciales.* Ce n'est pas qu'il fût le moins du monde janséniste; mais il ne pouvoit rien mettre à côté de cette logique nue et serrée, piquante et véhémente, à côté de ce style où la verve comique et la verve oratoire sont toujours si près l'une de l'autre, et toutes les deux près de la raison pour l'environner d'une double puissance. » L'avocat Gerbier a été l'un des avocats les plus distingués du xviiie siècle. « Il a laissé, dit M. Chénier, d'imposans souvenirs ; ses mémoires imprimés ne donnent de lui qu'une idée incomplète : l'attitude, le maintien, le geste, un œil éloquent, une voix sonore et flexible, tout le servoit au barreau. Rien de tout cela ne fait l'écrivain : *c'est le corps qui parle au corps*, dit Buffon ; mais tout cela fait l'orateur, s'il faut en croire Cicéron dont l'autorité semble irrécusable. A ces parties essentielles, Gerbier joignoit le don d'émouvoir, et l'on ne peut révoquer en doute sa supériorité garantie par trente ans de succès, attestée même par ses émules. »

Benjamin FRANKLIN (n. 1706 — m. 1790), faisoit, étant jeune, sa lecture favorite de Xénophon. Cette lecture l'enflamma du désir d'écrire et de se distinguer. C'est dans les ouvrages philosophiques de cet auteur, qu'il puisa la méthode socratique qui consiste à paroître douter et à toujours éviter un ton affirmatif et trop tranchant.

LOUIS XVI, Roi de France (n. 1754 — m. 1793), montoit à peine sur le trône en 1774, qu'il lui tomba sous la main un livre alors extrêmement rare, intitulé : *Directions pour la conscience d'un Roi* (par Fénélon); ce vertueux Prince dévore cet excellent ouvrage qui renferme un abrégé des devoirs des rois, le médite, et veut que Fénélon soit désormais le conseiller et le guide de sa conscience. Il fait plus, il veut qu'on répande le livre par la voie de la réimpression. Dans ce dessein, il appelle l'abbé Soldini, son confesseur, et lui montrant un vieil exemplaire des *Directions* : « Voilà, Monsieur, lui dit-il, un bien bon livre, pourquoi donc est-il si rare? on ne le trouve nulle part. — Sire, répond l'ecclésiastique, c'est que les sublimes obligations des rois y sont pesées au poids du sanctuaire, et qu'il renferme bon nombre de vérités fortes qu'il importe autant aux rois de savoir, qu'aux courtisans de les leur laisser ignorer. — Hé bien! reprend Louis XVI, comme je suis résolu de remplir tous mes devoirs, je n'ai pas d'intérêt d'en faire un mystère au public; il seroit fâcheux d'ailleurs qu'un aussi bon livre vînt à se perdre pour mes successeurs; faites-moi le plaisir de le faire réimprimer. » En effet la réimpression eut lieu, et l'éditeur mit en tête de l'ouvrage : *Du consentement exprès du Roi.*

Quoique le livre des *Directions* ne soit pas écrit avec le charme inexprimable qu'on remarque dans le *Télémaque* (sans doute parce que le sujet ne le comportoit pas), on ne peut disconvenir que c'est un des meilleurs ouvrages qui existent. Condillac dit : « Les leçons que donne l'histoire ne suffisent pas à un Prince; il faut encore qu'il apprenne à se connoître, et c'est peut-être la chose la plus difficile à lui apprendre. Les *Directions* remplissent cet objet. Le respectable auteur de cet ouvrage avoit le génie qui met la vérité dans son jour, le courage qui ose la dire, et les vertus qui la font aimer. » Aussi Condillac a-t-il fait imprimer les *Directions* à la suite de son *Cours d'Etudes*. L'abbé Maury, en parlant du même ouvrage, s'exprime ainsi : « Le directeur va plus loin que l'instituteur; son cœur s'épanche ; en interrogeant, il accuse ; en énonçant, il démontre ; en avertissant, il frappe. Quand on lit cette instruction paternelle où les maximes les plus abstraites de l'art du Gouvernement deviennent aussi lumineuses que les éternels axiomes de la raison, l'on croit voir l'humanité s'asseoir avec la Religion aux côtés du jeune Prince, pour lui enseigner toutes les règles de morale qu'il doit suivre s'il veut rendre les peuples heureux. » Enfin La Harpe appelle les *Directions*, « l'abrégé de la sagesse et le catéchisme des princes. »

Revenons à Louis XVI. Ce Prince, le plus vertueux et le plus infortuné de tous les rois, possédoit des connoissances très étendues, soit dans les lettres, soit dans les sciences. Pour mieux faire connoître l'instruction qui le distinguoit, citons d'abord les propres paroles de Sa Majesté à M. de Malesherbes, dans le temps (1775) que celui-ci étoit au ministère : « J'ai senti, lui dit ce Prince, qu'au sortir de mon éducation j'étois loin encore de l'avoir complétée. Je formai le plan d'acquérir l'instruction qui me manquoit. Je voulus savoir les langues anglaise, italienne et espagnole : je les appris seul. Je me rendis assez fort dans la littérature latine pour traduire aisément les auteurs les plus difficiles. Ensuite, m'enfonçant dans l'histoire, je remontai jusqu'aux premiers âges du monde ; puis, descendant de siècle en siècle jusqu'à nos jours, je m'arrêtai plus spécialement à l'histoire de France ; je m'imposai la tâche d'éclaircir ses obscurités ; je méditai la législation et les coutumes du royaume ; je comparai la marche des différens règnes , j'analysai les causes de leur prospérité et de leurs revers. A ce travail habituel je joignois la lecture de tous les bons ouvrages qui paroissoient. Ceux qui traitoient des matières d'administration ou de politique m'attachoient spécialement : j'y faisois mes observations. » En effet, on a trouvé parmi les livres de la bibliothèque de ce malheureux Prince, un assez grand nombre d'ouvrages enrichis de notes écrites de sa main.

C'est donc avec autant de vérité que de justice, qu'on a toujours dit que Louis XVI étoit fort instruit, qu'il parloit purement le latin, et qu'il avoit appris facilement l'anglais : c'est lors de la guerre d'Amérique qu'il se livra à l'étude de cette dernière langue. Il possédoit à fond l'histoire, et étoit l'un des meilleurs géographes de son Royaume. Une Académie célèbre réforma plusieurs erreurs dans une carte des mers du Nord, d'après ses observations ; et ce fut lui qui rédigea en entier les instructions du voyageur La Peyrouse, qui font encore plus d'honneur à son cœur qu'à ses talens. M. le Bailly de Suffren, à son retour de l'Inde, s'entretenant avec Sa Majesté, de son expédition, resta étonné de la parfaite connoissance qu'elle avoit du pays et de ce qu'elle paroissoit avoir été témoin de tout ce qu'on y avoit exécuté. Précédemment Louis XVI avoit fait donner des ordres à tous les marins de respecter le pavillon de Cook, quoique la France fût alors en guerre avec l'Angleterre, et de secourir en tous lieux ce célèbre navigateur.

Dès l'âge de douze ans, ce Prince s'étoit amusé à imprimer, sous la direction de Lottin, à une petite presse qu'il avoit au château de Versailles dans son appartement, un petit volume intitulé : *Maximes morales et politiques, tirées du Télémaque*, Versailles, 1766, petit in-8.º de 36 pages et la table, tiré à vingt-cinq exemplaires (1). La même année, il donna la *Description de la Forêt de Compiègne* (comme elle étoit en 1765), avec le *Guide de la Forêt,* par LOUIS-AUGUSTE, *Dauphin*. Paris, Lottin, 1766, in-8.º de 64 pages, avec la carte, tiré à trente-six exemplaires. On assure que LOUIS XVI a traduit de l'anglais d'Horace Walpole, *le Règne de Richard III*, ou *Doutes historiques sur les crimes qui lui sont imputés*, imprimé à Paris, 1800, in-8.º Il a en outre traduit de l'anglais de Hume, l'*Histoire de Charles I.er* Comment ce livre ne l'a-t-il pas éclairé sur les moyens de prévenir ses propres malheurs? On le dit encore auteur de la traduction des premiers volumes de *la Décadence de l'Empire romain*, par Gibbon; les trois premiers volumes ont paru sous le nom de Leclerc de Sept-Chênes; la traduction a été continuée, à partir du quatrième volume, par MM. Démeunier et Bou-

---

(1) Il y a une réimpression de ce petit ouvrage, *Paris, Didot l'aîné,* 1815, in-18, avec deux portraits et un *fac simile*.

lard, puis terminée par MM. Cantwel et Marinié, *Paris*, 1777-1795, 18 *vol. in*-8°.; enfin, on attribue à Louis XVI, dans les *Mémoires* de Soulavie, un portrait du ministre M. de Choiseul, qui, dit-on, est digne de Tacite. Telle est l'indication des ouvrages que des présomptions très fondées font regarder comme le fruit des loisirs de cet infortuné Monarque. En général, dans tout ce qu'il a écrit on trouve un style aisé, naturel, et qui cependant n'exclut pas la force (1). Dans la conversation il s'énonçoit avec une certaine timidité; mais lorsqu'il s'agissoit de la Religion ou du bonheur des Français, il s'exprimoit avec une facilité et une énergie qui étounoient les ministres admis pour la première fois au Conseil. Au goût des bonnes études, il joignoit un grand discernement dans le choix des livres. Nous en avons la preuve dans la demande qu'il adressa le 23 novembre 1792 (temps d'horrible mémoire), à la Commune de Paris, relativement aux ouvrages qu'il désiroit qu'on lui procurât, tant pour son usage que pour l'instruction du Dauphin, lorsqu'il étoit enfermé dans la tour du Temple, où, pendant cinq mois d'une terrible agonie, il fut un

---

(1) On en trouve la preuve surtout dans son testament écrit de sa main, le 25 décembre 1792; et lu à la Commune de Paris le 21 janvier 1793, jour d'un deuil éternel pour la France. Voyez le petit ouvrage que nous avons publié à ce sujet, le 21 janvier 1816, tiré seulement à 60 exemplaires, et réimprimé le 30 janvier avec des additions, *in*-8.° de 45 pages. Un pareil ouvrage a paru sur le testament de la Reine.

modèle de courage et de sérénité au milieu des outrages de toute espèce. Voici la liste des livres qu'il désigna, telle qu'un Journal (Perlet, *lundi 26 novembre 1792*) nous l'a transmise :

Aurelius Victor;—les Commentaires de César;—Cornelius Nepos;—les Fables de La Fontaine;—Florus;—les Grammaires française et latine de L'Homond;—la Grammaire française de Wailly;—Horace;—Justin;—les Maximes de l'Écriture Sainte;—les Métamorphoses d'Ovide, latin-français;—*les Fables de Phèdre*, en latin;—*Quinte-Curce;—Remarques sur la langue française*, par d'Olivet;—*Salluste;—Suétone* (Elzevir);—*Tacite;—Aventures de Télémaque;—Tite-Live;—Traité des Études*, de Rollin;—*la Vie des Saints*, de Mesenguy;—*Velleius Paterculus;—Virgile*, avec des notes, traduit par Barett (1).

La collection de tous ces livres, dont le prix et le format se trouvoient indiqués à chaque article (mais que le Journaliste n'a pas rapportés), formoit la somme de 104 liv. 12 sous.

───────────

(1) Barett n'est point auteur de cette traduction, mais bien le Père Catrou. Elle a paru pour la première fois en 1708, avec des notes historiques et critiques. On en connoit une édition de *Paris*, 1716, en 6 *vol. in-*12, une de *Lyon*, 1721, 4 *vol. in-*12. M. Barett a retouché et corrigé cette traduction qui en avoit grand besoin, et ce nouveau travail a paru en 1787, 2 *vol. in-*12. M. Barett ou Barrett (Paul), traducteur estimé, né à Lyon le 28 juin 1728, est mort à Paris le 19 août 1792.

Cette demande a causé les débats les plus ridicules et les plus injurieux au Roi dans le Conseil général de la Commune ; les uns disoient que la vie de Louis ne suffiroit pas pour la lecture de ces ouvrages (1), d'autres qu'ils étoient inintelligibles pour lui. Il en est qui trouvoient les Métamorphoses d'Ovide contraires aux mœurs ; plusieurs vouloient qu'on lui donnât en place les Révolutions d'Angleterre, celles d'Amérique, la Vie de Cromwel, celle de Charles IX, l'Histoire des Massacres de la Saint-Barthelemi ; enfin, un membre a aperçu un plan de contre-révolution dans *Velleius Paterculus*. Nous n'avons pas voulu souiller notre ouvrage des expressions grossières dont on s'est servi dans ces débats scandaleux ; cependant, malgré l'opposition de quelques membres du Conseil, aussi forcenés qu'ignorans, on a fini par accorder au Roi les ouvrages qu'il avoit demandés.

Ajoutons à cet article de Louis XVI, un mot sur son auguste épouse MARIE-ANTOINETTE (n. le 2 novembre 1755 — m. le 16 octobre 1793). On trouve dans un opuscule intitulé : *Récit exact des derniers momens de captivité de la Reine, depuis*

---

(1) J'ai lu quelque part que Louis XVI, pendant sa détention, avoit lu 257 volumes. Alors il faudroit qu'il eût eu quelques livres avec lui dès son entrée à la Tour. Ce nombre de volumes me paroit exagéré. La détention du Roi a été de 159 jours, et l'on sait que dans les premiers mois il s'occupoit beaucoup de l'éducation de son fils, de consoler son auguste épouse, sa fille, sa sœur, et qu'il donnoit une partie de son temps aux exercices religieux. Il ne lui en restoit donc pas beaucoup pour la lecture.

le 11 septembre 1793 jusqu'au 16 octobre suivant, par la dame Bault, veuve de son dernier concierge; Paris, 1817, *in*-8.º de 16 pages; on trouve, dis-je, le passage suivant : « La lecture favorite de la Reine, étant à la Conciergerie, étoit celle des *Voyages du capitaine* Cook, que le concierge lui avoit procurés. La plus grande partie de son temps étoit consacrée à la prière ; souvent on la vit dans ce pieux exercice qui remplissoit tous les momens de sa vie, etc. »

Louis-Laurent-Joseph DE MONTAGNAC, lieutenant-colonel d'un bataillon provincial (n. 1731 — m. 179), dit dans ses *Amusemens des gens d'esprit*, Berlin, 1762, *in*-12, p. 9 : « Si tous les livres politiques devoient périr, et que je fusse le maître d'en conserver un seul, je ne demanderois grâce (n'en déplaise à M. de Voltaire) que pour l'*Esprit des Lois* (de Montesquieu). »

Le même auteur ajoute, page 147 du même ouvrage : « Il est fort ordinaire d'avoir beaucoup d'esprit sans une grande érudition ; il n'arrive jamais d'avoir beaucoup d'érudition sans un grand esprit(1) :

---

(1) Cette assertion paroît fort singulière, et est souvent démentie par l'expérience et par des preuves incontestables, à moins que l'auteur n'entende par le mot *esprit* autre chose que la faculté de rendre ses idées avec facilité, clarté, élégance, etc. Je ne pense pas que l'érudition puisse donner cette faculté; elle vient plutôt de la nature secondée par l'instruction et par l'éducation. Combien ne voit-on pas de grands érudits qui écrivent très mal, et combien de gens qui, écrivant très bien, n'ont pas d'érudition !

M. de Montesquieu en est la preuve. Voltaire passe parmi nous pour le premier bel esprit qu'ait produit la France ; mais l'auteur de l'*Esprit des Lois* passe pour le *premier génie* de l'Europe. »

Sophie-Auguste d'Anhalt Alexiewna, CATHE-RINE II (n. 1729 — Impératrice de Russie, 1762, — m. 1796), aimoit le Plutarque d'Amyot, le

---

Cependant quoique nous entendions par le mot *esprit* la faculté de s'exprimer avec aisance, clarté, élégance, abondance, nous sommes bien éloigné de faire consister l'esprit dans cette seule faculté ; et à ce sujet nous adoptons les réflexions très sages d'un écrivain moderne qui admettant en principe qu'*il n'y a point d'esprit sans raison*, développe ainsi cette pensée : « L'esprit, selon J.-B. Rousseau, n'est que *le sel de la raison ;* l'éclat des mots, le brillant des phrases, l'élégance des tournures, la finesse des allusions, l'agrément de la plaisanterie, la vivacité des idées et des expressions, ne constituent pas le véritable esprit ; ces qualités n'en sont que le masque et le fantôme ; elles accompagnent souvent l'esprit faux et de mauvais aloi ; elles n'ont vraiment du prix que quand elles sont jointes à la justesse, au bon sens, aux connoissances, à la raison. Amuser une société, un auditoire, un lecteur, par une profusion de saillies rapides, vives, brillantes, étincelantes, c'est n'avoir que le mérite d'un feu d'artifice, qui récrée, réjouit, éblouit les yeux, et bientôt les laisse dans une profonde obscurité. L'homme d'un véritable esprit réunit à tous ces moyens de plaire la solidité de la raison. La raison seule est souvent ennuyeuse, mais elle a toujours des droits sur les bons esprits; les agrémens qui ne sont destinés qu'à l'orner et l'embellir, ne produisent qu'un plaisir passager suivi bientôt de la dérision et du mépris, quand ils sont séparés d'elle. On n'est donc un bon orateur, un bon écrivain, et même un véritable homme d'esprit, qu'autant que l'on joint à tout ce qui peut séduire et charmer l'imagination, tout ce qui peut contenter la raison, et satisfaire l'intelligence, le jugement et le goût. »

Tacite d'Amelot de La Houssaie, et Montaigne. « Je suis une Gauloise du nord, disoit-elle au Prince de Ligne, je n'entends que le vieux français; je n'entends pas le nouveau. J'ai voulu tirer parti de vos messieurs les gens d'esprit en *istes* (les encyclopédistes et les économistes), je les ai essayés, j'en ai fait venir, je leur ai quelquefois écrit, ils m'ont ennuyée et ne m'ont pas entendue. Il n'y avoit que mon bon protecteur Voltaire. Savez-vous que c'est lui qui m'a mise à la mode? Il m'a bien payée du goût que j'ai pris toute ma vie à le lire, et il m'a appris bien des choses en m'amusant. » Parmi les romans, Catherine choisissoit ceux de Le Sage. Elle aimoit Molière et Corneille : « Racine n'est pas mon homme, disoit-elle, excepté dans *Mithridate*. » Rabelais et Scarron lui avoient plu autrefois, mais elle les avoit oubliés.

Jean-François DE LA HARPE (né à Paris le 20 novembre 1739, mort dans la même ville le 11 février 1803), dit dans son *Cours de Littérature*, que « le *Petit-Carême*, de Massillon, les *Directions pour la conscience d'un Roi*, de Fénélon, et la *Politique de l'Écriture Sainte*, de Bossuet, sont les meilleures instructions que puissent recevoir les Souverains, non-seulement en morale, mais en politique: car, tout bien considéré, quand les principes généraux de l'une sont aussi ceux de l'autre, ils conduisent par la voie la plus sûre au même résultat, qui est le bonheur du Prince, fondé sur celui des sujets. » Il dit plus bas : « Si la raison elle-même, si cette faculté souveraine, émanée de l'intelligence éternelle, vouloit apparoître aux hommes sous les traits les plus capables de la faire aimer, et leur parler le langage le plus persuasif, il faudroit qu'elle prît les traits et le langage de l'auteur du *Petit-Carême* ou de celui de *Télémaque*. »

Voici la manière dont La Harpe prétend qu'on peut classer les diverses compositions littéraires : 1.° L'écrivain éloquent qui a toujours le style du sujet ; 2.° le rhéteur qui veut tout agrandir et tout orner ; 3.° le déclamateur qui s'échauffe à froid. La première classe est celle des grands génies et des modèles, comme parmi nous, les Bossuet, les Montesquieu, etc. ; la seconde, celle des hommes qui ont eu plus de talent que de jugement et de goût, comme Thomas, comme Raynal (1), Diderot, et

---

(1) Aussitôt que l'*Histoire du commerce dans les deux Indes* parut, M. Turgot porta le jugement suivant sur l'ouvrage et sur son auteur : « J'ai été choqué, dit-il, de l'incohérence de ses idées, et de voir tous les paradoxes les plus opposés mis en avant et défendus avec la même chaleur, la même éloquence, le même fanatisme. Il est tantôt rigoriste comme Richardson, tantôt immoral comme Helvétius, tantôt enthousiaste des vertus douces et tendres, tantôt de la débauche, tantôt du courage féroce ; traitant l'esclavage d'abominable, et voulant des esclaves ; déraisonnant en physique, déraisonnant en métaphysique et souvent en politique ; il ne résulte rien de son livre, sinon que l'auteur est un homme de beaucoup d'esprit, très instruit, mais qui n'a aucune idée arrêtée, et qui se laisse emporter par l'enthousiasme d'un jeune rhéteur. Il semble avoir pris à tâche de soutenir successivement tous les paradoxes qui se sont présentés à lui dans ses lectures et dans

bien d'autres après eux; la dernière et la plus nombreuse, celle des écrivains ou mauvais ou très médiocres, en prose ou en vers, qui sont le plus souvent boursouflés et vides, emphatiques et faux. Ce dernier caractère est généralement celui de la plupart des productions modernes depuis le milieu du xviii.e siècle, d'où l'on peut dater la dépravation des esprits et du goût.

La Harpe fait mention dans son *Introduction à la philosophie du XVIII.e siècle*, des principaux écrivains qui ont eu de l'influence sur les opinions de ce siècle, et qui ont été en même temps philosophes et écrivains. Il les divise en trois classes : 1.° les écrivains illustres qui, en différentes manières, ont rendu plus ou moins de services à la philosophie ; 2.° les moralistes plus ou moins distingués, et les économistes ; enfin, 3.° les sophistes qui, avec plus ou moins de talent pour écrire, et quelquefois avec des titres de célébrité aussi étrangers à la philosophie que les caractères de leur esprit, ont été, sous le faux nom de philosophes, d'abord les ennemis de la Religion, et ensuite, par une conséquence infaillible, ceux de tout ordre moral, social et politique. Dans la première classe, La Harpe place d'abord cinq écrivains, qu'il qualifie d'illustres et

---

ses rêves. Il est plus instruit, plus sensible, et a une éloquence plus naturelle qu'Helvétius; mais il est en vérité aussi incohérent et aussi étranger au système de l'homme. » Cette opinion sur l'ouvrage de Raynal n'est certainement pas suspecte sous la plume du célèbre Turgot.

d'hommes supérieurs, qui ont été à la fois philosophes et écrivains, et qui ont rendu des services à la philosophie. Ces cinq écrivains sont : 1.º FONTENELLE, qui a réconcilié la philosophie avec les grâces ; 2.º BUFFON, qui, comme Platon et Pline, lui a prêté le langage de l'imagination ; 3.º MONTESQUIEU, qui a su appliquer l'une et l'autre aux spéculations politiques ; 4.º D'ALEMBERT, qui a rangé dans un ordre méthodique et lumineux toutes les acquisitions de l'esprit humain, et 5.º CONDILLAC, qui a fait briller sur la métaphysique de Locke tous les rayons de l'évidence. La Harpe développe les motifs qui l'ont engagé à mettre d'Alembert et Condillac dans cette liste. Dans la seconde classe, celle des moralistes et des économistes, l'auteur cite parmi les principaux, comme moralistes, VAUVENARGUES et DUCLOS, dont il fait l'éloge ; et comme économiste, QUESNAY qu'il ne loue pas, et qui avoit été précédé par Melon et Dutot et par Forbonnais, écrivains plus sages que Quesnay. Ensuite il parle de LINGUET, de NECKER et de MIRABEAU père, auxquels il est bien éloigné de prodiguer des éloges. Dans la troisième classe qui appartient aux sophistes qu'il traite encore plus mal, La Harpe place d'abord TOUSSAINT, puis HELVÉTIUS, ensuite DIDEROT ; viennent après, BOULLANGER et J.-J. ROUSSEAU. Il dit ailleurs, que « le milieu du XVIII.ᵉ siècle fut marqué par trois grandes entreprises : l'*Esprit des Lois* de MONTESQUIEU, l'*Histoire naturelle* de BUFFON, et l'*Encyclopédie*, ouvrage dirigé par D'ALEMBERT et DIDEROT : trois mémorables productions qui parurent presqu'en même temps, mais qui n'avoient pas à beaucoup près le même caractère et le même dessein, quoiqu'appartenant à l'esprit philosophique. »

Le *Cours de Littérature* de La Harpe m'ayant fourni la plupart des renseignemens consignés dans cet article, je crois devoir entrer dans quelques détails sur ce monument élevé par le goût à la saine littérature de tous les âges et de tous les pays. Il est certain que cet ouvrage est le plus beau titre de gloire de La Harpe, quoique *Warwick*, *Philoctète*, les Éloges de *Fénélon*, de *Racine* et de *Catinat*, lui aient assuré précédemment un rang parmi nos bons écrivains. On trouve dans le *Cours de Littérature* une critique fine, quelquefois (et plus rarement qu'on ne le dit) un peu partiale, des connoissances profondes en tout genre, d'excellentes vues pour les progrès des lettres, un talent remarquable pour la discussion, une dialectique serrée et pressante, enfin un style toujours pur, toujours soutenu, toujours convenable à chaque sujet. C'est un livre dont on ne peut trop conseiller la lecture, et même l'étude, aux jeunes gens qui, ayant fini leurs cours classiques, désirent acquérir des connoissances littéraires aussi solides qu'étendues, se former un bon style, et s'énoncer avec facilité. Cet ouvrage convient d'autant mieux à la jeunesse encore inexpérimentée, qu'il est impossible de parler avec plus de respect et même de conviction que La Harpe le fait, quand il est question de rendre hommage aux vrais principes et particulièrement à la Religion. Je ne tirerai point ma preuve de sa *Philosophie du XVIII*ᵉ. *siècle*, je la prendrai dans l'article du *Cours de Littérature*, où il traite de l'éloquence de la chaire, et où voulant rendre compte des Oraisons funèbres de Bossuet, de Fléchier et de Massillon, il croit devoir jeter en avant quelques réflexions que l'esprit du moment (le fort de la révolution) avoit rendues nécessaires ; car ses nombreux auditeurs, suivant leurs manières diverses de penser, apportoient des dispositions différentes à l'objet qu'il alloit traiter. « Quoique le mérite d'orateur et d'écrivain, dit-il, soit ici particulièrement ce qui doit nous occuper, cependant on ne peut se dissimuler que le degré d'attention et d'intérêt pour le talent dépend un peu en ces matières, et surtout aujourd'hui, du degré de respect, et pour tout dire en un mot, de la croyance ou de l'incrédulité. Celle-ci devenue plus intolérante à mesure qu'elle est plus répandue, en vient enfin depuis quelques années, jusqu'à vouloir détourner nos yeux des plus beaux monumens de notre langue, dès qu'elle y voit empreint le sceau de la Religion. Je laisse de côté les opinions que personne n'a le droit de forcer ; mais je réclame contre cette espèce de proscription que personne n'a le droit de prononcer. Il faut se rappeler que c'est le siècle de Louis XIV qui passe actuellement sous vos yeux (La Harpe parloit alors des orateurs sacrés), et qu'ainsi que moi, vous devez considérer à la fois dans ce qui nous en reste, et l'esprit des écrivains et celui de leur siècle. Il étoit tout religieux (1) : le nôtre ne l'est pas ; mais de quelque manière qu'on juge l'un et l'autre, on ne peut nier du moins que les écrivains et les orateurs ont dû écrire et parler pour ceux qui les lisoient et les écoutoient. C'est un principe de raison et d'équité que j'oppose d'abord à l'impérieux dédain de ceux qui voudroient qu'on n'eût jamais écrit et parlé que dans leur sens....... Il est certain que dans le siècle des grandeurs de la France, la Religion fut grande comme tout le reste, et que la France, son Monarque et sa Cour furent pour l'Europe entière, dans la Religion comme dans tout le reste, un spectacle et un modèle. Il n'est permis ni de l'ignorer ni de l'oublier. Ayons donc devant les yeux, pendant les séances actuelles, un Bossuet convertissant un Turenne; un Fénélon montant dans la chaire pour donner l'exemple de la soumission à l'Eglise ; un Luxembourg, au lit de la mort, préférant à toutes ses victoires le souvenir d'*un verre d'eau donné au nom du Dieu des pauvres*; un Condé, un cardinal de Retz, une Princesse Palatine, donnant,

---

(1) « Le siècle de Louis XIV, tout littéraire et tout religieux, devint le plus beau siècle du Christianisme : je n'en excepte pas les temps de la primitive Église. Quel siècle, en effet, que celui où l'on voyoit non-seulement les Bossuet, les Fénélon, les Turenne et les Condé, mais les Racine, les Corneille et les Boileau, s'occuper sans relâche des moindres pratiques de la Religion, sans se permettre jamais l'ombre même du doute! » (*Lettres de Rivarol à Necker*, etc.)

après avoir joué de si grands rôles dans le monde, à la guerre, à la cour, l'exemple de la piété et du repentir au pied des autels ; une La Vallière allant pleurer aux Carmelites, jusqu'à son dernier jour ; le malheur d'avoir aimé le plus aimable des Rois ; enfin, ce Roi lui-même, regardé comme le premier des hommes, humiliant tous les jours dans les temples un diadème de lauriers, et se reprochant ses foiblesses au milieu de ses triomphes. Revoyez dans les Lettres de Sévigné, ces fidelles images des mœurs de son temps, par-tout la Religion en honneur, par-tout le devoir de se retirer du monde à temps, de se préparer à la mort, mis au nombre des devoirs, non pas seulement de conscience, mais de bienséance ; ce qu'étoit la solennité des fêtes et l'observance du jeûne prescrit ; enfin, un Duc de Bourgogne, un Prince de vingt ans, refusant au respect qu'il avoit pour le Roi son aïeul, d'assister à un bal qu'il regardoit comme une assemblée trop mondaine. Tel étoit l'empire de la Religion : ceux qui n'en avoient pas (et ils étoient rares) gardoient au moins beaucoup de réserve ; et ceux qui avoient de la religion en avoient avec dignité. Voilà les auditeurs qu'ont eus les Bossuet, les Fléchier, les Massillon : seroit-il juste de les juger sur ceux qu'ils auroient aujourd'hui ? »

Citons encore un passage qui a rapport aux grands orateurs que nous venons de nommer, et aux services que la Religion a rendus à la langue française. « La France, dit La Harpe, peut se vanter d'avoir en Bossuet son Démosthène, comme dans Massillon elle a son Cicéron. Ainsi c'est à la Religion que nous devons ce que la langue française a de plus parfait dans l'éloquence. C'est à elle que nous devons *Athalie*, ce qu'il y a de plus parfait dans notre poésie ; c'est à elle que nous devons le *Discours sur l'Histoire universelle*, le plus beau monument historique dans toutes les langues ; c'est à elle que nous devons les *Provinciales*, le chef-d'œuvre de la critique ; c'est à elle enfin que nous devons les *Lettres philosophiques*, de Fénélon, ce que nous avons de plus éloquent en philosophie. Voilà ce qu'a produit le siècle de la Religion, qui a été celui du génie. Que le nôtre avoue qu'il a été plus facile d'en être le détracteur que le rival, ou qu'il ose nous produire en concurrence les chefs-d'œuvre de l'impiété. »

Quoique le *Cours de Littérature* de La Harpe jouisse du plus grand succès, ce qui est attesté par les suffrages de tous les hommes de goût, et surtout par les nombreuses éditions en tous formats qui se succèdent rapidement, il ne faut cependant pas le considérer comme un ouvrage d'une perfection achevée. Voici comment un critique moderne en parle, en rendant compte du *Cours analytique de Littérature générale*, de M^r. N.-L. Lemercier, *Paris, Nepveu*, 1817-1818, 4 *vol. in-*8.º, ouvrage dans lequel La Harpe est traité plus que sévèrement :

« Aucune prévention ne nous aveugle, dit M. Loyson, sur les défauts de ce critique célèbre (La

Harpe); l'étendue de son esprit n'égala point la rectitude de son jugement, et si les formes de sa discussion lui ont fait donner l'éloge de bon dialecticien, la profondeur de ses vues ne le placera point au rang des littérateurs philosophes ; son ouvrage manque de méthode, d'unité, de proportions ; les anciens y sont jugés souvent avec légèreté, quelquefois avec une érudition si superficielle, qu'on seroit tenté de la prendre pour de l'ignorance ; enfin, nous rencontrons trop fréquemment les haines et les affections particulières de l'homme passionné, où nous ne cherchions que les opinions de l'arbitre impartial. Mais si La Harpe n'a pas possédé toutes les qualités qui lui auroient mérité le titre de *Quintilien français* (1), traitera-t-on pour cela en critique mé-

---

(1) Nous croyons pouvoir citer, à l'occasion de ce titre honorable, un passage de M. Dussault qui ne nous paroît pas regarder personnellement M. Loyson, mais qui a quelque rapport à l'opinion qu'il manifeste ici. M. Dussault, refusant (sévèrement ce nous semble) le talent oratoire à La Harpe, dit : « Il ne fut jamais qu'un excellent critique, et le premier critique de son siècle. Je ne sais pourquoi un de nos collaborateurs, dont j'honore l'érudition et le goût, s'est amusé à le chicaner dernièrement sur une phrase négligée, et à lui contester le titre de *Quintilien français*, qui lui fut décerné par quelques-uns des hommes les plus dignes de régler les rangs dans la littérature ; convenons, qui que nous soyons, que dans la carrière de la critique il marche à notre tête ; convenons que quelques morceaux du *Cours de littérature* sont au moins au niveau de tout ce que la critique a jamais produit de meilleur dans tous les siècles, et croyons que la France doit à M. de La Harpe autant de reconnoissance que Rome put en devoir à son Quintilien. »

diocre celui à qui du moins on ne peut refuser le mérite d'avoir le mieux exposé, le plus habilement développé, le plus éloquemment loué nos chefs-d'œuvre d'éloquence et de poésie? Placera-t-on au-dessous des *Réflexions* de Louis Racine et des *Leçons* de Chénier, un ouvrage que ses imperfections n'empêchent pas d'être un monument unique dans son genre, un monument qui lie la gloire de l'auteur à la gloire littéraire de son pays? » Ce jugement de M. Ch. Loyson peut paroître en grande partie fondé, quoiqu'il nous semble très sévère dans quelques détails ; nous en dirons autant du passage suivant tiré du même article de M. Loyson : « C'est avec raison sans doute, dit-il, que M. Lemercier a reproché à La Harpe son peu de méthode, ou plutôt son entier défaut de méthode. La Harpe, en effet, ne mettant point dans ses examens d'autre ordre que celui du temps et des dates, répand çà et là des observations détachées qu'il n'a point le soin de rallier à des vérités générales. Il n'approfondit point l'art en approfondissant séparément chaque ouvrage de l'art ; il découvre les beautés, il s'en empare, et satisfait de nous avoir communiqué son admiration, il les abandonne pour passer outre comme un conquérant, si l'on veut nous permettre cette comparaison, qui soumet une province et pousse en avant vers une autre, sans se mettre en peine de lier ses conquêtes les unes aux autres, de manière à en former un État régulier et solidement constitué. Le *Cours de Littérature* est donc plutôt un recueil de commentaires, quelquefois admirables, il est vrai, sur les ouvrages des grands maîtres, qu'un corps de doctrine littéraire. M. Lemercier a pris une voie plus systématique; mais ces systèmes qui consistent à procéder par généralités, par définitions, par classifications de genres et d'espèces, par règles et par conditions, ne prêtent-ils point au vague, à l'arbitraire, à l'incomplet, à ce vrai indécis et stérile qui n'est guère préférable au faux, parce qu'il est sans principes et sans conséquences, etc. »

Jacques DELILLE, poëte (n. 1738—m. le 1.er mai 1813), se passionna d'abord pour le poëme de *la Religion*, par Louis Racine (1). « Il le lut assidument, dit un critique moderne, et prit en quelque sorte pour guide le chantre de la Religion, lorsqu'il essaya ses pas dans la carrière de la poésie, où tant de gloire l'attendoit : peut-être même dut-il au chef-d'œuvre de Louis Racine les premières inspi-

___

(1) C'est une pensée de Pascal, qui donna à L. Racine l'idée de son poëme, et qui lui en fournit le plan. Voici cette pensée : « A ceux qui ont de la répugnance pour la Religion, il faut commencer par leur montrer qu'elle n'est pas contraire à la raison, ensuite qu'elle est vénérable; après, la rendre aimable, faire souhaiter qu'elle soit vraie, montrer qu'elle est vraie, et enfin qu'elle est aimable. » C'est ce que se proposoit d'exécuter Pascal, lorsqu'il mourut à l'âge de 39 ans, et c'est ce qu'a exécuté Racine dans son poëme qui, sans contredit, est son meilleur ouvrage. Notre siècle, quoique si différent du siècle ou plutôt de l'époque où écrivoit Louis Racine, nous offre un ouvrage en prose sur le même sujet : c'est le *Génie du christianisme*, de M. de Châteaubriand. Cet ouvrage, écrit d'une plume aussi brillante qu'éloquente, renferme

rations et les premières révélations de son talent ; car il arrive presque toujours que les hommes de talent sont plus puissamment et plus efficacement modifiés par l'influence immédiate de leurs contemporains, que par les exemples de ceux qui ont marché long-temps avant eux dans les mêmes routes. On peut dire que Louis Racine n'étoit pas indigne d'avoir un tel disciple ; il a sans doute été surpassé par son élève, lequel a poussé les jeux de la versification et les artifices du style jusqu'à un degré de perfection qui, semblable au sommet de certaines hauteurs, est environné de périls et de précipices ; mais il lui a tracé le chemin en le jonchant de fleurs brillantes. Le poëme de *la Religion* en est semé ; les descriptions agréables y sont mêlées avec goût à la sévérité des discussions et à l'austérité des raisonnemens. » Cependant il faut convenir que ce poëme ne prend pas rang parmi les ouvrages du premier ordre, mais il est un des meilleurs du second ; et si l'on n'a pas le cœur corrompu, il est impossible de ne pas le lire, je ne dirai pas avec une douce satisfaction, mais avec une jouissance inexprimable.

---

plus de poésie, plus d'intérêt, plus de charmes que le poëme de *la Religion* ; mais s'il plait davantage à l'esprit, s'il frappe davantage l'imagination, s'il fait éprouver des jouissances plus vives, je ne sais quoi de plus doux, de plus onctueux, de plus persuasif reste dans le cœur après avoir lu le poëme de Racine. Chacun de ces deux ouvrages a la couleur du temps où il a été fait, et cette différence de couleur tient essentiellement à l'esprit qui dominoit aux deux époques, quoique le fond soit le même.

Qu'on me permette de rapporter ici le jugement qu'en a porté M. de Maistre, dans ses *Soirées de Saint-Pétersbourg*. Il a introduit parmi ses interlocuteurs un jeune chevalier qui lui dit : « Les premiers vers qui sont entrés dans ma mémoire sont de Louis Racine, dans son poëme de *la Religion* :

<small>Adorable vertu, que tes divins attraits etc.</small>

Ma mère me les apprit lorsque je ne savois point encore lire, et je me vois toujours sur ses genoux, répétant cette belle tirade que je n'oublierai de ma vie..... » Le comte (c'est l'auteur) reprenant peu après, dit : « .....M. le chevalier, je vous félicite d'avoir lu Louis Racine avant Voltaire ; sa muse héritière (je ne dis pas universelle) d'une autre muse plus illustre, doit être chère à tous les instituteurs, car c'est une *muse de famille* qui n'a chanté que la raison et la vertu. Si la voix de ce poëte n'est pas éclatante, elle est douce au moins et toujours juste. Ses poésies sacrées sont pleines de pensées, de sentiment et d'onction. Rousseau marche avant lui dans le monde et dans les académies ; mais dans l'Eglise je tiendrois pour Racine. Je vous ai félicité d'avoir commencé par lui, je dois vous féliciter encore plus de l'avoir appris sur les genoux de votre excellente mère que j'ai profondément vénérée pendant sa vie et qu'aujourd'hui je suis quelquefois tenté d'invoquer. C'est à notre sexe sans doute qu'il appartient de former des géomètres, des tacticiens, des chimistes, etc. ; mais ce qu'on appelle l'homme, c'est-à-dire, l'homme *moral*, est peut-être formé à dix ans; et s'il ne l'a pas été sur les genoux de sa mère, ce sera toujours un grand malheur. Rien ne peut remplacer cette éducation ; si la mère surtout s'est fait un devoir d'imprimer profondément sur le front de son fils le caractère divin, on peut être à peu près sûr que la main du vice ne l'effacera jamais. Le jeune homme pourra s'écarter sans doute, mais il décrira, si vous voulez me permettre cette expression, une *courbe rentrante* qui le ramènera au point d'où il étoit parti. »

J'avoue que je n'ai point lu ce passage sans un profond attendrissement, et par plusieurs motifs dont le plus puissant se rattache aux tendres souvenirs et de mon enfance et de la meilleure des mères. J'avouerai encore que j'ai éprouvé une satisfaction où l'amour propre a peut-être un peu de part, en reconnoissant vers la fin de ce passage, les propres expressions que je ne cesse de répéter aux jeunes gens depuis plus de vingt ans.

Charles PALISSOT, littérateur (n. 1730 — m. 1814), dit, dans ses *Mémoires littéraires*, que « notre siècle (le xviiie) bien moins fécond que le précédent en ouvrages de génie, paroît l'emporter du côté des traductions. Celles de *Térence* par M. l'abbé Lemonnier, des *Géorgiques* par M. de Lille, de *Juvénal* par M. Dusaulx, du *Tasse* par M. Lebrun, des *Métamorphoses* enfin par M. de Saint-Ange, sont très supérieures à toutes celles que nous connoissions.; il en est même qui ne sont pas éloignées de la perfection des originaux. »

Charles PRINCE DE LIGNE (n. 1734 — m. 1814), homme aimable, littérateur agréable, et militaire distingué, étoit passionné pour Montaigne qu'il appelle son oracle. Voici comme il s'exprime sur le compte de ce philosophe : « Montaigne ne s'est pas douté de sa profondeur et de la finesse de ses observations. Je suis pour lui comme Condé pour Turenne. Que ne donnerois-je pas, disoit-il, pour causer une heure avec lui? Montaigne étoit, à l'orgueil près, tout le portique d'Athènes à la fois. On voit par-tout le bon homme, le bon cœur, la bonne tête. Il a deviné le monde; il a vu le passé, le présent, l'avenir, sans se croire un grand sorcier. » Ailleurs le Prince de Ligne parle ainsi de différens auteurs : « Voltaire, l'homme que j'aime et admire le plus, a prononcé trois ou quatre grandes vérités. Horace en dit une couple ; Ovide n'en a pas dit, ni Virgile non plus. Lucrèce en a cherché et n'en a pas rencontré. Les deux Rousseau en ont embelli ou dénaturé, l'un en beaux vers, l'autre en belle prose. Voilà à-peu-près cependant tous les instituteurs du genre humain. Les deux hommes qui n'ont pas prétendu à cet honneur, sont les deux seuls véritables : c'est La Fontaine et Montaigne. C'est chez eux que vous trouverez le plus de vrai et de neuf, retourné de mille façons différentes par les prétendus précepteurs de nos jours. » Le Prince de Ligne regardoit le *Panégyrique de Trajan*, par Pline le jeune, comme le bréviaire des Souverains. « Pline le jeune, dit-il, est un des hommes supérieurs que je connoisse, par son goût, son caractère aimable, son humanité et tous les genres de littérature..... Je n'aime l'oncle naturaliste, que parce que le neveu étoit son admirateur. » Parlant des historiens, le Prince de Ligne dit : « Mon favori est Xénophon ; il est pour moi dans ce genre ce que sont les Pline dans le leur, Horace pour la poésie, Cicéron pour l'éloquence, et César pour la guerre. Tite-Live rend ses généraux des bavards, et se fait passer pour menteur..... Salluste a eu ce défaut, mais un peu moins ; Tacite point du tout... J'aime Quinte-Curce dans son débit: son parallèle de Philippe et d'Alexandre devroit le faire mettre au rang des historiens du premier ordre. On voit qu'il n'étoit pas militaire..... Il devroit être défendu aux auteurs d'écrire la vie des hommes de guerre et les opérations militaires : c'est ce qui fait que Polybe, la retraite des dix mille (Xénophon), et César, sont les seuls ouvrages dont on peut tirer parti.... J'estime Patercule, Justin et Florus, qui sont les président Hénault de ce temps-là ; mais c'est Plutarque, le seul Plutarque au monde qui donne à penser. Cicéron est sans contredit un des plus grands hommes du monde ; en morale, rhétorique, logique, politique, quel homme !..... Comme philosophe, Sénèque, réduit à un petit volume, auroit été le premier après Cicéron et Plutarque.... Molière, Destouches, Boissy, Boileau, Regnard, s'entendoient parfaitement dans l'art de la médisance. On reconnoissoit les originaux de leurs portraits ; mais ce talent est perdu. Les mœurs ont changé, et il n'y a point d'auteurs qui puissent remplacer ceux que je viens de nommer. Regnard marche tout près de Molière, mais il amuse sans corriger ; Molière est moraliste, Regnard n'est que moqueur. » On voit qu'il y a une espèce d'originalité et quelque chose de piquant dans la manière dont le Prince de Ligne expose son jugement rapide sur les anciens et les modernes ; mais on remarque encore plus cette originalité dans d'autres pensées du même auteur, dont plusieurs nous ont paru excellentes, quelques-unes hasardées, et d'autres un peu triviales.

Jean-Siffren MAURY, cardinal (né à Vauréas le 26 juin 1746, mort à Rome, le 10 mai 1817), a présenté, en 1785, dans la péroraison de son discours de réception à l'Académie française, un tableau simple, mais piquant, des grands personnages qui ont illustré le règne de Louis XIV. Ce n'est qu'une nomenclature, et cependant elle frappe par l'éclat particulier de chaque nom qui la compose. Semblable au verre ardent qui réunit les rayons du soleil dans un même foyer, ce morceau éloquent rassemble sur un même point tous les traits épars de la gloire de l'un des plus grands rois et du plus beau siècle de notre monarchie.

« Louis XIV, dit M. Maury, eut à la tête de ses armées Turenne, Condé, Luxembourg, Catinat, Créqui, Boufflers, Montesquiou, Vendôme et Villars. — Duquesne, Tourville, Duguay-Trouin commandoient ses escadres. — Colbert, Louvois, Torcy étoient appelés à ses conseils. — Bossuet, Bourdaloue, Massillon lui annonçoient ses devoirs. — Son premier sénat avoit Molé et Lamoignon pour chefs, Talon et d'Aguesseau pour organes. — Vauban fortifioit ses citadelles. — Riquet creusoit ses canaux. — Perrault et Mansard construisoient ses palais. — Puget, Girardon, le Poussin, le Sueur et Le Brun les embellissoient. — Lenôtre dessinoit ses jardins. — Corneille, Racine, Molière, Quinault, La Fontaine, La Bruyère, Boileau, éclairoient sa raison et amusoient ses loisirs. — Montausier, Bossuet, Beauvilliers, Fénélon, Huet, Fléchier, l'abbé Fleury élevoient ses enfans. — C'est avec cet auguste cortège de génies immortels, que le premier Roi protecteur de l'Académie française, toujours fier de sa nation qui sous lui s'illustra par tous les genres de gloire, appuyé sur tant de grands hommes qu'il sut mettre et conserver à leur place, se présente aux regards de la postérité. »

Nous croyons devoir ajouter à ce morceau frappant, un beau portrait de Louis XIV, tracé par M. Auger dans son *Éloge de Boileau,* couronné par l'Institut. L'auteur répond au reproche que l'on a fait au satirique d'avoir été le flatteur de Louis XIV : « Mais il le fut, dit M. Auger, avec toute la France qui idolâtroit son roi, avec toute l'Europe qui retentissoit de la gloire de ce prince. Un monarque d'une figure imposante, d'une taille majestueuse, d'un esprit sans culture mais plein de justesse et d'élévation, grand dans ses projets, constant dans ses résolutions, noble dans ses plaisirs, décent dans ses foiblesses, employant les arts, protégeant les lettres et les sciences, sachant apprécier les hommes et s'en servir, possédant l'art de donner du prix aux faveurs, et l'art, plus grand encore, de dispenser la louange et l'encouragement à l'aide de ces propos heureux dont l'expression réunissoit toujours la grâce et la dignité : voilà quel fut long-temps Louis XIV. »

La Bruyère a fait aussi un portrait de ce prince, mais sans le nommer. Il est beaucoup plus détaillé que celui de M. Auger ; le style m'en a paru un peu haché. Des pensées rendues en sept à huit mots, toujours avec le même tour de phrases, pendant trois grandes pages, ne doivent-elles pas à la fin fatiguer le lecteur? (Voyez les CARACTÈRES, chap. x; *du Souverain ou de la république*, vers la fin du chapitre.)

M. SUARD (n. 1732—m. le 20 juillet 1817), étoit passionné pour LA BRUYÈRE ; il l'avoit continuellement lu et relu ; mais peu sûr de sa mémoire, il portoit toujours sur lui un petit exemplaire de cet excellent auteur. On peut juger de l'étude particulière qu'avoit faite du livre des *Caractères* M. Suard, par l'intéressante *Notice sur la personne et les écrits de La Bruyère*, qu'il a publiée à *Paris*, 1781, *in*-12, et qui n'a été tirée, dit-on, qu'à vingt-cinq exemplaires ; mais elle a été réimprimée en tête de la jolie édition stéréotype des *Caractères, Paris*, Nicolle et Renouard, 1809, 3 *vol. in*-18 ou *in*-12.

Louis-Joseph de BOURBON, prince de CONDÉ (n. le 9 août 1736 — m. le 13 mai 1818), avoit une affection particulière pour Corneille et pour Bossuet. Le goût littéraire étoit héréditaire dans cette illustre famille. On se rappelle l'estime singulière et même l'admiration dont le grand Condé honoroit les ouvrages de Corneille. Son arrière-petit-fils, le prince de Condé dont la France a récemment déploré la perte, éprouvoit les mêmes sentimens envers le père de la tragédie en France. Un jour il dit au précepteur de l'infortuné duc d'Enghien : « Mon cher abbé, j'ai surpris mon petit-fils lisant ce volume de Chaulieu; faites-lui sentir que cette lecture ne lui convient point. Il ne manquera jamais d'agrément : qu'il lise Corneille, c'est le bréviaire des princes.» Ce mot seul suffit pour montrer quelle étoit la pureté du goût de ce prince et la grandeur de son ame ; car il n'y a guère qu'une grande ame qui puisse vivement sentir tout ce qu'il y a de mâle, de grand, de noble, de sublime dans certains passages des tragédies de Corneille.

M. VALCKENAER, savant critique moderne, dit que les quatre morceaux de poésie latine où brille toute la majesté romaine, et sous ce rapport préférables à tous autres, sont, le *Prologue* de Laberius; l'*Epithalame de Thétis et Pélée*, de Catulle; la *Consolation* (anonyme) *adressée à Livie sur la mort de son fils*; et l'*Héroïde de Cornélie à Paulus*, par Properce. Nous allons indiquer sommairement l'étendue de ces quatre beaux morceaux (formant ensemble 1012 vers), et les éditions où ils se trouvent tant pour le texte que pour la traduction.

1.º Le *Prologue* de Laberius est en 27 vers ; on le trouvera pour le texte dans les *Saturnales* de Macrobe, *liv.* 11, *ch.* 7, *editio Bipontina*, 1788, 2 *vol. in*-8.º, *tom.* 1, *pag.* 350; et pour la traduction, dans le *Traité des Études* de Rollin, *Paris*, 1805, 4 *vol. in*-8.º, *tom.* 1, *pag.* 246.

2.º L'*Epithalame de Thétis et Pélée*, en 409 vers, est pour le texte et la traduction, dans l'ouvrage de M. Noël, intitulé : *Traduction complète des poésies de Catulle*, etc. *Paris*, 1806, 2 *vol. in*-8.º, *tom.* 1, *pag.* 132-170.

3.º La *Consolation à Livie* sur la mort de son fils Drusus Néron, frère de Tibère, est en 474 vers. On ignore qui en est l'auteur : on la croit d'Albinovanus Pedo, poëte, ami d'Ovide; mais on la trouve pour le texte dans *Ovidii Opera, Argentorati, ex typ. soc. Bipontinæ, editio secunda*, 1807, 3 *vol. in*-8.º, *tom.* 3, *pag.* 430-445; et pour la traduction, dans les œuvres complètes d'Ovide, traduites en français, édit. de Poncelin. *Paris*, an VII, 7 *vol. in*-8.º, *tom.* VI, *pag.* 389-418.

4.º L'*Héroïde de Cornélie à Paulus*, en 102 vers, se trouve, pour le texte et la traduction, dans l'ouvrage de M. de Longchamps, intitulé : *Élégies de Properce, traduites dans toute leur intégrité avec des notes*, etc. ; nouvelle édition. *Paris*, 1802, 2 *vol. in*-8.º, *fig.*, *tom.* 2, *pag.* 554-570 : c'est la XI.ᵉ élégie du IV.ᵉ livre. M. l'abbé de Longchamps dit que les deux héroïdes d'Aréthuse et de Cornélie sont peut-être les deux chefs-d'œuvre de Properce.

M. FORTIA D'URBAN, savant littérateur, dit, dans son édition des *Œuvres morales de La Rochefoucauld*, Avignon, an X, 2 *vol. pet. in*-12, « qu'HORACE, PERSE, JUVÉNAL, chez les Romains ; DESPRÉAUX en France, et POPE en Angleterre, sont les auteurs satiriques les plus célèbres. » Plus bas il exprime le désir de voir un homme de lettres publier une collection complète des poëtes satiriques latins avec une traduction française. Cet ouvrage, ajoute-t-il, auroit le double avantage de rassembler plusieurs morceaux intéressans par leur composition, et de faire connoître les mœurs romaines qui y sont peintes avec énergie. On sait que ces poëtes sont *Ennius*, *Pacuvius* et *Lucilius*, dont nous n'avons que des fragmens, *Horace*, *Perse* et *Juvénal*, dont les satires nous sont parvenues en entier. Il faut y ajouter la satire de *Sulpicia*, sur l'édit de Domitien qui chasse de Rome les philosophes.

M. DELEUZE, dans son bon ouvrage intitulé *Eudoxe*, Paris, 1810, 2 *vol. in*-8.º, présente d'excellentes considérations sur le choix des meilleures productions littéraires. Après avoir indiqué à Eudoxe les livres qui peuvent le guider dans l'étude de la nature, et ceux qui peuvent l'instruire de l'histoire, il lui dit : « Mais outre ces livres où vous puiserez successivement des connoissances positives, il en est un petit nombre que vous devez feuilleter tous les jours pour former votre cœur et votre esprit. Le choix de ces auteurs auxquels on a communément donné le nom de classiques, n'est point indifférent, et c'est un sujet que je veux encore traiter avec vous. ...» Ici M. Deleuze donne les conseils les plus sages à son élève, avant de lui indiquer les ouvrages dont il doit faire sa lecture habituelle : « Voulez-vous, lui dit-il, conserver votre raison dans toute sa droiture, votre sentiment moral dans toute sa pureté, votre goût dans toute sa délicatesse ? Fuyez ces hommes pour qui tout est devenu insipide et problématique, ou du moins ne discutez jamais avec eux. S'ils vous font des objections, réfutez-les pour vous et dans la solitude. Évitez surtout la lecture des ouvrages qui tendroient à ébranler vos principes. La pureté du goût se conserve par la pureté des mœurs ; ne vous permettez jamais d'arrêter votre esprit sur des choses qui les blessent. Vous entendrez souvent vanter des ouvrages qui choquent la décence, qui attaquent des principes respectés; on vous engagera à les lire, tantôt parce qu'ils sont bien écrits, tantôt parce qu'ils peignent les mœurs et contiennent des anecdotes piquantes, tantôt enfin parce que tout le monde les connoît et en parle; ne répondez rien, mais soyez ferme et défendez-vous d'une curiosité funeste. » M. Deleuze, après plusieurs autres conseils de ce genre, si utiles, si précieux pour la jeunesse, arrive à l'indication des auteurs peu nombreux qu'il désire voir continuellement entre les mains de son élève. « Faites choix, lui dit-il, d'un petit nombre de livres propres à entretenir en vous le goût du vrai, du bon et du beau; à remplir votre imagination d'idées douces et brillantes et votre cœur de sentimens honnêtes; à vous donner l'habitude d'un style pur, élégant, harmonieux, celle surtout de l'enchaînement des idées, de la gradation et de la justesse des expressions, enfin de cette simplicité, de cette noblesse, de cette dignité dont l'emploi ne peut jamais entraîner dans le mauvais goût... Les livres que vous devez choisir pour votre lecture habituelle sont les classiques de toutes les nations. Je vous recommande de les réduire à un petit nombre. Ce n'est point par la lecture rapide d'une multitude de livres que le goût se forme, c'est par la lecture attentive et réitérée de ce que les grands écrivains nous ont laissé de plus parfait... HOMÈRE, chez les Grecs; VIRGILE, HORACE, chez les Latins; LE DANTE, PÉTRARQUE et LE

SECONDE PARTIE.

Tasse, chez les Italiens ; Klopstock, chez les Allemands ; Milton, *l'Essai sur l'homme*, de Pope, chez les Anglais ; voilà les modèles en poésie....... Chez nous, les chefs-d'œuvre de Corneille, de Racine, de Boileau, de Molière, de La Fontaine, suffisent pour la poésie (1). Quant aux prosateurs, Platon, Xénophon et Plutarque, Cicéron et Tacite vous offriront ce que la littérature grecque et latine renferme de plus propre à élever l'ame, à entretenir le goût de la simplicité. Quelques écrits d'Addisson, de Robertson, et quelques-uns de Lessing, de Wiéland et de Goethe, vous suffiront pour les langues anglaise et allemande. Les Italiens ont les commentaires sur *Tite-Live* de Machiavel. Dans la littérature française, je vous engage à vous attacher

---

(1) Vauvenargues spécifie ainsi ce qui caractérise chacun de nos principaux poëtes : « Corneille a éminemment la force ; Racine, la dignité et l'éloquence ; Boileau, la justesse ; La Fontaine, la naïveté ; Chaulieu, les grâces et l'ingénieux ; Molière, les saillies et la vive imitation des mœurs. Ce n'est pas à dire qu'ils aient ces avantages à l'exclusion les uns des autres ; ils les ont seulement dans un degré plus éminent. »

Citons encore l'opinion d'un autre homme de goût, sur le même objet. M. Radonvilliers, directeur de l'Académie française, répondant à M. Ducis, nommé à la place de Voltaire, a dit : « Veut-on dans un poëte la vigueur de l'ame, les sentimens sublimes, c'est Corneille ; la sensibilité du cœur, le style tendre et harmonieux, c'est Racine ; la molle facilité, la négligence aimable, c'est La Fontaine ; la raison parée des ornemens de la poésie, c'est Despréaux ; la verve, l'enthousiasme, c'est J. B. Rousseau ; les crayons noirs, les peintures effrayantes, c'est Crébillon ; le coloris qui donne aux pensées, aux sentimens, aux images, un éclat éblouissant, c'est Voltaire. »

à quelques chapitres de Montaigne, pour la richesse et l'énergie de l'expression ; à quelques lettres de Sévigné, pour le naturel et la grâce ; aux *Provinciales* et aux *Pensées* de Pascal, pour la force du raisonnement ; aux chefs-d'œuvre de Bossuet (1), pour la sublimité des pensées ; au Télémaque et à quelques écrits de Fénélon, pour la douceur et l'élégance du style..... En supposant dans un même recueil les ouvrages ou les fragmens dont je vous conseille la lecture journalière, ceux auxquels j'applique ce qu'Horace disoit des auteurs grecs, *nocturnâ versate manu, versate diurnâ*, j'estime que cela pourroit former à-peu-près quarante volumes ; c'est assez... »

M. DE CHATEAUBRIAND a dit : « Pascal et Bossuet, Molière et La Fontaine, sont quatre hommes tout-à-fait incomparables et qu'on ne retrouvera plus. Si nous ne mettons pas *Racine* de ce nombre, c'est qu'il a un rival dans *Virgile*. »

---

(1) Les gens du monde ne connoissent et ne lisent guère de Bossuet que son *Discours sur l'histoire universelle*, et ses *Oraisons funèbres;* cependant il a encore d'excellens ouvrages bien faits pour exciter l'admiration générale; de ce nombre sont : 1.º *La politique tirée de l'Écriture Sainte*, 1709, in-4.º ou 2 vol. in-12; 2.º le *Traité de la connoissance de Dieu et de soi-même*, dont M. de Beausset dit : « Ouvrage qui par son mérite est un des plus dignes de la méditation des hommes; » l'édition de 1741 *in*-12 est bien préférable à celle de 1722 qui a paru sous le titre d'*Introduction à la philosophie*. 3.º *L'exposition de la doctrine de l'Église*, édition de l'abbé Fleury, 1761, *in*-12. 4.º *L'histoire des variations des églises protestantes*, avec les six avertissemens, édition de l'abbé Lequeux. *Paris*, 1772, 5 vol. *in*-12.

La Harpe prétend que « trois hommes ont véritablement réuni deux choses presque toujours séparées, le génie de la science et le talent d'écrire : Pascal, qui devina les mathématiques tout en faisant les *Provinciales* ; Buffon, qui a décrit avec éloquence la nature animale qu'il étudioit en observateur quoiqu'il ne l'ait pas toujours bien observée ; et le géomètre créateur (d'Alembert) à qui nous devons le discours préliminaire de *l'Encyclopédie*. » On peut regarder ce discours comme le chef-d'œuvre de d'Alembert. « La réunion d'une vaste étendue de connoissances, dit Condorcet, une manière nouvelle d'envisager les sciences, un style clair, noble, énergique, ayant toute la sévérité qu'exige le sujet et tout le piquant qu'il permet, ont mis ce discours au nombre de ces ouvrages précieux que deux ou trois hommes tout au plus dans chaque siècle sont en état d'exécuter. »

Les quatre hommes que l'on met au premier rang dans la littérature du xviii.ᵉ siècle, sous le rapport du génie et de l'art d'écrire, sont Voltaire, J.-J. Rousseau, Montesquieu et Buffon. Voilà ce que nous avons dit dans notre première édition ; mais nous ajouterons à cette proposition qu'on ne peut contester, une question qui, aux yeux de certaines personnes, ne paroîtra peut-être pas si facile à résoudre : ces quatre grands écrivains doivent-ils être considérés comme vraiment classiques ? Si l'on admet qu'un ouvrage ne peut mériter cette dénomination qu'autant qu'il réunit tous les suffrages, et qu'essentiellement bon et sans aucun mélange de mal il est l'objet constant de l'admiration des gens de goût et de la reconnoissance des gens de bien, on sera obligé de convenir que l'épithète de classique peut être disputée aux quatre auteurs célèbres dont nous parlons, et peut-être partagera-t-on l'opinion d'un savant très profond qui s'est ainsi exprimé à ce sujet : « Sans doute Voltaire, J.-J. Rousseau, Montesquieu et Buffon ont été, chacun dans leur genre, de grands écrivains, et même les seuls qui, aux yeux de la postérité, représenteront leur siècle ; mais ce Voltaire, si brillant, si ingénieux, si fécond, est-il, dans l'art de la tragédie (le premier titre de sa gloire littéraire et le plus solide), aussi classique que Racine, ou dans l'histoire, autant que Rollin, car je lui fais grâce de sa philosophie? J.-J. Rousseau, si éloquent, si passionné, est-il classique dans son *Contrat social,* dans son *Émile,* dans ses discours sur l'*Inégalité des conditions,* ou sur le *Danger des sciences?* Est-il classique dans sa *Nouvelle Héloïse* ou dans ses *Confessions....?* Montesquieu, souvent si profond et si substantiel, est-il classique dans les *Lettres persanes?* Est-il même dans l'*Esprit des Lois,* aussi classique pour la législation politique, que le sage Domat l'est pour la législation civile? (Voyez sur Domat les articles CUJAS, *pag.* 96-98, et D'AGUESSEAU, *pag.* 217.) Les littérateurs, je le sais, l'ont proclamé le premier des publicistes, parce qu'il étoit un grand écrivain ; mais il n'y a pas en Europe et depuis long-temps, un homme versé dans ces matières, qui n'ait aperçu et relevé dans l'*Esprit des Lois* de graves erreurs. L'ouvrage de Montesquieu, le plus parfait, est le Traité *des causes de la grandeur et de la décadence des Romains*, et même le seul que le XVIII.e siècle puisse opposer au *Discours* de Bossuet *sur l'Histoire universelle*. De quel côté est la supériorité? N'a-t-on pas même remarqué que les dernières pages de Bossuet renferment en substance tout ce qu'a dit Montesquieu sur les causes de la grandeur de Rome ou de sa décadence, dont, au reste, Montesquieu indique les *moyens* bien plus que les *causes* ? BUFFON n'est pas classique pour ses systêmes de physique générale, depuis long-temps abandonnés. Il ne l'est pas même, il ne peut pas l'être pour son *Histoire naturelle*, que des observations mieux faites, des faits en plus grand nombre et mieux constatés, ont déjà vieillie au point qu'il a été proposé de la refaire. Ces quatre écrivains ne sont pas même tout-à-fait irréprochables sous le rapport du style ; nouvelle preuve du rapport nécessaire de la vérité de la pensée avec la perfection du style. Là où J.-J. ROUSSEAU est sophiste, il est presque toujours déclamateur. Quand VOLTAIRE est impie, il est bouffon et trop souvent cynique. Si MONTESQUIEU se trompe, son expression manque de naturel et même de gravité. BUFFON lui-même ne garde pas toujours une exacte mesure, et l'on désireroit dans ses écrits cette proportion entre le sujet et l'expression, qui est la première condition d'un bon style. Il parle, dans un ouvrage de science, du cheval et du lion, comme un panégyriste auroit parlé de César ou de Trajan. Même de son temps, ses propres confrères à l'Académie trouvoient de l'emphase dans ses écrits : le malin d'Alembert, au rapport de Marmontel, appeloit à *huis clos* M. le comte de Buffon, le *grand phrasier...* » Le même auteur dit ailleurs : « qu'il n'y a dans la littérature du xviiie siècle presque aucun de ces ouvrages qu'on appelle *classiques*, et qui le sont effectivement pour la société dont ils servent à former successivement toutes les générations ; de ces ouvrages qu'on n'est pas obligé de soustraire aux regards des foibles, comme ces friandises suspectes qu'on dérobe avec soin à la vue des enfans, de peur qu'ils n'en demandent, et qu'on peut au contraire laisser par-tout exposés à tous les yeux, comme le pain et l'eau qui demeurent à découvert sur la table hospitalière de l'homme des champs, prêts à satisfaire les besoins de tous et à apaiser la faim et la soif du voyageur. » Telle est l'opinion de M. de Bonald sur les droits des quatre premiers écrivains du xviiie siècle au titre de classiques (V. ses *Mélanges littéraires*, tom. ii, pag. 406-8 et pag. 396) ; nous avouerons que cette opinion, sous quelques rapports, a une teinte de sévérité qui, aux yeux de certaines personnes, pourroit lui donner un air de partialité ; mais que l'on fasse attention à toutes les conditions exigées pour mériter le glorieux surnom de classique ; que l'on considère combien, dans la longue série des siècles, est petit et très petit le nombre d'hommes que la postérité en a honoré ; et surtout que l'on se dépouille de l'enthousiasme, des préventions et de l'esprit de parti que les circonstances portent quelquefois au plus haut degré, et l'on trouvera peut-être que l'opinion de M. de Bonald est marquée au coin d'un goût sévère mais juste, et qu'elle pourra bien être confirmée par la postérité toujours plus froide, plus impartiale et par conséquent meilleur juge que les contemporains.

Nous terminons ici la liste des hommes célèbres sur le goût littéraire et sur la réputation desquels nous avons fait quelques recherches ; on voit que leur choix presque toujours bon, et borné à peu de volumes, a souvent dépendu du siècle où ils ont vécu, et de l'état où se trouvoit alors la littérature. Mais on a dû remarquer en général que les différens choix que nous avons mentionnés, ont presque tous porté sur des classiques, c'est-à-dire, sur ces ouvrages immortels dont on ne peut trop faire sentir la supériorité et l'utilité. Nous invoquerons encore à ce sujet, car nous ne nous lasserons jamais d'y revenir, le témoignage du savant profond que nous avons déjà cité plusieurs fois, et qui nous paroît pénétré plus que personne de la vérité incontestable que nous établissons, vérité qu'il a puisée dans les auteurs anciens avec lesquels il nous paroît très familiarisé. « Les ouvrages classiques, dit-il, sont peut-être les seuls que l'on doive lire pour se former l'esprit et le cœur. Car il faut lire beaucoup peu de livres, et je ne craindrai pas de soutenir que de deux hommes nés avec le même talent, celui qui aura le goût le plus sûr et surtout la *manière* la plus originale, sera celui qui aura lu le plus souvent et avec le plus de fruit un petit nombre d'ouvrages excellens et moins d'ouvrages médiocres. Ainsi, pour composer, il faut lire souvent les mêmes livres, et les meilleurs dans le genre de son talent et de son travail, et se pénétrer de leur substance, comme on se nourrit d'alimens sains et solides pour former son tempérament. Les méthodes d'enseignement public ont toujours été dirigées d'après cette idée. On ne met entre les mains des enfans, dans les écoles de latinité et de belles-lettres, que ce que l'antiquité a de plus pur ; et quand on feroit expliquer dans les classes Plaute et Ausone, Plaute et Ausone ne seroient pas pour cela des auteurs classiques, parce qu'ils ne peuvent en tout servir de modèles. Le médiocre dans tous les genres, une fois que le bon a paru ; le bon même, une fois qu'on a le meilleur, ne sont à la longue guère plus connus que le mauvais ; et même le moment arrive pour une société où il n'y a de bon dans tous les genres que ce qui est parfait, et peut-être en sommes-nous plus près que nous ne pensons. Le médiocre du siècle de Louis XIV n'est pas supportable ; celui du xviii.ᵉ siècle est beaucoup meilleur et cela doit être....... » Ce passage regarde particulièrement les classiques anciens ; mais si nous voulons y ajouter les classiques modernes, remarquons avec un autre auteur, que « depuis la renaissance des lettres, les plus heureux génies se sont formés sur les premiers modèles ; qu'on ne devient original et classique qu'en se couvrant avec art des dépouilles de l'antiquité ; et que les littérateurs même les plus riches ont besoin de se renouveler dans ces sources inépuisables du vrai et du beau. »

Finissons donc cette seconde partie de notre travail par insister, comme nous l'avons fait dans la première, sur la nécessité de s'attacher spécialement aux classiques, d'en faire l'objet constant de ses études et de ses lectures, et de les placer au premier rang dans toute collection qu'on se propose de former.

FIN DU PREMIER VOLUME.

G. PEIGNOT.	G. PEIGNOT.
TRAITÉ DU CHOIX DES LIVRES.	TRAITÉ DU CHOIX DES LIVRES.
Tom. II.	Tom. I.
G. PEIGNOT.	G. PEIGNOT.
TRAITÉ DU CHOIX DES LIVRES.	TRAITÉ DU CHOIX DES LIVRES.
Tom. II.	Tom. I.

www.ingramcontent.com/pod-product-compliance
Lightning Source LLC
Chambersburg PA
CBHW072112220426
43664CB00013B/2092